国家出版基金项目

分卷主编　王建朗

中华民国时期外交文献汇编

1911—1949

第七卷

上

中华书局

本卷说明

抗日战争前期，日本很快取得了军事战场上的优势。作为战争发动者及战场优势方，日本竭力排除国际社会的干预，力图压迫中国作出重大妥协。中国外交的首要任务则是唤起国际社会对日本侵华战争的关注，争取国际社会对中国的支持。

此时，与远东事务有密切关系且可发生重要影响的国家大致可分为三类：一是英、美、法等国，它们是第一次世界大战后所形成的远东华盛顿体系的缔造国，希望维护由它们起着主导作用的现存国际秩序，反对任何以武力改变现状的企图；二是德国，作为第一次世界大战的战败国，它被排斥于凡尔赛—华盛顿体系之外，随着其实力的增长，它要求打破既有的世界秩序；三是当时世界上惟一的社会主义国家苏联，它受到整个资本主义世界的排斥，无论是与英、美、法，还是与德、意、日以及与中国，都存在着矛盾，但日本的扩张与强大将对其远东地区构成最主要的威胁。这三类国家是当时世界上最具影响力的国家，也是有可能在远东采取干预行动的国家。抗战前期的中国外交，就是要明智而妥善地处理与这三类国家的关系，争取一切可能争取的力量。与此同时，中日之间围绕着战和问题，秘密进行着多种渠道的接触，目的不一，但皆无果而终。本卷资料分别展现了战时中国与国际社会，与英、美、法、德、苏等大国的外交及与日本之间的秘密接触。

卢沟桥事变爆发后，中国政府不愿再像以往那样以单方面的妥协退让来谋取事件的解决。蒋介石"庐山谈话"明确阐述了中方对于"卢事"解决的最低立场和条件。由军方最高级将领组成的统帅部会议，每日讨论华北局势，提出应付方针。此时，中日间的交涉在中央和地方两个不同的层面上进行，中国政府力图把交涉权保留在中央一级，多次提出双方撤兵的解决方案;同时密切注视着华北地方的谈判,不断地向华北当局发出指示,力图对谈判进程加以遥控,并坚持中央政府的最后核准权。但日本坚持所谓"现地解决"的方针,对南京政府的提议置之不理,并要求南京政府不得干涉华北地方当局的谈判活动,以便从对华北当局的威胁讹诈中获取最大的利益。日本政府内的扩大派占据了上风,中日冲突从一地方冲突演变成一全面战争。全面战争爆发后,中日双方都曾对两国间是否正式断绝外交关系、是否要宣战进行过反复考虑,结果,都否决了立即断交宣战的主张。

在与日本进行多渠道的交涉的同时,中国向国际社会发出呼吁,争取列强干预中日争端,迫使日本停止以武力侵略中国从而破坏有关国际条约的行为。中国向国际社会的求助循两条途径而展开。中国首先向国际联盟提出申诉。国联给了中国以道义上的支持,且把是否采取实质性措施的问题留给了一个月后的九国公约会议。九国公约会议继续给中国以道义支持,但仍未在采取援华制日的实质性措施方面取得进展。尽管如此,这两次国际会议对中国道义上的援助仍具有积极意义,它为以后的物质援助打下基础。第一章所辑资料反映了战争初期中日之间的交涉及中国争取国际社会支持的过程。

从战略上来说,德国是日本的天然盟友。德国要颠覆欧洲秩序,日本要颠覆远东秩序。他们在战略上具有一致性。但中国政府并未放弃努力,仍竭力争取德国至少保持中立,阻缓德国迅速倒向日本。从自身利益考虑,德国也不希望日本扩大在中国的战争。德国期望日本日后能在远东对苏联发挥战略钳制作用,而一旦发动对华侵略,日本的主要兵力将被牵制在中国,没有能力来对付苏联。德国还担心日本扩大侵华战争会助长共产主义在中国的发展。因此,在中日战争初期,德国仍决定保持中立的态度。在此方针下,德国继续维持对中国的军火供应。同时,总数达三十人之多的德国驻华军事顾问仍在继续活动,参与了中国作战计划的制订。日本因此向德国不断提出抗议。希望中日息兵停战的德国曾在中日之间进行调停,但终因日本要价过高而失败。

"陶德曼调停"失败后,德国政策开始发生逆转。1938年2月,德国内阁改组,内阁中比较亲华的国防部长、经济部长等都被撤换,此后,德国下令撤出在华军事顾问,对华禁运军事物资,以及要求中国在德军事留学生回国。但对华禁运军事物资的命令并未严格执行,因为中德之间存在着互利互惠的关系,德国的军火和武器等通过易货形式不断流入中国。1940年9月,德意日成立同盟协定。1941年7月,德国公开承认汪伪政权。中国政府随即宣布与德国断交。第二章所辑资料反映了中德关系从有利于中国的中立到破裂的这一过程。

作为中日两国惟一的大国邻居,中苏关系受到国民政府的高度重视。卢沟桥事变发生后,中国希望与苏联缔结中苏互助条约,但苏联要求订立互不侵犯条约。经反复磋商,1937年8月,中苏签订互不侵犯条约。与此同时,苏联同意向中国提供军事物资。1938年3月,中苏订立第一次贷款协定,由苏联向中国提供价值5000万美元的贷款。1938年7月,中苏订立第二笔信用贷款协定,贷款总额仍为5000万美元。1939年6月,中苏订立第三次易货贷款协定,贷款金额为1.5亿美元。利用这些贷款,中国从苏联购得了大批军事物资。

在争取苏联的物资援助的同时,中国还曾争取苏联出兵参战。尽管争取苏联全面军事介入的努力未获成功,但中国还是获得了苏联局部的暗中的军事支持。苏联先后派遣了2000名空军志愿队员来华作战。他们对打击日军、阻缓日军的进攻作出了重大贡献。此外,苏联还在中国开办空军训练基地,对中国飞行技术人员进行强化训练。自1938年始,苏联军事顾问大批来华,在中国建立了比较完整的军事顾问体系。他们对中国军队的战术训练、掌握现代化武器的技能,以及某些战略计划的制订都作出了有益的贡献。1941年4月,苏联与日本签订《苏日中立条约》,严重侵犯了中国的领土主权。但出于继续争取苏联援助的考虑,国民政府采取了克制态度。第三章所辑资料全面展现了苏联在抗战初期对中国的援助。

抗战前期,英国对日本表现出比较严重的妥协倾向。面对日本夺取中国海关收入的企图,在从华北海关到整个沦陷区海关的谈判中,英国一再退让。1938 年 5 月,英国与日本达成协定,英方不仅同意将海关税款存入日本正金银行,还同意将中国自 1937 年 9 月停付而存于汇丰银行的日本部分庚子赔款交给日本。针对发生在租界的抗日活动,日本要求租界采取限制措施,并于 1939 年 6 月封锁了天津英租界。在日本的高压下,1939 年 7 月,英国作出妥协。英日达成"有田—克莱琪协定",承认日本有镇压抗日活动的"特殊需要"。滇缅路时为中国输入外来物资的主要国际交通线路。1940 年 7 月,英国接受日本要求,宣布滇缅路禁运特定物资三个月。英国在作出妥协的同时,也开始了援华活动。1938 年秋,日本提出"东亚新秩序"的口号,英国终于迈出援华的第一步。1938 年 12 月,英国宣布向中国提供 50 万英镑的贷款,此后这一信用贷款扩大为 300 万英镑。1939 年 3 月,英国进一步宣布将向中国提供 500 万英镑的外汇平衡基金贷款。1940 年 12 月,英国宣布对华提供 1000 万英镑贷款的决定。中国政府在 1939 年就提出了军事合作的建议,但未为英方所接受。1941 年,英国开始作出回应,双方展开了军事合作的初步磋商,就组训游击部队、协防香港、缅甸等问题初步达成协议。

　　抗战爆发后,国民政府力促法国遵照中法之间有关条约规定,给予中国以假道越南运输的便利,但在日本的压力下,法国下令禁止中国假道越南运输物资。但在实际执行过程中,法方还是给与了便利。为了取得法国援助,中国政府积极展开与法国的官方和半官方的接触,洽谈信贷、购买军火、聘请军事顾问等问题,法国虽然对中国颇表同情与理解,但迫于欧洲局势和日本的压力,法国不敢也无力大量援华。中方曾提议与法国进行军事合作,中、法、越曾就军事合作问题交换意见,但未有实质性进展。1940 年 6 月,法国败降后,维希政府采取亲日政策,并与南京汪精卫政权建立联系,签订协定。1943 年 8 月,国民政府正式宣布与维希政府绝交。第四章所辑资料分别反映了中英、中法关系的不同发展过程。

　　抗战初期,美国弥漫着浓厚的孤立主义情绪。美国政府以"中立"相标榜,竭力避免卷入中日冲突,表现出妥协倾向。1937 年 12 月,日机炸沉美国炮舰"帕奈号"并追杀逃生人员,但美国政府以比较克制的态度处理了这一事件。中国政府努力推动美国政府改变其中立政策,美国一些有识之士也开始反思其远东政策,他们强烈呼吁政府采取援助中国限制日本的措施。日本对美国在华利益的侵犯从反面推动了美国远东政策的转变。1938 年 11 月,日本提出建设"东亚新秩序"的口号后,美国政府发出了语气强硬的照会。美国对中国经济上的支持最初是通过购买白银的方式进行的,即以略高于世界市场价格的定价收购中国白银,使中国获得购买军火物资的硬通货。1938 年底,美国宣布向中国提供桐油贷款,迈出了援华第一步。中国驻美人员积极展开活动,推动美国国会取消中立法中的武器禁运条款。1939 年 7 月,美国宣布中止现行的美日商约,消除了对日禁运的法律障碍,给日本以重大打击。

　　欧战爆发后,美国援华制日政策逐渐明朗化。此后两年中,美国政府先后四次向中国提供贷款,总额达 1.45 亿美元。1941 年 3 月,美国《租借法》成立。不久罗斯福即宣布,中国可以获得租借援助。8 月,美国决定派出以马格鲁德将军为团长的军事代表团,该代表团不仅负责对华租借物资事宜,还承担着在双方高层军事当局进行沟通的任务。罗斯福总统还签署命令,同意美国军人辞职后赴华加入陈纳德组织的志愿航空队。这样,在太平洋战争爆发之前,美国已开始走上军事援华的道路。1941 年中,美日两国政府进行了长达七个多月的秘密谈判。日本企图通过谈判谋求美国承认它在中国的侵略成果,减轻乃至取消美国对日经济压力。美国此时尚未作好战争准备,也希望能暂时缓解与日本的矛盾。中国政府得知了美日谈判的消息,一再表示反对任何牺牲中国利益的妥协。由于日本要价太高,也由于中国、英国及其他有关国家坚决反对美日妥协,美日谈判最终破裂。第五章所辑资料展现了抗战前期中美关系的发展过程。

抗日战争时期,中日之间的秘密接触极其频繁。各种接触的渠道有十余条之多。这些秘密既有蒋介石知情的,也有蒋介石不知情的而分别由孔祥熙、何应钦等国民政府要员所控制的,甚至还有连国民政府要员也不知情,而为中下层人员与日本相关人员之间的试探性接触。这些谈判,有着各种目的,既有试探对方诚意,试图寻找议和机会的,也有出于缓解战场军事压力或推迟日本承认汪伪政权的目的策略性行动。而谈判人员的身份,既有真实的,也有假冒的,如著名的"桐工作"中,国民政府的军政要员便皆为假冒。

1941 年前,国民政府对于中日议和多少有些幻想,但随着英美援华态度的明确,中国态度逐渐强硬,且不再积极,而日本要求则逐渐降低。太平洋战争爆发后,中、美、英、苏形成反轴心国同盟,中日之间的秘密接触几近断绝。抗战末期的"缪斌"事件则可视为一个闹剧,此一秘密活动并非由国民政府所发起,却被日本政府的一些人寄予莫大期待。第六章所辑资料展现了抗战时期中日之间多种渠道的秘密接触。

本卷第三章由栾景河、邱海燕编选,第四章中法关系部分由葛夫平编选。侯中军参与了第四章、第六章的编选工作,并承担了全卷的校核工作。

本卷在编选过程中,较多利用了上世纪中外关系史研究室的编纂成果《抗日战争》(陶文钊、王建朗、杨奎松编,四川人民出版社 1996 年版),在此谨向当年的编纂者表示感谢。

目　录

一、战争初期的中日交涉与争取
国际社会支持

说明:"七七"卢沟桥事件发生后,日本提出"现地解决"的方针,表示不愿与中国中央政府交涉,而欲以华北地方当局为谈判对手,其实质是为便于其对华北当局的讹诈。中国政府一面坚持中央交涉的方针,一面密切注视着华北地方的谈判,不断地向华北当局发出指示,力图对谈判进程加以遥控,并坚持中央政府的最后核准权。华北谈判初期,双方曾达成一致,但终因日本胃口过大,蓄意扩大事态,终于演变成中日间的全面战争。在中日战争逐步升级乃至扩大为全面战争之时,中日双方都曾对两国间是否要断绝外交关系、是否要宣战进行过反复考虑,结果,都否决了立即断交宣战的主张。

在与日本进行多渠道的交涉的同时,中国向国际社会发出呼吁,争取列强干预中日争端,迫使日本停止以武力侵略中国从而破坏有关国际条约的行为。中国首先求助的是国际联盟。国联给了中国以道义上的支持,而把实质性的问题留给了一个月后的有美国参加的九国公约会议。九国公约会议继续给中国以道义支持,但仍未在采取援华制日的实质性措施方面取得进展。

本章主要资料来源:

中国第二历史档案馆藏外交部档案

中国第二历史档案馆藏中国粮食工业股份有限公司档案

中国第二历史档案馆藏联合国及国民政府新闻资料

中国第二历史档案馆藏行政院档案

国民政府外交部编白皮书第五十六号(1938 年 7 月)

中国史学会、中国社会科学院近代史研究所编:《抗日战争》第 4

卷(上)《抗战时期中国外交》,四川大学出版社,1997年(以下简称《抗日战争》第4卷上)

中华民国外交问题研究会编:《卢沟桥事变前后的中日外交关系》,台北,1964年(以下简称《卢事前后》)

中国国民党中央委员会党史委员会编,秦孝仪主编:《中华民国重要史料初编——对日抗战时期》第二编《作战经过》,台北"中央"文物供应社,1981年(以下简称《作战经过》)

中国国民党中央委员会党史委员会编,秦孝仪主编:《先总统蒋公思想言论总集》,台北"中央"文物供应社,1984年

田体仁等编:《全民抗战汇集》,上海民族书局,1937年

中国第二历史档案馆编:《抗日战争正面战场》上册,江苏古籍出版社,1987年

日本防卫厅防卫研究所战史室著,田琪之译:《中国事变陆军作战史》,第1卷第1分册,中华书局,1977年

李巨廉、王斯德主编:《第二次世界大战起源历史文件资料集》,华东师范大学出版社,1985年

西原寺公一口述、南村志郎记录、田家农等译:《红色贵族春秋——西园寺公一回忆录》,中国和平出版社,1990年

罗斯福著、关在汉译:《罗斯福选集》,商务印书馆,1982年

上村伸一:《日本外交史》第20卷,东京,1973年

木户幸一日记研究会:《木户幸一关系文书》,东京,1966年

《日本外交年表及主要文书》(1840—1945),简称《日本外交年表及主要文书》

W. N. Medlicott and Douglas Dakin ed. , *Documents on British Foreign Policy* (1919-1939)(《英国外交政策文件》,以下简称"DBFP"), Second Series, Vol. 21 (London,1978)

United States Department of State, *Papers Relating to the Foreign Relations of the United States* (《美国外交文件》,以下简称"FRUS"),

1937，Vol.3，Vol.4；Japan，1931-1941

Peace and War，United States Foreign Policy，1931-1941，Washington D. C.；Government Printing Office，1943（《和平与战争——美国外交政策1931—1941》，以下简称：Peace and War）.

本章所收《日本外交年表及主要文书》（1840—1945）的文件，系采用复旦大学历史系编《中国近代对外关系史资料选辑》的译文；所收《和平与战争》的文件系采用《第二次世界大战起源历史文件资料集》的译文；《美国外交文件》、《木户幸一关系文书》和《日本外交史》的部分译件，由天津编译中心协助翻译。

（一）事变初期的中日交涉

说明：卢沟桥事变爆发后，中日间的交涉在中央和地方两个不同的层面上进行，中国政府力图把交涉权保留在中央一级，并多次提出了双方撤兵的解决方案。蒋介石的"庐山谈话"明确阐述了中方对于卢事解决的最低立场和条件。由军方最高级将领组成的统帅部会议，每日讨论华北局势，提出应付方针。但日本坚持所谓"现地解决"的方针，对南京政府的提议置之不理，并要求南京政府不得干涉华北地方当局的谈判活动，以便其从对华北当局的威胁讹诈中索取最大的利益。日本政府从一开始所确定的目标就已超出了对具体事件的处理范围，提出了所谓要"为今后不发生这样的行为取得适当的保障"的要求，扩大派占据了上风。在中日冲突扩大之时，日本首相近卫及其周围的一些人曾考虑采取派遣特使进行高层秘密接触的方法来解决问题。但这种构想受到日本军部扩大派的阻挠，加之近卫本人并无真正解决中日问题的坚定决心，这类派遣使的行动没有取得成功。卢沟桥事变后，中国政府曾多次考虑与日本的绝交宣战问题，但认为此举不利于中国从外国得到援助，决定暂不宣战。而日本为掩饰其发动侵略战争之责，为防止受到其他大国物资禁运的影响,也不愿对中国宣战。于是,中日之间这场大规模的战争不宣而战达四年半之久。

1. 国民政府外交部与日方的交涉

王宠惠致外交部

牯岭,1937 年 7 月 8 日

特急。南京外交部:

陈次长蔗青兄[1]大鉴:密。庚电敬悉。请即派员向日本大使馆口头严重抗议,并劝告日方彼此先即停止军事行动,以免事态扩大等语。并请将抗议及劝告情形明晨在报发表。弟惠。庚牯五。

《卢事前后》,第 209 页

卢案向日使提抗议

1937 年 7 月 8 日

据我方所得报告,此次事件之责任,不在我方,显系日军挑衅,本人奉命,向贵使馆严重抗议,并声明保留一切合法要求,中日关系已至重要关头,不容再趋恶化,应请贵方立电华北驻屯安全军立即制止一切军事行动,并令驻屯军代表与冀察政委会所派人员,急速根据正确事实,立谋和平解决。藉免事态之扩大。

《全民抗战汇集》,第 75 页

陈介与日高信六郎[2]谈话记录

南京,1937 年 7 月 9 日

次长:此次卢沟桥事件发生,全系贵国华北驻屯军无理压迫我方所

---

① 陈介,外交部常务次长。
② 日本驻华大使馆参赞。

致。故解决华北问题，实为目下迫切之举，此为根本问题，且惟华北问题解决后，始得根本避免中日间再生纠纷。

日高：此时讨论华北问题，殊为困难。一则贵国于华北问题解决后，必将进而提出东四省问题，再则华北情形特殊，不能与其他各省一般看待，既有此种种困难，故以暂缓讨论为善。为调整中日邦交，缓和两国民众事情起见，最好先就容易解决之小问题，如中日沪福联航问题，先行商谈，俟获得解决后，再议其他大问题。

《卢事前后》，第 220—221 页

外交部致日本驻华大使馆
1937 年 7 月 10 日

据报告："本月七日夜十二时，有日军一中队在卢沟桥城外演习，藉口闻有枪声，收队点名，缺少兵士一人，日本武官松井遂妄指枪声系驻卢中国军队所发，并谓放枪者已入城中，要求立即率队进城搜索。驻卢中国军队以时值深夜，官兵均已睡眠，所云枪声绝非华军所为，且日军在中国境内亦无搜查之权，当经婉词拒绝。该武官以不得入城，即令日军向卢沟桥城采取包围形势。嗣经中国方面与日方商定，双方派员前往调查，而日方所派之寺平副官佐仍坚持入城搜查之要求。正交涉间，该城东门外及西门外，日军遽以大炮、机枪向城内华军射击，华军力持镇静，初未还击。继以日军炮火益烈，华军死亡枕藉，乃不得已为正当之防卫。但为避免事态扩大起见，仍极力容忍，进行交涉，迄未采取攻势。"等语，查近来华北日本驻屯军超越条约范围及目的，任意留驻部队及到处随时实弹演习之事，层出不穷，迭经外交部提出交涉，要求制止，而日方蔑视中国主权，迄不采取适当之措置。此次日军更藉深夜在卢沟桥演习之机会，突向该处中国驻军猛烈攻击，以致伤亡中国兵士甚众，物质损失，亦甚重大。日军此种行为，显系实行预定挑衅之计划，尤极不法。外交部于此事发生之当日，已向日本大使馆面提抗议，并保留一切合法要求。兹再重申抗议之旨，应请日本大使馆迅速转电华北日军当局严令肇事日军立即撤回原防,恢复该处事变以前状态,静候合理解决。外交部仍保留关于本事件一切合法之要求。希即查照见复为荷。合即略达。

《卢事前后》,第 210—211 页

中国外交部声明

1937 年 7 月 11 日

据所得报告,日军不遵照双方约定之停止军事行动办法,拒绝全部撤至指定地点,首则遗留部队二百余名于卢沟桥东北之五里店,继则调动大部军队千余人集结于卢沟桥东北三里许大瓦窑,于十日下午六时起,连续向我卢沟桥驻军猛烈进攻。同时,并调集日本国内外大军,络绎向平津进发,意图作大规模之军事行动,而贯彻其最初目的。至是卢沟桥事件,遂又趋于严重。其责任自应由日方负之。查此次事件发动于七日深夜,日军在卢沟桥非法演习时,声言演习兵士一名失踪,要求入城搜查,经我拒绝,彼遂发炮攻城,致起冲突。其为日方有计划有作用之行动,至为显然。而卢沟桥原非条约所许外人可驻军演习之地,其行为之不合法,尤无疑义。我方除由卢沟桥驻军守土自卫奋勇抵抗外,一面由外交部向日本使馆提出严重抗议,要求立即制止日军之军事行动,并声明保留一切合法要求;一面由地方当局与日军代表折冲,期事件之早日和平解决。我方维护和平苦心,可谓举世共见。差幸八日晚双方议定办法:(一)双方停止军事行动;(二)双方出动各部队回原防;(三)卢沟桥仍由我军驻守。方谓事件于此可告一段落,初不料所谓撤兵办法,竟系日军缓兵之计,毫无和平解决之诚意。中国国策,对外在于维护和平,对内在于生产建设。举凡中日间一切悬案,均愿本平等互惠之精神,以外交之方式,谋和平之解决。深盼日本立即制止军事行动,遵照前约,即日撤兵;并为避免将来冲突起见,切实制止非法之驻军与演习,庶使事态好转,收拾较易;否则,一误再误,日方固无以自解其重责,远东之安宁,或将不免益趋于危险,恐尤非大局之福也。

陈介就中日外交情势发表谈话
1937 年 7 月 12 日

7 日晚卢沟桥事件发生后,8 日晚已停战,不意 10 日双方复起冲突,昨日又约停止。但据确息,迄今晨止,仍有枪声,足见尚未实行停战。第一次冲突解决办法,系由双方撤兵,冲突地带,由保安军队接防,但不知何故,停战以后,忽又冲突。目前战事范围不大,然从近日日方军事行动观察,似为有计划之大规模策动。东京方面,情势紧张。近卫公爵 11 日赴叶山谒见日皇,陆军、海军、外务三省及参谋本部彻夜办公。华北驻屯军司令田代有病,已命香月替代。关东军仍源源出动,朝鲜督府亦有声明,国内之第五师团已开拨来华,第十师团亦待命出发。更观日方当局对内对外之声明,显有扩大事态之势。现中央对此,极为注意。军事方面行动,吾人不知。外交方面,除屡次抗议外,并已有节略送致日本大使馆,同时电令驻日大使馆杨参事,向外务省严重抗议。本部昨已派员赴平津实地调查,以为将来交涉之准备。昨日本大使馆日高参事来见,探听中国军队移动情形。当告以军事情形,外人不得而知,中国军队决无向任何国家挑战之意,但如任何国侵略中国领土主权,则有抗战之决心。现日本积极向平津增兵,实与日本国内当局不愿事态扩大之声言,完全相反。日本如有心维护东亚和平,应即停止军事行动,日高亦以为然。然日方之所以一面增兵,一面进行谈判,不能不令人认为迁延时日,藉谋大举。现在外交情势如此紧急,事务倍增,诸同仁幸勿以在暑假期内稍有懈怠。我国驻日许大使,年高多病,屡次请辞,兹以外交紧急,院部盼其回任,今晨派人来部表示,愿打消辞意,不日即返东京。老成忧国,至可钦佩,深盼诸同人有此精神,努力公务云。

王宠惠与日高信六郎等谈话记录
南京,1937 年 7 月 12 日

日高:今日谒见贵部长,并非预备讨论卢沟桥事件之肇事原因,及其详细经过情形,因事态至为严重,乃以贵部长为代理行政院院长之地位而晋谒者。本人今日之来,奉有外务大臣之训令,据东京方面所接报告,贵国中央军及空军或已出动,或准备出动,日方对此深感不安。内阁方面为此问题,昨日曾开阁议,现已抱最大决心,以谋应付。但同时日本政府,对于和平解决希望尚未放弃,本人鉴于局势过于严重,故偕陆、海军二副武官同来晋谒。

部长:在未答复正式问题以前,所应声明者,即行政院蒋院长已于一月以前销假视事,近来行政院会议余虽曾任临时主席,但此乃因蒋院长未能亲自出席,以次目为代理院长,显系误会。关于华北情形,自卢沟桥事变后,日来据报贵国关东军大举入关,第五师团正在运华途中,而第十师团亦已整装待发。关于此事,前日贵参事曾向本人一再言明,日方希望此事不致扩大,而上述日方此种军事行动,对于远东安宁,影响甚大。本来两国军队之冲突,为国与国间之冲突,决非单纯地方问题,目下形势至为严重,本人亦不愿意与贵参事讨论详细情形,因此对双方互相辩论,当无结果,亦无济于事。现在双方既皆不愿意使事态扩大,并希望圆满解决,本人以为双方应实行下列二种方法:(一)双方出动部队各回原防;(二)双方立即停止调兵。若照此办理,则问题易于解决,切望贵参事将此意即为转告贵国外务省及军事当局。同时中国方面,本人亦当即为报告军事当局。若双方均照此切实办理,则本人深信此事件不难解决。

日高:尊意甚是。本人亦抱同样希望,当即将贵部长所提两种解决方法即为报告外务省。

大城户①:(对道宁)请将本人意思忠实传译于部长。

---

① 日本驻华使馆副武官。

董:且待(对日高),贵参事不解华语,近来来谒部次长均由本人传译,本人相信所传译者,均已尽其最善。现在凡为两国之外交官者,因日来形势万分紧张,尤应格外慎重折冲交涉,双方均应正正堂堂,不宜鬼鬼祟祟。大城户、中原二位乃通晓华语者,对于本人向部长之译语,当可了然。

日高、大城户:当然,当然,请董科长不要误会。

大城户:据本人所接确报,昨晚八时在北平中日双方军事当局间,已成立一种谅解,如照部长之意进行,反将使事态恶化。

部长:所谓在北平中日双方军事当局间所成立之谅解,内容究竟如何? 本人所提解决办法,自信为最妥善者,而所谓反使事态恶化云云,其理安在? 本人甚不明了此二点,请详为答复。

日高:谅解之内容,虽不得知,但相信此种谅解,对于解决目前问题甚为妥善。(日高此言深堪注意,由此可知日方态度,即主张地方解决,而不愿与我中央开始谈判。道宁谨注。)

大城户:部长所说将出动部队撤回原防,在现在情形之下,实为不可能之事,因本人为军人,对于军事甚为熟识,现在华北日军之军事布置为防万一计,早已办妥,故此事难予同意。

日高:所谓谅解,本人虽不知其内容如何,其中当规定中国方面应实行之条件,故在贵方未完全履行以前,原则上对于贵部长所提解决方法,日方虽可以表示同意,但为监视贵方行动起见,不能将日方现在出动部队全部撤回原防。

部长:本人所提解决方法深信为最妥善,前已言之。但对于日方所讲谅解,本人虽一再询问,贵参事答以不知内容。既然如此,对于不知内容之谅解,我方当然不能表示意思。(日高对此答以"尊意甚是"。)但所谓谅解,对于日方应履行之条件,当亦规定在内。现在贵参事既表示不能全部撤回原防,则我方亦当取同样态度,但本人深望双方能同时将出动部队撤回原防,并双方即时停止军事行动,则此事件当可圆满解决。

日高：现在贵方是否在日方调动军队期内，不调动中央军队。

部长：贵参事所问，殊觉奇怪，诚属奇问！若日方继续作大规模之军事行动，则我方为保国卫民计，或有不得不调兵之事。此种军事行动，纯系自卫性质，决非对日挑战，此点可以明告贵参事。

日高：目下局势既甚严重，关于保护日侨一事，昨已向陈次长提过，仍请贵部长注意，对于在华日侨，善加保护。

部长：当然。同时亦请贵参事转告贵国当局，对于在日华侨，负责保护。

……

《卢事前后》，第 221—225 页

王宠惠致蒋介石
1937 年 7 月 12 日

急。限即刻到牯岭。蒋院长钧鉴：密。文电计邀钧察，今早十时许，日使馆参事日高偕大城户、中原两副武官来见。据大城户云，昨晚 8 时中日双方已在北平成立谅解，询其内容如何？彼推托不言。日高表示此次事件，日方本无扩大之意，因闻中央调兵北上，深感不安，故亦增加军队，至不得已时，当下最大之决心，其意盖指全国动员。惠当答以日方不愿我方动员，应自停止进兵，而将现在前方之军队各自撤回原防。日高原则上表示赞同，并允即电政府。除已电令驻日使馆杨参事往晤广田①作同样表示，并请广田即电川越②来京面商一切外，一面由部致文日使馆，声明此次所议定或将来待成立之任何谅解或协定，须经中国中央政府核准方为有效。谨电陈，乞鉴核。王宠惠叩。优。

《卢事前后》，第 213 页

---

① 广田弘毅，日本外务大臣。
② 川越茂，日本驻华大使。

王宠惠致蒋介石

南京，1937 年 7 月 12 日

急。限即刻到牯岭。蒋院长钧鉴：密。昨由徐次长①电传钧谕，嘱转饬许大使提前赴日，顷许使派秘书黄瑞护到京。据称，许使亦感外交紧急，拟即力疾回任，共赴国难，除转述遵旨促其克日启程外，钧座对许使如有所训示，请即电示，以便转知。谨电陈鉴核。王宠惠叩。文。

《卢事前后》，第 214 页

外交部致日本驻华大使馆

1937 年 7 月 15 日

关于卢沟桥事件，外交部准日本大使馆本月十四日复略，业已阅悉。查此次事件，系日军实行其预定挑衅计划，以致中国方面生命财产损失甚大，应由日方负责各节，外交部本月十日节略，业经详细说明在案。兹准复略，竟欲以违反事实之见解，除免日方一切应负之责任，碍难承认。至于日本军队之驻守北平至海之通道，照约原有一定之范围及目的，惟近年以来，此项日本驻军违反条约，任意留驻部队，到处实弹演习，迭经我方抗议，要求制止，迄未改善。此次事件，即系此项违约擅驻丰台之日军所酿成。此就条约言，本案责任全在日方，亦甚显明。再自此次事件发生后，日方迭次声明不使事态扩大，而一面有大批日本军队开来中国，集中在北平、天津一带。迭据北宁路局报告：本月十日晚，榆关开到日兵车五列。十一日晨，驻榆日守备队强入货场并强扣客货车及机车，组成一列，又强扣机车为压道车，分别于十二日上午开行。又关外车底五列，同日先后由榆开行，所载日官兵均系关东军，在榆站强开，不服制止。又十二日下午一时，驻塘沽日守备队派军官一名，率兵十五名，至该站站长室，办理日车运输。并通知路局，客货列车开行，

---

① 徐谟，外交部政务次长。

均须告知,经其检查,方可放行。一日下午,有南满铁路,日籍职员多人强占天津东站候车室为办公处,又有日宪兵多名迭次在该站强扣车辆,并监视站长。十四日日军在该站成立天津停车站司令,并占用该站贵宾室办公等语。似此强扣车辆,运兵输械,显系有意扩大事态,侵害中国主权。兹特一并严重抗议,应请日本大使馆查照外交部前次节略,迅即并电日本政府,立将此次增派来华之日军,悉数撤回,并将本案肇事日军撤回原防,恢复事件以前之状态,静候合法解决。至于关于本案之一切要求,外交部现仍保留提出之权。统希查照见复为荷。合即略达。

《卢事前后》,第 211—212 页

外交部致日备忘录

1937 年 7 月 19 日

自卢沟桥事件发生后,我国始终不欲扩大事态,始终无挑战之意,且屡曾表示愿以和平方法谋得解决,乃日本政府虽亦曾宣示不扩大事态之方针,而同时调遣大批军队开入我国河北省内,迄今未止,显本施用武力。我国政府于此情形之下,故不能不作自卫之适当准备,然仍努力于和平之维持。本月 12 日外交部长接见日本大使馆日高参事时,曾提议双方停止军事调动,并将军队撤回原地。日方对此提议,迄无表示,不胜遗憾。现在我国政府,愿重申不扩大事态,与和平解决本事件之意,再向日本政府提议两方约定一确定之日期,在此日期双方同时停止军事调动,并将已派武装队伍撤回原地。日方既抱和平折冲之希望,想必愿意接受此项提议,至本事件解决之道,我国政府愿经由外交途径,与日政府主即商议。俾得适当之解决,倘有地方性质,可就地解决者,亦必经我国中央政府之许可。总之,我国政府极愿尽各种方法,以维持东亚之和平。故凡国际公法,或国际条约对于处理国际纷争所公认之任何和平方法,如两方直接交涉斡旋调节公断等,我国政府无不乐于接受也。

《全民抗战汇集》,第 77 页

廊坊事件谈话

1937 年 7 月 27 日

自本月 7 日夜，日军在卢沟桥无故向我驻军袭击以来，虽其责任完全不在我方，但我当局为顾全东亚和平，始终表示愿以外交方式谋适当之解决，我外交部长曾迭次向日方正式提议，双方约定日期同时撤兵。不幸日方对于我方历次和平表示及提议，不独不予接受，且大举增兵，集中平津。同时与我地方当局，议定解决办法，我中央得报后，察其内容，与我既定方针，尚无重大出入，为贯彻和平之初衷，不予反对，我方极度容忍维护和平之苦衷应为中外人士所共鉴。方谓日方前线之军，从此可以撤退，后方之军，亦可以停止进发，乃一周以来，日军不独毫无撤退模样，且日本国内及朝鲜各地仍续派大量队伍络绎向平津出动。20 日晚间，无故向我廊坊驻军袭击，继之以飞机轰炸。26 日复向我地方长官，提出无理要求，兼在北平四处挑衅，其蓄意扩大事态，别有企图，已昭然若揭。两旬以来，我方已尽和平最大之努力，嗣后一切事态之责任，自应完全由日方负之。

《全民抗战汇集》，第 98 页

2. 国民政府的决策讨论与对日交涉原则

第二次统帅部会议记录

1937 年 7 月 12 日

时间：七月十二日下午九时

地点：部长官邸大客厅

出席人员：部长　程总长　唐总监　徐主任　曹次长　熊次长①

（下略）

---

①　以上人员分别为军政部长何应钦、参谋总长程潜、军委会教育总监唐生智、军委会办公厅主任徐永昌、军政部次长曹浩森、熊斌。

……

（二）熊次长北上案：

1. 到达地点。先乘飞机到郑州，再换乘火车至保定。

2. 随行人员。杨处长宣诚同行，并派方高级参谋径赴天津，促宋主任①即日到保定，与熊次长会面。

3. 任务。宣达中央意旨，即本委座所示不挑战必抗战之旨，如宋主任环境关系，认为需要忍耐以求和平时，只可在不丧失领土主权原则之下，与彼方谈判，以求缓兵。但仍须作全般之准备，卢沟桥宛平城不可放弃。如廿九军需要子弹与军实，中央可以源源补充。

《抗日战争正面战场》上册，第 210 页

第四次统帅部会议记录
1937 年 7 月 14 日

时间：廿六年七月十四日下午九时

地点：部长官邸大客厅

出席人员：何部长　程总长　唐总监　徐主任　曹次长（下略）

……

（三）部长报告：

委座有电到外交部，嘱发表申明书，顷研究甚久，但觉颇难着笔。因据外交界确实消息，十一日晚，宋已签字，承认日方条件。现中央并非申明宣战，仍须说明和平愿望，而地方政府已与对方签订和平条件，中央尚不知底蕴，仍在调兵遣将，准备抗战，是中央与地方太不连系，故发表宣言，甚难措辞。研究结果，以电话告钱主任②，请转陈委座核示。

又据北平消息，日方及汉奸对宋大肆挑拨：谓日军此次行动，系拥

---

① 宋哲元，冀察绥靖公署主任、冀察政务委员会委员长，第二十九军军长。

② 钱大钧，军委会侍从室第一处主任。

护冀察利益,拒止中央军来占冀察地盘。又对张自忠①部下,则谓仅打冯治安部,不打张部等语。

又英国领事及一新闻记者曾见宋,宋发表谈话,谓代表所签字承认之条件,系敷衍日方面子。日方兴师动众,非得一点凭据,面子不好看。现在日本全国仅二十师人,用于平津者不过五六万人。现中央交四个师归我指挥,决不怕日军之压迫等语。

但据北平私人电话,宋为亲日分子齐燮元、张○○、张允荣、陈觉生②四大金刚所包围,确已于十一日晚签字,承认日方之条件如下:

1. 道歉,并惩办此次事变责任者。

2. 取缔共产党、蓝衣社激烈分子排日抗日等运动。

3. 永定河以东、西山(?)以西,不驻中国军队(按此条有南北二百余里、东西百余里地方,又形成冀东状态)。

但秦德纯③致牯岭电话,不承认有上叙事实,谓并未签订任何条件。

……

(六)关于谋略与外交方针:

1. 徐主任意见:现在我准备未周,开战难操胜算,必在此最困苦关头,能忍耐渡过。若日方真如其宣传,确不欲事态扩大,则我似应抓住其意向,表示可以妥协,最好中央给予宋明轩以妥协标准,使其便于商谈。

2. 程总长意见:现在我们希望缓兵,以完成我方准备。所谓完成准备,即对长江设备完成,可以确实控制长江之安全,而保长江之枢纽,则无论实行持久战或歼灭战,乃有把握。但目下之准备与军队之动员,仍不可忽。

3. 唐总监之意见:现在宋明轩已在中央许可范围以外,从事妥协之

---

① 时任第二十九军第三十八师师长兼天津市市长。

② 齐燮元,冀察政务委员会驻会办事委员;张允荣,河北省政府保安处处长;陈觉生,冀察政务委员会委员,北宁铁路局长。

③ 第二十九军副军长兼北平市长。

运动,如中央再给以和平妥协之意图,则前途将不可问。冀察已非我有,故目前中央宜表示强硬,而任宋明轩之妥协运动之进行,如结果不超出中央期望之外,则中央可追认之,否则,中央仍予以否认。至军事准备尤不可忽。

《抗日战争正面战场》,上册,第 212—215 页

第七次统帅部会议记录

1937 年 7 月 17 日

时间:廿六年七月十七日下午九时

地点:部长官邸大客厅

出席人员:何部长　程总长　唐总监　徐主任　俞部长①(下略)

……

(二)部长报告:

1. 今日日高见王外长,谓日方对卢沟桥事件不愿扩大,只要中国政府将外交权交与冀察自行交涉,而冀察当局能忠实履行廿一日②晚所签定之条约,即可和平解决等语,其目的在使冀察特殊化。

2. 本日大城户武官到部,请正式谒见何部长,经派曹次长代见。大城户提出书面意见,略谓:如中央派兵北上及派飞机北上,则日本将有适当处置,以资应付,因此而引起之事端,应由中国方面负其责任等语。除已抄送外交部及呈报委座外,拟置之不理。

《抗日战争正面战场》,上册,第 219 页

第十六次统帅部会议记录

1937 年 7 月 26 日

时间:廿六年七月廿六日下午九时

---

① 交通部长俞飞鹏。

② 此处有误,应为 11 日。

地点:何部长官邸

出席人员:何部长　程总长　唐总监　徐主任　陈院长　俞部长
　　　　　熊主席　熊次长　曹次长　钱主任　周主任至柔①(下
　　　　　略)

……

(二)熊次长报告北行所得实情:

(1)事变中廿九军将领之内情

卢事发生后,八号及十号,冯治安、秦德纯决心反攻,宋亦由乐陵电令先消灭当面之敌,当开会时,冯发表主战言论后问张自忠意见如何,张答无意见,于是于八日晚下反攻命令。殊日人方面因兵力甚少,得此消息,即多方派人疏通,谓可无条件撤兵,因之乃收回反攻命令。至十日日军未撤,冯等又下令反攻,日人又向张自忠及许多亲日分子从事疏通,致反攻未成事实。宋到天津后,为许多亲日分子所包围,形势乃不佳。

熊次长到来后,乃派李处长炘赴津告以:①中央军北上乃为增援廿九军。②如能和平解决亦可为廿九军助威,并向宋解释诸种误会。

宋在津被包围结果乃派张自忠、张允荣与日方议定三条,系无头无尾之和约,原文如下:

解决之〔条〕件:1. 道歉。2. 廿九军退出卢沟桥城及龙王庙,以保安队接防。3. 取缔共产党、蓝衣社等。廿六年七月廿一日,张自忠、张允荣签名。

至外传许多条件,如撤换秦、冯,经济合作等,均未正式提出。宋到平后,表示和战均听命中央,如主战则因廿九军尚未集结,须有相当时间之拖延,以便集结兵力,并请中央亦作相当准备。宋于廿三日将和平三条件电呈委座后,曾二次询问委座复电,可知宋对和议不敢自主。

----

① 　陈院长,军事参议院长陈调元;熊主席,江西省政府主席熊式辉;周主任,航空委员会主任周至柔。

和平条件成立后,廿二日由平开出一团,扬言系 37D 部队,实系保安队驻天坛之新兵。齐燮元于廿四日催宋撤兵,并谓如再不撤,日军将以飞机百架轰炸北平云云(燮元为一大汉奸)。

(2)廿九军之官兵态度

宋哲元态度无可疑虑,不过希望俟有准备后再抗战,且宋主张攻势作战,不主张守势作战。故对沧保线工事不主张构筑,主张以四师兵力由天津冲山海关。前中央所发工事费五十万元,以廿五万给刘汝明筑察省工事,至河北则主攻不主守。秦德纯、冯治安则始终强硬主战,且甚服从中央。张自忠自赴日本以还,似害有二种病,即:①因日人给以许多新式武器之参观,以致畏日。②因日人对其优待而亲日。但廿九军将领一致主战,则张亦不致独持异议。刘汝明态度亦强硬,赵登禹则无成见,以众议为依归①。中下级干部及士兵则完全情绪热烈,不惜一拼,士气大多可用。

《抗日战争正面战场》上册,第 235—236 页

蒋介石为卢沟桥事变发表谈话
庐山,1937 年 7 月 17 日

各位先生:中国正在外求和平,内求统一的时候,突然发生了卢沟桥事变,不但我举国民众悲愤不置,世界舆论也都异常震惊。此事发展结果,不仅是中国存亡的问题,而将是世界人类祸福之所系。诸位关心国难,对此事件当然是特别关切,兹将关于此事件之几点要义,为诸君坦白说明之。

第一,中国民族本是酷爱和平,国民政府的外交政策,向来主张对内求自存,对外求共存。本年二月三中全会宣言,于此更有明确的宣示,近两年来的对日外交,一秉此旨,向前努力,希望把过去各种轨外的事态,统统纳入外交的正轨,去谋正当解决,这种苦心与事实,国内外都

---

① 刘汝明、赵登禹皆为第二十九军师长。

可共见。我常觉得，我们要应付国难，首先要认识自己国家的地位。我们是弱国，对自己国家力量要有忠实估计，国家为进行建设，绝对的需要和平，过去数年中，不惜委曲忍痛，对外保持和平，即是此理。前年五全大会，本人外交报告所谓："和平未到根本绝望时期，决不放弃和平；牺牲未到最后关头，决不轻言牺牲。"跟着今年二月三中全会对于"最后关头"的解释，充分表示我们对于和平的爱护。我们既是一个弱国，如果临到最后关头，便只有拼全民族的生命，以求国家的生存；那时节再不容许我们中途妥协，须知中途妥协的条件，便是整个投降、整个灭亡的条件。全国国民最要认清，所谓最后关头的意义，最后关头一到，我们只有牺牲到底，抗战到底，唯有牺牲到底的决心，才能博得最后的胜利。若是彷徨不定，妄想苟安，便会陷民族于万劫不复之地。

　　第二，这次卢沟桥事件发生以后，或有人以为是偶然突发的，但一月来对方舆论，或外交上直接间接的表示，都使我们觉到事变发生的征兆。而且在事变发生的前后，还传播着种种的新闻，说是什么要扩大塘沽协定的范围，要扩大冀东伪组织，要驱逐第二十九军，要逼迫宋哲元离开，诸如此类的传闻，不胜枚举。可想见这一次事件，并不是偶然的，从这次事变的经过，知道人家处心积虑的谋我之亟，和平已非轻易可以求得；眼前如果要求平安无事，只有让人家军队无限制的出入于我国的国土，而我们本国军队反要忍受限制，不能在本国土地内自由驻在，或是人家向中国军队开枪，而我们不能还枪。换言之，就是人为刀俎，我为鱼肉。我们已快要临到这极人世悲惨之境地。这在世界上稍有人格的民族，都无法忍受的。我们的东四省失陷，已有了六年之久，继之以塘沽协定，现在冲突地点已到了北平门口的卢沟桥。如果卢沟桥可以受人压迫强占，那末我们五百年故都，北方政治文化的中心与军事重地的北平，就要变成沈阳第二。今日的北平，若果变成昔日的沈阳，今日的冀察，亦将成为昔日的东四省。北平若可变成沈阳，南京又何尝不可变成北平，所以卢沟桥事变的推演，是关系中国国家整个的问题，此事能否结束，就是最后关头的境界。

第三，万一真到了无可避免的最后关头，我们当然只有牺牲，只有抗战；但我们的态度只是应战，而不是求战。应战，是应付最后关头必不得已的办法，我们全国国民必能信任政府已在整个的准备中；因为我们是弱国，又因为拥护和平是我们的国策，所以不可求战；我们固然是一个弱国，但不能不保持我们民族的生命，不能不负起祖宗先民所遗留给我们历史上的责任，所以到了必不得已时，我们不能不应战。至于战争既开之后，则因为我们是弱国，再没有妥协的机会，如果放弃尺寸土地与主权，便是中华民族的千古罪人，那时候便只有拼民族的生命，求我们最后的胜利。

第四，卢沟桥事件能否不扩大为中日战争，全系日本政府的态度，和平希望绝续之关键，全系日本军队之行动，在和平根本绝望之前一秒钟，我们还是希望和平的，希望由和平的外交方法，求得卢事的解决。但是我们的立场有极明显的四点：（一）任何解决，不得侵害中国主权与领土之完整；（二）冀察行政组织，不容任何不合法之改变；（三）中央政府所派地方官吏，如冀察政务委员会委员长宋哲元等，不能任人要求撤换；（四）第二十九军现在所驻地区不能受任何的约束。这四点立场，是弱国外交最低限度，如果对方犹能设身处地为东方民族作一个远大的打算，不想促成两国关系达于最后关头，不愿造成中日两国世代永远的仇恨，对于我们这最低限度之立场，应该不致于漠视。

总之，政府对于卢沟桥事件，已确定始终一贯的方针和立场，且必以全力固守这个立场，我们希望和平，而不求苟安；准备应战，而决不求战。我们知道全国应战以后之局势，就只有牺牲到底，无丝毫侥幸求免之理。如果战端一开，那就是地无分南北，年无分老幼，无论何人，皆有守土抗战之责任，皆应抱定牺牲一切之决心。所以政府必特别谨慎，以临此大事。全国国民亦必须严肃沉着，准备自卫。在此安危绝续之交，唯赖举国一致，服从纪律，严守秩序。希望各位回到各地，将此意转达于社会，俾咸能明了局势，效忠国家，这是兄弟所恳切期望的。

蒋介石答记者问

1937 年 7 月 29 日

（一）问：宋委员长哲元突然离平，致失重镇，未悉中央对其责任问题，如何处理？

答：在军事上说，宋委员长早应到保定，不宜驻在平津，余自始即如此主张。余身为全国军事长官，兼负行政，所有平津军事失败问题，不与宋事，愿由余一身负之。余自信必能尽全力，负全责，以挽救今后之危局。须知平津情势，今日如此转变，早为国人有识者预想所及。日人军事政治势力之侵袭压迫，由来已久，故造成今日局面，绝非偶然。况军事上一时之挫折，不得认为失败，而且平津战事不能认为已经了结。日军既蓄意侵略中国，不惜用尽种种之手段，则可知今日平津之役，不过其侵略战争之开始，而决非其战事之结局。国民只有一致决心，共赴国难。至宋个人责任问题，不必重视。

（二）问：今后我对日方针究竟如何？

答：自卢沟桥事变发生，余在庐山谈话会曾切实宣告，此事将为我最后关头之界限，并列举解决此事之最低立场，计有四点，此中外所共闻，绝无可以变更。当时余言我不求战只在应战，今既临此最后关头，岂能复视平津之事为局部问题，任听日军之宰割，或更制造傀儡组织？政府有保卫领土主权与人民之责，惟有发动整个之计划，领导全国，一致奋斗，为捍卫国家而牺牲到底，此后决无局部解决之可能。国人须知我前次所举之四点立场，实为守此则存失此则亡之界限。无论现时我军并未如何失败，即使失败，亦必存与国同尽之决心，决无妥协与屈服之理。总之，我政府对日之限度，始终一贯，毫不变更，即不能丧失任何领土与主权是也。我国民处此祖国之存亡关头，其必能一致奋斗到底！余已决定对于此事之一切必要措置，惟望全国民众沉着谨慎，各尽其职，共存为国牺牲之决心，则最后之胜利必属于我也。

3. 日本政府的决策及有关活动

日本内阁会议关于处理卢沟桥事件的决定
1937 年 7 月 11 日

这次事件,完全是中国方面有计划的武装抗日,已无怀疑的余地。我们认为:不但必须最迅速地恢复华北的治安,并且有必要为了使中国方面对非法行为,特别是排日、侮日行为,表示道歉,以及为今后不发生这样的行为取得适当的保障,就是说,现在,军部必须把预先在关东军和朝鲜军方面准备着的部队赶快增援在中国的驻军。同时,在国内也必须动员所需要的部队,迅速派到华北。然而,维持东亚和平,为帝国之素愿,因此,今后坚持不扩大局面、当地解决的方针,不抛弃和平谈判的愿望。并且,在上述使中国方面道歉和取得保障的目的达到时,当然立刻终止派兵。

《日本外交年表及主要文书》下卷,第 365—366 页

日本外务省声明
1937 年 7 月 20 日

7 月 17 日,由我日高代理大使向南京政府提出二点要求,主要内容为:(一)不得阻碍现地解决案的履行;(二)停止一切对日敌对行为。本月 19 日,南京政府对此作出四点答复:(一)同时撤退中日双方军队;(二)依外交交涉解决;(三)现地解决方案须经南京政府批准;(四)南京政府准备接受调停以至国际仲裁。此种环顾左右而言他之答复,我方实难接受。

本来(一)此次事变乃因中国方面的不法射击而发端,责任全在中国方面。而中国方面理应首先撤兵,停止不法行为,披沥诚意,事件当能圆满解决。然而若此所谓同时撤回军队,显然将责任加在我身上。不但如此,此前即曾数次违背现地两军撤兵之约,对我撤回部队施以不

法射击,以致伤亡多人,实属背信弃义。故当 12 日中国方面要求双方同时撤兵时,我方即未予置理。(二)由于中国集结二十余万大军于华北,摆出对我在平津之极少部队和侨民的鏖杀架势,我政府始有派兵决定。此乃完全出于自卫。虽然如此,我方仍以最大的隐忍自重寄一线希望于中国方面的悔悟。除派出少数部队外,至今国内部队仍在待机。然而,中国方面却以大军集结于华北,尚称自卫,诡辩云者莫此为甚。(三)冀察政务委员会乃有别于其他地方政权的大规模特殊政治形态。多少次重要的地方交涉向来由其进行,南京政府并未过问。而今竟突然主张我方和冀察政权的对话,必须经过承认,完全是故意为圆满解决事件设置新的障碍。目前事态恶化的原因,在于南京政府一面阻碍现地协定,一面不断调中央军北上。当此时机南京政府倘不翻然醒悟,解决时局将全然无望。

《中国事变陆军作战史》第 1 卷第 1 分册,第 185—186 页

日高信六郎在东京远东国际法庭上对有关卢事交涉的陈述

(一)我于 1937 年 4 月底到南京就任参事官……

当时,日华之间,以我所见一般空气尚属明朗。无人料到会发生什么事件。在华外人也说,本年夏天是近年来最平静的夏天,一入夏,驻南京、北平的各国大使、公使、新闻记者都去北戴河等地避暑。中国方面,蒋介石以及大部分要人也去庐山等地。7 月 7 日卢沟桥事件爆发时,外交部留在南京的只有常务次长陈介和日本科长董道宁等,亚洲司长高宗武也不在南京。川越大使为休假于 7 月 7 日由上海出发赴青岛,后又转往天津。我为便于与中国要人接触并度暑期,经政府批准拟于 8 月中旬前往庐山。但另一方面,也又有如下的情况,即:我到南京就任后,强烈的印象是与三年前我驻南京时比较,看到中国军队的装备、训练,都有很大进步,年轻的军人信心很强。我曾与军政部长何应钦、内政部长蒋作宾谈及此事,希望军方及警察当局自重……

(二)卢沟桥事件爆发,我于 7 月 8 日接北平发来公电得知。当日

傍晚,董科长来电话联系称:为避免事态扩大,希望日本自重。我告以日本方面并无故意扩大事态之意,要求中国方面自重。7月10日又接外交部公文,要点有二:(1)引起事端的日军立即撤至原地,合法地进行解决;(2)外交部关于本事件保留一切合法的要求。对此,我方回答:(1)我军在华北驻扎及演习是根据条约上的权利;(2)此次事件是基于中国方面的行为,我方不得已采取的自卫措施;(3)事件发生时中国方面的责任;(4)因而外交部提出的保留不能承认。

11日,第一次接到外务省的电报训令,其要旨为,日本政府之意向,愿迅速就地解决卢沟桥事件,故也希望南京政府对从速收拾时局,不要妨碍。我将此意正式通知中国外交部长。对此,外交部长的回答是,要求当地日军返回原驻地,及不要从满洲、朝鲜和日本国内增派军队。我随即质询说:关于此次事件,如能在现地达成停止战斗行为的协议,我想南京政府不会有否认或废除之意,是否如此?对此,部长并未表示反对。傍晚,外交部送来公文称:"现地已达成之协议或将来达成的任何谅解或协定,均须经中央承认方能生效。"此外,在上述会谈中,我曾询问,有中央军动员或北上的报道,是否属实?部长对此并未否认。

16日,中国外交部再来公文,要点有三:(1)此次增派之日军,要全部撤退;(2)引起事件的日军要撤至原驻地;(3)保留有关事件的一切要求权。

次日即17日,外务省发来训电,大意是:(1)南京政府不要妨碍现地日华两军同意成立的解决条件之实行;(2)为实现不扩大事件的方针,南京政府要停止一切挑战的言行。并恳切申述要为实现训令要旨而积极努力。我于当晚往访外交部长,递交记述以上两点的公文,并恳切申明,为维持日华之间的和平,无论如何,实行11日现地成立的协定,阻止事件的扩大,是最紧要的问题。再者,现地日华两军的兵力,日方与中国相比,只占极少数。事件爆发以来,由于现地事态紧迫,日方不仅不能充分保护侨民,而且为驻扎日军的安全计,迫于需要,才运送了增援部队。因而首先实行现地协定,缓和空气最关紧要。当此时机,南京政府进而向华北增兵,颇含有扩大事态的危险性。因此,希望正在积极北上的中央军迅速停止北上。此日,又将递交外交部长的公文译成英文,送交英美驻南京大使参考。

19 日,董科长递交外交部公文,其内容要旨是:"日本向河北省内派遣大批部队,至今仍未停止,在此情势下,中国为了自卫,不得不作适当准备。中国提议确定日期,日华双方同时在限期内停止军队移动,并将已派遣部队撤回原地。再者,带有地方性的现地解决办法,必须经中央批准。"后经询明,此公文是对我方 17 日公文的答复。

……我希望在外交部以外,有通晓大局能进行实际交涉之要人介入。但自卢沟桥事件爆发以来,在日益高涨的排日气氛中,外交部以外的要人,尽量避免与我会晤,很难找到适当的人。此时,我因其他公务由 25 日与外交部亚洲司长高宗武会晤,高与蒋介石有直接联系。在会晤时得到暗示。即蒋介石本人,似有急速实际解决的意向。于是,我增加了勇气,决定与蒋最信任的要人之一——四川省主席张群——会谈。会谈从 25 日或 26 日到 27 日前后举行二三次。其间,张一面经常与蒋密切联系。一面与我交涉。在交涉中,张明言对 11 日现地协定并无异议,因此,交涉非常具有实际意义,商定一旦现地协定可望实行时,日军立即自动声明撤兵,然后中央军先南下,其后日军即行撤兵。我想卢沟桥事件终于得以解决,非常高兴。但此时,已经发生了 25 日的廊坊事件、26 日的广安门事件。28 日以来,华北日华两军冲突急剧地扩大,与张群一度达成的协议,至此已完全落空。以上交涉的内容,均随时秘密通知英、美、德、法、意的代表,并与英国大使许阁森密切联系,该大使担任驻华外交使团事务,对同蒋介石等的联系起了很大作用。

《日本外交史》第 20 卷,第 125—128 页

4. 中日之间的秘密接触

（1）近卫派遣"密使"赴华

日本参谋本部关于紧急措施的意见
1937 年 7 月

一、迅速授权近卫首相（不得已时由广田外相）在危急的情况下，直接到南京与国民政府进行最后谈判决定和战。

二、通过以上措施使陆军与国民之关系成为一体，关于和战应是国家综合意志。

三、在实施上述措施时，华北军事行动可勿停止。

四、特命使节的随员以必要幕僚组成。

五、特命使节应携带促成日华局面发生重大转变的方案，此件由特命使节另行准备。

《中国事变陆军作战史》第 1 卷第 1 分册，第 147 页—148 页

宫崎龙介[①]的回忆

……秋山定辅拟使近卫与蒋分别重新有如桂太朗与孙文那样的合作。蒋亦对秋山予以信任。

因此，中国事变初起时，先不谈满洲问题，以无论如何停止战争建立日中同盟为目的，秋山让我（宫崎）充任密使，1937 年 7 月 19 日秋山令我前往，并让我把蒋介石请来。但我答以"不可能"。于是我委托中国驻日高级武官肖叔宣请其与蒋联系。蒋复电称："如来，可以会见，希告知船名。"后来得知，此电报被日本陆军查获。

---

① 　其父宫崎滔天，与孙中山等国民党创始人过往甚密。

我向对方发出了乘"长崎丸"前往中国的电报。7月23日夜晚，我从东京启程。在西行列车中，收到秋山两次电报，让我在京都下车与他通电话。24日晨6时，我从京都与秋山通电话得知，因我中国之行，陆军的后宫来访近卫，近卫拒绝会见，此事引起麻烦，让我注意。我想此事已无望，我或许会被捕，即毁掉电报密码本。当天在神户上船。便衣宪兵来到头等客房，要我去宪兵分队，当夜即被带往东京。

8月1日在东京宪兵队本部，我写了检讨书，声明我误将近卫私人委托当作公务的错误始末。随后我被释放回家。后来，我见到秋山。他说："杉山元认为我支持皇道派，系帮助真崎的人，所以与我为难。"杉山认为秋山得了蒋的金钱，拟揭发弹劾。总之，杉山为此战争之元凶。

《抗日战争》第4卷（上），第145页

有关近卫"密使"的一些记述

据原田日记记述，7月24日夜晚，寺内到原田处询问：有一个叫宫崎的人，在神户被宪兵逮捕，据说该人自称是近卫、平沼、秋山的密使，究竟近卫与秋山有何关系？原田答称：近卫的前辈与秋山很亲密，至今秋山仍崇戴近卫，但近卫并无被利用之事。26日原田去问近卫，近卫说：现在能去蒋介石处的人，除宫崎外别无他人。秋山去中国大使馆，提出拟派宫崎为密使去南京。中国大使就此事经中方拍发的密码电报，被陆军查获，因此，我曾让宫崎暂停上船，但此时宫崎已被捕。西园寺得知后，7月30日也说：近卫以不要太接近秋山等人为宜。西园寺并鼓动近卫要与英、美协调。

同盟通讯社社长岩永佑吉曾多次分别游说阁僚，"要效法俾斯麦的做法"。他说："普奥战争时，俾斯麦大胜奥地利，却故意不攻其首都维也纳，以宽大态度与奥握手言和，为后来打败法国做了准备。"据西园寺公一谈，那时曾受岩永和近卫之托，去上海会见宋子文，试图探询解决事变之途。

看来,近卫并未放弃直接交涉之途径。此后,原田与后藤隆之助晤面,后藤说要让松方幸次郎去见蒋。8 月 3 日,原田对近卫说:"松方不行。"近卫说:"我也认为松方不行,那就让头山①去,头山与广田很亲密,我想若他们二人去为宜。"原田认为如此做法并不合适,但当时并为提出反对意见。

那么,近卫要亲自去南京的方案,与他要派各种人去的想法之间有何联系? 这些事情又是如何进行的呢? 我们尚未得知其详,但这些均属事变爆发后一个月内之事,可以明确看出,近卫无论如何,总要抓住直接交涉的机会。广田外相也于 8 月上旬,一面进行正式外交交涉,一面还派船津辰一郎、有田八郎等去中国,但由于上海事变发生,未获成果。据本舍谈:"近卫曾命小川平吉、金子直吉试探对方意向,但此为很久以后之事。金光庸夫也与金子直吉、笹川喜三郎商谈,得到近卫谅解,要让该两人去上海、汉口与张群、何应钦联系,均被宪兵逮捕。"也是板垣任陆相、宇垣任外相时之事。此外尚有其他去中国的所谓"密使"的传说,但是否属实,以及与近卫有何关系,则多有不明。

《抗日战争》第 4 卷(上),第 145—146 页

西园寺公一的回忆

我被召到官邸是内阁会议刚刚确认了"不扩大"、"局部解决"的方针后不久。

我去时,近卫首相因患感冒正躺在床上。房间里只有近卫首相和同盟通信社社长岩永裕吉。我与岩永曾有一面之识,他是近卫的智囊。近卫的性格懦弱,动辄退缩,岩永在他身边,主要作用是给他撑腰打气。

我刚走进屋里,近卫迎面说道:"公一君,请你去一趟上海怎么样?"

这句唐突的话,使我不知如何回答。岩永见我发怔,于是就解释

---

① 右翼团体魁首头山满。

说:"您也知道,现在政府决定了不扩大事态、局部解决的方针。可是,把这一件事只作为局部地区的一件事,仅仅在其范围之内解决,那也是无济于事的。近卫首相现在打算从根本上解决日本与中国之间的问题。为此,首相准备亲自前往中国,直接与蒋介石会谈。因此,想请你去试探中国方面的意向。"

我用"这是真事吗?"的眼神瞅了瞅近卫。不知是因为感冒,还是别的原因,那天他的精神萎靡不振。他对我深深地点点头。

近卫说,他与蒋介石会见,需有两个前提条件:一是"事件不扩大,局部解决";二是解决"满洲问题"。……

我那时很赞成以这两个条件来促使日本和中国的关系正常化和熄灭战火。军部的真正野心不单是华北,而是侵占整个中国。我自以为,倘若国民党政府承认"满洲国",以换取日军撤兵,那么和平就有可能恢复。

然而,军部当真会接受这一方针吗?关键在于军部。

据原田熊雄和首相的书记官长风见章说,连总理大臣也没接到有关日本作战行动和战况的报告。当时的情况是事前军部根本不报告总理,而是先透露给新闻记者,总理只能从记者那里听到最新情报。……

总之,当时是处于这样一种状态。因此,与国民党政府的和平谈判,总理大臣也不能无视军部的动向。

听了近卫的委托,我首先想到了此事,所以我作了如下的回答:

"首相,凡是我能做到的,我都愿意去做。不过,军部的态度怎么样?你估计军部会和首相配合一致吗?"

"这很复杂呀……"近卫的回答好像没有信心。

无论是不扩大,还是局部解决,或者与国民党政府的和谈,问题并不在于当时的日本内阁和中国国内方面。问题在于日本的军部。而近卫首相的回答听起来却毫无信心。

对于我提的问题,岩永答道:"也许不那么简单,但军队里也有人和近卫的想法相同。石原莞尔就是一个。只要和这伙人联合起来,大力推行下去的话,正确的意见是不会行不通的。"……

然而,这种意见在参谋本部和整个陆军里,都是少数。

可是,近卫和岩永却甚为乐观。岩永说:"不要那样愁眉苦脸地想不通! 这边我们自有办法,那边就拜托你了。"

我觉得他的话,与其说是乐观,不如说是轻率。然而,只要有万分之一的可能性,就值得一试。

再说,近卫是首相,由于首相说没问题,首相让我去中国,所以我就打算尽力而为。……

我记得从神户出发去中国是在7月下旬。我不是用真名,而是以"西希舆志"的名字,搭乘法国船"安德烈·卢本"号,前往上海。……

去上海的计划实现了。我的任务是试探中国对日中关系正常化的意向,为此要了解中国方面的"气氛",能不能举行两国首脑会谈。

因此,必须会见国民党政府的要人或对决策有影响力的人物。

近卫首相挑选我当密使的一个理由是上海有我的好友松本重治。为了完成这次的任务必须借助他的力量。……

唯一能助我一臂之力的友人就是松本重治。他是日本同盟通信社上海分社负责人,自1933年就来上海,在这里干了四年之久。他与中国的政治家、工商界、文化界人士以及外国驻沪总领馆的外交官员交往甚广。然而,就连松本这样的中国通,也无法见到能够径直向蒋介石传话的人物。

我与松本商量的结果认为,能够向国民党政府主席蒋介石施加影响,又寓居上海的最适当的人物莫过于宋子文了。但是,能与宋子文接触本身也不是那么容易啊!……

在最里层的一间客厅里,胖乎乎、带着一副太阳镜的宋子文在等候我。

我不是外交里手,也不擅长策略战术,所以,一见面便开门见山,直入正题。

"近卫首相很担心卢沟桥事变的扩大化。为此,他强烈期望这一事件作为局部问题加以解决。但不知中国有没有接受的心意？请阁下率直相告。"我一开始就这样提出了问题。接着，我解释说，本来像这类交涉，应该通过正式的外交途径进行的，但由于日中双方现都处于激奋状态，冷静不下来，容易发生毫无意义的讨价还价或者受其他杂音的干扰，使问题节外生枝难于解决。所以，近卫首相才认为有必要派我来，把他的意图直接转达给中国方面。

宋子文避不回答我提出的问题，只是说，日本军部错误地估计了中国军队的作战能力和战斗决心。他指出，日本军部有一个愚顽不化的成见，以为日本出兵一击，中国军队就会很快投降，这是打错了算盘。现在，中国军队的武器等装备已经大大加强，而且已从"九一八事变"等以往的历史事件中吸取了教训。

的确，当时的日本，不仅日本军部是如此，在政界以及宣传媒介当中都有一股蔑视中国抗战力量的风潮。他们狂妄地认为"日本皇军无敌天下"而"中国军队羸弱，不堪一击"。然而，事实怎么样呢？"九一八事变"以后，蒋介石的军队的作战力量有了增强，而且以"七七事变"为转机，中国共产党创建了八路军、新四军。

在交谈中，我观察到宋子文对我的提议，虽然回避表态，但并非置若罔闻。我觉得还有一线希望，便趁机一个劲儿地说下去。我提出："近卫首相访华就两国间存在的问题，与蒋介石主席举行会谈，以谋求一举解决日中之间存在的问题，但不知中国方面是否愿意？"[①]

宋子文理解了我讲话的真实意图，但他在关键问题上流露出惶恐和犹豫的样子。是什么问题使他如此神态呢？那就是对近卫首相的政治力量的估价。他问道："近卫先生能够抑制住军部势力吗？"

坦率地说，对于这个问题，我自从被近卫叫到首相官邸谈话那天

---

① 关于举行"近卫文麿、蒋介石会谈"的构想，原来是在近卫组阁前夕，由政治学者蜡山政道向近卫提议的。另外，主张不扩大派的石原莞尔少将也提出过相似的意见。近卫首相对此很感兴趣。因此，可以说，为举行日中首脑会谈，不止西园寺公一这条线，还有别的线也在进行。

起,同样感到惴惴不安。

我抵达上海后,每天从同盟通信社上海分社收到的东京电讯稿里,看到的净是从日本内地向中国大陆调兵遣将的新闻报道,使人感到日中两国之间将立即爆发正式战争的那种气氛。

"日本军部在中国肆无忌惮地扩张势力。对军部的力量,决不可掉以轻心。试问,近卫首相有什么办法抑制住军部呢?近卫首相会不会像犬养毅首相那样遭到暗杀的厄运?"宋子文指出的问题,确实至关重要。

"日本人相信,由近卫任总理大臣的话,军部不敢那么放肆非为。中国方面如果同意局部解决卢沟桥事变和全面调整两国邦交问题,日本方面将会包括首相访华在内采取全力以赴的对策。"我继续作了阐述。

宋子文这时终于回答说:"我明白了近卫公爵的想法。"但又问道:"总会有条件吧。近卫首相准备说服军部的条件是什么?"

我表示,条件只有一个,那就是"承认满洲国"。他听了我这句传话后,沉默好久,然后缓慢地说:"办不到。不行!"

谈话进入僵持状态。如果就此分手退出来,那我此行的目的岂不是落空了吗?于是,我变换说法:"阁下所说,诚然合乎道理。说真心话,我也不愿意涉及'满洲'。那好,我们不再提出承认等这类蠢话。今后,关于'满洲问题'我们相互都不再涉及,您看如何?"

我与宋子文两人的会谈,到此结束。宋子文也赞成双方以"不涉及"这种形式达成一致意见。他还对我说,他要去南京见蒋介石,听取他的意见。

我心头无限兴奋。我思量着如果没有说服蒋介石的可能性,宋子文不会赶往南京,既然要去想必是很有把握。我如释重负,觉得会谈大致成功了。……

第二天,我一直在房间里焦灼地等候佳音,但是,音信杳然。又隔了一天的晚上,宋子文打来电话说:"可以。"

　　我接到"可以"的回话后,立即定了最早从上海驶往日本的法国轮船的船票。……

　　我搭乘的法国轮船停泊在神户港。为了火速向近卫首相汇报,我下船后立即改乘东海道线的特快火车赶回东京。

　　第二天,火车驶入东京车站。当我正在匆忙下车之际,猛听到站台上一片欢呼声。我定睛一看,人群手里摇着"太阳旗",簇拥着穿着黄军装开赴前线的官兵们在狂呼着。

　　所谓前线,显然是进攻中国了。我恍然醒悟到我迄今所作的一切努力都付诸东流了。日本不断派遣增援部队开赴前线这一事实表明:"不扩大和局部解决的方针"根本做不到,何况是举行"近卫、蒋会谈",更是无稽之谈了。……

　　我心绪沮丧,我这个"密使"角色,到头来却扮演了一个滑稽的丑角。然而不幸的是,日本从此陷入了空前规模的战争泥潭,而且越陷越深。

《红色贵族春秋——西园寺公一回忆录》,第76—89页

　　(2)船津辰一郎使华

全面调整日中国交方案纲要

　　日本外务省、陆军省、海军省,1937年8月6日

一、政治方面

　　(一)中国今后应不把满洲国作为问题提出,此点应以密约予以约定(注记一)。

　　(二)中日防共协定(非武装地带内的防共,当然依次实现,在该地带应特别严加取缔)。

　　(三)根据停战条件,除撤销冀东、冀察外,日本就内蒙古及绥远方面与南京协商,应使南京接受我方正当要求[大致含于前项(二)],该方面的南京势力并不排除。

（四）中国在全国范围内，严格取缔抗日排日，贯彻"邦交敦睦令"（关于非武装地带内的抗日排日，自应特别严加取缔）。

二、军事方面

（一）废除上海停战协定，如中国方面强烈希望时，应充分利用进行讨价还价之后，予以同意（注记二）

（二）废除自由航空飞行。

三、经济方面

（一）降低特定商品关税率

（二）冀东特殊贸易当然予以废除，并恢复中国方面在非武装地带海面上取缔走私的自由。

注记一：对方如有正式承认满洲国之意，可按此行事。

注记二：要考虑本协定与各国的关系。

《日本外交史》第20卷，第105—106页

日华停战条件

日本外务省、陆军省、海军省，1937 年 8 月 7 日

一、停战提议要由中国方面提出，为此，外务省须火速进行幕后工作。

二、收拾时局的条件概要如下：

（甲）非武装地带之设定

（1）连接德化①（德化：即化德。）、张北、龙门、延庆、门头沟、涿州、固安、永清、信安、独流镇、兴农镇、高沙岭之线（含线上）以东及以北地区为非武装地带，在以上地域内，不驻扎中国军队。以上地区内之治安，有保安队维持。关于该保安队人员及装备另行规定。

注记：第一方案由外务省交涉。

（2）同意以连接宝昌、张北、龙门、延庆、门头沟之线（含线上）以东及以北，以及与之相连接的河北省内永定河及海河左岸（含长辛店及附近高地以及天津周围）地区为非武装地带（此项有关保安队问题与前项同）。

注记:此为最后决定之方案。

(3)关于设定非武装地带,中国方面如坚决要求规定一定期限为条件,方承诺前述(1)或(2)时,不妨同意规定期限。

〔但若规定期限,期限届满时之措置须再研究;但若规定期限,须明确取得谅解,即在期满时,重新沿满华国地区划出一定的线(例如自长城30公里)设定非武装地带。〕

注记:根据交涉情况,要进行考虑研究。第一方案由外务省进行交涉。第二方案为最后方案。

(乙)帝国可能允许之限度

(1)根据需要我方驻军兵员数,可以表明我方有在事变爆发时兵员数范围内尽量自动减少之意向。

(2)废除塘沽停战协定

(根据此协定成立之各种约定包括在内,但根据北平协商成立之各种协定,即①长城各关的接受,②通车,③设关卡,④通邮,⑤通航空,不予废除)

废除土肥原—秦德纯协定及梅津—何应钦协定(尤其现在进入河北省内之中央军,自当撤到省外。但应约定严加取缔上述非武装地带内之排日抗日,并应防止赤化)。

(3)同意撤销冀察及冀东,由南京政府任意在该地域实施行政。

但该地域之行政首脑,希望为实现日中融洽适当的有力人物。与此关联,就在华北日中经济合作之宗旨达成协定。但该种合作当然应是站在日中平等立场上之合办或其他形式之合作。注:冀东我虽有意不妨撤销,但应考虑作为交涉时充分讨价还价之手段。

注记:外务省须内部掌握。

(丙)根据以上(甲)及(乙)进行停战谈判之同时,不拘泥已往之事,继续进行调整日中国交的交涉,其方案另行说明。

备考

一、前述日中停战达成协议,中国军队撤出非武装地带及中央军撤到河北省以外之后,我军即开始撤退(前述协议达成之同时,我方适当声明撤退之意向)。

二、前述停战达成协定后,日中双方应声明放弃已往之事,为真正实现两国亲善,开始实行"新政策"。

《日本外交史》第 20 卷,第 108—110 页

广田弘毅致川越茂

1937 年 8 月 7 日

(一)关于解决时局问题,前几天外、陆、海三省特意进行了商谈,可能取得的一致意见,其内容大致如另电。今、明两天是决定政府方针的时候。

(二)然而上述停战交涉的开端,因为种种关系,形式上必须首先由中国方面提出。为此,急派船津去上海(国内增派的三个师团,计划到 8 月 20 日集结完了,我想在这以前无论如何需要取得一种协议)。船津是以个人意见希望和平解决而游说,设法使高宗武向大使馆方面"提议"停战。不过,对于这点,高宗武也会探听我方的态度,所以如果漫不经心地提出就很不妙。既然是我方提出停战,中国方面也须拿出决心来。要使得高对我方会谈时所持的意见,在某种程度上是曾经和蒋介石商量好的,这很重要。

(三)对我方上述工作,以高与蒋介石曾经商议过为前提。当关于停战交涉开始需要提出我方意见时,(1)前述(一)有关停战的帝国政府方针已经决定,给你训电已包括上述方针,不妨与高宗武之间适当开始预备性的协商。(2)那时如果帝国政府决定方针的电报尚未到达,望将高的提议内容具电即时请训。

(四)以上,在政府方针未确定前,因种种关系即使对陆、海军武官都要绝对保密。为不招来外部的反对,出于特别慎重起见,我想大使和船津最好暂时不要直接会见。

(五)还有,政府的想法是,以上关于停战的交涉如果继续下去,即

站在向来未决事实这一观点,进行调整日华邦交的协商。目前,有关方面正在继续商谈,两三天内可能有所决定。再者,此件在陆、海军中央知道的也极少。决定之后,望即排除此件。因此,除贵大使知道外,希千万保密。

《中国事变陆军作战史》第 1 卷第 1 分册,第 229—230 页

5. 关于断交宣战的考虑

(1)中国方面

国民党中央政治委员会致国防最高会议

1937 年 8 月 26 日

为提案事,日来军事紧急,全国上下团结御侮,胜利必属于我。唯国际政治问题之亟待进行者,其重要性或不减于军事,否则恐战场中虽有重大之牺牲,而政治上并不收获相当之代价,则百年来空前之机会未免失之可惜。以下三事似可即时实行。

(一)海关中在职之日本籍关员,应即日一律解雇,以为收回关税行政权之第一步。自国民政府成立以来,海关行政之所以不即完全收回,而仍以英籍关员一人为总税务司者,其原因并不在于对付英国而实在于对付日本。英籍总税务司虽表面善于敷衍,实际并不忠于职守,始易纳士继而梅乐和①,均不惜牺牲中国之重要利益而敷衍日本,在日人公然武装走私以前,海关对于日商放私之事,商民久已啧有烦言。又年来政府对于各机关预算均实事求是,独海关始终抗命,其预算只编总数,不编内容,关务行政之真相虽财政部亦无从探其底蕴,其中滥行开支情形,为世界任何公务机关之所无有。而财政部之对于梅乐和始终不愿深究,正恐日本之乘其后,梅乐和遂更挟日本以自重。按税务人员

---

① A. H. F. Edwards,Frederick W. Maze,先后任中国海关总税务司。

任用资格今日有代理总税务司资格者华籍日籍各一人,而梅赴欧时竟不以华籍之丁贵堂而以日籍之某代理,凡此皆人尽闻知之事实也。至海关内舞弊营私之事件,平日控告之函不知凡几,均因总税务司所处之地位特殊,投鼠忌器而无法彻查,而所以委曲纵容者,均因日本之故。今若以一纸命令解雇全体之日籍关员,则总税务司失其操纵之工具,今后总税务司之继承者,当然为华籍关员,梅乐和纵返原任,当不敢不就范围,否则随时免去而易以本国人亦可不成问题,如此则关务行政之全权,可以不动声色完全收回。此其一。

(二)在华日本臣民所享受之治外法权应即日以明令取消。

在国民政府定都南京以来,立法、司法各院以最大之努力,求各国人民在华治外法权之取消,而作梗最顽强者厥为日本。年来日本在华一切扰乱我秩序,破坏我统一,危害我国家之行为,均在治外法权之掩护下公然为之,使我国之军警政法等一切设施均失其效力。外交上之抗议则皆置若罔闻,今战事既已发动,可再不必顾忌,似宜效德国之所为,凡条约中关系日本在华之治外法权者,以明令宣布日本部分之无效,日本在华租界区域亦随带取消。如此则日本今后纵然言和,则在吾国境内已失去其捣乱之工具与捣乱之根据地。日本取消,则英、美、法等国本欲见好于我,其在华之治外法权亦当然可望其自动取消,则以后经济财政民政上最大之障碍可以消除矣。此其二。

　……

至于目前中国对于日本国交应否断绝另是一事,军事上与外交上必已详加考虑,惟以上三事均不影响国交之断否,雇用外籍人员原为我政府之行政权,其解雇原无关乎国交。至于条约之片面停止生效而并不为断绝国交之表示,希脱勒之德国政府已先我而为之。至于国际陈诉,我国前已累次为之,所惜者以前未作具体之请求,今既以全民作战,有进无退,则请求不妨具体,不妨扩大。或以为中日战争有调停之可能,不应先为已甚,变成僵局。殊不知对日治外法权之收回与关税行政完全自主等步骤,均为复兴中国之必要条件,正宜于各国出面调停以前,我国先将此等问题解决,则以后言和果实,有利于我国。否则经过此番重大牺牲,我国尚不敢自动恢复其必要之主权,则此次之牺牲岂非毫无意义。故及今撤去日籍关员,收回治外法权,正所以为日后平等互惠之和好地步。否则今后之和好,徒增加一层作茧自缚而已。以上各层,是否有当? 敬候公决。

《卢事前后》,第346—349 页

（2）日本方面

宣战布告对日本经济之影响
日本外务省通商局,1937 年 11 月 6 日

目录

序言

观察宣战布告对一般经济之影响,首先宣战的直接结果,将必然招致美国实施中立法,即美国总统得知日中之间存在战争状态,要将其事实布告周知,而一经发布布告,无需任何其他手续,即可禁止对日、中两国之兵器输出,且两国即不能在美国取得募集公债及其他金融上之便利。

再次,颁发上述布告后,经一定手续,重要物资之输出等也要加以

限制。如此,美国的经济压迫,无论其是否愿意,将在相当程度上付诸实施(尽管是对日、中两国的措施,但一方面对中国在不违反法规的范围内,尽量采取宽大的态度处理;另一方面,对于日本即使是法规以外的,也将以苛刻的态度处理。对此须有思想准备)。一旦在美国出现如上情况,以英国为中心的国际联盟,鉴于其对中日事件的一贯态度,也不会袖手旁观,必将采取国际联盟在埃塞俄比亚纷争时,对意大利实行的各种经济制裁手段。而英国顾及对其华权益之重大,或作为联盟之一员参加制裁,或纵不参加联盟的制裁,也势必与美国呼应对日本实行严重经济压迫。此外,即使并无诸如联盟制裁之集团的经济压迫,而现在反对日本的各国反日感情,将愈易高涨,也可发生排斥日货,拒绝与日本人交易等各种不利情况。

如此,对我贸易、金融、海运及保险之影响所及,将不可估量。尽管根据宣战布告,我舰队对中立国船只通过现场检查及没收其载货,固可削弱中国的战斗力,从而获得利益,但由于上述贸易、金融及其他方面所受影响的结果,势将妨碍战斗之进行。

另一方面,宣战的直接结果,我丧失的对华权益为数不少。

由于美国实施中立法的影响以及国际联盟乃至英国的经济压迫,在贸易、金融、海运及保险等各方面,将使我遭受损失及丧失对华权益。

此外,日本人在各国经营的企业,普遍的经济封锁自不待言,即不如此,也将受到直接间接的种种压迫,遭受不少损失。

第一,美国实施中立法可能带来之不利

美国中立法规定的十五个项目中,与我方有密切关系的主要事项有三项:

该法第一节所述兵器弹药及军用器材的输出;

第二节所述前项以外的物品及材料的输出;

第三节所述金融上的交易。

由于总统得知外国之间存在着战争状态时,必须将该事实颁发布告,因此,我国发布宣战布告时,总统即行发布存在战争状态的布告,于是，必然实施中立法。其结果是：

一、兵器弹药及军用器材的输出，当然立即禁止，我国即不能从美国购入此等器材。

二、上述以外物资的输出是否禁止，须由总统布告决定。其内容亦根据总统布告如何而定。不久前，美国对主张禁止废钢铁等输出应付诸实行之说，逐渐有力。据此估计，将有相当范围的重要物资被禁止输出。在意埃纷争之际，在尚无上述中立法条款时代，1935 年 11 月 15 日由国务卿声明：认为对交战国输出石油、铜、载重汽车、拖拉机、废钢铁等，与中立法精神背道而驰，应严格监督，予以控制。此一事实，亦可说明。

关于本项兵器以外的物资，根据中立法第二节所谓"现款自运"的条款，不用美国船只，由其他国船只，从美国装运（发送）以前，价款须完全付清。因此，与美国人之间，如不遗留任何债务关系，从美国输出虽有可能，但需要有充足的资金。另外，尚有船只等问题，故认为此等物资并非绝对禁止输出品，采购并不困难，则属轻率看法。

三、金融交易的限制。根据总统宣布战争状态的布告，当然发动关于本项中立法第三节之规定。我国政府本身自不待言，即代替政府在美国募集公债及集资提供信用等，立即成为不可能。借款自不待言，即银行交易等也将受到很大影响，此为我方最感苦恼之一点。

本项限制与前述二项相类似，例如我国向美国谋求棉花借款，或为"满洲国"建立重工业时，将不可能引进美国资本或设备乃至机械等所需投资。

再者，美国如实施中立法，日中两国虽都感不便，尤其"现款自运"的条款，对中国之不利大于日本，此一事实成为至今尚未实施的理由之一。有鉴于此，美国势必采取措施修改该法，对任何交战国给与同等效果。此种情况之必然结果，日本要比现在不利。因而我方须考虑修改该法的情况。

第二，国际联盟的制裁乃至英国及其他各国对日经济压迫我国发布宣战布告,国际联盟将不能袖手旁观,正如序言中所述。尤其在宣战同时,美国实施中立法,国际联盟将与之呼应,决议实施某种程度的制裁,对此,须有思想准备。

意、埃战争时,国际联盟采取的措施是:

一、禁止兵器弹药对意输出(对埃塞俄比亚则不禁止);

二、对意财政制裁;

三、禁止输入意大利商品;

四、禁止对意大利输出某种物品

以上各种措施,在国际成员国中,不仅有不参加制裁的国家,即使参加制裁的国家,也并不严格实施。例如对意最有效的打击——禁止对意输出石油,并未断然付诸实行。其结果制裁并未达到预期目的。然而,这一制裁仍使意大利感到很大痛苦,这从意大利反抗上述制裁,以及与之关联而在贸易、金融、汇兑、国内消费等方面所采取的措施中可以看得很清楚。

国联将对我国实行何种制裁,大体可按照以上对意制裁的情况考虑。

此时应注意,不能简单地认为这仅仅是国联的行动而予以轻视。鉴于英国对华权益之重要众所周知,它对中国获得其物资及金融等予以大力援助。美国实施中立法后,英国将更加支援中国,对我国则露骨加以压迫,从而利用联盟机构,操纵联盟各国,采取与我国为难之态度。对此,当然不可不预先料到。

宣战布告所可取得之最大利益,在于对中立国船只实行现场搜查及没收战时违禁品,以减少对中国军需品的供给,削弱其战斗力。但为实行现场检查即没收等时,需要以香港为中心,及于法属印度支那沿海,进而远至新加坡,如此则遭受打击最大者为英国。从而与英国军舰之间会引起争端,姑且不谈政治问题,在经济上英国势必压制我国(再者,英国通过维持中国现政权,以维护其重大的在华权益,与上述情况有极大联系)。

根据以上第一及第二项说明的情况,以英美两国为中心,加以国际联盟实行对日经济压迫,我方遭受之损失将无法估计。即使,最初并无此种集团的压迫,但因现在世界各国对日感情已颇为不妙,且正在实行金融上之压迫、排斥日货以拒绝装船或保险,在此情势下,一旦我国布告宣战,各国受到新的打击,上述各种经济压迫运动乃至具体措施,当然会更加激化。况且,对中立国船只实行现场搜查及扣押其载货,不仅与英国及其他各国之间,将频繁发生事端,同时更加刺激各国舆论,使其态度硬化,大势所趋,终至发生断然实行经济封锁之事态。

在上述形势下,宣战对贸易、金融、海运及保险等各方面之影响,现概观如下(第三至第六)。

第三,宣战对我国贸易之影响

观察宣战对我国贸易之影响,不仅与今后战争发展、军事行动以及我方对各国之态度如何有重大关系,再从其性质上说,也难以预作准确判断,但大致可作如下预料:

一、立即或不久即可产生的影响

(甲)基于美国实施中立法,禁止从美国输出兵器弹药及军用器材(参照前文第一,尚须考虑英、法等国亦采取大致相同的态度)。

(乙)由于美国实施中立法,拒绝提供金融上的便利,造成贸易困难,已如前述第一项,英国官方亦将追随美国对我施加金融压迫。日本贸易有六成是在伦敦市场决算的,再加上美国在金融上制造困难,日本贸易将陷于瘫痪状态(参照第四)。

(丙)各国排日运动激烈,不买日货,拒绝交易,拒绝日本船只以及日本货装转的声势很大,除普遍的经济封锁及金融上的不利等影响外,仅不买日货等我输出贸易即将减少一至二成左右(2.5亿日元至5亿日元)。此外,对于输入也有不少障碍。

(丁)华侨排斥日货现已实行,如对华宣战,将使之更加激化,其结果,我对暹罗(泰国)输出(年额4300万日元),对印度支那输出(年额460万日元),及对海峡殖民地(指东南亚的马来半岛南部的英属殖民地)输出(年额 5800 万日元)必将受到相当打击。

(戊)美国很有可能将石油、铁、汽车、与军需工业有紧密关系的机械等,指定列入输出限制品货单,英国也将限制输出,因而获取物资将发生困难。现在美国把禁止输出废钢铁作为问题提出,此外,以禁止石油输出为对日制裁之有效手段之事也正在讨论中。新西兰已禁止石油输出事情,上述资源殆将处于英、美两国资本独占之下,则我方蒙受打击之大,当可不言而喻。

(己)加之排斥日货运动日益加剧,贸易的减少率,更要增大。外国制造业者利用弥漫的排日空气,将逐渐开展对日本产品提高关税乃至强化进口配额限制等运动,其中一些措施将来会长期继续下去。

二、经济封锁的影响

事态极端恶化,一方面美国相当严格地援用中立法;另一方面,以英国为中心的国际联盟实行经济封锁,德、意两国虽对我国采取善意的中立态度,但石油、铁、棉花、羊毛、生胶、纸浆、镍、铝、铅、铜、锡、锌、皮革等物资输入将极为困难,进行战争以及维持重工业,面临严重局面,将引起社会不安。此外,我输出贸易亦失去其大部,主要依靠输出的生丝(包括养蚕业)、纺织品、陶瓷器、玩具、灯泡等各种产业将受到严重打击。由于缺乏上述资财,将导致全体工商业界的倒闭和失业的激增,我国财力与经济力疲弊,是否终至发生严重妨碍战争进行的事态,难以推测。

贸易商的压迫像两面刃的剑,当然施加压迫的国家,亦受到巨大损失,一旦布告宣战,即使各国并非情愿,但大势所趋,即形成上述结果。

第四,金融上之不利

在我国对外贸易之中,英、美两国的作用,十分重要,向非洲、近东、其他欧洲各国的输出票据,须根据伦敦银行的信用证开出。此外,印度棉花、澳洲羊毛及其他输入,在资金上除伦敦外亦难得便利。而且由于伦敦市场的普遍性,日本贸易通过伦敦市场进行决算有六成。

另外,由于与南北美的贸易正处于利用纽约市场的情况,现在日本一流商社或银行应付支票的贴现,相当不便。

其次,在英、美尤其在伦敦,日本公债暴跌,失去作为抵押品的价值,金融上将出现非常困难的局面。如今日本一旦布告宣战,各国尤其英国将改变过去对日克制的态度,伦敦金融市场将拒绝对我提供方便,拒绝建立信用,现下允许的融通将被收回。又,与美国之间,即使前述实施中立法另当别论,但在纽约市场亦不得不使用现金交易,导致我金融界及对外贸易陷入瘫痪状态。除此以外,对生产、劳动、其他方面的影响亦很大。

第五,对我海运之影响

关于海运问题,英国对我近年来海运的发展,尤其对我进入远东航线感到忧虑,因而禁止日本船只在印度沿海贸易。在日印、日澳两航线上,日、英轮船公司之间曾提出市场占有率的分配问题等,但因中国事变,我船只多被征用,以及船只严重缺乏,致使与英国船只有竞争关系的上述两航线及波斯航线等,我方竞争力减弱,英国将乘此机会挽回其努力。由于布告宣战,日英关系恶化程度加剧,英国或将在香港、新加坡、科伦坡以及其远东属领间的航线,对日本船只实行封锁。在此时机,英国方面对我海运,将有以各种手段进行压迫之虞。

另一方面,英国及殖民地各港口,拒绝为日本船只装货,对我海运多有不利,我国海运收入不免大大减少。

如今,我输出贸易正受到各种输入限制与阻碍,处于进展困难之际,通过发展海运谋求增加贸易以外之收入,从适合国际收支来考虑,颇为必要。据此观点,我船只进入各处,虽属可喜现象,但因日华事变之发生,上述趋势,至少不得不受一时之挫折。因此,必须尽量减少时局对海运的进一步影响,故倘非绝对必要,则需考虑布告宣战对我海运进展造成的不利。

第六,对我保险界之影响

伦敦保险市场为世界损害保险的中心,我国保险业大部保险额亦在该市场附加再保险。世界各国保险公司在该市场通过英国经纪人之手，互相分担风险。英国禁止对日保险时，虽可在纽约保险市场进行再保险，但我布告宣战后，纽约市场是否接受，将属疑问。此种情况，例如在伦敦市场，虽可通过德、意保险公司与世界保险界保持联系，但德、意在世界市场势力甚微，因此，我国保险业势将陷于孤立。如此，对海运、贸易等将带来很大不便。当然英国保险市场因此失去再保险费。此外，使日本保险业者，不能一如既往在该市场接受再保险。

第七，由于宣战丧失之对华权益

我国之对华宣战布告，使日华两国进入国际法上之战争状态，其结果发生如下事态：

一、在南京政府统治地域的我公私有财产被没收或扣押

由于宣战，我国在中国的公私财产，大使馆、领事馆、陆海军及其他官署所有场地、建筑物、其他共有财产将被全部没收。私人、私立公司的财产，亦将被扣押、管理，形成事实上的丧失，其损失数额至为巨大。

二、对华债权之丧失

日本或日本人在条约上或根据条约在华的债权，原则上即行失效，庚子赔款与对其他矿山铁路之国家及私人债权、私人借款、赊销贷款等将完全取消。此项损失亦甚大。

三、条约权利之丧失

根据现行日华通商条约及其他所谓不平等条约，日本在华权利，如治外法权、租界开放地、内河航行权及在沿海贸易课税、禁止专卖等方面的权利均将丧失。

四、海关、盐务、邮政有关人员之撤退

现留在中国海关、盐务、邮政等为数虽不太多的日本人员亦将不得不撤退。

以上一、二、三项在恢复和平后，当然要发生赔偿问题，但中国方面是否有能力支付仍属疑问。此外，珍贵抵押品因找不到原物，其结果，

国家及个人均蒙受极大损失。

第八，结论

以上所述，仅从宣战布告对经济上的影响来看，我方所受损失极大。

本来，美国政府不顾持和平论调者的纷纷指责，现在不仅仍然暂缓实施中立法，而且在对中国输送兵器，以及对"维奇塔号"①事件的处理上也采取了稳健态度，极力避免与我方发生摩擦。也由于在经济上对日本实行压迫，在贸易等方面对美国自身损失亦颇大，同时美国有卷入战争漩涡之危险，因而避免实施中立法。另一方面，国际联盟态度转为消极，与满洲事变时已不能相比。而且，姑不论英国内心如何，将来是否可能会对中国寄予同情甚至给予援助，但纵观围绕日中事变的世界大势，英国政府尚未对我采取进一步的经济压迫的措施。再者，从布鲁塞尔会议上亦反映出英、美两国等对我采取颇为慎重的态度。在此时机，宣战将促使美国实施中立法，继而惹起各国的经济制裁，致使我对外贸易陷于瘫痪。因此，仔细考虑布告宣战的所得利益，权衡轻重，其究竟是否上策，不能不予以深思熟虑。

《本户幸一关系文书》，第296—303页

对华宣战布告之利害得失

日本海军省，1937年11月7日

1. 有利之处

A. 对外关系

（1）封锁中国沿海，并合法实施其他交战法规，杜绝中国沿海贸易交通，可在经济上给予更大打击。

（2）可禁绝第三国兵器弹药及其他军需品之对华输出。

---

① 一艘美国船只，在美总统发表"九一四声明"后在美海岸卸下了准备运往中国的物资。

（3）对中国民众表明帝国决心愈益坚定，使其战意消沉。

（4）炮击轰炸南京及其他要地时，可要求第三国方面撤离。

（5）占领地域纳入帝国管辖，得以利用之。

（6）可没收利用中国船只、占领地域内敌之国有财产，进行征收、征用、军管等。

（7）战后对华交涉时，对满洲、内蒙、华北、上海等地区的处置安排，对赔偿问题及其他协定，帝国得以自主的立场，依法提出要求。

B. 对内关系

（1）使国民决心更加坚定，团结愈易巩固。

（2）有缩短战争期间、较为减轻国民负担之可能。

2. 不利之处

A. 对外关系

（1）以中国全体国民为敌，与过去帝国屡次声明有矛盾（附件一）。

（2）对日本违反《非战公约》、《九国公约》的责难，将更加喧嚣。

（3）颇有使人产生日本对中国怀有政治、领土野心之虞，从而对世界造成帝国动手侵略中国之印象。这将使对日气氛更加恶化。

（4）促使美国实施中立法。

（5）对出入香港船只之封锁，有引起各种争执的危险。

（6）估计大有可能使英国态度愈加强硬，采取对日经济压迫之手段。

（7）丧失在华政治上、经济上之权益，战后恢复极为困难，或需要长久时日，大有第三国侵入之虞。（参照附件二、三）。

（8）大有使全中国抗日救国气势激化之虞。

B. 对内关系

（1）由于美国实施中立法，国联其他各国对日法对经济封锁，将使今后持续作战困难。国民维持生活也有受到威胁之虞。

（2）现下并无特殊变化，布告宣战缺乏正当理由，将使国民产生疑虑。

（3）布告宣战颇有助长帝国部分人主张的领土欲望之虞。

综合以上利害，认为在当前状况下布告宣战不足取。

附件一：布告宣战与帝国声明的矛盾

1. 以日华协力合作共存共荣为目标，以有利于东亚安定，进而有助于世界和平为宗旨，乃帝国屡次所声明者，因而，此次出兵的精神，并非敌视中国一般民众，只是征讨执行错误的排日政策的南京政府及军队，此一宗旨已经明确。现在突然布告宣战，以全中国国民为敌，违反了过去的声明。

2. 此次事变的发端，过去一直强调，纯属对中国军队暴戾挑战行为所才采取的自卫行动，决非日本之积极企图。布告宣战与之矛盾。

3.《非战公约》虽不限制自卫权之发动，但鉴于自满洲事变以来，各国的对日气氛，各国势将指责违反该条约。对此，不可不有充分的思想准备。

4. 关于《九国公约》，帝国常受欧美极力非难，指责其以往行动违反《九国公约》。帝国拒绝各国介入日华争端（《九国公约》第七条约定缔约国之间进行交涉），布告宣战即进入国际法上之全面战争状态，很有可能遭受诘难。

5. 8月13日、14日，中国正规军在海上附近挑战及中国空军进行狂暴轰炸后，布告宣战时机尚可，但现下未见特别变化，布告宣战理由不足。

附件二

1. 对华条约权益受到影响

由于对华宣战，国际法上正式开战，对华条约产生以下三种状况：

（甲）持续有效者；

（乙）丧失效力者；

（丙）效力停止者。

具体结果概要如下：

持续有效者

一般通则	日华之间的条约
（一）以规定永久状态为目的之条约。例如：土地割让条约；境界划定条约；承认独立条约；承认永久中立条约；担保条约。 （二）租借条约，在租借期间内以规定永久性状态为目的之条约。	（一）根据下关媾和条约割让台湾澎湖岛。 （二）关于交割台湾的公文。 （三）根本关于满洲的条约及附属议定书关东州的租借权。 （四）关于解决山东悬案的条约。 （五）定期支付钱款的条约（庚子赔款）。

丧失效力者

一般通则	日华之间的条约
（一）政治性条约，约定将来积极作为或有意不为的条约。例如：同盟条约；保护条约；抵押条约；划定势力范围条约。 （二）规定经济关系的条约。例如：关税条约；通商条约；邮政条约；引渡犯人条约；关于国际私法的条约。	（一）日华通商航海条约及其附属议定书（含专管居留地）。 （二）关于福建不割让的换文。 （三）关于山东省不割让的换文。 （四）关于领事裁判权的条约。 （五）关于电报、电话、交通、银行等一切条约、协定、借款合同。 （六）根据《辛丑条约》最后议定书的驻兵权。

效力停止者

一般通则	日华之间的条约
交战国以外国家参加的条约，限于交战国之间效力停止。例如：万国工业所有权保护条约；万国邮政联合条约；万国著作权保护条约；国际河流的航行、运河的中立等。	（一）《九国公约》。 （二）华盛顿会议通过的各项决议（关于邮政、电报、无线电、铁路等的决议）等。

2. 在管辖范围内之敌国私有财产

没收管辖范围内敌国私有财产或敌国私人或敌国政府的债权，一般认为违反国际法。但交战国采取措施，削弱敌之所有资源，乃属当然。因而得以停止支付敌国及敌国私人债权以及没收或管辖领域之敌国公私财产，可直接或间接供军事使用者（资金、有价证券、飞机、车辆、军用材料、兵器弹药、粮食等）。第一次世界大战中，对敌国财产作了苛刻的处理，帝国作为非常措施，亦于 1919 年 6 月公布对属于德国等的财产管理令，对敌政府及私人财产，施行管理，禁止自由处置。

就日华关系来看，无论国际法如何解释，不难推察，中国必然征用、没收或破坏帝国在华公私财产，即没收破坏在华国有财产、私人财产等,没收或停止偿还对华借款投资。对此,战后虽可要求赔偿损失,但对工厂设施之恢复需要很长时间,则是严重打击。战后对帝国恢复对华经济活动构成极大障碍。

附件三:日本对华的条约权益

1.各国均沾或共同之权益

内河航行权、北平与海边间的交通维持权、华北驻兵权、船只管辖及不可侵犯权、基督教布教权、公使馆区占有权、参加航路标识设置协议权,领事裁判权、居住营业权、军舰入港权、引水协会权、浮标、盐务、海关、邮政行政的介入。

2.根据特别条约的权益

(1)租借地(旅大);

(2)租界(天津、福州、苏州、杭州、沙市、重庆、汉口、厦门);

(3)福建不割让;

(4)关于满洲的各种权益(1915年5月9日的日华条约等);

(5)山东不割让(1915年5月25日之日华换文)

(6)关于青岛的特种权益(持有共有财产——学校、神社、基地及其他),经营及维持共有设施之代表权,充任海关官员及使用日语权,发电厂、屠宰场、洗濯场之合办经营权,电话日语通话权,对青岛盐截至民国27年购买权(1922年2月4日山东悬案细目协定及附属文件);

(7)海底电信通信权(青岛“佐世保及福州”石山淡水间)(1899年7月8日的日清条约及山东悬案细目协定);

(8)有线电话借款优先权(1918年8月中国交通部与中日实业订立合同);

(9)无线电信建立独占权(民国7年2月中国海军与三井订立合同,但中国破坏此项合同);

(10)日华合办事业利益分配权(通商条约);

(11)汉冶萍公司日华合办及不没收权(1922年2月4日山东悬案细目协定);

（12）封袋邮件之办理权（1922 年 12 月 8 日日华订立邮政条约）。

《本户幸一关系文书》,第 303—306 页

对华布告宣战之得失

日本外务省,1937 年 11 月 8 日

1.结论

不可宣战。

2.理由

宣战的利益列举如下:

（1）使中国方面产生帝国有牢固决心把战争进行到底的印象。但在其反面,亦使中国方面坚定决心,致使事态有难以收拾之虞。

（2）通过遏制战时违禁品之输送及战时封锁,可防止第三国船只对中国输出武器。但同时有与各国增加纠纷,甚至发生武力冲突之危险（当然,香港、澳门、广州湾及法属印度支那不能封锁）。

（3）有行驶军事占领、实施军管等交战权之利益。

可见,虽有此等有利之点,但亦伴随有如上所述不变之处。现再将宣战颇为不利之点列举如下:

（1）宣战之结果,即成为与中国全体国民为敌之战争。此与政府屡次宣称"以日中合作为目的"、"不以中国民众为敌"之主张产生矛盾。

（2）布告宣战,断绝国交,不仅失掉联系线索,杜绝直接交涉之途径,而且一旦断交,就只有通过讲和,方能恢复国交（满洲事变尽管实质上处于战争状态,但仍维持国交,使善后处理,比较易于进行）。

（3）将受违反《非战公约》之指责,使各国对日态度恶化,有可能从不买日货,不对日出售商品,拒绝对日提供金融、财政上之便利等,进而发展到经济制裁。此种情势之结果,将鼓舞中国战意,坚定其决心。

（4）有可能发生援引国联盟约制裁条款问题。日华之间一经发生宣战之新事态,国联不得不重新研究日华事变,其结果将有不得不根据

盟约第十七条或第十条、第十一条,采取对日制裁措施之危险。尤其我方宣战,中国并不宣战,而向联盟申诉日本为侵略者,请求予以制裁时,联盟将不得不断然采取措施。

(5)宣战之结果,美国当然可援用中立法,为此,中国将不致比现在更困难,但帝国则不仅断绝了兵器弹药、军用器材的供给,连石油、废钢铁及其他重要物资,亦大有断绝供给之虞。此外,失去金融上之便利,为我方最感痛苦之处。

(6)遏止对香港及法属印度支那方面供给武器(此项供给如不被阻止,宣战利益之[2]将无意义)。此时将与英、法等发生相当纠纷,必须有国际关系恶化之思想准备。

(7)可以断定,苏联与中国不论有无密约,可以看出正在伺机对华加强援助。因而如前所述,帝国宣战之结果,在国际关系恶化时,恐怕苏联将乘积采取积极行动。

(8)帝国将丧失在中国之治外法权、租界、庚子赔款及其他条约合同上之权利,即使战后得以恢复,但完全恢复颇有困难。加以由于日本宣战,中国将暂时摆脱与日本不平等条约关系,南京政府必将以此作为鼓舞国民之工具,极力宣传中国如继续一致抗日,此等权利将永远归还中国,成为废除不平等条约之前奏,国民抗日意识将愈益强化。

(9)帝国在华公私财产及船只等,不免被中国官方没收或扣押。

总之,比较分析以上有利与不利情况,不仅宣战不利,不便远为重大,而且当此日华战斗大致已接近告一段落,九国条约会议亦采取不刺激日华两国之稳健态度、世界舆论正趋向镇静之际,突然布告宣战,是乃平地掀起波澜。我们认为,现时布告宣战极不适当。

《本户幸一关系文书》,第306—308 页

关于可否宣战之意见

日本陆军省,1937 年 11 月 8 日

帝国为对中国采取军事行动,布告宣战,虽有部分利益,但经全面

考察,则多有不利之处,帝国仍以既往的态度进行处理,是为上策。

理由之要点——

1. 布告宣战有利之点如下:

(1)得以公开、合法地实施海战法规、陆战法规等战时国际诸法规,在军事行动上有不少便利之处。最明显者如下:

(甲)禁绝第三国对中国供给兵器及其他军需品。

现在帝国对中国采取军事行动,最感不便之处即第三国对中国供给兵器及其他军需品。

中国生产兵器之能力微弱,如禁绝第三国供给兵器,中国将极感困难,当可大大削弱其抵抗能力。

按现下状态,未经布告宣战,不能将其作为战时违禁品禁绝输入中国,如布告宣战,根据海战法规第十三章规定,对此战时违禁品的兵器固不待言,即或多少会有争议,且对附带条件之违禁品及绝对违禁品,援引连续航海原则或连续运输原则,对开往中立港香港或法属印度支那港口的第三国船只,亦得以主张施加遏制措施。

如上所述,布告宣战得以禁绝第三国对中国供给兵器及其他军需供给之大部,在军事上得到不少便利。此乃主张布告宣战者最主要之论据。

(乙)完备对华海上封锁。

目下,帝国海军封锁中国沿海仅针对中国船只,对第三国船只则未扩及。布告宣战后,根据海战法规第十二章,当然对第三国对华通商得以干涉,对上述第三国船只的战时违禁品的运送自不待言,对侵犯封锁等,均得以采取一定的遏制手段,可以强化对华压迫的程度。

(丙)施行占领地行政

现在陆军感到不方便的是,不能公开在占领地实施行政,尤其北平、天津等地有很多第三国人,对于宣战、防谍有很大海害。对此,仅由力量薄弱的治安维持会负取缔之责。如布告宣战,因得以公开实施占领地行政地不仅宣传、防谍大为有利,根据需要,得以占领者地位对我军权力下的地方人民，实行征收、征用、赋役、课税，敌之国有财产自不待言，即在陆上、海上、空中传送报道或运送人货的一切工具、贮藏兵器及其他军需品，即使属于私人亦可予以扣押，对我作战行动甚为有利。

（2）有利于对国民进一步贯彻帝国之决意。

此次事变，帝国国民团结一致，令人感动，由于华北方面战况进展以及占领上海附近等情，易于认为事变已接近结束，或颇有结束的希望。因而对事变之长期继续，各种必要设施之积极进行，颇有产生妨碍之虞。布告宣战，使国民更加紧张，当可减少此种忧虑。

对中国及第三国表明帝国之决意，乃有利之一面（当然亦伴随有害之一面）。

2. 布告宣战时不利之点如下：

（1）违反帝国政府关于日华事变屡次声明。

（甲）首先，由于放弃帝国政府迄今促使南京政府反省之态度，对中国布告宣战，很难找到足以使国内外人首肯之战争名义。

（乙）帝国政府屡次声明，帝国军事行动之目的在于征讨南京政府促其反省，并非与中国一般民众为敌。然而布告宣战，无论找到任何适当之名义，亦与以往之声明相矛盾。不仅于此，即在将来日华关系上，亦应尽量坚持不以中国国民为敌之原则。

（2）丧失帝国对华各种条约权益……

按雷曼调查，1931 年底帝国对华投资（包括政府借款）为 11.369 亿美元，其中重要项目如下：

运输业　　　　203.2（单位：百万美元）

矿山　　　　　87.5

银行金融　　　73.8

进出口业　　　193

公共事业　　　15.6

制造工业　　　165.6

不动产　　　　73

以上调查虽不尽精确,如今已有相当变化,但帝国布告宣战时,在国际法上当然将失其大半,况且中国一向无视国际法,对此大部投资之损失必须有思想准备。

……

(4)违反《非战公约》、《九国公约》,与其它各种国际和平条约之精神相抵触……

(5)不免恶化国际关系

帝国布告宣战,将被指责违反《非战公约》、《九国公约》以及与国际和平条约相抵触。不难想象,国际舆论将使帝国之国际关系恶化。

(甲)美国实施中立法与国际联盟之经济制裁。

美国对日本的宣战布告最终不得不实施中立法。届时对兵器生产能力薄弱的中国固然困难,但因石油、镍等以及其他原料之禁止输出极有可能,从而对帝国长期作战将产生很大困难(附件三)。

美国一旦实施中立法,则国际联盟大有可能根据国联盟约第十七条援用第十六条之制裁。……联盟国对日实行经济封锁与帝国之主张发生冲突,并非不能招致纷争。

(乙)恶化国际关系,尤其英、苏等之策动。

如上所述,国际舆论之恶化,促使美国发动中立法,进而使国际联盟实施经济制裁之可能增大。帝国与此等国家之关系,在感情上、实质上俱将恶化,尤其帝国对华封锁,实行现场检查以遏制对中国供给战时违禁品,则必将引起各种纠纷。

如此,对帝国关系最不友好之英国,将尽量偕同更多国家,试图对帝国进行干涉压迫;苏联则难保不主动(或受英国唆使、支持)采取积极行动。

3.根据以上研究观察,布告宣战弊多于利……而且,因不发出宣战布告而出现不利之点,大致可采取如下方法,尽可能予以补救。

(1)对第三国向中国供给兵器及其他军需品,可劝告各国为东亚之和平予以中止。此外,通过外交活动,经过协商同意后,对供给者在事变期间予以扣留,此期间之利息允予以补偿等。再不得已时,对粤汉铁路及通往印度支那方面之通路进行轰炸,对前者可采取更有效的手段予以切断。

(2)在战场上陆、海、空军等,肯定有不便、不利之处,可采取各种手段,以尽可能的方法予以解决。

(3)为更加巩固国民之团结一致,即使不依靠布告宣战,仍有诸多方法可行。

(附件略)

《本户幸一关系文书》,第308—312页

驻日大使馆致外交部

东京,1938年2月4日

汉口外交部,一七一号,二月四日。

三十五号电敬悉。遍查二、三两日广田答词,并无来电语句。惟二月一日对事变后外国对华所得利权之质问,广田答称当然不能承认,日政府无视国民政府,当予扑灭,故该政府已完全不存在等语。请参考一六四号电。至宣战问题,自一月二十三日以来,近卫、广田已有五次论及,其意仅谓或将宣战,并未放弃慎重态度。观下列答词可以窥知:一月二十四日广田答称,中日关系不能以中国全体视为敌人,东洋时局立即适用国际法,其利害得失应行熟虑。一月二十九日近卫答称,外国供给中国军火可以外交手段阻止之。二月一日广田答称宣战价值不能及于国际关系以外。并请参考。大使馆。

《卢事前后》,第332页

(二)争取国际社会干预

说明:卢沟桥事变爆发后,中国即向国际社会发出呼吁,争取列强

干预中日争端,迫使日本停止其武力侵略中国的行为。中国政府不断向国际社会发出呼吁。蒋介石频繁召见各主要大国的驻华使节,期望列强出面干预。但出于各自利益的考虑,列强此时多持比较严格的"中立"态度。除了发表一些原则性的声明,对双方都进行劝说外,不肯对日本作单方面的指责。只有苏联明确地表明了它反对日本侵略的立场。中国开始考虑向负有维持国际安全责任的国际组织求助。

1. 呼吁列强关注中日战事

汉密尔顿备忘录

华盛顿,1937 年 7 月 10 日

出席者:中国财政部长孔祥熙博士

中国驻美大使王正廷博士

亨贝克先生

汉密尔顿先生

……

在会谈和接下来由中国大使在他的双橡园公寓所招待的午餐过程中,中国财政部长孔祥熙博士提到了发生在宛平县的战斗,并询问到目前为止美国国务院在这一方面获得了什么情报。亨贝克遂对我们所收到的情报作了一个简要的说明。孔博士然后说,战斗是由于日本人的侵略引起的,即使根据 1901 年的辛丑条约的条款,日本军队也没有在战斗发生地区驻兵的权利。孔博士继续说,1901 年中国政府同意了辛丑条约的条款,该条约规定外国政府可以在北平和其它一些地点保留外国军队,以保护其在北平的使团及保持北平和海边之间的交通的畅通。现在,外国政府已经把他们的外交机构从北平移到了南京,因此,外国政府再没有必要在北平保留他们的军队。中国大使表示,在他看来,中国政府应该提请外国政府撤走依据辛丑条约的规定而驻扎在华北的军队。

……然后,亨贝克用了相当长的时间说明了他的如下看法:他认为最近几年来中国政府在许多方面都取得了相当大的进步;现在从中国回来的人几乎都一致高度评价中国政府和人民的建设活动;在统一中国财政、公路建设和铁路建设等方面,中国都正在取得进步;总之,中国事情看上去进行得非常地好。他说,当然,正如孔博士和王博士都意识到的那样,中国的建设任务尚未彻底完成,仍有相当多的困难要去克服。他说,中国正在许多方面取得相当大的进步,事情进展得如此顺利,考虑到这一形势,中国继续把它的注意力和精力集中在重建工作方面,而不是开始与外国政府冲突,不是更为明智吗? 中国政府努力推行其重建计划,当中国已经取得如此进步并处于如此强有力的地位,以致使与之打交道的外国政府将乐于倾听中国政府的建议时,中国再向外国政府提出它想要提出的任何问题,这不是更为明智吗?

孔博士说,亨贝克先生的话很有道理,但是,他感到中日之间的战争不可避免,在中国为这一战争做准备的同时,日本也在进行军事准备。他认为,随着每一年的过去,与中国比较起来,日本将变得更为强大。汉密尔顿先生说,他对此有些不同的看法。他认为,中国所做的是努力进行国内建设,增强国家和政府的力量,总体来说是建设性的。而日本政府和日本国民不是把他们的精力花在建设方面,他们所奉行的许多政策给日本政府和人民带来了额外的负担,将削弱其国力的负担。亨贝克先生说,他同意这一看法。

王博士和孔博士都提出,由于日本具有帝国主义的侵略性的本质,美国援助中国是很重要的。他们说,总有一天美国要面临日本的侵略,除非这种侵略被中国所制止。亨贝克先生说,美国一直希望看到一个强大的统一的中国,但是,美国不能仅仅是为了援助中国的缘故而采取某些政策或奉行某种路线。他说,就像中国的政策和中国的态度以及任何其它国家的政策和态度都是基于其国家利益的考虑一样,我们的政策和我们的态度是也基于我们对美国利益的考虑。他说,对我们以及对中国来说幸运的是,我们对于中国的政策和态度是与中国要把自己建成一个稳定的强大的国家的愿望相吻合的。

在谈话过程中,中国大使有好几次表示了他关于采取革命性的战术的一贯信念。他以他个人在中国辛亥革命时的经历为例说,如果人数很少的革命者那时没有采取那些行动,中华民国就不会建立起来,至少不会在那时就建立起来。汉密尔顿先生评论说,在他看来,个人对于自己国家的国内问题所采取的革命姿态,与一个政府所采取的有可能导致战争的革命战术不可相提并论。在自己国内从事革命活动的人,即使革命失败了,也可以逃亡或最多牺牲他个人的生命。但是,如果政府领导人采取导致战争的革命性战术,一个国家却无法从战争中逃走,整个国家都必须承担战争的后果……

FRUS,1937,Vol. 3,pp. 132–135

赫尔[①]备忘录
华盛顿,1937 年 7 月 12 日

应日本大使的要求会见了他……

大使继而将一份日方待发函的草稿交给我看,这是关于 7 月 7 日日中冲突通报的草稿,内容分六点或六节,并附有日本政府给他的如何写这份通报的指示抄件。随后大使逐节朗读,以期我在认为需要时发表意见。当他读第一节时我询问:7 月 7 日驻丰台的日军有多少。他回答说他不知道,但他估计约 100 人左右。他说他猜想这队日军在卢沟桥附近遭到河对岸中国军队的意外袭击。当我提醒他日军驻扎在两条进入北平的铁路之间众多地点时,他说他不熟悉该地区的地理。他说驻扎中国该地区的日军与美国及其他三四个国家目前驻在北平及某些其他城市的保卫部队都是按同一条约权利行事的。在他读每一节时我都对这次事件表示遗憾。他说整个活动是蒋介石在幕后操纵的。据该大使的看法,蒋的用意是加强他在华北的威信,尤其是为了应付那些责备他处理对日关系时过于软弱无力的中国某些重要人物。大使说,

---

① Cordell Hull,美国国务卿。

他对事件可以调处解决仍抱有希望,他接着说,中国人必须明白日方能够派遣舰队到中国的沿海各地并对局势完全加以控制。

当他读完后,我特别强调并肯定他所述及的日本政府正为友好解决争端不诉诸战争而作的努力。我详细阐述任何其他道路之不足取和战争后果之可怕。我说作为头等文明强国如日本者,不仅可以做到在这种环境下表现出的自制能力,而且从长远看,他的政府更应以此为其态度和政策的特色,这将对它更为有利。我还说,我一直在期待着并不断地促进着能早日见到贵我两大国在其他国家由于其经济及生活水平的不安局势而犹豫不前甚至倒退的时刻,能有机会并承担责任,以一种建设性的计划——就如同我曾为之效劳过的布宜诺斯艾利斯会议所倡导的计划——领导全世界实现恢复和保持贸易与和平的稳定环境的目的。我并说在这方面,没有其他任何两个大国具有这少有的摆在我们面前的机会。因而,从这个角度以及其他方面来说,不允许进行严重的军事行动,我再一次表示强烈赞赏根据大使所述而了解到他的政府所宣称采取的调解及自我克制态度。他说他将很高兴随时向我通报事态的进一步发展。我回答说,当然我国对世界任何一地的和平状况都深为关注,我很欢迎今后随时提供的任何消息,并愿意对他乐于提供的有关这一方面的消息严格保密。我再一次强调,现今如果一旦发生重大的战争,则战胜者和战败者都同样要遭到巨大而严重的损害;强调我国政府对世界任何地方和平局势的重大关心;强调我深切希望我们两国很快会发现我们正处于合理推进类同布宜诺斯艾利斯会议所提倡的计划的地位。该大使表达了他的关心和赞同。我以表示感谢他愿继续提供有关此事的消息的好意而结束此次会谈。

FRUS,Japan,1931–1941,Vol.1,pp.316–318

美国国务院声明

华盛顿,1937 年 7 月 12 日

今天上午,日本大使和中国大使馆参赞分别造访本院,通报了有关华北事件的情况。在随后的谈话过程中,我们向日中双方都表示了这样的看法:日中之间的武装冲突,将是对和平和世界进步事业的一个沉重打击。

赫尔声明

1937 年 7 月 16 日

我不断从许多渠道收到对世界各地令人不安的局势所提出的询问和建议。

毫无疑问,若干地区存在着紧张局势。表面看来这仅仅牵涉到邻近的那些国家,但归根到底必然会涉及整个世界。武装冲突已经发生或即将发生的形势,使所有国家的权利和利益都受到了或将会受到严重的影响。世界上任何地方发生严重的战争行动,都不能不这样或那样地影响我国的利益、权利和义务。因此,我感到有理由、事实上也有责任发表一项声明,阐明我国政府对于我国所深为关切的国际问题和国际形势的立场。

我国一贯主张维护和平。我们主张在本国和国际上的自我克制。我们主张所有国家在推行政策时都不使用武力,不干涉其他国家的内政。我们主张通过和平谈判与协商的途径,调整国际关系中的有关问题。我们主张信守国际协议。我们拥护条约神圣不可侵犯的原则;在需要对条约条款加以修改时,我们认为应本着互助互谅的精神有条不紊地进行。我们认为所有国家都要尊重其他国家的权利,并履行已规定的义务。我们主张加强国际法,使之拥有新的活力。我们主张采取步骤,促进世界的经济安全和稳定。我们主张减少或消除国际贸易中过分的关卡。我们寻求贸易机会的切实均等,竭力主张各国奉行待遇平等的原则。我们信奉限制和裁减军备。我们认识到维持足以保卫国家安全的武装力量的必要性,并愿意按照其他国家增加或裁减军队的比例来增减我们自己的军队。我们不结盟,也不为盟约义务所束缚。

但我们相信,应采用和平而切实的方法,共同努力,以维护上述原则。

Peace and War, pp. 370–371

蒋介石与许阁森谈话记录

南京,1937 年 7 月 21 日

蒋院长于民国二十六年七月二十一日下午五时接见英大使许阁森,外交部徐次长亦在座。许略谓:中国此时一面固不能接受日方任何无理条件,一面似亦不宜与日方积极冲突,致受莫大之牺牲。倘日方要求之解决,只限于如近日传闻之数点,即道歉惩罚,卢沟桥不驻兵,由保安队接防,及取缔排日防共等,中国似尚可接受。院长答以倘仅限于此数项,而并无其他所谓细目,我方非不可考虑为适当之解决。但吾人对于日人无信用,最好请许大使为中间保证。许谓,英政府深觉调解甚为困难,因调解须经双方同意,而现在日方无意接受。院长谓现在局势,只有英、美努力从中设法,或可变为和缓,而东亚和平亦可维持,请许大使即电政府,许答当照办。

《卢事前后》,第 473 页

蒋介石与许阁森谈话

南京,1937 年 7 月 24 日

许大使:前次贵院长提示各点,业经详电敝国政府,现已接到复电,谨将大意转告贵院长,该电称:敝国外相艾登于接得鄙人前电之后,即接见贵国现在伦敦之孔副院长,告以自卢沟桥事件发生以来,英国政府所已尽力于中日和平解决争端之调解工作,在本月二十三日美国国务卿赫尔曾接见驻美中日两国大使,告以美国对于远东时局密切注意,甚愿中日两国,竭力维持和平,免除战争。同日敝国外相艾登亦以同样愿望面告日本驻英大使吉田茂,谓英政府对远东和平,极为关切,并请日使转告日政府,为维持日本在华北利益计,亦应竭力抑制一时激烈之情绪,于卢沟桥事件,务求和平解决,须知中国此次虽然抵抗,但并未放弃

和平之愿望,惟中国所要求之和平,亦有一限度,日本应予注意者也。最后艾登并以彼在下院答议员问之语,——华北目前局势,若赓续不变,则英政府即认为不宜与日本进行双方合作之谈话,——严正的面告吉田矣!敝国政府对于此次华北事件,在目前所能尽力者即止于此!

院长:贵大使昨今两日以来,获得何项新消息否?

许大使:未曾接获何项新消息,惟觉贵国与日本之间近来局势似有进步。

院长:贵大使近日曾获由东京传来之何项电报否?

许大使:亦未曾获得由东京传来之电报,惟曾接获两项报告,皆足证明贵国与日本两方之情势,确有好转希望!

院长:此次事件表面上虽已和缓,但日方从本月二十二日起秘密运送军队军火来华甚急,请贵大使及东京贵国大使,特别注意!

许大使:本人现在尚未查明日方最近果已输送若干部队来华,承贵院长提示,当予注意。

院长:据报日本最新式之军械军火,及各新式部队,多已由日本国内及朝鲜等处秘密运抵釜山、大连,一部份且已运抵天津丰台,大批飞机,业已集中沈阳!

许大使:余亦据报日军两师团拟运抵大沽,但现尚未到达。

院长:日方如此继续增军,其意必图再施攻击,仍盼贵大使即通知贵国政府,设法防止,以便促进和平。

许大使:余甚愿将贵院长所告各项消息,转达敝国政府,惟据余所知与贵院长所示者略有不同,余总觉日来各方消息较为和缓。

院长:余所得确报,自本月二十一日以后即从二十二日起日军仍继续由釜山大连向敝国方面输送,且极秘密,一似二十一日以前日方之态度举措,不过为表面之威吓,而二十二日以来之不断增军,确有再图大举之野心,此点敝国政府已予以严切之注意,但亦极值得贵国之注意也。

许大使:若据报纸记载观察,华北局势似尚甚严重,但北平方面情形颇为安静。

院长：此次日方因在北平丰台一带，事先未有确实准备，故卢沟桥事件发生，彼方每次均受损失，每次损失之后，即向敝国讲和，迨援军开到，又复失信进攻，故现在虽暂告一段落，其心未甘，必乘机再起事端，现在平津之所以表现和缓者，因宋哲元将军已下令解严故也。

许大使：贵院长所观察者甚为精到！惟关于双方军队调动，吾人曾获两方之不同宣传，实则贵国军队北调者甚少，而日军来华者亦尚未到达。

院长：据余观察日本在不久之将来，对于华北方面，必将发动一更重大之事件！

许大使：但据余之观察，至少在现在尚不敢作如此断定。贵院长可否将宋哲元将军与日本此次所签订之和约见告？

院长：可以相告！

许大使：闻日方尚有请求贵国取缔排日教育一项，贵院长意见如何？

院长：此项要求，日方虽欲提出，亦不能在北平天津一带实行，盖北方教育界势力极大，彼辈激于义愤，虽迫之以枪炮所不屈也！

英参赞：日本所要求之"取缔排日"，究竟"排日"两字之定义如何？

院长：此项名词之定义，恐只日本人始能知道！

许大使："排日"之定义，虽极难确定，但日本可将一切具体要求广义的包括进去。如此次撤退第三十七师之要求等是。

院长：余意亦觉日本为侵略华北计，必以此方式为借口，请贵大使特别留心，余并可预断日本在最近一二周内，必有一极强硬苛刻之要求，以最后通牒之方式，向敝国中央政府或宋哲元将军提出，此件如果不出所料，竟然提出，则敝国必不能接受，必至酿成战争，故特预告贵大使请转告贵国政府，约同美国一致设法，事先预为防止！

许大使：贵院长此种预断，有无何项消息作为根据？

院长：余此项预断，系根据一确切之消息得来，日本必将于两周内向敝国提出一强硬苛刻之通牒！

　　许大使:此项牒文是否即系贵院长前次所告本人者,为日本强迫贵国联合对付苏俄乎?

　　院长:恐即系逼我以此要求,且必出以最后通牒之方式,故甚盼在日本尚未提出以前,贵国与美国能联合一致,设法防止!

　　许大使:余闻贵院长此项预告,实甚担忧!当以此意即速转达敝国政府,及早注意!

　　院长:日本对敝国所施之侵略行为,世界皆知!此次宋哲元将军所签订之三条件为敝国对日之最后让步,敝国最低限度之立场,已于本院长十九日所发表之谈话中详明宣示。经此退让之后,如日本再在华北或敝国其它领土以内掀起事变,则其居心侵略,违背信义,不仅敝国所不能忍受,即世界任何主持公道维护正义之国家,亦不能坐视!

　　许大使:贵国孔祥熙副院长在德国时,德国亦曾表示已劝告日本,希望维持东亚和平,由此可知德与日虽订防共协议,但其对贵国之态度尚属不恶!

　　院长:贵国关怀远东和平,盛意极为感谢。

《先总统蒋公思想言论总集》第 38 卷,第 74—78 页

蒋介石致孔祥熙

1937 年 7 月 25 日

　　急。孔特使勋鉴:昨夜半日方态度缓和,并派密使来华折冲;但以弟观察,毫无和平诚意。总之此时必须国际空气对日监视警戒,英、美暗示其非速了不可之意,或可消患于无形。嘱英、美不可以此为乐观也。中正。印有。京机。

《作战经过》第 2 卷,第 66 页

蒋介石致孔祥熙

1937 年 7 月 26 日

　　伦敦。孔特使勋鉴:倭寇今晨攻占廊房后,继续向南苑轰炸进攻,

大战刻已开始,和平绝望。弟决先对日绝交后宣战,请以此意转告英政府,英在新嘉坡、香港之飞机,能否让购一大部于我国,请交涉。中正。印。

《作战经过》第 2 卷,第 67 页

蒋介石和詹森谈话记录

南京,1937 年 7 月 25 日

　　蒋院长于二十六年七月二十五日下午五时,接见甫自北平回京之美国大使詹森①,外交部徐次长与美大使馆参事裴克②亦在座。

　　……

　　蒋院长询美政府,何以不与英国联合劝告日本?詹森大使答称:美国政府政策,受国会态度及中立法之支配,美虽未与英方联合劝告日本,但愿为单独与并行之行动。国务卿赫尔七月十六日发表之声明,已由裴克参事向王部长面读并抄送徐次长。现在美政府正切实注意时局之发展。但须明了者,美国行政部分不能不照立法部分之政策施行云云。

　　院长谓自二十一日起,北方已开始撤军,而日本自是日至二十四日间,仍积极准备军事行动。除已由朝鲜开运三混成旅至华北并将机械化部分队伍及大批飞机开运来华外,又在东北与朝鲜之间布置重军,同时自日本开调大批队伍至朝鲜。其尚未开到大沽之运输舰或在大连待命。故此后形势反较卢事初起时更为严重。若各国认为华北局势已入安静状态,日本不致再有若何动作,未免错误。日本之意最初不过欲解决华北独立化问题,以后恐将要求解决全部问题。在我方已尽最大之容忍,对于日本之二项目的已予同意,盖日方要求(一)卢事当地解决,我方已允由当地解决;(二)中央不妨碍当地解决之实行,我政府对于

---

①　N. T. Johnson.

②　W. R. Peck.

宋哲元请示之三点,已予同意。凡此均为欲求和平,曲予优容。但我政府至此已到最后限度,若日方再提其他要求向我威逼,我方决难接受,惟有出于一战。而现在深信日方,调兵遣将,必不肯认为事件已经解决。在最近期内,恐将向宋哲元与中央提出我方不能接受之条件。而其条件第一,必为共同防共即共同对俄;第二,东北问题之解决;第三,中央军自河北撤退等项。我方对此类问题决难接受,是战争决不能免。现在局势只有各关系国尤其美、英二国之合作,可挽危机。美国国务卿已发之宣言,虽甚光明正大,但未明指中日二国。至中立法乃系战争开始后之事,在战争未开始前,美国尽有可以努力之处。现在应请美政府与英国协商,警告日本,预阻其再向中国提出任何要求。否则局势危急,战祸必不能免。美国以《九国公约》之发起国,对于此次事件实有法律上之义务。而美国向来主张和平与人道主义,若东方战端一起,欧美和平亦将受其影响,而人类所受之浩劫,实难估计,故美国在道义上亦有协助制止日本之义务。务请即电政府请其立刻进行,时局急转日下,迟恐不及云云。

《卢事前后》第 422—424 页

蒋介石与陶德曼谈话

南京,1937 年 7 月 27 日

……

院长:贵大使对敝国与日本这次事件,作何观察?

陶德曼:余昨过天津时,知日本军态度和缓,迄抵南京,又有廊坊冲突发生,恐日本当局,意在占领北平。昨日报载日本已向宋哲元将军提出最后通牒,要求撤退驻平军队,虽路透社消息系指撤退第三十七师驻北平及其附近之部队而言,但同盟社所传者,所谓撤退军队,系将贵国在北平及其附近之全部军队包括在内。

院长:据余所知者两军现尚在相持中,此刻尚未接到北平他项电报。贵国政府关于此事对贵大使有何指示否?

陶德曼：余最近接得敝国政府电报，敝国外交部长曾晤见程大使，谈及此次事件，极为关怀！敝国在贵国，现虽无其它政治关系，但为维持两国商业利益计，极希望贵国与日本能和平解决。昨日与王部长晤谈时，余曾表示敝国政府甚愿协同第三国对日本为友谊之劝告，或出而调解，但日本已申明不愿意第三国干涉，故敝国虽欲调解，恐亦不能收效。

院长：贵国驻日大使近曾有何消息致贵大使否？

陶德曼：曾接东京方面敝国大使电报，据称日本政府对于此次卢沟桥事件，初亦不甚清楚，仍是少数军人欲藉此生事，迨事变发生以后，到现在日本政府已全为军人所控制矣。

院长：日本政府最近对贵国曾否提起日德防共协定？

陶德曼：关于此项协定，日本尚未提起只字。余并愿坦白忠实奉告贵院长，自从此项协定签订以来，敝国与日本从未根据此约有何作为，即协议中规定两国应合组之共同委员会，迄今亦未成立，故敝国与日本虽订有防共协定，然两国外交仅限于普通关系一如往时。

院长：如果敝国与日本此次事件不幸而引起远东战争，英国苏俄或不幸而卷入漩涡，以致演成世界大战，贵国是否根据日德防共协定亦起而参加？

陶德曼：如贵院长所说之情况，与日德协定并无关系，盖此项协议之目的在防止共产党之活动，其中实无军事条款。

院长：果如贵大使所言，则余即知贵国政府之明确态度矣。殊觉欣慰！

陶德曼：贵国孔部长在柏林时，曾见敝国元首希特勒先生，其谈话内容不久即可接到，余曾于其未晤见前，电告敝国政府，请将日德防共协定对孔部长详为说明，以免发生误会。不知贵院长已接得孔部长报告否？又如贵国与日本因此次事件而发生战争，苏俄最后是否参加？

院长：此事我虽不能预断，但此次华北事件不仅是中日问题，而为整个远东的问题。

陶德曼：对于贵院长日前所发表之演词，充分表现大国风度，实甚钦佩！盼望由此次演词之感动，或可使双方终归和平解决！

院长：余可明告贵大使，截至目前为止，敝国与苏俄尚无何项关系，惟此事如引起远东战争，苏俄态度如何？颇值注意，而战争之责任全在日本，盖敝国实无引起战争之意也。

陶德曼：但日本方面曾通知东京敝国大使，谓贵国有许多事情使日本发生反感，此次事件如引起战争，责任全在贵国！虽然，余甚知此说乃日本片面之言传也！

院长：对于此次事件，虽云日本已表示不愿第三国干涉，但现在与日本有条约关系者仅贵国，贵国与日所订防共协定，目的在对付苏俄，今日本必欲扩大华北事件，转而对付敝国，贵团政府即应乘此机会对日本进友谊之忠告，劝日本不可越出协定范围，使其态度趋于和缓。

陶德曼：敝国政府始终不愿日本在华北有何冒险行动！但日本方面则以此事为局部问题，敝国虽欲调解，恐亦无效！且日德防共协定目的在对第三国际，而非仅对苏俄，故虽本此协定向日劝告，亦恐效力甚小！但无论如何，贵院长之意见，谨当报告敝国政府。

院长：此次事件决非局部问题，决不能如日军侵占东四省一样，任日本以局部问题来欺骗世界，如日本不顾信义，继续其武力侵略，敝国决定正式与日断绝外交关系，以全国力量与之宣战，希望贵国政府注意！贵国顾问现在敝国服务，情形甚好，亦甚努力，对贵大使特表谢意！

陶德曼：余日前曾晤见法肯豪斯。余今愿奉告贵院长，如果中日战争发生，希望勿派敝国顾问往前线工作，自从贵国满洲事变起至淞沪战争止，敝国始终抱定此一贯之态度。因彼等派往前方工作，恐妨碍敝国之中立也。此意余并未对法肯豪斯等言，惟请贵院长注意而已！

院长：对贵国之外交困难，余甚知道。

蒋介石与柯赛谈话

南京,1937 年 7 月 27 日

……

柯赛:贵国此次发生卢沟桥事件,敝国法西斯党,甚为关怀!并愿尽力斡旋,以期获得和平解决!

院长:贵大使对于此次事件作何观察?

柯赛:此事甚难下断语,尤其对两方所陈事实,不甚明了,如时起冲突,时又言和,究竟订有何项和约,不仅普通人民不知道,即外交界亦不知其内容,故余亦未敢断言谁是谁非。

院长:贵国政府关于此事,对贵大使曾有何训示否?

柯赛:据所得消息,敝国政府准备从事任何足以获得和平解决之调解工作,并征求各国政府意见。贵国拟根据九国公约希望各缔约国出而斡旋,敝国甚为愿意,如缔约各国能为此事召集会议,敝国亦愿参加。敝国政府对于贵国及日本均有极深之友谊,实不愿两国之间发生何项冲突,尤其对于贵国,近数年来努力建设,极为钦佩!敝国在远东商业,实蒙其利,更不愿和平之局,从此破坏。

院长:贵国政府近来曾获日本政府何项意见否?

柯赛:未曾!惟接敝国驻日大使消息,谓日本此次系根据何梅协议出兵,其军人与政府意见甚一致,彼全国朝野亦有如贵国国民同样热烈之爱国运动!

院长:此次卢沟桥事件,责任全在日军,而此事之继续扩大,亦由日本主动,如日本对贵国未曾提出何项意见,敝国亦无何项意见向贵国提出。

柯赛:如余未至误会贵院长之意,此事和平解决,是否先由日本先向敝国提请,然后与贵国谈判。

院长:余意即此。

柯赛:但此事日本已表示不愿第三国干涉,最好仍由贵国邀请九国公约缔约各国,根据公约规定提出讨论。

院长：敝国政府已根据九国公约以备忘录送致各缔约国家。敝国并不愿引起战争，但日本如欲开战，敝国只有起而应战，反之，如日本愿意和解，敝国即与之和解，是和是战，敝国现已完全处于被动地位，主动责任，全在日本！

柯赉：贵国与日本如欲和平解决，其和约大纲如何？是否须以贵院长前次所发表之演词所定四项为限度？

院长：敝国政府对于日本之态度，无论为和为战，均于余前次所发表之谈话中，明白宣示。

柯赉：贵国政府对于此次事件，是否认为与日本和解之极好机会？抑或为一般国际交涉之惯例，尚有所待？

院长：敝国现在虽欲与日本和平解决，但日方已毫无诚意！敝国决不容许平津成为第二满洲，如日本继续其武力侵略，吾人宁愿与之拼战到底！

柯赉：余愿以此意请示敝国政府，促其根据日意两国之友谊，劝告日本设法求得对此事之和平解决，余对贵院长所表白之明确态度，极为钦佩！

院长：余曾言在和平未绝望之前一秒钟，敝国仍希望和平。但以现在日本所造成之情势观之，敝国虽欲和平，已非轻易可以求得，吾人为维持国家生存，保障全民族人格，只有应战！

柯赉：余甚了解贵国所取之立场，并愿尽力设法挽回此局势，现在不知有何新消息否？

院长：截至此刻为止，余已知北平近郊战事激烈，他无何项新消息见告。

柯赉：前阅报载日本向宋哲元将军提出要求，不知宋将军究已签字否？

院长：大概即如报纸所传，别无他约！此次劳驾南下，盛意极感！以后如有何项消息，随时可以交换。……

蒋介石与那齐雅谈话

南京,1937 年 7 月 27 日

……

院长:贵大使对于日本此次事件,有何高见?

那齐雅:现在平津局势甚严重,且甚复杂,本月二十五日余离平时空气尚和缓,昨日复发生冲突,前途殊堪忧虑!不知此次冲突,贵院长系认作地方事件解决,抑认为关系贵国全国之事?

院长:此次日军进攻卢沟桥及北平近郊,实关系敝国整个存亡问题,决不能以地方局部事件看待,希望贵国和英美诸友邦对于此事,在外交上多多尽力于和平前途,必有裨益!

那齐雅:敝国政府本已提议与英美联合向日本劝解,今后仍准备随时与英美诸邦协同努力于和平调解。

院长:此次事件发生,贵国政府主张公道,态度甚为公平,中法两国邦交素睦,今后甚盼本此继续努力!但有一事须提起贵大使注意者,即苏俄于此次事件发生后,态度非常冷淡,殊出乎常理常情之外,敝国一般人士原来希望联俄者,现甚失望!对于苏俄非常不满,不知贵大使有何方法,能促起苏俄政府态度之转趋积极否?

那齐雅:余愿将贵院长此意报告敝国政府,但未审贵院长知苏俄为何采取此冷淡态度否?

院长:余不十分明了!也许因为苏俄正在清党清军,对余此事未曾注意,但苏俄应知日本正乘其清党机会来侵略中国,其对中国计如得逞,将来必进犯苏俄。中俄本为利害关系甚密切之友邦,此时日本进攻敝国,苏俄不出而帮助,将来苏俄被日攻击,敝国亦爱莫能助矣!

那齐雅:现在苏俄态度冷淡,究竟有何原因,余亦不十分明了,但余以为苏俄对贵国并无恶意,此次恐系感于国势太弱,故未克表示坚强之态度,因彼国正在清党,清党以后,斯塔林之地位与权势或较前更为巩固,或从此发生动摇,其内部情形,刻甚混沌,以是不敢遽作强硬表示,亦未可知!

院长：无论苏俄目前有何苦衷，其对敝国所表示之态度，实欠妥当，吾人并非希望苏俄能为敝国动员若干兵力，但其对日本之态度，应作正当合理之表示。

那齐雅：苏俄态度如何，对于贵国与日本此次事件之解决，确有很大影响！

院长：贵大使对于日本此次举动采取何种态度？

那齐雅：余甚愿首先知道贵院长对此局面采取何种态度！

院长：余之态度已于前次所发表之谈话中宣示明白，倘日本漠视敝国所定之最低限度，敝国政府为自卫计，当采取最后手段对付之！据报今天日军已在敝国故都北平四郊，作猛烈之轰炸与攻击，中日大战现已揭其序幕！

那齐雅：余阅报载宋哲元将军已下令抵抗，贵国中央政府对宋将军亦已明令有所指示矣。

院长：敝国政府认为宋哲元将军与日本所订之三条，如未超出余前次所表示之四项最低限度，当可商量和平解决，但签约未逾数日，日军现又违约进攻，敝国虽欲和平，亦不可得，局势实已逼上最后关头！

那齐雅：贵院长所谓"最后关头"，意即指战争乎？

院长：余意敝国到了最后关头，即须战争！

那齐雅：余此次由平南下，过天津时，敝国驻津总领事告余，谓曾晤香月司令，要求维持天津法租界之秩序，如遇战争爆发，请日军勿通过法租界，香月当面允诺，但谓现在并未发生战争。故余所得消息，只觉贵国与日本已发生冲突，而未至爆发正式战争。

院长：贵大使系误听日本之宣传，以为此次冲突仍系平津地方局部事件。敝国认为事件之演变，现至最后关头，第一步即须与日本绝交；第二步即宣布自卫战争。

那齐雅：日大使川越是否将来南京？

院长：余未得彼何项消息。

那齐雅：余知川越大使仍在天津，但彼一如已置身外交活动范围之外。

院长：贵大使在津曾见川越否？

那齐雅：未曾！渠现在任何人都不见面，不仅外交团不曾见过他，即日本军人亦不见他，外间并有渠已被刺之谣言！其处境极可怜！

院长：日本现已完全成为军阀专横的国家，既无信义，又不讲道理。

那齐雅：在历史上敝国曾一度成为帝国主义大国家，拿破仑征服全欧洲是也。但拿破仑常说：彼一生最得意之事，非为战胜于疆场，而为其手创之法典。

院长：还有一事须预为贵大使告者，即中法同为国联会员国，敝国此次为国际正义与自卫生存而战，将来如战事延长，拟请贵国尽量接济敝国军火！

那齐雅：由敝国运送军火来华，如经日本，恐不妥当，将来战争延长，贵国有此需要，可从安南运入，贵院长此意，余当预为报告敝国政府。

敝国在历史上曾与英国有百年战争，当时英国伸其势力于欧洲大陆，以为敝国将永被其征服，但百年战争结果，英国势力仍须缩回三岛；现在日本在亚洲大陆得势，以为可以屈服贵国，但战争结果，日本必归失败，将来仍须退回岛上。惟在此和平尚未绝望以前，如能获得和平，敝国极希望仍本和平解决，所惜者，日本军人太多，意见不能一致，和平前途实未可乐观！

院长：日本政府全为军人所控制，国事无一人能够作主，实可惜！

《先总统蒋公思想言论总集》第 38 卷，第 87—91 页

蒋廷黻致何廉
1937 年 7 月①

致行政院何处长。淬廉兄鉴：甫见李外长，弟首先说明卢沟桥事件

---

① 此电及以下两电均无具体日期。

之起因及日本此次之目的,继问苏俄之态度。李氏答云:苏联明知日本
为侵略者,故与中国表同情。弟问苏俄是否可负责调停。李云:苏日关
系既不佳,苏联单独调停显不可能,与他国共同调停可考虑。然在未与
政府当局接洽之前,不敢应允。弟续问如中国根据盟约第十七条提出
国联,彼愿协助否。彼云:苏联必力助,惟紧要关键在英国,中国应图先
得英国协助之允诺,然后提出。弟告以局势紧急,万一战争发生,苏联
能助我乎。李云:非彼所能负责答复。据彼自东京得来消息,日本政府
不欲大举,商界亦反对大举。惟东京当局以为张大声势,中国必不战而
屈服。彼又言,中国之错在对鲍大使返任后之提案过于冷淡。倘中苏
接近,而日本知之,日将不敢轻举矣云。弟意吾人绝不可期望苏联之实
力助我,目前外交活动应注重英美之合作。以上各节,弟已电外部。廷
黻。下午五时。

中国第二历史档案馆藏行政院档案,五/二/197

蒋廷黻致孔祥熙

1937 年 7 月

华盛顿,中国驻美使馆

译转孔副院长钧鉴:今日复见李外长,递送节略,职趁机问现在英
美法三国既已向日本有所表示,苏联是否可采同样步骤。李答云,艾登
已于十二日面告其驻英大使 Maisky(迈斯基),英国在原则上不反对英
法美俄四国行动,但目前似以三国行动为较便。盖俄之参加,更将使
日本难于接受劝告也。职续问倘事件扩大,而英美法又乐得俄之协
助,俄愿参加乎? 李答,彼甚愿考虑云。职意目前如俄参加,诚有如
艾登所顾虑之不便,但如事件恶化,则我国及英美法均应欢迎俄之合
作。我国外交工作应即时起尽力疏通彼四国间之误会。谨闻。蒋廷
黻。西。

中国第二历史档案馆藏行政院档案,五/二/198

蒋廷黻致何廉

1937 年 7 月

○电悉。院长言论俄报登于重要地位,惟无评论。当局目前绝不愿表示态度。十七日弟见李外长时,彼示我驻英大使十三日来电称,爱登云,虽原则上不反对俄国与英美法采一致行动,惟目前俄不必参加,恐更激怒日人也。英国此种态度更使俄国消极。以上弟已报告外部。黻○。

中国第二历史档案馆藏行政院档案,五/二/198

赫尔声明(节录)

1937 年 8 月 23 日

引起美国政府关切的太平洋地区当前形势中的争端和问题,已远非仅仅是美国政府保护侨民和利益的眼前问题。该地区的情况与 7 月 16 日声明中引起大家注意的政策的总原则密切相关,有直接和根本的联系。该声明已得到 50 多个国家的表态赞同。我国政府坚决认为,该声明所概括的原则应有效地指导国际关系。

世界上任何地方不幸发生用以威胁的或已存在的严重军事行动时,事态总是关系到所有国家。我们不想评判争端的是非。我们呼吁各方不要诉诸战争。我们竭力主张他们应按照我国人民和世界上大多数人民所认为的那样,即从国际关系的指导原则来解决他们的争端。我们认为,7 月 16 日声明中陈述的原则适用于全世界,这在太平洋地区也和在其他地区一样。原则的陈述是全面的和基本的,它包含了体现在许多条约里的原则,包括华盛顿会议条约和巴黎的凯洛格—白里安公约。

当前的远东争端一开始,我们就努力劝告中国政府和日本政府双方,重要的是避免军事行动,维护和平。我们经常与有关政府进行旨在和平调停的商议。我国政府不信奉政治结盟或政治介入,也不信奉极端孤立。我国政府确实信奉通过和平方式寻求实现 7 月 16 日声明提出的目标而进行国际协作。按照我们明确表示的态度和政策,并在此范围内,我国政府极为焦虑地注视着远东局势的各个方面,注意保卫我国侨民的生命和福利,促使政策——尤其是我国信奉和保证执行的和平政策——生效。

我国政府正努力促使关于太平洋地区和全世界的这些基本原则得到实施,并使之加强,具有新的活力。

Peace and War,pp. 375–377

2.决定向国际组织提出申诉

致《九国公约》签字国备忘录
1937 年 7 月 16 日

此次纷扰发生之时间,在 7 月 7 日夜间,其时日军正在举行演习,最初发生冲突之地点,系在卢沟桥一带。日军在该处毫无权利足以根据,盖 1901 年《辛丑条约》第九条规定,外国军队驻在地点,并未将卢沟桥宛平县城及丰台包含在内,日本根据此项条约,而提出要求,原已不合时宜,绝无根据。且即就《辛丑条约》条文而论,日本在各该地方驻扎军队举行演习亦绝无理由,足证日军借词要求在中国军队防地内搜寻失踪之日兵一名,竟图以强力于夜间侵入中国军队所驻防之宛平县城。明知中国军队必加拒绝,乃故意出此,藉以发动对于华北更进一步之侵略行为,此固属显而易见者也。继称现有日军飞机百余架,陆军约二万名,集中平津附近。中国当局竭尽一切方法,甚至允许双方相互撤兵,以冀停止敌对状态。无如每次获得解决办法后,类因日军重行进攻,以致立即成为无效,中国政府认为此项侵略行为,实属破坏《九国公约》所规定之中国领土主权完整,倘任其发生,则足以在亚洲及全世界产生重大后果,此在中国方面现仍准备谈判任何种荣誉之协定。惟中国国民政府对于谈判解决之基本案件,不得不加以密切控制,盖恐吓地方当局促成华北分裂,原为日本军人惯用之策略,而为世人所熟知也。

贾德干致安德烈·科尔班①

伦敦,1937 年 7 月 21 日

几天前,德马尔热里先生②打来电话,询问中国驻英大使是否曾就将华北的局势提交国联或华盛顿九国公约会议签字国讨论一事征询我们的意见。

中国大使曾于 7 月 14 日来访。他告诉我,他已经收到其政府的电报,说政府正在考虑向国联申诉的可行性。我回答说,在我看来,这一行动不会有什么大的效用。中国政府只能援引盟约第 17 条,但这一条款很难实行,在这一条款下所采取的行动将被日本政府所阻碍。郭博士说,他倾向于同意我的看法,他已向其政府建议不要向国联申诉。但是,他推测中国政府觉得日内瓦是一个把中国的情况告诉世界的绝好讲坛。我告诉他,在目前我并不赞成这样的观点,即认为日内瓦所做的任何事情都注定要引起罗马和柏林的令人不快的反应。尽管我不知道中国政府是否期望从这两国政府获得同情,但我认为,中国获得这一同情的机会绝不会因中国在目前这一时刻企图利用国联而有所增加。

中国大使未就将目前的冲突提交九国公约签字国讨论的可行性问题征求我们的意见。如果他要作这类的询问,我们目前将倾向于不赞成这类申诉的想法。但是,如果法国政府有其它的看法,我们当然将乐于考虑。

---

① 时任法国驻英大使。
② 时任法国驻英使馆一秘。

郭泰祺致外交部

伦敦,1937 年 7 月 26 日

南京外交部,三九〇号。

三二八至三三二号电,均敬悉。今晨访艾登,遵转蒋院长意旨,彼亦认我方让步已达最后限度,允训令其驻日代办,相机劝阻日方,勿再提要求,并继续与美政府商洽,冀弭战祸。至蒋院长与英大使二十四日谈话经过,据艾登云,尚未接到报告。再英报顷已登载日军在廊房已向我军轰炸,并限我军于后日退出北平等讯,似此战端已启,英美斡旋恐更不易。顷与少川兄商谈,我方似可要求请召集《九国公约》签字国会议,如何?乞裁夺。祺。

《卢事前后》,第 476 页

蒲立德致赫尔

巴黎,1937 年 7 月 30 日下午

德尔博斯①今日对我说,中国的顾大使昨天曾向他作了一项绝密的重要陈述。他把此项绝密陈述的大意向我转述,这是关于意大利及德国两位驻莫斯科的大使的行动。在此以前顾也曾和我谈过,我在 7 月 28 日夜 9 点以 1067 号文作过报告。我发现顾向德尔博斯说的话和顾向我说的话稍有出入,使我对顾说话的准确性有点怀疑。

根据德尔博斯的说法,意大利是向驻罗马的中国大使,而不是向驻莫斯科的中国大使申明立场的。

德尔博斯回避讨论远东问题。他说事实上中国是孤立的。他坚决反对中国向国际联盟提出呼吁。国际联盟今天已形同虚设,中国向它申述,其结果指挥使这个形同虚设的机构更显得有名无实而已。国际联盟在欧洲还有点用处,他不愿意看见它成为一个笑柄。

---

① William C. Bullitt,美国驻法大使。

德尔博斯赞成中国向《九国公约》的签字国呼吁，昨天他已将此意向顾说了。

他还肯定在目前情况下苏联不会对中国进行帮助。实际上，他刚接到法国大使从南京打来的电报，说蒋介石对苏联很恼火。俄国人曾经使他相信他们会帮助他，可是现在却说他们无能为力。

孔祥熙致中央政要

1937 年 8 月 16 日

中央执行委员会常务委员诸公、国民政府主席林、蒋委员长、中政会汪主席、王外交部长钧鉴：熙自抵欧美，即分向各国当局密询其对中日问题之意见及政策，英方态度在实力未充足前似怕多事，德国希氏表示，伊与日携手即为谋中日妥协，美罗总统秘称"满洲国"成立已有六年，兹不问法理若何？其存在已为事实。目下各国虽未承认，但将来未必不免有一二国家与日在互换条件下开始承认。其余俄、法等国或实力不足，或态度暧昧，当此中日战争开始之际，除我以武力抵抗自求生存外，似不无考虑其他运用途径之必要。熙意（一）国联九月又开大会，我政府当事先将最近日人侵略者事诉诸国联，要求经济制裁，此举既可使各国不得藉口袖手旁观，我方又重新唤起世人道义上同情。（二）同时并依《九国公约》请美国召开太平洋会议，届时再由签字各国求一解决方法，未尝非我监理财政之利。前熙与顾、郭两大使连日请政府提出《九国公约》，未得回复，熙恐政府尚犹疑未定。今事急矣，除抵抗到底以求最后胜利外，尚须及时运用外交，以壮声势。以上两点，经与各国要人谈，及均认与我有利。熙身在海外，心忧国事，一得之愚，未敢缄默，应请详加考虑后即日实行。

亨贝克备忘录

华盛顿,1937 年 8 月 20 日

会谈者:国务卿　中国大使王正廷博士

出席者:亨贝克先生

今天中午,中国大使请求会晤。

国务卿首先谈了似乎日趋恶化的中日形势。大使表示同意。国务卿提到美国旗舰奥古斯塔号中弹的消息,大使说他获悉了这一消息。国务卿问到关于奥古斯塔号及最邻近日本舰只的水域位置,大使准确回答了这一问题,看来他对此知之甚确。

大使说,他奉命前来向国务卿通报中国的行动打算。中国准备:(1)向国际联盟申诉。尽管美国不属于国联成员,但外交部希望知道美国政府是否予以支持。(2)援引《九国公约》,就此点而言,外交部希望知道美国政府是否愿意召集各签约国进行磋商,因各签约国是在华盛顿议定该条约的。国务卿未做任何许诺。

国务卿把话题转到美国和日本海军舰只在上海的位置一事上,奥古斯塔号的位置被认定位于苏州河以南,离开外滩的江面上。随后,国务卿谈到按照公约和惯例,上海公共租界区域应不受军事行动的影响,安全应有保障。他强调对此地位应予以高度尊重。他说,中国当局突然命令美国军舰应与日本军舰相隔 5 海里之远。大使表示不知此事。国务卿问亨贝克先生。亨贝克先生解释:中国当局已通知我们,要求我们的军舰离日本军舰 5 海里远,或说服日本军舰移至距我国军舰 5 海里远之外。实际上,不可能遵照这一要求行事,双方对此作了一些讨论。

大使将话题转到中国向国际联盟申诉和援引《九国公约》问题上。他说他奉命要了解美国政府的反应。中国政府希望在行动之前与美国磋商,从而避免使美国为难,并招致拒绝。大使说,如果中国政府的正式请求遭到拒绝,并为世人所知,那么将会给中国带来非常不幸的影响和国内反应。国务卿表示同意。然后国务卿讲到他于 7 月 16 日发表的政策声明,询问该声明对这一问题是否说充分了。大使说是的,就原则而言是说到了,但中国政府目前正在寻求的是行动。国务卿询问亨贝克先生是否有什么评论或询问。亨贝克先生说:看起来,中国政府与其说是正在寻求"援引《九国公约》",不如说是正在寻求与《九国公约》缔约国家进行协商和讨论。他想知道中国政府是否已经有了议程打算,中国政府是否已考虑到这一行动所带来的具体影响。大使说,按说议程应由缔约国家安排,不过中国政府可以为此效劳。他说,开头的影响可能是道义上的影响。他重申希望得知美国政府的反应。大使询问是否明天可以继续造访,国务卿表示将考虑这一问题,一旦有了想法,马上会告诉大使。

随后,国务卿和大使相互表示了对事态严重性的焦虑。会谈结束。

FRUS,1937,Vol.4,pp.3-5

亨贝克备忘录

华盛顿,1937 年 8 月 21 日

关于中国大使所提出的,我国政府是否支持中国向国际联盟提出类似申诉行动的问题,我认为应当给予答复。即如果中国提出了此项申诉而国联又予以受理,可以期望我国政府按 1931 至 1933 年满洲事变时期所采取的支持国联的路线形势:保持并行使我国完全独立的判断权,在原则上支持制止敌对冲突并为准备以和平手段解决争端作出努力。

关于"援引"《九国公约》由我国起带头作用的问题,我国似宜继续避免对此作出承诺。如果我们向若干国家发出电报,要求以其外交部名义公开表示现时对中日冲突危机的态度,可以将此电报分别发给《九国公约》各签字国,并可以将业已发出此项电报的消息告知中国政府,但不可指明这些国家为《九国公约》签字国。

FRUS,1937,Vol.4,pp.5-6

国民党中央政治委员会致国防最高会议

1937 年 8 月 26 日

……中国应即将被日本侵略之事实通知国际联盟，并提请参加盟约各国，依照盟约履行其盟约上所载之武力制裁与经济制裁之责任。国际联盟在近年来虽失其盟约上之有力地位，然既未正式解散，会员国之盟约责任依然存在。我国若诉诸国联纵然不能得其实力上之援助，则至少亦可得国际舆论上之同情，而舆论上之同情在国际战争上，往往发生不可思议之助力。例如日俄之战，英美舆论最同情于日本，日本终以英美舆论之同情，而获其经济上之援助，而终胜俄国，此一例也。欧洲大战之始，美国对英对德关系原无轩轾，后来因德失国际同情，美洲诸国遂加入英方，而欧战胜败之形势遂以决定，此又一例也。总之在战争时期国际间之助力无论如何微小，均有一顾价值，而况国际联盟会员六十余国，其心理上之同情与精神上之援助，其力量亦正不可忽视。闻九月初国际联盟开会，我国似应及早提出具体请求。……

《卢事前后》，第 348 页

亨贝克备忘录

华盛顿，1937 年 9 月 3 日

会谈者：国务卿

中国大使王正廷博士

出席者：亨贝克先生

今天上午 11 点 30 分，应中国大使之请求进行会晤。

国务卿首先询问关于中国形势的最新消息。大使说，中国的战争剧烈。国务卿询问官方报道是否与新闻报道不同。大使回答，它们基本上是一致的，因为不存在大量的新闻审查。

大使说，中国政府已经决定，在即将召开的国际联盟会议上，援引盟约第十七条；此举若不成功，再援引第十六条。希望美国政府以咨询委员会成员的资格给予道义上的支持。国务卿提醒说，虽说美国政府

已经公开表示了积极的态度,但是,其他政府仍保持沉默。他说,如果他们连口都不开,怎么能期望他们有所行动呢?国务卿说,在我们方面国会已经通过了一个中立法案。这是摆在我们面前的事……如果其他国家连话都不说,中国对美国还能指望什么呢?大使说,中国作为国联的一个成员感到她必须向国联申诉。中国想让美国政府从官方渠道了解他们的每一个行动。

国务卿询问援引盟约第十六条后会出现哪些问题。大使说,方案步骤都已写出。国务卿提到在意大利和埃塞俄比亚争端中援引第十六条的经验。大使说,他猜想他的政府并不期望能采取很多的行动。国务卿说,正是由于这一原因,他想知道中国政府期望达到什么目的,此项申诉会带来什么好处,会不会成为"欲进反退"呢?大使表示,只要引起世界对中国局势的关注,中国就获得益处。国务卿提醒说,不考虑从前的经验而提出制裁问题,由于遭到失败而产生的不良影响,有可能会抵消向国联申诉所带来的益处。如果对意大利制裁的经历重现,那么中国会得到什么呢?中国会不会受到伤害?国务卿解释说,这只是他个人意见,并不代表官方意见。

大使说,他猜想国务卿个人意见并不表明美国政府不愿给予支持。国务卿回答道,中国必须考虑我们的经历,必须注意我们的历史地位。大使表示理解,并提到1932年的经历。国务卿回答说,在那个时候并未尝试采取国际制裁。他提请大使注意,由于大使现在要求我们做一桩实在的事,因而他认为作为国务卿,他提出这些问题应该说是合适的。

随后,就剧烈的战况及整个局势的不利因素交换了各自的看法。会谈结束。

赫尔致哈里森

华盛顿,1937年9月7日下午6时

在你前往日内瓦之前,我想就若干当前问题简要说明我的看法,以便指导你在大会上可能参与的会谈。

请你再仔细地阅读一下我于 7 月 16 日和 8 月 23 日发表的公开声明。你将看出,第一个声明提出了美国政府认为文明国家之间和平交往的基本的和必要的原则,第二个声明表明,美国政府认为如同适用于世界其他地区一样,这一原则也适用于太平洋地区。在日本与中国之间,美国政府严格奉行公正无私的方针。然而,它不能不感到这些基本原则遭到了严重的破坏。遗憾的是其他国家尚未普遍地认识到这样公开发表和公开地反复重申这些原则,能够加强条约原则的有效性,能够促进发展世界范围的只以和平方法解决国际争端的决心。

你无疑会被人问起在目前情况下,为什么美国政府没有实施中立法。查阅一下中立法,你就会看到开篇上写着"无论何时总统发现两个或两个以上国家处于战争状态,总统将……"等等。因此,某种事实是否存在的问题决定着中立法实施与否,当这种事实状态出现时,中立法必将付诸实施。在日中争端中,断断续续的敌对行动已持续了很长时间,目前的争端规模虽较大,但在他们看来仍只是规模上的变化,而非性质上的不同。冲突双方都宣称他们没有进行战争,冲突双方都在对方国土内保留外交及领事代表。日本声称它的行动属于讨伐性,并再三否认有获取领土的意图。

我告诉你一机密情报:我们一直都在考虑中立法的实施问题,而中国的局势,随时都会出现必须付诸实施的情况。我们只能采取一种临时的政策,并逐日考虑其实施。

中国给国际联盟和咨询委员会诸成员分送了一份关于中日纠纷的报告。咨询委员会于 1933 年成立,随后,威尔逊被指派出席该委员会但无表决权。显然,如果确定该委员会仍然存在,并召开会议,那么你将被授权按照此前威尔逊所得到的同一指示出席该会议。总之,你不得造成一种我们必须参与日内瓦对目前问题的任何讨论的印象。在这个问题上,我们宁愿完全地保留意见。

赫尔致哈里森

华盛顿,1937 年 9 月 11 日下午 3 时

补充 9 月 7 日下午 6 时我的第五十一号函。我们多年的经验表明,国联成员国将努力获得美国对在假定条件下行动的保证。例如,他们可能会问:"如果中国的申诉提交给第一委员会,并邀请美国出席,那么,将指派一个美国代表吗?"我们有时发现,假定的情况并没有发生,但由于我们回答了这种假设问题,使美国发现它自身比其他大国大大超前做出承诺。鉴于此种情况,建议你拒绝与其他国家代表一起推测在一定条件下美国政府要做出的决定。我们国家的强大稳定就在于:我们有差不多五十个州,其中任何一州要在联邦组织以外接受他人请求就某项问题做出承诺,实现必须由所有各州就此项问题作出决断并充分表达其意志。

我们已经按此理解给蒲立德发出指示,他目前已和带着假设问题的德尔博斯进行接触。

有一个消极性的意见,可以在国联成员询问你时转告他们。即为了讨论中国问题,指望经过邀请,美国会主动要求参加第一委员会,或其他任何公共机构,特别是新成立的公共机构,这几乎是不可能的。接受这样的邀请将是一种显眼的重要的政治举动。

希望能收到你从各成员国特别是英、法那里获得他们是否认为在中国已存在"战争状态"的印象以及(如果是这样)他们是否打算采取任何有关中立的行动,这是我非常关注的。我无须再向你叮嘱在进行探寻时务须谨慎的必要性。

在你前往日内瓦时盼电告。

FRUS,1937,Vol.4,pp.15-16

(三)国际联盟大会

说明:中国政府于 9 月 10 日发表致国联声明书,并于 9 月 12 日提

出正式申诉书,说明日本侵略中国的真相,要求国联采取适当的行动。日本拒绝参加国联大会。由于美国不是国联成员国,而美国的合作态度又极为重要,因此,中日冲突问题的讨论便提交到有美国观察员出席的国联远东咨询委员会,又由该委员会组织小组委员会讨论远东冲突问题,英、法及美国在其中起着决定性的作用。鉴于美国的影响举足轻重,中国方面还在会外积极活动,意图推动美国与国联的合作。9月下旬,日本在国联会议期间公然对中国平民区大肆轰炸。国联对日本轰炸中国平民的行为进行了谴责,但仍不想对日本采取制裁行动。最后,国联大会接受了远东咨询委员会提出的决议案和两个报告书。报告书对日本违反国际条约诉诸武力的行为提出了指责,但拒绝了中国要求宣布日本为侵略者的要求。国联决议要求国联各国各自考虑采取援助中国的措施,并建议召开《九国公约》签字国会议以讨论远东问题。国联大会之后,中国继续在国联行政院会议上争取支持。

本节所收美国国务院编《和平与战争——美国外交政策(1931—1941)》中的译件,系采用《第二次世界大战起源历史文件资料集》的译文。

1. 会议讨论与会外磋商

英国外交部致马莱特①
伦敦,1937年9月10日

9月7日,中国大使通知贾德干先生,作为出席国联大会的中国代表,他已收到其政府关于要求援引国联盟约第17条的指示。他给人的印象是,他本人并不完全赞成这些指示。他清楚地意识到,在日内瓦不可能做成什么有实效的事。他猜测南京政府正受到压力,要其不放弃任何一个机会去试图获得列强干预或至少使中国处境得到改善。不管

---

① 时任英国驻美代办。

怎么说,日内瓦的公开讨论,将会给中国代表团提供一个陈述中国情况的理想讲坛……

DBFP,Second Series,Vol.21,p.321

向国联声明书

1937 年 9 月 10 日

7 月 7 日,日本军队在卢沟桥举行非法演习。卢沟桥邻近北平,系交通孔道,军事要冲,日军开赴该地,已无任何现行条约可为根据。旋又藉口日兵一名失踪,于子夜要求进入邻城宛平,从事搜查。及中国当局拒绝其请,日军即以步炮兵力突袭宛平,中国防军乃被迫抗战。中国当局自始即曾表示愿以和平方法解决此卢沟桥事件,而日方藉此谋遂其在华北之阴谋,致使中国不得为武力之抵抗,因以促成东亚流血之惨剧,而日来之抗战,殆不过此惨剧肇端耳。中国当局为力求避免扩大衅端,并盼经由正常外交途径从事和平解决计,故曾对日军之一再挑衅行为,竭力容忍,并曾提议双方撤兵,以期隔绝两方对峙之军队。嗣后且在日军未撤前,先从冲突区域自动撤兵,中国维护和平之意向于此更属明显。但日方蓄意扩大事态,初则调遣大军进入河北,在宛平卢沟桥一带重复进攻,旋又扩大军事行动地带,达于北平近郊,遂使当时情况愈趋严重。日方虽一再严重挑衅,中国地方当局仍不断致力于和平解决,并于 7 月 11 日,接受日方所提条件,内容如次:(一)二十九军代表对于日本军队表示遗憾之意,并将责任者处分,以及声明将来负责防范再惹起同类事件。(二)中国军为日本在丰台驻军避免过于接近容易惹起事端起见,不驻军于卢沟桥城廓及龙王庙,以保安队维持治安。(三)本事件认为多胚胎于所谓蓝衣社、共产党其他抗日各种团体之指导,故此将来对之讲求对队①并且彻底取缔。7 月 12 日本大使馆参事受其本国政府训令,偕陆军副武官及海军副武官谒见中国外交当局,

---

① 疑有误,原文如此。

请中国政府对于 11 日所订地方解决不必干涉。中国外交当局答以任何地方协定,必经中国中央政府之核准,方能有效,同时并提议双方将其军队撤回原防,静候事件之解决。日方后复于中国地方当局依照解决办法撤兵之际,乘机扩张其军事行动及挑衅袭击,达于北平、天津区域,据 7 月 15 日之估计,日本军队在平津区内已达 2 万人以上,且有飞机百架,而关外更有大批军队准备待发。处于此种武力胁迫之下,地方代表之磋商至感困难,尤因日方擅提条件,以为 7 月 11 日解决办法之补充,一切接洽愈见辣手。7 月 16 日中国对美、英、法、意、比、荷、葡(以上《九国公约》签字国)及德、苏等九国政府提送备忘录,指日本以大量军力突袭卢沟桥,侵犯华北,显系侵犯中国主权,违背《九国公约》、《巴黎非战公约》及国联盟约之文字与精神,促请各该国政府注意。备忘录中并称中国虽被迫而使用一切方法,以防卫其领土及国家生存,但仍愿随时以国际公法或条约上之任何和平方法,与日本解决其争议。7 月 17 日,日本大使馆致备忘录于中国外交部,要求中央政府不干涉地方交涉,并不为任何军事准备,同日日本陆军武官受东京陆军省之训令,向中国军政部表示反对中国方面向河北增兵,即为自卫目的,亦所不许,并以严重结果为恫吓。中国政府对于此种无理要求,经于 7 月 19 日书面答复,重申前次提议,即双方停止军事行动,并约定日期,各将军队同时撤回原防。复文中,并明白申明中国政府为和平解决此次不幸事件起见,准备接受国际公法或条约上所公认之任何处理国际纠纷和平方法,如双方直接交涉斡旋调解公断等等,不幸此种和平建议,竟不获所期之反应。而中国政府对于其地方当局 7 月 11 日与日军所订之解决办法,亦未予以反对,于此可证中国政府一再容忍,已达最高限度。综上以观,日本欲从两方面利用卢沟桥事件,企图实现其在军事上、政治上及经济上宰制华北之目的,盖甚昭彰。在军事方面,日本为准备大规模侵略,不断派遣大军进入河北,而同时则阻止中国中央政府作自卫之准备,冀使中国地方当局易就范围。在外交方面,日本希图压迫中国中央政府,使其对于华北不加闻问,且使其对于地方当局,因独受日方武力压迫而接受之任何条件,事先预予同意。厥后日军既知中国不能唯日方之命是听,乃于7月20日①向中国地方当局致最后通牒,要求中国军队自北平及北平附近撤退,是为7月11日解决办法所未有之一点,乃日本最后通牒所定之限期犹未届满,日本陆军空军大举进攻平津区域,对于平民生命财产、教育文化机关恣意蹂躏摧残,为举世所震骇。洎乎中国军队,既自天津撤退,日本军队复扩大其军事动作,深入冀南,犹以为未足,更北向对于冀察边境之南口要冲猛烈攻击,现尚未已。据8月20日之估计,日本在华北约有军队十万人以上,日本在中国领土之上,集中如许大军,实已明示其居心,以武力征服为定策,在亚洲大陆遂行侵略也。中国政府鉴于已往事实,深恐日本复将抄袭故智,于上海方面,妄启戎端,扰我商业及金融中心,故于北方危急之际,曾一再训令上海地方当局时加防范,俾免不幸事件发生。无如8月9日日本海军官兵二人竟图违抗警令,擅入虹桥中国军用飞行场,与中国保安队发生冲突,日方死海军军官一人,兵士一人,中国保安队士兵亦死一人,于是中国方面保持上海商埠和平之努力又告失败。肇事以后,中国沪市府当局虽曾立即提议经由外交途径进行解决,而日本则仍凭恃武力扩大事态。24小时以内,日舰集中沪滨者达到三十艘,其武装军力亦增加数千人,同时复提出要求,冀图取消或破坏当局之自卫措施。8月13日日本海军陆战队以公共租界为根据地,水陆并发对江湾闸北方面大举进攻,于是日方预定之进犯淞沪计划,乃于虹桥机场事件发生后四日揭开。自此以还,日本空军大事活动,鲁、苏、浙、皖、鄂、湘、赣诸省,无一幸免。南京为中国首都,日机每日来袭,几无间断,其他重要城市,亦遭蹂躏。揆日本之用心,殆欲凭藉其空军数量上之优势,对于中国经济文化及中外贸易中心所在之繁庶区域,恣意轰炸,以减少中国抵抗之实力。

　　以上所述,乃为日本自7月7日卢沟桥事件以来行动之大概,据此

---

①　原文如此。

可知下列四点,至为明显确实,不容疑议。(1)日本武装势力,实已侵略中国领土,而其陆、海、空军对于中国北部中部防地,大肆袭击,犹在进行之中,是为一纯粹之侵略行动,至属显然。(2)中国既已用尽一切方法,阻遏暴力而无效,现已采取武力行动,实行其天赋自卫之权,此原非中国素愿,实迫不得已。(3)日本现在中国之行动,实系继续其1931年9月18日在东三省开始之侵略计划,日本现已不顾其"对中国无领土野心"之诺言,占据平津,更进而图夺取华北全部,并宰割其他区域,中国十年来坚毅辛勤所造就之建设工作,亦均在其企图破坏之中。(4)日本既如此居心扰乱东亚和平,实已违背国联盟约之基本原则,以战争为国策之工具,置一切解决国际纠纷之和平方法于不顾,则又违背1928年《巴黎非战公约》,不遵守其尊重中国主权独立及领土与行政完整之义务,则更违背1922年在华盛顿缔定之《九国公约》。

《全民抗战汇集》,第86—90页

中国政府代表团正式申诉书

1937年9月12日

本代表兹奉本国政府训令,谨请贵秘书长注意日本以其陆、海、空军全力侵犯中国,且仍继续侵犯中国之事实,此系对于中国领土完整与政治独立之侵犯行动。中国为国联会员国,故此种行动明白构成应依国联会章第十条处理之案件。又日本之侵犯行动,如此造成之严重情势,亦在同会章第十一条范围以内,故亦为国联全体有关之事件。至于本案事实,则请参阅中国政府送达国联之事实声明书。该声明书已由国联转送各会员国,及1933年2月24日国联大会依照会章第三条第三项规定通过决议案而成立之咨询委员会。鉴于日本现在对国联之关系及其在之行动①,中国政府认为国联会章第十七条亦同样适用。但国联大会暨行政院对中日纠纷,截至现在所为之一切决议,其继续有效

---

① 原文如此,似指在华之行动。

性及拘束力,并不因此而受影响。本代表谨以本国政府之名义,请求适用国联会章第十条、第十一条及第十七条,并向国联行政院诉请对于上述各条所规所定之情势,建议适宜及必要之办法,并采取适宜及必要之行动。

《全民抗战汇集》,第91页

詹森致赫尔

南京,1937 年 9 月 15 日

1. 外交次长徐谟 9 月 14 下午 6 时向大使口头通报,中国政府对美国及其他国家对待日本侵华行动采取这样一种冷淡的态度表示失望。他希望美国在国联应中国的要求而决定采取任何有利于中国的行动中与国联合作,因为,美国不仅是咨询委员会的一个国家代表,而且是国联之外的国际公正原则的拥护者。他说,除非美国予以支持,国联本身对任何行动的成功可能均持悲观态度。

2. 外交次长说,中国用全部力量保卫自己,比日本预料的更加成功,但是,除非中国接受某种外来援助,否则,最终将失败。他说,中国特别希望英国、法国、美国联合行动,他认为那些国家愿意甚至渴望与美国联合行动。

FRUS,1937,Vol.4,p.18

顾维钧在国联大会上的发言

1937 年 9 月 15 日

远东局势,现已极端严重,此在国联会,不可不采取紧急之措置,和平原属不可分割,而集体安全之原则,则系国联会盟约之原来根据,今欲扑灭远东方面燎原之火,并使太平洋与欧洲之和平得以增强,则其一线希望,端在相互忠实履行盟约所规定之约束而已。抑中国现所防卫者,不仅为其本国领土,中国国境以内各国家之权利与利益,现亦赖中国加以防卫,中国现谋得国联与前系各国之赞助,倘未成功,则日本必直接侵犯各外国在远东之利益,公然无所顾忌矣。日本谋实施在亚洲大陆扩张领土之计划,处心积虑,已非一日,今则以武力求此项政策之成功。其所根据之理由,系欲解决原料问题与人口问题,实则此项理由并未成立,盖中国始终表示,准备在经济上与日本合作也。

目前局势,实由于满洲事件发生以后,国联会盟约未能实施之所致。为今之计,国联会必须明白表示反对日本之侵略政策。而对于日本封锁中国海岸一事,尤当加以阻止,则以封锁中国海岸之举,乃对于海洋自由一项原则之第一次打击也。就目前欧洲与亚洲之危机,国联会倘欲求本身力量之增强,则必须接受中国之申请,按照中国政府所援引之盟约第十、第十一、第十七各条文,采取各项措置,至少亦当将本案提交 1933 年 2 月 24 日所设立而美国亦参加在内之咨询委员会,加以处理……

《全民抗战汇集》,第 103—104 页

爱德蒙致英国外交部
日内瓦,1937 年 9 月 15 日

以下是外交部长要我发出的电文:

今天早晨我与中国大使进行了长时间的谈话。考虑到未来的发展和中国要求国联实施盟约第 10、11 和 17 条的申诉,我认为有必要在今晚安排一次与法国外交部长、中国代表及国联秘书长的会晤。

德尔博斯先生、爱维诺先生和我一致向中国代表们建议,他们不应该坚持国联行政院应根据盟约第 17 条而展开行动,因为这将会给人们造成中国企图立即援引盟约第 16 条的印象,而他们承认这并不是他们的意图。我们希望他们同意行政院将此事提交给由 1933 年国联大会所建立的咨询委员会。中国代表们似乎被我们所说服,他们说中国政府会同意这样做的,尽管他们还不能对此作出保证。我进一步向中国首席代表顾维钧建议,他在国联大会的讲话中应提及将此事提交咨询委员会的可能性,以避免将来出现这样的批评,说这一程序是强加给中

国政府的。顾维钧先生也答应考虑这一点。

我指出,美国是咨询委员会的成员,因此,美国政府与该机构合作的可能性远远大于与行政院合作的可能性。我们都把与美国政府的合作视为头等重要之事。我确信,我们这次坦率地讨论了我们面临的问题和国联处理这些问题时明显的限度的会谈,是非常有益的。完全有理由期望,强调其与英国政府和法国政府合作的诚挚愿望的中国人,现在将不会采取任何行动突然宣布与日本处于战争状态,因为这将损害他们自己的利益。

DBFP,Second Series,Vol. 21,p. 322

爱德蒙致英国外交部

日内瓦,1937 年 9 月 17 日

以下是外交部长要我发出的电文:

我从顾维钧先生处得知,中国代表团已经得到指示,要努力争取咨询委员会在下列几方面有所作为:

1.宣布日本人的行为为侵略,并谴责日本人所采用的非人道的战争手段。

2.拒绝向日本提供战争物资和贷款。可能的话,进一步拒绝向日本供应诸如毛、棉、油、铁及其它矿产品之类的原材料,并拒绝接收日本出口的产品。

3.为中国购买和运输武器提供便利,安排向中国贷款,并给予全面的财政援助。

关于第一点,顾维钧清楚地表明,它是要为第 2 点和第 3 点的协调行动获得一个道义的基础(如果实际上不是法律基础的话)。我向顾维钧先生指出,宣布日本侵略,可能将是一件非常困难的事情,且可能对中国也没有好处,因为这几乎肯定会迫使美国总统宣布适用中立法。对此顾维钧先生回答说,美国政府在朝着适用中立法的道路上已经走了相当的一段距离,它已禁止其政府拥有的船只向远东运输战争物资,并警告私有船只在从事这类活动时将自担风险。我还向顾维钧先生指出,咨询委员会很难不经过调查就宣布日本是侵略者。这一调查将花费相当长的时间。顾维钧先生说,他理解这一点,但是中国的公众舆论以及他认为世界上大多数国家都要求咨询委员会根据国联盟约、凯洛格公约和九国公约对这一问题清楚地表明它的看法。中国政府决心要求宣布日本为侵略者,是为了证明自从日本采取行动以来中国政府所采取的态度是正当的。

关于第2点,拒绝向日本提供武器和贷款实际上是最低限度的要求,中国政府希望这一范围能够扩展到以上所提到的原材料方面,并希望形成对日本出口产品的抵制。

对于第3点,顾维钧先生表明,为向中国运送武器提供便利将包括经过香港的运输。

DBFP, Second Series, Vol. 21, pp. 328–329

顾维钧致外交部
日内瓦,1937年9月18日

南京外交部。

大会皆以国内舆论界对于中日问题提出国联后态度如何,此间甚为注意,拟请向各大报接洽发表社论,要求国联对于:①日本违犯公法条约。②及一切人道主义种种行为,以及③非法封锁。④与利用上海租界为作战根据地,各项严加指斥。⑤并正式宣布日本为侵略国。此外⑥并说明我国向来拥护国联。⑦每年会费甚巨。⑧中籍职员在国际联合会秘书厅虽迭经要求仅有二人。⑨此次国联应重树威信,一方面在可能范围内积极援助,他方面对侵略国加以制裁。惟各报持论不必尽同,以免痕迹,其中一二报⑩并可主张此次国联倘仍无具体结果,在我实可无须继续拥护国联。再各报社论发表后请即电告,并授意路透社哈瓦斯尽量发电,钧、祺、泰。

《卢事前后》,第345—346页

赫尔致巴克内尔
华盛顿,1937 年 9 月 18 日下午 3 时

致哈里森。收到咨询委员会召集会议的通知后,下述指示即生效。注意最后一段,并将你所确定的发表致爱维诺照会的日期,立即通知我。

1. 在此之前我们已出席了咨询委员会会议,现在如此拒绝出席,将会导致各种误解的产生,你有权按照以往休·威尔逊出席的性质及条件,在接到委员会开会通知后代表你的政府出席会议。如下是威尔逊1933 年 3 月 13 日给秘书长照会的原文:

美国政府准备与咨询委员会以一种适当的、可行的方式进行合作。对于咨询委员会建议的各种提议或行动,美国政府有必要作出独立的判断,美国政府不能指派行使该委员会成员职责的代表。然而,请相信,本政府的一名代表参与委员会的审议是有益的。如果这种参与符合所期,我命令美国驻瑞士公使休·威尔逊即按此准备参加会议,但是无表决权。

2. 你应相应致函秘书长,内容如下:

我国政府指示我通知您,授权我出席 9 月 21 日(星期二)在本市召开的咨询委员会会议,具有休·威尔逊以前出席历次会议所具的相同资格及相同目的,这些资格和目的在威尔逊 1933 年 3 月 13 日致埃里克·德鲁孟先生信中业已说明。

美国政府记得,咨询委员会是在国联行政院咨请国联大会,经大会作出重大政策性决定,随后以此项决议为根据建立的。按美国政府的理解,建立咨询委员会可以帮助国联各成员国内部及与非成员国之间,为实施国际联盟建议的政策协调其行动及态度。目前,在我国政府被告知国联对该咨询委员会所起作用的期望以前,我国政府不可能说明其有效合作的程度。

为了避免对我国政府立场的误解及避免由于不肯定而造成的混淆和延搁,美国政府不得不指出它不可能承担那些国联成员国因其成员

身份而衍生的责任。我国政府认为国联成员国关于政策和可能行动的途径的共同决定,是通过国际联盟正常议事程序而达成的。我国政府信守通过世界上各国政府的合作寻求以和平方式解决国际争端的原则,准备仔细考虑国联向其提出的明确建议,但不准备对以假设性的询问向其提出的政策或方案表明其有关的立场。

3. 在呈交这份照会,你应向爱维诺说明:我国政府认为,它对于和平问题的态度、在各种条约中承担的义务、对于国际关系准则的观点、对于远东问题的总政策、对于目前那里的冲突奉行的方针以及指导其行动的法律规定是众所周知的,这些应当能使联盟各成员国对我国的政策倾向有所理解。

也请说明,我们打算在 9 月〔21〕日的晨报上发表照会原文,我们猜想,秘书处定会愿意同时发表。

FRUS,1937,Vol.4,pp.24-25

蒋介石对《巴黎晚报》记者谈话

1937 年 9 月 21 日

目前之中日战事,乃日本蓄意侵略中国之结果,中国为排除侵略与自卫生存,自不得不以全力抵抗。日本军队大规模侵略之用意,无非欲图消灭中国整个民族生存,吾人应付方针,亦当以整个民族生存为目的,上海或华北,皆为中国领土,视为整个问题,如日本在中国境内从事武力侵略一日不止,则中国抗倭战争一日不止,虽留一枪一弹,亦必坚持奋斗,直至日本根本放弃侵略政策,并撤回其侵略工具之武力之日为止。为维护世界和平、人类文明条约尊严与国际公法之效力计,本人热烈期望国联此次能切实执行其在国联会章下应有之义务,对日本作有效之制裁。1931 年以来六年中,日本之暴行明证日本征服中国进为东亚盟主之野心,若列国仍不采取及时措置,遏制日本侵略,则不但各国对中国原有之贸易为之消灭,即各国在东亚之领土,亦必受严重之威胁。故对日制裁,非所以独助中国,亦所以保护各国联会员国及相关非会员国本身之利益,本人深信各国远大眼光之政治家,必当有见及此,遵照会章制裁日本,以尽其义务也。

《全民抗战汇集》,第 105 页

亨贝克备忘录

华盛顿,1937 年 9 月 23 日

会谈者:国务卿　中国大使王正廷博士

出席者:亨贝克先生

今天上午应中国大使请求进行会晤。

大使首先提到国务卿最近的波士顿和纽约之行,愉快交谈。

大使说,他对美国政府强烈抗议日本对中国公民进行非人道的轰炸表示赞赏。他特别说到日本昨天对广州的轰炸。

大使说,他是来寻求"启发"的。他得到的报告说,如果国际联盟公开宣布日本是侵略者,美国将被迫实施中立法。他看不出为什么会是这样。他对此感到难以理解。国务卿提到国会关于强行实施禁运的授权问题。他说,在美国,对国际联盟问题争论强烈,争论一再围绕着侵略和制裁问题而展开。威尔逊总统的班子已被彻底换掉,反对国联的人取得控制。实施禁运的问题是人民反复议论的一个问题。在国务院我们坚持执行自主原则。在国联机构中,极端的民族主义者反对制裁的原则。这种情绪的上涨与欧洲形势有关。说句心里话,他本人并不支持这种观点。

大使说,他理解澳大利亚的布鲁斯先生提出召集在太平洋"盆地"有利害关系的国家会议的主张,接下来就哪些国家参加了进行了讨论。大使说,他认为可提出八到九个国家;英国和法国都支持这个意见,他想知道美国的态度。国务卿回答,我们迄今为止还没有听到任何消息。大使请求,当国务卿有关于这方面的意见时,请召见他。

大使说,在中国,局势更加"火炽"。中国确信:轰炸袭击对市民的危害比其他更严重。他认为,中国人民在上海阻止了日本人的进攻

（实际上他说"在赶走他们"）。然而,北方的情形不这么好。他确实不知道战略如何,但是,看上去有某种意图是在北方引日本深入内地,使他们远离其供给基地。

国务卿询问,在中国为什么流传者美国偏向日本的说法。大使回答,这与中国官方无关。他建议,美国驻华大使可以向中国新闻媒介提供事实情况,他(王)正将这些事实情况提供给中国外交部。国务卿说,有些时候在公众面前发布事实真相是很重要的。大使说,这就是为什么今早他来表示谢意的原因之一。

国务卿问亨贝克先生是否愿意说些什么。亨贝克说,他听大使提及得到报告,说如果国联宣布日本是侵略者时,美国将不得不实施中立法,他对此感到奇怪,他想知道大使得到的报告源于何处。大使说,源于在日内瓦的中国代表。国务卿谈到,国联的行动不会迫使我们采取任何行动。大使说他明白这一点。

FRUS,1937,Vol.4,pp.30–31

蒋介石答外国记者问

南京,1937 年 9 月 24 日

蒋委员长 24 日接见外国新闻记者,对日机轰炸南京,发表谈话称:中国首都之被轰炸,于中国之军事局面,并不发生影响,但将使中国之民众以及全世界之人民,更充分了解日本之野蛮。日本之侵略一日不止,中国之抵抗一日不停。委员长复称:彼觉美国现在之态度,并非其真实之态度,彼深信美国朝野素来尊重公道、法律与秩序,并因中、美两国之友谊,有悠久之历史,故在此次中国抵抗日本侵略之奋斗中,必能予中国以同情及援助云。

关于美国之态度,委员长称:中国此次抗战,不仅在中国本身之存亡,且亦即为《九国公约》及《国联盟约》伸正义。因此,公约及盟约之签字国应对于中国之奋斗加以援助,在公约及盟约等有效期间,美国不应考虑中立法云。委员长继称:美国不能守中立,余信各签字国家之人民及政府,亦未忘却其义务。

有询以运输军火来华之片面禁令及美大使 21 日迁入吕宋号炮舰办公之二事者,委员长称:余觉余无须加以评论,因美国友人及驻华新闻记者,已在此目击一切,彼等所感觉者,与余比同也。

记者复询以各国之责任如何,委员长称:各签字国家均应遵守其义务,惟美国政府为华府会议之召集者,而《九国公约》及《国际盟约》之订立,胥属美国之力,故其责任尤为重大云。委员长继复对于各国目前之态度表示惊异,因彼等非但放弃其义务,且竟自处于日本控制之下,坐观彼等所签署之一切条约撕毁无余也。

记者复询以中国是否犹希望国联之援助者,委员长谓:公理必占最后之胜利。有询以中日战争时期之久暂者,委员长称:中国抵抗日本之侵略者,并无时限,在日本侵略继续进行之中,或在《九国公约》及《国际盟约》尚未实施之前,战争势亦不止,中国亦不能容许日本军队之以压力加诸中国,故战争时期之久暂,全视日本及列强之态度。凡一国家苟不尊重国际间人道之规律者,必不能持久。委员长复称:日军企图毁灭江阴方面之防御工事,俾日本军舰得上溯长江袭击南京,故派飞机前往轰炸,但结果江阴方面之防御工事,屹然未动。无论此次战争将延长至何限度,中国已有无限制抵抗之能力,因中国实一威力无穷、财力无尽之国家也。日本海岸封锁,或将给与他国极大打击,但于中国则影响极微云。

《先总统蒋公思想言论总集》第 38 卷,第 97—98 页

广田弘毅致爱维诺

1937 年 9 月 25 日

关于本事件之解决,本帝国政府前已屡次声明,现仍坚信,凡涉中日两国之问题,其公正、持平以及切乎实际之解决办法,当能由两国自行求得之。

对于国际联合会之政治活动,本帝国政府现无改变从来行动路线

之理,故对于咨询委员会此次邀请,歉难予以接受。

国民政府外交部白皮书第五十六号

远东咨询委员会关于日机轰炸中国平民的声明

日内瓦,1937 年 9 月 27 日

咨询委员会紧急地考虑了日本飞机对中国不设防城市的轰炸问题,对因这类轰炸而造成的无辜平民包括许多妇女儿童的生命损失深感悲痛。我们声明,没有任何理由可以用来开脱这种行动,它在全世界已经引起了厌恶和愤慨,我们对此予以严重谴责。

FRUS,1937,Vol. 4,p.38

中英法代表会谈记要

日内瓦,1937 年 9 月 27 日

应中国首席代表的要求,今天中午在爱维诺的住处举行了一个小型会议。出席者有德尔博斯、瓦尔特・埃利奥特、克兰伯恩勋爵、顾维钧、郭泰祺和爱维诺。

顾维钧先生说,他在讨论中日问题的咨询委员会上,提议该会作出一个声明,这是中国政府的希望,也是咨询委员会能够做到的。他将向委员会提出一份决议案。中国政府首先希望委员会能依据国联盟约第 10 条和第 11 条,宣布日本的行为为侵略。同时,应对日本诉诸战争的办法进行谴责。中国政府还希望咨询委员会组织采取下列具体措施:

1. 国联成员国应禁止向日本提供贷款、军火,以及像煤、铁、毛、棉之类的原料。

2. 委员会应组织对中国的医疗援助。

3. 委员会应呼吁国联成员国禁止向日本出口石油。这应与对日本空袭的谴责结合在一起。

德尔博斯先生说,他钦佩中国首席代表的说服力,并在有关诉诸战争办法的问题上与顾具有同感。然而,必须考虑到具体的可行性。中

国实际上是在要求制裁,虽然没有援引第 16 条。但他认为,根据盟约第 23 条和第 25 条,国联完全可以组织在中国的人道救援工作……

埃利奥特先生同意德尔博斯的看法,他说,如果顾维钧先生提出具体的制裁要求,这将是一个巨大的错误。

克兰伯恩勋爵说,他认为,国联在阿比西尼亚问题上所得到的教训是,如果没有以全部力量去支持的决心,实施制裁是毫无用处的。在目前的政治环境下,他怀疑国联能否走得像中国政府所期望的那样远。如果顾维钧先生提出具体的建议,委员会将必须修改它,使之和缓。

顾维钧先生说,世界舆论对日本的行为感到非常震惊,它们期望国联采取某些行动。他并不是在要求制裁,而是在呼吁有关大国采取一些援助中国的行动。尤其是石油禁运完全可以基于人道主义的理由,禁运的成功将会限制对不设防城镇的空中轰炸。

埃利奥特先生解释说,如果国联未能依据盟约而作出明确的决定,在法律上英国政府就无法采取任何限制性的措施。

克兰伯恩伯爵说,他非常同情中国代表团的处境。但是,他怀疑委员会是否能够接受顾维钧先生所提出的那些要求,他认为他有责任特别向中方指出这一点。

然后,德尔博斯先生问顾维钧先生,他是否认为绝对有必要拘泥于这些要求。德尔博斯以含蓄的语言提到可能由提议中的小组委员会所安排的在国联之外采取行动的可能性。

顾维钧先生问,那样做是否会推延很长时间?

德尔博斯先生说,小组委员会可以立即开始举行会议。

埃利奥特先生也同意尽可能不发生拖延。关于中国政府所要求的制裁,他很怀疑中国提出这一不可避免将被拒绝的要求,与中国把这些问题留给那些在太平洋有特殊利益的国家,让它们悄悄地去做它们能够帮助它的事情比较起来,中国通过前者事实上能够得到的东西可能还不如后者为多。英国政府在法律上难以禁止向日本贷款,除非国联在这一问题上作出明确的决定。这样的决定很可能难以形成。而且,如果中国的要求被公开拒绝，其作用将是鼓励向日本提供贷款。但是，如果会议对这一问题什么都不说，伦敦倒可能在实际上作出阻止贷款的安排。

DBFP, Second Series, Vol. 21, pp. 350-352

汉密尔顿、崔存璘①谈话备忘录
华盛顿,1937 年 9 月 28 日

崔先生要求会晤。

1. 崔先生说,中国大使希望他询问我们对昨天国联咨询委员会关于日本空袭中国不设防城市所作决议的态度。他说,大使的最新情报是国联大会也通过了这个决议。我递给崔先生一份国务卿今天所作的政治声明副本作为回答。

2. 崔先生说,大使馆接到指示,要求询问我们实施对日禁运原油决定的态度。他说,在日内瓦的中国代表建议英国代表提请委员会考虑这个问题,英国代表回答说咨询委员会可以考虑这个问题。他说,英国代表还提出美国对这类行动是否愿意合作的问题。他又说,中国大使希望我能对这一问题有所评论。我说,我能作出两点评论:(1)如果英国对弄清我们的态度感兴趣的话,我想知道为什么他们不就这一问题与我们直接接触;(2)总的来说,我们对任何假设问题的态度都包括在9 月 20 日美国驻瑞士公使致国联秘书长的照会的最后段落里……接下来讨论了一些关于美国政府禁止出口原油的技术性问题和法律问题。我告诉崔先生,关于这些方面的问题,我不能表示意见。

3. 崔先生说,普遍存在着这么一种印象,即美国政府不赞成召集一次专门的远东会议以讨论中日问题,由于美国政府的这种态度,国联咨询委员会放弃了最初的那种想法,现在则考虑组成一个咨询委员会下属的小组委员会。崔说,人们认为美国政府的观点大致是这样:即认为

---

① 中国驻美使馆二秘。

中日局势是一个比地区性问题要大得多的问题,是一个世界性的问题,应该在进可能广泛得基础上来考虑。

我问崔先生这种普遍印象在什么地方流行,他首先说,他在报刊上发现大意如此的评论。然后我说,几天以前,我在报刊上发现一些报道,大意是说美国政府正认真地考虑按《九国公约》采取一些行动,几天之后,我才发现另一些报道,大意是说美国政府漠视这种按《九国公约》采取行动的观点。我告诉崔先生,我不知道这些报刊报道的消息源于何处,我们对在报刊上出现的这些报道评论不发表意见。

然后崔先生说,这里的中国大使从日内瓦中国代表那里获得情报,大意是说,咨询委员会最初考虑在国际联盟之外召集对远东感兴趣的各国会议,后来,咨询委员会放弃了这一主张,取而代之的是主张成立一个咨询委员会下属的小组委员会。我说,我们从日内瓦得到的情报亦大体如此。我问崔先生,委员会是否已经决定成立一个小组委员会。他说,据他所知,还没有作出最后的决定。我又问崔先生,与成立咨询委员会小组委员的主张相比,中国政府本身是否更倾向于召开远东会议的主张。崔先生指出,中国政府倾向于赞成成立咨询委员会小组委员会的主张,因为,召开远东会议意味着把中日局势置于国际联盟之外来考虑。

尽管崔先生没有特别表明,但我得出一个很明确的印象,即这里的中国大使从日内瓦中国代表团那里获得一项报告,大意是说,美国政府不赞成在这种时刻将中日形势的讨论交给与远东有利害关系的各国举行的会议。

FRUS,1937,Vol.4,pp.38-40

赫尔致哈里森

华盛顿,1937 年 9 月 28 日下午 2 时

请马上与国联秘书长联系,建议他在国联大会开会时通报我今天所作的公开声明,声明如下:

　　美驻瑞公使已将国际联盟咨询委员会关于日本空军轰炸中国不设防城镇一事于 9 月 28 日一致通过的决议案全文通知美国国务院。

　　美国政府一直向日本政府反复提出,特别是在 9 月 22 日致日本政府的照会中专门提出,美国政府所持的观点是:"任何对大面积居住有众多从事和平职业居民的区域进行的广泛轰炸都是不应当的,是违背人性和法律准则的。"

　　如果在将上述声明递交大会以前有机会召开咨询委员会,请你向咨询委员会宣读这一声明。

FRUS,1937,Vol.4,pp.40—41

哈里森致赫尔

日内瓦,1937 年 9 月 28 日午夜

　　顾在昨天咨询委员会会议上和我交谈并要求今天下午与我会晤。他问及我们关于建议成立小组委员会的看法和我们最终是否参加。我回答,如果成立小组委员会,并邀请我,那么我受权将在出席咨询委员会的相同条件下,出席该小组委员会。我强调,对于国联采取什么行动方针,我不能够发表什么意见。我解释说,一般来讲,此问题应从世界和平及总体利益的角度在尽可能广泛的基础上加以解决,我提到你在 7 月 16 日和 8 月 23 日的声明。顾说,他已经读过你的声明,并认为那些声明和决议可根据其中提出的简要原则加以制定。至于提议成立小组委员会,他已经对英国和法国明确表示,他不反对,只要该小组委员会的设立不是用来取代咨询委员会的整体。他明白他的意见已被接受,小组委员会的成立是为了便利讨论、加强行动,它将向委员会报告。在这一点上,顾解释,他希望维护他向国联行政院的呼吁,希望不要因问题已按盟约第三条提交国联大会而取消它。至于提议成立的小组委员会的构成,他说,如果这一小组委员会要保持小型而有效率,那么他必须承认,那些与远东利害关系不大的政府代表他们参加的可能性就不大了。

顾向我保证,他不寻求强制执行的制裁,但是他希望:首先,确认日本的行动为侵略;其次,不援助日本;第三,援助中国。然后他让我看一份决议草案,他在这份草案中列举了急需做的事情。这一草案应由什么机构来考虑审查还有待确定,但是只要中国对行政院的呼吁得到适当对待,这个问题并非主要。在引用了若干"有鉴于"一词之后(据此,顾实际上已给日本冠以侵略者的名义),决议草案建议(尽管他不承认是制裁)国联成员采取如下措施:(1)禁止向日本入口或准许运输武器、军需品和石油,以及铁、钢、橡胶、棉、羊毛、发动机、磁电机等物资;(2)不给日本信贷;(3)促进向中国提供武器、物资、信贷。草案并规定,此项决议也传达给非成员国。

顾解释说,之所以将石油放在第一类,是因为它使日本能够从空中轰炸未设防的城市和非战斗人员。他还提到了英国、法国、捷克斯洛伐克、瑞典、荷兰、比利时,特别提到这些国家与此决议提案的关系。

然后顾问我,我们持何种观点?我回答,对这一点我不能发表任何意见。我重申了我给爱维诺信中关于"假设性问题"的说法。顾说,他猜想他必须等待,看看其他国家同意做些什么。他说,他今天下午去见德尔博斯,然后向我通报进展情况。

FRUS,1937,Vol.4,pp.44-45

英国内阁会议纪要

伦敦,1937 年 9 月 29 日

有人提出,对于舆论界提出的对日本实行经济制裁的建议,政府应持何种态度?

首相希望任何人都不要支持这类的提议。他非常急切地希望避免陷入过去在处理意大利入侵阿比西尼亚问题上的处境。

DBFP,Second Series,Vol.21,p.349

2. 国联通过批评日本的报告书

顾维钧致外交部

1937 年 10 月 6 日

No 69 电外交部　廿六、十、六（七日晨三时发）

并转呈蒋院长钧鉴:本届国联中日事件报告分为两部。第一报告叙明日本侵略事实,加以结论,认为:(一)日本军事行动远超初起事件范围以外;(二)不能依据条约或正当防卫以自解,实属违犯九国公约及非战公约。第二报告为办法之建议,说明中日事件世界各国皆有关系,不能认为仅系中日两国之事,建议由九国条约各国讨论共同调停办法,一面大会予中国以精神上之援助,会员国不得为任何减少中国抵抗力量之行为,并由各国各别考量援助中国之办法。查此次我国在会议中力争各点如下:(一)反对飞机轰炸;(二)宣布侵略;(三)制裁及不援助日本;(四)援助中国;(五)重申不承认原则;(六)拒绝承认封锁;(七)防止他国对我国施行中立。关于飞机轰炸,经委员会大会先后一致通过专案指斥,其余各则自九月廿七日起,在委员会、分委员会、起草委员会中讨论,争辩夜以继日,结果如下:(一)关于飞机轰炸,因时机迫切,已有专议决案抗议;(二)关于宣布侵略,各国因侵略名称在法律上有定义,深恐引入制裁或逼成日本宣战,即第十条字样,亦主避免再四争论,在第一报告结论用侵犯我国领土字样,而不用侵略事实业已肯定。(三)关于制裁,自对意大利制裁失败以后,无论大小各国一闻制裁,掩耳却步,经我提议请研究可以阻止日本侵略之办法,并提议不得予日本以援助,除苏俄、纽西兰助我外,均加反对。第二报告声明我曾引用第十一条,委员会议根据盟约第三条成立,亦系重视调停。彼等意既言调停,不能先言制裁,如调停无效,再言其他办法,此第二报告所以有各国得提办法于大会之规定。(四)援助中国,各国先不肯允会外谈话,谓实际能予中国军火财政上之援助者,仅寥寥数国。最后,英国提出折中案由，各国分别考量援助办法以后助我，各国有所根据，此层苏俄尤为注重。（五）重申不承认原则，各国不愿重提，澳大利亚反对尤烈，谓此项原则徒托空言，反使各国实际上处于困难地位，并引满洲与阿比西尼案为证。（六）不承认封锁，各国以对日本封锁向不承认，故不愿见封锁字样。法国代表私告，谓日本现封锁为不合法，万一日本正式依法封锁于中国，军火接济上发生困难，尤以假道安南之军火原则，如系合法封锁，彼将有权检查，因在报告结论中指出，日本海军行为与陆空军同为违背条约。（七）防止他国对我施行中立，此次议决案，各国既须对我抵抗力量不加减损，且劝告各国考量助我，则施行中立较为困难。综观此次各国宗旨，以停止战争为目的，而以九国公约会议为方法，意在共同调停，此固久为我所希望，当经赞成。惟以和平必须以盟约、国际公法及现行条约为依归，经钧再四声明，当将此意加入第二报告，又恐国联推诿与九国公约会议，有意延宕，曾经坚持国联不妨同时采行积极办法，而各国反对甚力，谓足以阻碍九国公约会议之成功。当于报告中声明，九国公约关系国应于最短期内即行集议，从速实行办法，并经钧于会议中声明，九国公约会议如不能开或开无结果，国联仍应采取办法，因有委员会一个月内必须重开及大会延期不闭会之规定……查此次国联承意阿事件之后，值西班牙纠纷之殷，欧陆多事无暇东顾，尚幸先经力争加入分委员会，得有机会逐字争辩，使各国对于日本侵略洞晓真相，并采取渐进策略将我要求陆续提出，藉免开首和盘托出，令人惊恐而遭反感。惟是舌敝唇焦，用心虽苦，结果仅乃得此，离我最初希望相距甚远，此皆钧等折冲无术，内疚神明。顾念有初此步之依据，为将来进行之张本，深盼九国公约会议得有结果，否则只可根据迭次保留，再向国联进行。谨将处理本案始末电呈鉴察。钧、祺、泰。

中国第二历史档案馆藏联合国及国民政府新闻资料，六四七/202

国际联合会关于卢沟桥事变后中日争议所通过之决议案及报告书

1938 年 7 月

一、大会于一九三七年九月二十八日所通过之决议案

本大会：

对于日本飞机在中国不设防之城市，从事空中轰炸一事，予以紧急之考虑；

对于上项轰炸之结果，使包括巨数妇孺在内之无辜人民丧失其生命一节，表示深刻之痛惜；

上项行动，业已引起全世界之恐怖与厌恶，特宣告为无可原宥；

并严正的予以谴责。

（一九三七年九月二十八日上午通过）

二、大会于一九三七年十月六日所通过之决议案

本大会：

特将咨询委员会关于中日争议所提出之报告书多件，予以通过，作为本大会自身之报告书；

对于上述报告书中第二报告书所载各项建议，特予认可；关于所拟邀请一九二二年二月六日在华盛顿所订九国条约各缔约国之现为国际联合会会员国者举行会议一节，特请本大会主席采取必要之行动；

对于中国，表示精神上之援助，并建议国际联合会各会员国应勿采取足以减弱中国抵抗力量，以致增加其在此次冲突中之困难之任何行动，并应就各该国对于中国之个别援助究能达如何程度一节，予以考虑；

决定本届会议，现在休会，并授权主席，得因咨询委员会之请求，再行召集会议。

（一九三七年十月六日下午通过）

三、经大会于一九三七年十月六日决议采纳之报告书

甲、远东咨询委员会报告书

大会前于一九三三年二月二十四日所设立之本咨询委员会，曾遵照行政院一九三七年九月十六日之决议案举行会议，对于中国所提请注意之局势，予以考查。

本委员会选定拉特维亚（Latvia）外交部长蒙德施氏（M. V. Munters）为主席，并于本届会期中，举行会议五次。

本委员会随即邀请争议当事国中国与日本，以及德国与澳大利亚参与本委员会之工作，此项邀请，嗣经中国与澳大利亚予以接受，而为德国与日本所谢绝。兹将该四国政府之复文，作为本报告书之附件，一并陈阅。

关于日本飞机在中国实施空中轰炸一事，本委员会于一九三七年九月廿七日通过一决议案。该项决议案，嗣经送达大会，并经大会于一九三七年九月廿八日以全场一致之认可，采为大会自身之决议案。

本委员会并组织一小委员会，①其职责如下：

对于由中日两国在远东之冲突而造成之局势，予以考查；

对于因此而引起之问题，予以研讨；

将该小组委员会所视为适宜之建议，提供本委员会。

本委员会仍为受权向大会呈送报告书及提出建议之唯一机关。本委员会同时认为：如为该小组委员会所愿，不妨许其径将呈送本委员会之报告书，分送国际联合会会员国及非会员国，以供参考。该小组委员会如已依此办理，则该项报告书，自以概行公布为合于实际。

本委员会业经决定将其议事纪录呈送大会核阅。此项议事纪录，并将以本报告书附件之方式，尽速公布。

本委员会曾自该小组委员会收到报告书两件，并曾通过如下之决

---

① 该小组委员会，由如下各国构成：拉特维亚（主席），澳大利亚，比利时，英国，中国，厄瓜多，法兰西，纽丝纶，和兰，波兰，瑞典，苏联，美国——美国之参加条件，与其参加咨询委员会之条件完全相同。

议案。

"本咨询委员会特将所属小组委员会于一九三七年十月五日所呈送之报告书两件,采为本委员会自身之报告书,并经议决将该项报告书分送大会,联合会各会员国及美利坚合众国政府。"

本委员会谨向大会提出如下之议决案草案,以备采纳:

"本大会:

特将咨询委员会关于中日争议所提出之报告书多件,予以通过,作为本大会自身之报告书;

对于上述报告书中第二报告书所载各项建议,特予认可,关于所拟邀请一九二二年二月六日在华盛顿所订九国条约各缔约国之现为联合会会员国者举行会议一节,特请本大会主席采取必要行动;

对于中国,表示精神上之援助,并建议联合会各会员国应勿采取足以减弱中国抵抗力量,以致增加其在此次冲突中之困难之任何行动,并应就各该国对于中国之个别援助究能达如何程度一节,予以考虑;

决定本届会议,现在休会,并授权主席,得因咨询委员会之请求,再行召集会议。"

附件:各国政府对于咨询委员会所发邀请书之复文

(1)德国

致秘书长:

德国政府对于贵秘书长九月二十一日来电之答复,本人已于本日会谈中转达贵秘书长,兹谨予以证实。

本人兹遵本国政府训令,将德国政府歉难参与对于远东局势,现正开会考虑之咨询委员会之工作之理由,转达贵秘书长。

克罗尔(签字)

一九三七年九月二十三日

日内瓦

（2）中国

致秘书长：

接准贵秘书长一九三七年九月二十二日来函，以咨询委员会名义，邀请中国政府参与该委员会之工作，业经阅悉。

本代表已将上项邀请书转呈本国政府，兹遵复训，通知贵秘书长，中国政府乐于接受。

> 出席行政院代表
>
> 出席大会首席代表顾维钧（签字）
>
> 一九三七年九月二十三日，
>
> 日内瓦

（3）日本

致秘书长：

接准贵秘书长九月二十一日来电，邀请本帝国政府参与咨询委员会之工作，业经阅悉，兹奉复如左：

以中日两国之协和的合作，维持远东和平，原为本帝国政府之历来主旨，并曾从事种种努力，以促其成，无如中国政府却以反对日本及煽动反日活动为其国策之基础：种种挑衅行动，继续遍行全国，致酿最近之不幸事件。因此本帝国政府惟有希望中国政府对目前情形，从速改变其态度。

关于本事件之解决，本帝国政府前已屡次声明，现仍坚信，凡涉及中日两国之问题，其公正，持平，以及切乎实际之解决办法，当能由两国自行求得之。

对于国际联合会之政治活动，本帝国政府现无改变其从来行动路线之理，故对于咨询委员会此次邀请，歉难予以接受。

> 日本外务省大臣广田（签字）
>
> 一九三七年九月二十五日
>
> 东京

（4）澳大利亚

致秘书长：

前准贵秘书长（原文空缺一字）月二十二日来函，邀请英王陛下在澳大利亚之政府参与前依大会一九三三年二月二十四日决议案所设立之咨询委员会之工作，本人前于同月日以上项来函，已转呈本国政府鉴核，贵秘书长当能记忆。

兹奉本国政府复训，对于参与咨询委员会工作之邀请，予以接受。

布鲁斯（签字）

一九三七年九月二十七日

日内瓦

乙、远东咨询委员会小组委员会第一报告书

本小组委员会对于远东争议之历史的暨根本的原因，不拟有所论列。即如本小组委员会以为满洲事变，既备载于一九三三年二月二十四日大会所通过之报告书中，自无追述之必要。且于事变之演进，即在军事行动，交涉，或政策之范围以内，亦不欲详加叙述。良以双方关于此节所陈述之事实，既互相抵触，即欲根据可资应用之材料，详加叙述，亦不可能，况日本自一九三五年三月廿八日以后既不复为联合会会员国，不允派遣代表出席本小组委员会，此节尤不可能。

无论如何，详细之研究亦非必要。当一九三七年七月之初，中日两国任何一方，并未揭示两国关系中有不能和平解决之事端，本小组委员会所须为者，即将中日事件自一和平关系之状态，演进至双方大军冲突之情势，加以叙述及评定。

本小组委员会于是在可应用之时间以内，得以历叙事件之重要演变；研讨当事双方条约上之义务；并拟具结论，载于本报告书之篇末。

一

当一九三七年七月之初，华北日本驻军约有七千人。此项军队之驻屯，系根据一九〇一年九月七日中国与在北京设有使馆之各国缔结之议定书（及其附件）。依据该项办法，中国承认各国有权在北京使馆界内常川派驻卫队,并得驻扎军队于指定地点十二处①以维持北京通海之交通。依据一九〇二年七月十五日至十八日所商定之补充办法,驻扎于各地点之外国军队"有权举行田野演习与来复枪实习等事,——除实弹演习外,不必通知中国当局。"

日本以外各国②,现在北平(即北京)及依据一九〇一年九月七日议定书所规定地点中某某等地点,仅驻有极少数之部队。本年七月之初,驻华北英军之人数,为一千零七名;此数尚包括使馆卫队二百五十二名在内。与此类似者,驻河北法国军队之军力,计自一千七百名至一千九百名不等,大部驻于天津,其余则分别驻于山海关,秦皇岛,塘沽,及北京,驻扎于北京之部队,即为使馆卫队。目前该国军队之总数,为士兵一千六百名,军官六十名,使馆卫队一百二十名。

满洲及热河境内之事态及演变而外,日本在华北之政治活动,日本军队较其他各国军队之大为增多,其操演与演习之频繁③,在在均使中国人民感觉不安。当此空气紧张之际,竟于七月七日发生事变,此次事变,非与前次所发生者大相悬殊,第为此次日军在华北军事行动之导源耳。

此次事变之肇端,系在北平(即北京)西南十三公里之卢沟桥。中国驻军与在该处举行夜间演习之日军发生冲突。

关于事变之说明,华方日方,各异其说。

依据日方说明,系由中国第二十九军之士兵开枪而起,中日双方军事当局,于七月八日午前约定暂时停止敌对行为,俾双方军事当局得以立即开始交涉,从事于该事变之解决;乃中国士兵既不遵守此约,而于

---

① 所指定各处,计为黄村、廊房、杨村、天津、军粮城、塘沽、卢台、唐山、滦洲、昌黎、秦皇岛、山海关。

② 自 1924 年起,苏联已放弃俄罗斯前依 1901 年议定书而取得之在华驻兵权,故现无驻军。

③ 就事实方面而言,日本大使馆,例于每年夏季,在北平西郊举行演习,至其他各国之使馆卫队,则似无从事于"狭义的演习"之习惯,其所从事者,仅限于郊外毛瑟枪打靶演习及步伐练习。

翌日所订中日军队互相撤退之办法,亦不予遵守;中国军队此种侵略态度,实使日本军事当局与天津市长暨河北省保安处处长于七月十一日所订解决事变之协定①,亦无效果。

依据华方说明,七月七日夜间,日军举行演习时,藉口有一兵士失踪,要求准其入宛平(卢沟桥)城内搜查;此项要求,当被拒绝,日军遂以步炮兵攻击宛平(卢沟桥);中国驻军予以抵抗;情势之扩大,并非由于中国军队之行动,乃系由于日军之行动,因中国军队在日军未开始撤退以前已遵照撤兵之约定办理,而日军于增得大批援军以后,又复向宛平(卢沟桥)区域进攻,扩展其军事行动于北平之近郊。中国政府并不反对七月十一日中国地方当局与日军所成之约定所订各项条款,但日本方面,不独于该项原有约定之外,擅添补充办法,且不顾互撤军队之约定,而扩展其军事行动于华北。

中日双方对于事变之说明显不相符各点,姑置不论,所堪注意者,当地方当局正在进行就地解决之时,亦即中日两国政府正在进行商洽,日方坚持就地解决藉以确立日方在华北之势力,不欲南京过问之时,大规模军队之调动,竟使情势愈趋恶劣。根据华方报告,日方迅即自满洲增调援军于天津及北平近郊之结果,截至七月十二日为止,日军人数,已超过二万人,日本空军实力,已进达飞机一百架之多。又据报告,中国中央政府之军队,亦正向北方移动。

关于中国中央军队向北方调动一事,日本政府曾向中国政府提出警告,正与日方劝告南京不干涉七月七日事变之解决一事,同出一辙,日方援引一九三三年五月三十一日塘沽停战协定暨华方曾有异议之一九三五年六月十日何梅协定,警告南京政府,谓调遣中央军队开入河北省境,将引起严重之结果。

---

① 此事之日方说法,见同盟社通讯稿。其所叙述之七月十一日协定,则左列三点构成之:(1)二十九军派代表道歉,并惩办直接负责人员;(2)中国军队自卢沟桥撤退而代以保安队,俾中日军队间保有充分之距离;(3)以彻底办法取缔蓝衣社及共产党之活动。

七月月底，当地方谈判犹在进行之际，敌对行为，已在华北开始。日军旋占领北平，天津，并攫取联系平津与华中之铁路，亲日之新政府，亦在河北成立。

日军嗣沿平绥路，经过张家口，大同而向西进展，并沿冀，察边区，攻取在北平西北八十公里之南口，俾日本调自满洲之军队易于侵入内蒙。

日军在华北之军事行动，激起中国活跃之反感。日本政治家所宣称。中国必须屈服之主张，东京所采取紧急财政办法，以及留华日侨之撤退，使中国政府及人民断定日本决以武力击破中国之抵抗力量。

迨八月第二星期之末，上海地方，因中国与各国之利益交相密织，虽经力请将上海划出于敌对行为范围若干距离以外，然卒变为第二军事行动场所。中国政府暨人民之上述断言。于兹益信。

追忆一九三二年之上海战事，以同年五月五日协定之签订而得以结束。按该协定第二条规定，中国军队，在本协定所涉及区域内之常态恢复，未经决定办法以前，留驻其现在地位。当出席上海会议之中国代表团于接受上海停战协定时，特加声明，谓：兹了解"本协定并无含有对中国军队在中国领土内之移动受任何永久限制之意。"

日本外相于一九三七年九月五日议会席上演辞中，叙述八月九日上海事变发端之情形及翌日所发生之困难如次：

"……八月九日，海军陆战队大山中尉暨斋藤水兵，在上海为中国保安队刺死。

"日本虽在当时，仍坚守和平，力请撤退保安队，并拆除违反一九三二年停战协定一切已成之防御工事，以求解决，乃中国于利用种种藉口，拒绝我方要求之外，复增援军队，在停战区域内，多筑防御工事，终于向日军开始不当之攻击。

"因此，我政府以职责所在，派遣少数海军援军赴沪，作为保证上海日人这紧急办法。"

广田外相于叙述各国力请将上海划出于敌对行为范围以外之后,继称:"八月十三日午后,中国军队,既已麇集于上海一带,遂实行进攻。"

上述各节,可与中国政府于八月三十日送达国际联合会之声明,比照而观。

中国方面所述之八月九日事变如次:

"日本海军军人,不顾中国方面之警告,企图行近上海附近之中国军用飞机场,因此发生冲突,死日本海军军官一人,水兵一人,中国保安队一人。"

中国代表团,除于声述中国政府迭经令行上海地方当局严防任何意外事件之发生外,并曾进述该国代表团在签订一九三二年五月五日协定时所为之上文已予述及之声明,坚持中国军队在中国领土以内之移动,不能认为系破坏该项协定之行为。

中国方面来文,并以下列字样,叙述上海敌对行为之开始。

"日本在不足四十八小时以内,调集军舰约三十艘于上海,并将其在上海之军力,增加数千人之众,同时复向中国当局提出要求,企图撤除或削弱中国之防御。距事变发生四日后,原所预期之日方攻击,果于八月十三开始。

自此以后,剧烈战争,即在上海四周进行。七月之初,留驻于上海公共租界及越界筑路地方之日军,总计为四千人。迨九月底,据中国当局之估计,日本援军之在麇集于吴淞一带日舰三十八艘掩护之下登陆者,竟达十万人以上。

在过去数星期中,日本军事行动之进展,不限于扬子江流域以内,除其他军事行动外,其空军轰炸中国之首都,固屡数见不鲜,即中国沿海及内地各地方,亦常遭其空中轰炸。

目前,除日本陆军在华北及华中进行军中行动,及其空军轰炸商港及内地城市之外,日本海军舰队,复一面赓续与陆军合作,尤于上海为然,一面巡防中国沿海地方,阻止中国船只将接济输入中国,其中不少中国船只,已被沉没①。

溯自七月七日以降,日本所遇抵抗,方兴未艾,仍不断加紧进行其军事行动。调动之军队,日益增多;使用之军器,亦日益犀利。就华方估计,日军之在上海者,计有十万人。其运用于中国各地方者,已在二十五万人以上。

关于日本空军行动一事,咨询委员会曾就其对中国不设防城市施行空中轰炸一节,于九月廿七日决议中,加以谴责。此项决议案,并经大会予以采纳②。

二

本小组委员会之当前目的,为就现今局势之事实部份,予以研讨,故于中日各条约之对于通商事项暨留华日侨应享领事裁判权之法律地位以及其他类似事项有所规定者,似无论及之必要。其与本小组委员会当前目的有关之主要条约,仅有三种,即一九○七年十月十八日海牙公约之第一号③,其性质虽略有不同,亦可纳入上项条约之列。此外,中日地方当局,复曾先后就地订有种种,即数目亦无从确定之双面协定。此项协定之内容如何,以及其效力在解释上又如何,在在均有争执。然而此类协定,固不能影响或超越中日任何一方对上述多面条约

---

①　统率日本海军之长谷川海军中将,于一九三七年八月二十五日在上海发表如下之布告:"兹于八月二十五日下午六时起,对中国海岸自北纬三十二度四分,东经一百二十一度四十四分,至北纬二十三度十四分,东经一百一十六度四十八分之区域内,宣告予以封锁,取缔中国船只航行。但第三国之船只及日本船只,仍得于封锁区域内自由通过。"迨九月五日,东京海军省复宣告:自是日正午起,中国之海岸线全线,均予封锁,取缔中国船只航行。但青岛及第三国之租借地,不在此限。

②　大会第六委员会于既已听取中国代表之声述以后,曾拟一报告书,吁请有关各方,于武装冲突中,对于代表文化最高水准之美术建筑物及文化机关,应予顾及。此项报告书,嗣经大会于九月三十日会议中予以采纳。

③　一九○七年十月十八日海牙公约之第一号,业经中日两国予以签字及批准,该公约第一条规定:各缔约国"为减少各国于彼此关系间诉诸武力之可能起见,"约定"各尽最善之努力,使一切国际争议,得以和平解决"。该公约复建议:应视案件之情形如何,适用调解,公断,或国际调查团等办法。

所负之义务也。

依据一九〇一年九月七日议定书及附属文件,日本连同某某其他国家,为维持北平使馆通海之交通,有沿北宁铁路在河北省境内某某地方驻扎军队之权利。该项驻军并有权举行田野演习及来复枪实习等事,除实弹演习外,不必通知中国当局。

依据一九二二年九国间关于中国事件应适用各原则及政策之条约,中国以外之各缔约国,于协定各事项中,约定尊重中国之主权与独立暨领土与行政之完整,给予中国以完全无碍之机会,以发展并维持一巩固有力之政府,缔约各国(包括中国在内)并约定,无论何时,遇有某种情形发生,缔约国中之任何一国认为牵涉本条约规定之适用问题,而该项适用宜付诸讨论者,有关系之缔约各国,应完全坦白互相通知。

依据一九二八年巴黎公约,缔约各国以各该国人民之名义,郑重声明:彼等谴责恃战争以解决国际纠纷,并斥责以战争为施行与彼此有关之国家政策之工具。缔约各国并约定:各国间凡有争端或冲突发生,不论性质如何,因何发端,只可以和平方法解决或调处之。

三

本报告书第一部所载事实,即自表面上观之,已足构成日本违背其对于中国及其他国家在该项条约上所负义务之行为。在上述情形之下,日方以陆、海、空军在中国全境从事敌对行为,即自表面上观之,亦已与尊重中国之主权与独立暨领土之完整,以及与中国发生争端,不论性质或发端如何,只以和平方法解决之义务,不相符合。按日军在中国所处地位,必须能说明为自卫上之必要办法(所谓自卫,包括依法留驻中国领土之日军与日侨之防卫在内),始能使之与日本在条约上所负义务不相抵触。

当事变双方争议演变期中,截至现在为止,关于其态度暨政策所发表之声言:必可资为足以判断本问题资料之一。

中国之态度,于其行政院长蒋介石将军在一九三七年七月十七日所发表之演词中明白表示。在该项演词中,蒋氏郑重声言:民族自存与国际共存两点,为中国国民政府之对外政策。……中国不求战争,仅为自国生存而应战。反之,中国仍力求和平。然究为和平,抑系战争,全系于日军军队之行动。蒋氏继陈述四点,作为和平解决最低限度之立场。其四点为:

(一)任何解决,不得含有侵害中国主权与领土完整之条款;

(二)冀察行政组织,不容任何不合法之改变;

(三)中央所派地方官吏,不能任人要求撤换;

(四)第廿九军现在所驻地区,不能受任何约束。

按七月十九日中国外交部递交驻南京日本大使馆之备忘录中,中国政府"重新提议双方约定一确定之日期,在此日期,双方同时停止军事调动,并将军队各撤回原地。"外交部并明白声言:为求事变之解决,凡国际公法或国际条约所公认之任何和平方法,如两方直接交涉,斡旋,调解,及公断等,中国政府均准备予以接受。

至于日本对于争议之一般态度,则见诸七月廿七日日本首相所发表之声言。当其在会议中答复质询时,曾称:

"日本在中国毫无领土野心。倘日本果有此项企图,如华方所明言。则日军早经占领华北全部矣。中国政府暨各国自当认识此点。日本所需要者,中国之合作,非中国之领土也。余所谓合作,非谓使中国利益受日本利益之支配,乃谓两国基于平等互惠之原则,共谋远东文化与繁荣之发展耳。"

日本外相广田氏在九月五日议会演词中宣称:日本政府之政策,向为就地解决,与不扩大事态,并尽种种努力,以谋迅速之解决。

九月十五日,日本外务省发言人宣称:日本政府根据就地解决及不扩大事态之政策,业经尽力之所能,以期得有迅速之解决。

上述各项声言,似揭示双方于事变初起之际,均信该事变可就地获得和平之解决。乃此项结果,卒不可得。

所值得注意者,日本官方声称:中国军队之调动暨中国政府之侵略意向,终使日本政府和平之意愿成为泡影。反之,中国官方声明,恰以同样攻讦，加诸日本，——即日军之侵入及日本政府之侵略意向，竟使一地方事件变为重大之惨祸。

事变发生未几，日本于觅取地方解决之外，似复抱有将中日两国间一切争执问题予以解决之决心。

七月十一日晨，日本内阁会议所拟之声言，于同日夕间由外务省发表。该项声言之旨趣，为日本政府对于华北之治安与秩序，虽切望予以维持；然仍拟采取一切必要办法，将军队调往该处。

近卫公爵于七月廿七日所发表之演词中，载有如下之声言：

"余以为不仅所有对华问题，必须就地解决，吾人且须更进一步将中日两国间一切关系，获得根本之解决。"

广田氏于九月五日在会议中声称：日本政府之基本政策，意在调整中、日、"满"三国间之关系，以谋共同之繁荣与幸福。中国既漠视我方之真意，而调动大军，反抗吾人，吾人对于此项动员，不得不以武力相对抗……吾人确信根据自卫权暨正义，吾国对于此种国家，（指中国）决予以上述彻底之打击，使其对于己身之误谬有所反省……日本帝国唯一可采之办法，厥为对中国军队，予以上述之打击，使其战斗意志，全行丧失。

其在华方，蒋介石将军于七月三十日发表声言，载有如下之语句：

"余在庐山所为之宣告，及所举解决卢沟桥事变最低限度四点，绝无可以变更。今既临此最后关头，岂能复视平津之事为局部问题，听任日本之宰割，或更制造傀儡组织。吾人惟有发动整个之计划，领导全国，奋斗到底。总之，政府为应付日本侵略所采之政策，始终一贯，毫不变更，即保存中国领土之完整与政治之独立是也。"

日本政府历经声述其"和平解决"与"中日间协和的合作"之愿望。但始终坚持此种结果，应仅由中日双方互商而得，不容有第三者之干涉。以是在七月二十九日预算总会中，有建议政府应发表坚决声明预防第三国之干涉者，日本外相答称：此种干涉，并非彼预料所及，倘竟有此项提议发生，政府必概予拒绝。

又广田氏对于咨询委员会邀请参加其工作一事,曾于九月二十五日复电拒绝,内称:关于本事件之解决,本帝国政府前已历次声明,现仍坚信,凡涉及中日两国之问题,其公正,持平,以及切乎实际之解决办法,当能由中日两国自行求得之。

至于中国政府之政策,中国代表团在大会暨委员会中所为之声言,均可资为参考。而前述七月十九日之备忘录,仍足继续代表中国政府之政策,似不容疑。

四　结论

两国对于争议之根本原因,以及所以引起敌对行为之事变,均持有互相悬殊之见解。

然日本业以强有力之军队侵入中国领土,并将包括北平在内之中国广泛区域,置于军事控制之下;日本政府并已采取海军行动,断绝中国船舶沿中国海岸线之航行;而日本空军正在中国各在大施轰炸;均为不可申辩之事实。

本小组委员会根据所获事实,加以检讨之后,不得不认为日本陆、海、空军对中国所实行之军事行动,实与引起冲突之事件,全不相称;并不得不认为此项行动,对于日本政治家所声明日方政策之目标,即所谓中日双方之友好合作,不能予以便利或促进;更不得不认为此项行动,不能依据现行合法约章或自卫权以资辩护,且系违背日本在一九二二年二月六日所签订九国公约,及一九二八年八月廿七日所签订巴黎非战公约下所负之义务。

丙、远东咨询委员会小组委员会第二报告书

一、中国目前之局势,及日本在条约上所负之义务,业经在本小组委员会所呈送于咨询委员会之报告书中,加以探讨。该项报告书并曾指出,日本所采行动,为违反日本在条约上所负之义务,不能认为正当。

二、建立以国际法为各国政府间行为之真正准则之理解,及在有组织之人民相互往来间,应维持对于条约义务之尊重,乃对于各国均有重大利害关系之事。

三、中国目前之局势，不仅关系冲突中之两国，且对于一切国家，均有多少关系。许多国家均已在其人民生命及物质利益方面，直接蒙受影响，而尤较重要者，厥维所有国家均必感觉和平之当予恢复与维持。此实为国际联合会所以存在之根本目的。故国际联合会有依照盟约及条约上之现存义务，以谋迅速恢复远东和平之职责与权利。

四、本小组委员会已首先研究在此种情形之下，盟约对于国际联合会各会员国所加之义务。

五、咨询委员会，系依照盟约第三条（第三项）之广泛规定而设立。该条授权大会于会议中处理属于国际联合会举动范围以内或关系世界和平之任何事件。

六、上项条文，对于大会之行动，未设任何限制，而中国除其他条文外所援引之第十一条，复规定"联合会得采取任何视为适当而有效之行动，以保持各国间之和平"。

七、本小组委员会，已就局势，予以考虑，以冀决定何种行动为适当而有效。

八、远东目前之争议，牵涉日本之违反条约义务，业已指出如上，故不能认为仅能由中日两国以直接方法予解决。反之，必须对整个局势予以充分之考量；其尤要者，为对于与盟约及国际法原则暨现行条约相符之任何足以重树和平之适当办法，必须予以探讨。

九、本小组委员会深信：即在此次争议之现阶段中，于研求其他可能的办法以前，仍当作再进一步之努力，冀以彼此同意方式，恢复和平。

十、联合会在谋以谈判方式解决目前争议之际，不能不顾及争议之一造为非会员国，且对咨询委员会之工作，曾明白表示关于政治事项拒绝与联合会合作之事实。

十一、本小组委员会查依据在华盛顿所订九国公约之规定，中国以外之各缔约国，于协定各事项中，曾约定尊重中国之主权与独立，暨领土与行政之完整；缔约各国，包括中国在内，并约定无论何时，如有涉及适用该约规定之局势发生而此项适用宜付诸讨论，有关系之国家，应完全坦白互相通知。因此,本小组委员会认为:大会以联合会名义所应采取之第一步骤,似为邀请联合会各会员国中之同时为该九国条约之缔约国,于最短期间内,发动此项商讨。本小组委员会提议上述会员国,应即开会决定实行此项邀请之最善与最速之方法。本小组委员会并希望关系各国,能与其他在远东有特殊利益之国家联合工作,寻求以彼此同意之方式,结束此次争议之方法。

十二、如此从事商讨之各国,或欲随时将其建议经由咨询委员会转向大会提出。本小组委员会建议:大会不应闭会,并应宣告联合会对于上述任何建议,愿考量予以最充分而切乎实际之合作。咨询委员会,无论如何,应于一个月以内,再行开会一次(地点或在日内瓦或在他处)。

十三、在所建议各项行动尚未得有结果以前,咨询委员会应请求大会对于中国,表示精神上之援助,并建议联合会会员国应勿采取足以减弱中国抵抗力量,以致增加其在此次冲突中之困难之任何行动,并应就各该国个别援助究能达如何程度一节,予以考量。

国民政府外交部编白皮书第五十六号

蒋介石答美联社记者问

南京,1937 年 10 月 7 日

美总统为人权与条约之尊严,已发表名论,力主拥护,此不独我艰苦备尝之中国人民闻之而有所感动,即彼列强中向来主张永久和平应建筑于国际道义之上者,亦必为之兴奋。

当九一八事变发生之时,国际间未能协力坚持遵守条约之义务,坐令世界遭遇种种严重影响。今日本复悍然不顾,在中国全部重施其侵略,是日本直自认为彼实超过任何条约或国际法规之上,日本以为关于东亚任何问题,世界各国均应听从其指挥。频年以来,中国方已进于统一,力谋和平建设,而日本竟欲一举而毁灭之。凡日本之行动与策画,不容各国有所过问与评论,是日本不啻自视为世界无上之法权。

日本之企图,无非欲令中国人民贫弱困苦,将其购买力消灭无遗,而中国购买力,为促进国际商业之要素,彼所不问。彼不独欲夺取我民族之生路,独占中国之市场,且将称霸于全太平洋区域。倘此征服中国之迷梦,中国自己之力不克制胜,其它有关系国家又不能依法加以阻止,则中国之伟大市场势将沦陷,而太平洋局势,亦将永无宁日矣。所幸本日消息,美国国务院与国联大会均已采取谴责侵略国之步骤,此中国人民所深为感动者也。

我人现正奋斗,并将继续奋斗,以期达到日本军队完全撤退之目的,俾吾人可继续和平建设之计划。吾人自卫之决心,始终一致,虽至战士之最后一人,领土之最后一寸,亦不稍变更初志,非俟正义确立,条约重伸其尊严,吾人之抵抗决不停止。倘有关系之条约签字国家仍放任国际正义与法律之被蹂躏,使日本得继续其残暴之侵略,是无异赞助其败我亡我之计;今美总统已发表其伟论,对于人权与和平均有阐明,足令我人确信,凡坚持正义者,必可如愿以偿也。

《先总统蒋公思想言论总集》第38卷,第99—100页

3.中国继续争取国联支持

中国驻国联代表团与外交部来往文电一组
1937年1月—2月

1.顾维钧等致外交部电
1938年1月20日

二十日,中日事件已列本届行政院议事日程,我国取何态度亟应早日决定。按近来接洽情形,英谓俟到日内瓦约法俄外长与我再商,似系延宕之词。法谓我重回国联,不能再得何项利益,或反减少以前议决案效力,美谓如咨询委员会有具体决议,美方可予考量合作,亦系空泛之语。而各国左派人士一面进行组织抵制日货运动,一面希望我国在国联有所动作。依照现在情形,对于国联进行手续,有重开咨询委员会、

重提行政院、重行召集大会三项办法,咨询委员会前建议召集九国会议,原期将中日问题由美多负责任,现会议未有结果,而美则认为暂时休会并未失败,故委员会恐未必再愿建议何项办法,或仅空言报告而止,重提行政院,可根据第十七条要求延请日本,如日本不来,即声请适用第十六条,重开大会,或由咨询委员会建议办法,或由大会自行提出办法。至于内容问题,我国对于国联究抱何项目的,或积极要求制裁,或要求先施行一二种制裁,如煤油之类,仰借提出制裁,逼迫英法切实助我。适用制裁,依照第十六条须以认定战争为前提,或将引起美国适用中立法一部分人士观察,美国适用中立法,日本受害甚于中国,惟现在各国对于制裁均望而却步。本月十八日瑞典外长在国会演说,亦谓国联制裁办法实际已不能适用,此种意见凡与瑞典合作国家均属赞同,现希望国联内无任何会员国欲使瑞典之继续留在国联发生困难云。察其语气,如有坚持实行制裁者,瑞典愿退出国联,如我国提出而各国反对,是否要求公开表决,以观各国真正态度。如被否决,我方对国联应抱何种态度,应否抗议,均须事先筹定,应请政府熟筹决定,早日电示,俾有遵循。钧、祺、泰。10—16

2. 外交部致顾维钧等电

1938 年 1 月 24 日

NO 1

顾郭大使鉴:本届国联行政院会议我方在会场内之正式演词应说明:(一)自上年将中日事变提出国联后发生之新事实,包括(甲)日军之继续进占与滥施轰炸;(乙)日军之屠杀奸淫掳掠纵火;(丙)伪组织之成立;(丁)日方干涉海关擅改税率;(戊)第三国所受损失;(己)日使函称一月十六日之声明。(二)中国生命财产之巨大牺牲(拟另电估计)。(三)我方抗战决心始终不渝。(四)中国政府一月十八日声明。(五)国联行政院大会咨询委员会九国公约会议种种努力均未奏效。(六)应请国联用最有效之方法,立即停止日本之武力侵略,我方同时应在会外与各国代表接洽,以期本届行政院决议可实现下列办法之全部或一部:(1)全部制裁;(2)局部制裁,如汽油、钢铁、贷款等;(3)不承认伪组织及其他武力侵略造成之结果,同时对于国民政府过去之建设与现在之抗战,表示适当之颂扬,并实行具体之协助方法;(4)指定最有关系之国家,如英法苏联等国,并邀请美国共同设法中止中日冲突。外交部。10-1

3. 顾维钧等致外交部电
1938 年 1 月 26 日

NO 1

一号电敬悉。顷钧在席间晤艾登,约谈中日问题,并告以我拟在行政院要求适用第十六条,对日采取积极办法,如汽油、钢铁、军火等制裁,并谓中国自始为国联忠实会员,现正需要国联效力之期,为其本身计,亦万不容辞。彼谓若逼国联太甚,无裨实际,至汽油制裁未易见效,因日本储蓄颇富,既无海战,需用不多,且荷兰曾声明非由英国允以海军保护不能赞同,而英在欧洲现状之下,非由美允完全合作,未便海军全部东调。现在英美合作进行甚顺利,此次日本之停止进攻广州,未始非因美国决定派舰参加下月新加坡港开幕礼之影响,但对美亦不能催促过急。渠意目前要着不在求得国联之空洞决议,而在商得切实协助中国办法。苏俄李外长明晨抵此,可偕法外长约齐会谈。苏俄与华国境毗连,接济较易,英颇愿其继续积极助华云。再,钧离巴黎前见法外长,彼拟先与艾登接洽后再详谈。又曾见主管国联之政务局长,告以此次我对国联不得要求采取积极办法,彼以为目前国联势力衰薄,逼之过甚,或有崩裂之虞,无补中国。又告以外传某某等国将提出要求承认阿比西尼问题,我为维持我国立场,须声明不能同意。彼谓英法无意予以承认,他国如坚持,拟听其所为,但不能取消不承认之原则云。钧、祺。10-13

4. 顾维钧等致外交部电
1938 年 1 月 27 日

NO 3

本日行政院公开会议,波斯代表主席,钧及其他十三国代表对于国联前途各表示看法。钧大致首先表示极端失望之意,次谓若果会员国决心履行盟约责任,则虽普遍原则未克实现,而国联威望非无恢复可能,亡羊补牢,尚不过晚,等语。苏联代表意见大致相同。纽西兰代表对我表示同情。英法代表团于重申信任国联之中,均寓必须兼顾事实之意。英国代表言,英国斟酌形势,当在国联机构之中充分合作,以期维持和平。其他各国代表大致均取若即若离态度。瑞典隐示此后不愿实行制裁之意。比国亦有此意,而未明言。波兰代表言,波兰对于所有各国愿敦睦谊意,在对非会员国表示好感,不言自明,各除演词业经披露外,特摘要电陈。钧、祺。10-14

5.顾维钧等致外交部电

1938年1月28日

NO 5

今日上午钧、祺访晤英法苏联三外长,共同讨论中日问题在国联进行方法,钧首言拟提十七条,英法外长颇觉困难,以为无美国合作决难奏效。法国外长谓可否由关系各国向美国询问,现在时机已否成熟,再开九国会议。钧谓询问固无不可,但美国非会员国,应由会员国先行制裁。彼等以为如行制裁:一、日本将对外国船只实行封锁。二、假定制裁有效,日本将取武力行动。三、恐因此引起反对十六条各国之反响,故提出实行制裁对中国对国联均有害无益。钧答以国联若果实行数种制裁,仅须少数列强之实行,不致遭反对,而美国自沉船惨案以来,舆论不同,当可响应。英法外长似觉怀疑,以为不如先探听美国究能合作至若何程度,钧复依照部电根据法律事实再三申辩。苏联代表主张先实行财政制裁,英法外长亦觉困难,结果拟提议决案重申去年十月大会议决案所列各点。钧言去年十月以来,对于商议各国协助办法诸多迟延,要求此次议决案明言,由各国共同商议俾易见效。艾登言可说明由有关系会员国及非会员国对于远东现在情形应如何单独或会同作进一步之援助中国云云,同时并拟由英国向驻瑞士美使,嘱其探询美国政府预备合作至何程度,倘有此意,是否愿在日内瓦或比京或华盛顿,抑其他地方共同讨论。现正起稿,预备明日提出行政院,但尚未定,大约艾登诸外长欲离日内瓦。部意如何,乞速电复。钧、祺。10-19

6.顾维钧等致外交部电

1938 年 1 月 28 日

NO 7

项发洋文电计达。本日英法原拟议决草案,甚为空洞,仅言研究实行大会议决案之可能,经钧要求:一、颂扬国民政府,众赞成加入一节。二、加入凡前经国联通过关于中日问题各案,并无牵动一句,意在不承认原则,英法认为各案当然继续有效,不必声明。三、协助具体化,不仅履行前案须研究进一步办法,并说明制裁之必要。英法谓须得美国合作,与美国商量,此为枢纽。四、促成早日解决。俄外长谓早日解决将不公平,主张用公平字样,我方主张“早日”“公平”两字并用,俄亦反对。关于结论,我方主张措辞广宽,俾包括制裁、调停及重开比国会议各层,众赞成。最后,关于讨论参加研究国数,俄国主张以在远东有特别利益及居于可以协助地位之国为限,因恐波兰等国加入捣乱,英反对居于可以协助地位一语,俄提议曾经协助中国字样,英亦赞成。我方提议用曾经实行大会议决案字样,经长时期之讨论,众赞成。法谓大会议决案系适用于一切国家,现改为在远东有特别利益各国,似有撇开其他各国之嫌,钧谓以前议决案继续存在,现系一种新义务,可以并行不悖。俄谓局部互助协定早为国联所许,此亦类似英询何国应认为有特别利益归谁指定。钧提议设一分委员会指定,英法俄比荷等为会员。俄谓已有二十三国委员会,不赞成议无结果。英谓通过后如何办法亦未议决。英法谓须将议决草案请示政府。又,英法主张明日通过议决案及钧演说均不在公开会议,钧主张议决案不妨在秘密会议先谈,但通过必须在公开会议,至演说是否在公开会议,容再考量。会散后,艾登即与美国驻瑞代表接洽,将议决草案交阅,嘱其向华盛顿接洽。钧、祺。

10-18

7. 顾维钧等致外交部电
1938 年 1 月 29 日

艾登今晚返伦敦,顷拟具议决案通过后各国助我与阻日步骤,请与其美国磋商,包括不给日本军火及借款,抵制日货,不运日货,以军火财政助我等项,及问美国是否可重开九国会议,艾登谓自 panay 事件以后,英美合作颇有进步,两国常在接洽,彼允回伦敦后再向美国磋商,如何帮助中国,但必须两国同时进行,以期阵线一致。如美允派舰,即欧局不安英亦可派。彼谓英国缺乏军火,但将再向主管部商酌供给若干飞机,财政则将与李滋罗斯讨论。至对于日本订购军火,本在多方留难,亦并无借款,彼意不必与俄法共同讨论,因俄国本在助我,法国助恐惧欧战不无过甚。钧又托彼劝法一致协助,表示可进一步助华。艾谓尚无此意,但能继续接济。又,艾登谓德方对日渐觉不满,询以可否设法拆开德日,彼答亦英方所愿,并谓当德使斡旋时,德方时向英接洽,并拟俟时机成熟,即照我意愿,邀英美共同调停。再,艾谓我国当局将滇缅筑路事公布,徒然引起日方注意,使英为难,恐在国会将被质问,致生枝节云云。钧、祺。10–15

8. 顾维钧等致外交部电
1938 年 1 月 29 日

NO 8

今晨再与英法俄外长晤谈。法国谓昨日谈决草案末段有命令各国及逼迫美国之嫌,恐招美国反感,拟修改为:is confident these states represented council for whom situation is of special interest will lose no opportunity examining in consultation with other similarly interested parties possibility of any further steps which many contribute to just settlement conflict far East。钧谓议决草案尚在其次,现最要者即各国如何切实以军火财政协助中国。英法仍谓非美国同时协助不可,答以英法应为之倡议,以便美国响应。英国允在可能范围研究可以协助之军火,再向美国陈说,至财政援助,彼谓发以债票既不可能,政府借款须经国会,殊觉为难。法国谓经法内阁决定无论军火财政欲行接济,非由美国合作不可,因如明白接济中国,日本或攻击安南,现在欧洲多事,法国无力远顾,须由美国加以保证。告以我国抵抗日本系代欧洲各国抵御强敌,同时我国决心抵抗到底,但必须得有协助。俄谓法方接济军火,不致引起日本对越之侵略,如日果有意攻越,即无藉口,亦将为之。法谓如日本实行侵越,不问有无藉口,目前法之实力不足抵御。当告以政府本拟提十七条,因我注重实际援助,故昨接受议决案之意,现既协助未能即时实现,我方或不得不仍提十七条,或竟将重行考量对于国联之态度,拟即请示政府,并将议决草案文句作修正之保留,星期一再行开会,应如何应付,乞速电示。会后与俄外长谈,彼与艾登之意见相同,亦不主张提第十七条,谓徒毁国联,无裨事实,彼意见最好请英法向美国提请制裁。钧、祺。10-2

9. 顾维钧致外交部电
1938 年 1 月 29 日

NO 11

二号电敬悉。昨据法外长谈新阁对运输事尚未讨论,法方助华在与各国一致行动,尤冀美能合作,现正力谋设法实现。今晨续与英俄法外长商谈接济办法,法外长所言颇足表示法政府态度,已详另电。彼又以我在越办理运输不密,迭引日方抗议,益使法国不得不郑重,并谓值此欧局紧张,法在远东无能为力云。察其语气,嗣后军火通过越南更觉为难,容再切商电闻。再,接张部长自河内来电,亦以上述各节电复矣。钧。10-3

10. 钱泰致外交部电
1938 年 1 月 29 日

今晨晤比外长。彼密告昨与法俄外长谈及协助中国事,法外长谓欧局甚紧,未能协助。俄外长谓日本一日在中国有事,欧战即不致勃发等语,比外长意,英法应有协助能力,一味空言搪塞,殊难索解。次询可否由中国提出条件,由英美或与德共同调停,如有结果,再行重开九国会议。询以曾否与艾登会谈过,彼谓并未向谈,但中国如愿伊向谈,彼愿效力。答以此事须请示政府,但个人意见调停之意应出自友邦,如出自中国恐日本认为求和,如无结果,转懈我国军心,谨闻。泰。10-4

11. 顾维钧等致外交部电

1938 年 1 月 29 日

并转呈蒋委员长、孔院长钧鉴:今晨与英法俄外长谈协助中国事,彼等三人均谓中国方面消息不密,或无意说出该国如何助华运输接济,以致彼等对于中国方面行动日本往往洞悉无遗,而来诘问或抗议,殊使彼等为难,等语。查各国畏日殊甚,即有协助,不愿使其闻悉,应如何转饬主管人员特别注意,慎守秘密,请裁核为祈。钧、祺、泰。10-5

12. 顾维钧等致外交部电

1938 年 1 月 30 日

NO 14

四号电敬悉。此次议决草案末段修改,原系法国主张,因法国舆论恐法国牵入远东漩涡,深为不安,法总理因电法外长注意,故次日法国态度颇为坚决。法外长已返巴黎,顷钧访其第二代表,告以政府对原案或可勉强接受,彼谓原案有逼迫美国嫌疑,修正案亦对日本措辞,其实法国因欧局紧急,似不愿美国即行干涉远东,除非美国对于欧洲允一律合作,以免法国在欧势成孤立。经钧再三陈说,彼允电法外长,转商法总理。钧、祺。10-17

13. 顾维钧等致外交部电

1938 年 1 月 30 日

NO 15

六七九号电敬悉。会事下星期二三将竣,电报川旅亟须清付,请催财政部即汇。钧、祺。10-12

14. 顾维钧等致外交部电

1938 年 1 月 31 日

本日修改盟约委员会开会,瑞典、瑞士、和兰代表均认为盟约第十六条事实上业已无形中止适用。波兰谓盟约规定应由各国主权自由斟酌适用。奥代表声明弃权,不参加讨论。捷克代表则谓约文不能因被违反而停止效力。阿根廷代表谓盟约应普遍适用,不能限于地域。钧、祺。10-9

15. 外交部致顾维钧等电
1938 年 1 月 31 日

NO 7

卅一日八、九、十、十一号电均悉。议决案末段又减弱,足证英法怕事,彼等愿我抵抗到底,而武力协助绝难希冀,即物资接济亦一味敷衍。昨据王大使电告,美外长称美政府政策贯彻始终,九国会议咨询委员会均参加,如有具体办法,不但可予同情考虑,且可尽力援助,而深怪英法态度狡猾。即如此次行政院敦促美国尚未据告,英法已大事宣传,预向美国推诿,彼等果有办法,何待美国批准,办法如属具体,美国自能照办云云。我方一言军火财政协助,英法即表种种困难,军火通过越南,本为法律所许,而法国政府竟如此作梗,遑言其他。总之,美国态度之转变固嫌迟,而英法之令我种种之失望,亦属事实。目前关键如我代表所云,议决文字尚在其次,最要者即各国如何切实助我,务希促令英法决定具体办法,再征美国同意。若再迁延推诿,我方之势将日蹙,而日人之野心益无止境矣。外交部。10-11

16. 顾维钧等致外交部电
1938 年 2 月 1 日

NO 19

本日行政院全体秘密会议讨论议决案草稿,钧表示虽可接受,但甚失望。比国、纽丝纶、玻利维亚三国代表认为空洞,引为遗憾,但可接受。瑞典、罗马尼亚表示可接受。波兰声明弃权,将于公开会议说明理由。秘鲁因事前未参加讨论,昨晚始接到草稿,认为不合手续,故亦声明弃权。厄瓜多代表对于草稿末段之意义及范围,认为不明了或将增加会员国责任,故须请示政府,倘公开会议开会时尚未接到训令,惟有弃权。经英代表解释,谓末段所指有两种办法,一系各国行动,一系共同行动,前者由各会员国自行酌定,后者须再由国联共同决定,故实未新加责任。法国及苏联代表亦均赞成英代表之说,苏联代表并言,国联若果决定作进一步之行动,苏联极愿参加,但草案内容不过重申去年旧案,并未增加新责任,何以有请示政府必要。厄瓜多仍坚持最后决定,今晚或明日开公开会议,钧保留演说及声明对议决案仍须保留。钧、祺。

17. 顾维钧等致外交部电

1938 年 2 月 1 日

关于修改盟约,英国代表报告书谓国联可有三种性质:一、有制裁。二、无制裁。三、制裁与否任便。本日开会,钧演说,力言盟约十六条强制制裁必须实行,俄国、西班牙、法国、墨西哥、哥伦比亚代表均主维持十六条,但法亦谓任何国如对实行时认有困难,届时可声明。墨西哥并言远东事件如提出制裁,墨西哥有意实行。西班牙指明德意日本为侵略国,国联衰弱始于东三省事件,乃现在对于日本仍无意制裁。砍拿大、纽西兰、马尼亚、土耳其、伊兰、希腊、勃加利亚均不主张减少盟约效力。智利谓如能增加会员国,不恤牺牲盟约。比国谓十六条事实上从未切实实行,查两日来讨论显分两派,一派主张中止十六条效力,瑞典、瑞士、荷兰、智利、比国主之,一派主张维持十六条,最后英国主张报告大会,明日讨论报告书。钧、祺。10-7

18. 顾维钧致孔祥熙电

1938 年 2 月 1 日

孔院长:日前所请本届行政院会议经费美金二千五百元,迄今未收到,现会议今或明午即完竣,所有电报川旅各费急待支付,恳即照汇为感。钧、祺。10-8

19. 顾维钧等致外交部电

1938 年 2 月 2 日

NO 22

今午行政院先开秘密会议,厄瓜多训令赞成,秘鲁未请训令,仍以手续不合为辞,秘书长谓手续并无错误。英法代表谓四国交换意见仅系初步工作,会员国如有意见,尽可陈说。钧谓我向三国接洽,为交换意见,便利行政院全体讨论议决草案,并非中国所拟,中国仅系不得已而接受。秘鲁、波兰仍主弃权。次公开会议,钧首依照大部一号训令各端演说,请国联用有效方法制止日本侵略,厄瓜多赞成议决草案,但声明末段不能牵涉及国联,如以国联名义行动,仍应回至国联,由会员国公同决定。波兰以不能预先承认与非会员国商酌之结果,增加会员国责任。秘鲁以此次议决草案起草手续与向例不符,均表示弃权。英法俄表示赞成草案,并对于手续略有解说。钧声明接受草案,但根据已提出之第十条、第十一条、第十七条保留续行要求,行政院采取有效积极办法之权,并以英代表之托,对于手续问题帮同解说。议长宣布议决案通过,散会。下午,修改盟约委员会开会,讨论报告书,智利谓等于无期延会,表示反对。瑞典代表表示在国联未决定以前保留其自由决定之权。智利代表亦宣言,对于国联各问题保留自由行动之权,余无异议,通过。散会。钧、祺。10-20

20. 顾维钧等致外交部电

1938 年 2 月 3 日

NO 23

此次议决案本非我国所愿,乃秘鲁代表藉口手续不合,为难弃权,并不肯请示政府。究系代表袒护日本或系秘政府政策,可否请电驻秘李使向秘鲁政府询问,并望其能训令代表,以后对于我国事件友谊协助为幸。钧、祺。10-10

中国第二历史档案馆藏联合国及国民政府新闻资料,六四七/202

国联行政院决议案

1938 年 2 月 2 日通过

行政院对于远东情势,既经加以考虑,知悉中国境内之敌对行为仍在演进,且自本院上次会议以降,转趋剧烈,引为遗憾;

当此中国国民政府在政治上经济上努力建设，卓功功绩之际，而发生此种恶劣情势，尤堪痛惜；

追忆大会于一九三七年十月六日决议中，曾经表示予中国以精神上之援助，并建议联合会各会员国应勿采取足以减弱中国抵抗力量，以致增加其在此次冲突中之困难之任何行动，并应就各该国个别援助中国究能达如何程度一节，予以考量；

爰唤起联合会各会员国对上述决议最严重之注意；

深信凡在行政院派有代表之国家，对于此种情势，自感特殊关系，应不坐失良机，而与具有同样关系之其他国家，协商、研讨任何进一步切实可行之办法，以谋远东争议公允之解决。

国民政府外交部编白皮书第五十六号(1938 年 7 月)

国联行政院决议案
1938 年 5 月 14 日通过

行政院业经聆悉中国代表关于远东情势暨中国国防需要之声言：

一、恳切敦促联合会各会员国对于大会暨行政院前此关于此事之决议案内所为之建议，尽其最大之努力，使之发生效力，倘或收到中国政府依据该项决议案所提出之请求，并请予以严重而同情之考量；

中国英勇抗战，以维护其因日军侵入而受威胁之独立与领土之完整，其人民因此感受痛苦，爰对中国表示同情。

二、追忆使用毒气，为国际公法所斥责之战争方法，此种方法，倘竟有使用情事，决不能逃世界文明国家之谴责，用是请求各国政府，就其所处地位，可将关于此事所得之任何情报，通知联合会。

国民政府外交部编白皮书第五十六号(1938 年 7 月)

（四）九国公约会议

说明：国联大会之后，讨论远东问题的论坛便由国联移到了《九国公约》会议。尽管罗斯福 10 月 5 日在芝加哥发表了著名的"防疫隔离"演说,但美国国务院并不想把会议开成一个决定对日本实行制裁的会议。英国政府则认为制裁或是无效、或将因有效而招致日本的报复。中国政府尽管认为会议成功的可能性不大,但仍希望,会议若因日本而失败,英、美或能在会后对日本采取制裁措施。会议于 11 月 3 日在布鲁塞尔开幕。日本拒绝参加这一会议。会议再次向日本发出邀请,又遭日本拒绝。于是,会议于 11 月 15 日发表宣言,对日本的主张进行了批驳,并决定休会一周,以听取各国政府的意见。参加会议的美、英代表原曾打算采取一些比较积极的政策,但均遭其政府否决。一周后的复会并未给会议带来成功的希望。会议在通过了一个与 11 月 15 日的宣言相类似的声明后,宣布无限期休会。

本节所收 S. 希尔德主编《国际事务文件》的译件系采用《第二次世界大战起源历史文件资料集》的译文。

1. 会前各方的准备与磋商

罗斯福演说
芝加哥,1937 年 10 月 5 日

……

世界的政治情势近来发展得越来越恶劣,引起了那些希望同其他国家和民族和平友好相处的一切民族和国家的严重关切和焦虑。

大约十五年前,人类对于持久国际和平的希望十分高涨,当时六十多个国家庄严保证在促进其国家目标和政策时不使用武力。在白里安—凯洛格和平法案中所表达的高超抱负以及由此引起的和平希望,最近已由一种对灾难的习惯性恐惧所替代。目前的恐怖盛行和国际上无法无天的情况开始于几年以前。

它开始于对别国内部事务的非法干预或者违反条约规定去侵入外国领土;现在它已达到严重威胁文明社会本身的基础的地步。标志着文明社会走向正义、法律和秩序的各个里程碑和传统，正在被完全抛弃。

未经宣战，没有预警或任何正当理由，包括大批妇女和儿童在内的平民正在空袭中遭到残酷的屠杀。在所谓和平的状况下，船只无缘无故和未经预先通知就遭到潜艇攻击并被击沉。有的国家在从未危害过它们的国家中煽动内战，并在内战中支持一方。自己要求自由的国家，正在否定别国的自由。

无辜的人民、无辜的国家正在因为贪婪势力范围和霸权而被残忍地当作牺牲，这种贪婪是缺乏任何正义感和人道主义的考虑的。

正如一位作者最近讲过的；"我们大概可以预见到一个时代，人们受到杀人的高明技术的鼓舞，将会把烈火燃遍世界，使一切可宝贵的东西都处在危险之中，两千年来辛苦积存下来的一切书籍、绘画、乐章，一切珍宝，一切弱小、娇嫩、无法自卫的人——什么都将丧失、遭到破坏或彻底毁灭。"

如果这些事发生在世界的其他部分，不要设想美洲将会逃脱，美洲可能幸免，西半球将不会遭受攻击，并将继续安宁地、和平地维持文明社会的道德和学术。

如果那样的时代到来，"武装将提供不了安全，权威将提供不了助力，科学将提供不了答案。狂飙猛扫，混沌重现，一切文化花朵尽遭蹂躏，全体人类均皆夷灭。"

要使那样的时代不致发生——为了获得一个可以自由呼吸，友好相处，无所畏惧的世界——爱好和平的国家必须作出一致的努力去维护法律和原则，只有如此，和平才能得到保障。

爱好和平的国家必须作出一致的努力去反对违反条约和无视人性的行为，这种行为今天正在产生一种国际间的无政府主义和不稳定状态，仅仅依靠孤立主义或中立主义，是逃避不掉的。

珍视自身自由、承认并尊重别人的自由及其在和平中生存的平等权利的国家，必须一道争取法律和道德原则的胜利，以使和平、正义和信心遍及世界。必须恢复对于口头保证和条约价值的信任。必须认识国家道德和个人道德都是同样关系重大的。

……

现代世界在技术上和精神上是休戚相关、互为依靠的.任何国家都不可能与世界其余部分的经济和政治动乱完全隔绝开来,尤其是这种动乱看来还在蔓延,其势未衰。在各个国家之内或在各个国家之间,都不可能存在稳定或和平,除非这种稳定与和平是符合大家所公认的法律和道德标准的。国际间的无政府主义破坏着和平的一切基础。它损害一切大小国家当前的或未来的安全。所以,恢复对国际条约的神圣义务维系国际道德准则,对于合众国人民来讲是值得十分重视和关切的事。

世界上绝大多数的民族和国家都想要在和平中生存。他们希望取消贸易壁垒。他们想要努力从事工业、农业和商业,为的是通过生产可以致富的商品来增加财富,而不想致力于生产军用飞机、炸弹、机枪、重炮,去消灭人的生命和有用的财产。

……

情势已经明确地引起普遍的关切。其中涉及的问题不仅仅是个别条约的特定条款遭到了违背;涉及的问题是战争与和平、国际法、尤其是人道的原则。的确,问题涉及到了具体的违反协定,尤其是违反了国联公约、白里安—凯洛格公约和九国公约。但是,问题还涉及到世界经济、世界安全和世界人类。

的确,世界的道德良心都会认识到消除非正义和真实不平的重要性;但是,与此同时,还必须唤起世界的道德良心,使它认识到尊重条约的神圣义务,尊重他人的权利和自由、终止国际间的侵略行为等,也是具有基本的重要性的。

不幸的是,世界上无法无天的流行症看来确实在蔓延中。

在生理上的流行症开始蔓延时,社会就会认可并参与把病人隔离起来,以保障社会健康和防止疾病传染。

我是决心要奉行和平政策的。我是决心要采取一切可行的措施去防止卷入战争的。在当前的时代,任何国家竟然可以不顾经验教训,违背庄严的条约,侵犯和蹂躏从未真正伤害过自己而其本身又软弱到几乎不能自保的国家的领土,以至不惜把全世界投入战争,这一切应该是难以想象的。然而,世界和平和包括我们自己国家在内的一切国家的幸福与安全,今天正在受到来自那个方面的威胁。

拒绝采取克制态度和尊重他人自由和权利的任何国家,都不能长久保持强大和保有他国的信任和尊重。调和同他国的分歧,对他国采取很大的耐心,考虑到他国权利的任何国家,都永远不会丧失自己的尊严和威望。

不论宣布与否,战争都会蔓延。战争可以席卷远离原来战场的国家和人民。我们决心置身于战争之外,然而我们并不能保证我们不受战争灾难的影响和避免卷入战争的危险。我们正在采取措施尽可能缩小卷入的风险,但是世界处于骚乱之中,信任和安全已经崩溃,我们并无安全的保障。

要使文明得救,必须恢复基督的原则。必须重建国与国之间的信任。

最为重要的是:爱好和平国家的和平意志必须申张到底,以促使可能被诱而破坏协议和侵犯他国权利的国家终止此种行动。必须作出保卫和平的积极努力。

美国痛恨战争。美国希望和平。因此,美国积极从事于寻求和平。

《罗斯福选集》,第 150—155 页

余铭、周钰^①致外交部

1937 年 10 月 9 日

南京外交部钧鉴:密译。呈同盟电讯如下:(1)华盛顿七日电,日

---

① 时任外交部驻沪办事处处长。

本驻美大使斋藤今日下午访赫尔国务长官,斋藤首述美总统演说及国务院声明似与向来政策稍异,请问真意所在? 赫尔答云:美国本心并无改变,只因国联大会决议,美国亦须有适应世界的空气之表示。斋藤又言国务院声明指日本侵犯《非战公约》及《九国条约》,称日本为侵略国,不能承受,盖日本行动并无侵略上述两条约,乃因保护其在华权益出此行动,诚非得已。且日本首当中国赤化危险之冲,其行动仅属自卫而已。至日美关系迄今未见恶化,殊为可喜,万一恶化,不独两国之不幸,抑亦未能改善中国之事态,日本当尽力设法速息战事,亦望美国谅解日本立场,慎重考虑,并谈半小时辞去。(2)东京八日电,日外务当局日内当发表谈话表示日本对华自卫行动并无违反《九国公约》,对此种以压迫日本为目的之会议,不能参加云云。职余铭、周钰叩。佳。

《卢事前后》,第 350—351 页

马莱特致艾登

华盛顿,1937 年 10 月 12 日

我根据指示向美国副国务卿转达了你的意见。他把"隔离"解释成是一个遥远的模糊的目标。总统从未设想把它作为一项将要立即实行的政策。相反,侧重点应该放在演说的最后一句:"美国痛恨战争。美国期望和平。因此,美国积极地从事寻求和平的活动。"毕特曼的意见不具有官方性质。新闻界也把国务院的声明误解成"美国确认日本为侵略者"。事实并非如此。美国政府在九国公约会议上将为远东的和平倡导建设性的政策。总统今晚将要发表的讲话,将有助于阐明这一点。

DBFP, Second Series, Vol. 21, pp. 387–388

英国内阁会议纪要

伦敦,1937 年 10 月 13 日

首相认为,内阁应该考虑我们在即将到来的九国公约会议上的目

标,以及我们希望避免出现的情况,这是一件重要的事情。他还认为,非常有必要与美国的代表们就将要采取的方针达成共识,因为如果出现分歧,我们的地位就要受到削弱。他谈到罗斯福总统使用了"隔离"这个词,它已普遍被解释成是制裁。然而,首相本人注意到,罗斯福总统的讲话表述的很巧妙,他完全可以从那种解释中后退出来。……他本人一直在考虑这整个事情,在与外交部长讨论之后,他已得出了一些结论。他认为,外交部长也同意这些结论:

1. 如果不冒战争的风险,就不可能实行有效的制裁。

2. 我们可以实行无效的制裁,但这种制裁将不会达到目的,并会(像在制裁意大利问题上那样)导致长期的痛苦和恶感。

3. 即使能够劝使足够数量的国家实行有效的经济制裁,他也怀疑,这些国家能否及时地采取行动以拯救中国,中国的崩溃看来不仅有可能而且甚至已为期不远。日本军队看来正在席卷中国。他们将会按预订进程占领南京、汉口和广州。这样,中国人的状况将类似阿比西尼亚人,蒋介石的处境则将同阿比西尼亚的皇帝一样。

4. 如果制裁证明是有效的,也丝毫不能保证日本不会在德国和意大利的怂恿下对东印度群岛的石油供应地、香港和菲律宾等地发动报复性的进攻。如果他们真的这样干,我们在目前的情况下能做些什么呢? 处于现在的欧洲形势下,派遣舰队到远东将是不安全的。因此如果不能从美国得到保证,即他们准备正视可能落到在远东有重大利益的国家身上的一切后果的话,我们就不能实行制裁。即使到那时,要预见美国的公众舆论在这样的立场上准备坚持多久也是不可能的。因此他的结论是,如果没有压倒性力量的支持,经济制裁将是毫无作用的。

DBFP, Second Series, Vol. 21, pp. 390–391

赫尔致戴维斯

华盛顿,1937 年 10 月 18 日

1922 年 2 月 6 日在华盛顿签订九国公约的各国已决定召开一次

会议。美国政府收到并接受了参加这一会议的邀请,你将代表美国参加该会议。

你应该记住这一点:比利时政府给我国政府的邀请书阐明这次会议的目的是:"检讨远东局势,研究以和平方式尽快结束那里所发生的令人遗憾的冲突"。

你在参加会议期间,大体上可遵循 1937 年 7 月 16 日国务卿代表我国政府所公开阐明的原则纲要,以及 1937 年 8 月 23 日国务卿所作的进一步的政策声明。

你应该时刻记住已由华盛顿会议的各种条约所明示的和平时期美国在太平洋和远东的利益的性质和范围,尤其是九国公约所规定的美国的权益;10 月 6 日国务卿所发表的关于美国政府立场的声明的要旨;10 月 5 日总统芝加哥演说所作的有关外交政策声明以及 10 月 12 日他在华盛顿的广播讲话。你要记住,我国外交政策的首要目标是我国的国家安全。为此,我们寻求保持和平,并促进维护和平。我们认为,应通过和平的切实可行的手段为维护和平而共同努力;我国作为 1928 年巴黎公约的签署国,否认把战争作为国家政策的一种工具,并保证自己将只诉诸和平手段来解决争端。你还要记住,美国公众舆论已表达了美国不想卷入战争的决心。

我国政府希望会议能取得有助于远东的持久稳定与和平的成果。我国政府认为,会议的主要作用应是提供建设性讨论的论坛,以形成解决问题的可能基础,并努力通过和平谈判把各方拉到一起来。

FRUS,1937,Vol.4,pp. 84−85

外交部致行政院

1937 年 10 月 19 日

案准比国驻华大使馆照会,以比国准英国之提议,经美国之赞同,根据《九国公约》第七条之规定,邀请《九国公约》签字国于十月三十日在比京召开会议,讨论远东局势,期以和平方法,从速停止不幸之冲突。

兹特通知中国政府请派代表届时参加会议等因。查前次国联会议讨论中日事件时，我方曾派驻法大使顾维钧、驻英大使郭泰祺、驻比大使钱泰为代表参加会议。此次《九国公约》会议在比京举行，拟请仍派该员等为我国代表参加会议，以资熟手。……

《卢事前后》，第 402 页

外交部致顾维钧等

1937 年 10 月 24 日

Sinoembassy　Paris　626 号　24 日

顾、郭、钱大使鉴：极密。政府对九国公约会议决定方针如下：

（一）依照目前形势，会议无成功希望，此层我方须认识清楚。

（二）但我方对各国态度须极度和缓，即对义德两国亦须和缓周旋，勿令难堪，并须表示会议成功之愿意。我方求在九国公约规定之精神下，谋现状之解决，此系我方应付之原则。倘各国以具体问题征询我方意见时，因日本以武力侵犯我领土，应先知日本之意思，故先请其转询日本后，再由我方予以考虑。

（三）我方应使各国认识会议失败责任，应由日本担负，切不可因中国态度之强硬，而令各国责备中国。

（四）上海问题应与中日整个问题同时解决，切不可承认仅上海问题之解决。

（五）我方应付会议之目的，在使各国于会议失败后，对日采取制裁办法。

（六）我方同时应竭力设法促使英美赞成并鼓励苏联以武力对日。

中国第二历史档案馆藏外交部档案，十八／28

国防最高会议致外交部

1937 年 10 月 26 日

径密启者：本年十月二十五日，本会议常务委员第二十六次会议，关于外交部提议九国公约签字国会议即将开幕,请议定我国应取之原则一案,决议:(一)此次会议我方最应注重之原则,即在维护九国公约第一条之规定。各国考虑任何问题或建议任何办法,必须符合该条之文字与精神。(二)中国不独愿与日本进行经济合作,且愿与各国同样合作,以发展中国经济事业。机会均等主义,在中国领土内任何部分,应予普遍适用。相应函达,即希查照为荷。此致外交部。国防最高会议。二十六年十月二十六日。

中国第二历史档案馆藏中国粮食工业股份有限公司档案,八九/2

国防最高会议致外交部

1937 年 10 月 26 日

径密启者:本年十月二十五日,本会议常务委员第二十六次会议,关于外交部部长王宠惠提议请决定我国出席九国公约签字国会议代表应在会外活动事项,俾资遵循一案,决议:(一)继续运动各参加国政府及社会,加紧对日一致之经济压迫(积极的排斥日货,消极的不以财力、物力帮助日本),务使国联谴责日本之决议事实化。(二)向参加各大国请求战费借款及军械贷款,尽量予以满意之条件。关于运输事项,尤须随时予中国以最大之便利,务使国联不减少中国抵抗力,并帮助中国之决议具体化。相应函达,即希查照。此致外交部。国防最高会议。二十六年十月二十六日。

中国第二历史档案馆藏中国粮食工业股份有限公司档案,八九/2

郭泰祺致外交部电

1937 年 10 月 26 日

南京外交部(26 日,453 号):据《每日电闻》罗马特派员通讯,此次德驻英大使、日本驻德大使及义政府秘密会商关于远东时局者数点如下:一、义大利在九国公约会议决定助日。二、柏林、罗马枢轴推展至东京。三、中日军事终了,日本于新拓之领域内给予义大利特种商务权益

及最惠国待遇。云云。郭泰祺。（伦敦 LONDON）

中国第二历史档案馆藏中国粮食工业股份有限公司档案，八九/2

郭泰祺致外交部电

1937 年 10 月 26 日

南京外交部（454 号，26 日）：英国国会开幕，英皇演词有：英国政府当恳切注意远东时局，国联会员国及其他国家共同努力，以谋减少战争之痛苦及促进战事之了结。又顷晤苏联大使，云罗马德、义，日之会商，HITLER（希特勒）授意 MUSSOLINI（墨索里尼）勿为西班牙问题与英、法决裂，因德国愿维持其与英、法邦交。对德日协定，义大利尚持观望，未正式加入云云。再据各方消息，关于九国公约会议，德国政府态度较和缓，不似义政府之明显助日。再马、俞两市长致伦敦市长电，已照转伦敦市府，已在今日《泰晤士报》发表。据告捐款刻已愈三万镑云。郭大使。（伦敦）

中国第二历史档案馆藏中国粮食工业股份有限公司档案，八九/2

钱泰致外交部电

1937 年 10 月 26 日

南京外交部（238 号，26 日）：此次延期，因比外长恐新内阁比方主持者易人，诸多不便，此间英使、德使皆赞成其说，遂以实现。顷晤德使，询以德国对九国会议态度，彼云将与意大利一致。询以前报载德国曾告日本，如战事波及中国全国，德国颇为忧虑，有无其事，答不知。德国商务损失甚巨，当然希望早日恢复平和。但此类国际会议往往结果甚微，西班牙前车可鉴。答以此次德、义到会，正可仰仗疏通日本，使其就范，彼谓尚未晤此间日使。闻日本因会议系国联发起，将不来，答此系托词。泰。（布鲁塞尔 BRUSSELS）

中国第二历史档案馆藏中国粮食工业股份有限公司档案，八九/2

蒋廷黻致外交部电

1937 年 10 月 26 日

南京外交部（1154 号，26 日）：李外长今日谈话中，对比京会议十分悲观。彼谓我在日内瓦原主张由国联会员国之与太平洋有深切关系者，如英、法、俄邀请美国共同设法。我已得英、法两外长同意，惟英外长坚持邀请美国，应由英国单独先探询美国意旨，不可由英、法、俄三国共同活动，我未反对。后数日，英称美不愿。英遂改提比京会议。美不愿之说是否属实，不无疑问。我竭力反对，不料中国代表反接受矣。在比京会议中，德、意必偏袒日本，阻碍进行。苏联将来虽加入，实非心愿，多此无益之举也云。以上各节是否与事实相符，钧部自可参考他方报告。兹仅据实呈报而已。职蒋廷黻。十月二十六日。（莫斯科）

中国第二历史档案馆藏中国粮食工业股份有限公司档案，八九/2

外交部致顾维钧、郭泰祺、钱泰电

1937 年 10 月 27 日

Sinoembassy　Paris　632 号，27 日。

顾、郭、钱大使鉴：九国公约会议时，对于九一八以来日本违反该约之显著行动，我方代表如有陈述之必要，可列举：（一）辽宁、吉林、黑龙江、热河之占领；（二）伪国之产生与维持；（三）二十一年进攻上海；（四）二十二年进占冀、察；（五）冀东伪组织之产生与维持；（六）干涉冀、察行政，庇护匪伪占领察哈尔之一部；（七）华北大规模走私，并强力阻止中国海关之缉私；（八）日本军用及民用飞机在中国各地尤其华北非法飞行；（九）特务机关之到处设置；（十）纵容日、鲜人贩售毒品；（十一）在中国领海内侵犯中国渔业权，（十二）二十五年冬日军庇护匪伪攻击绥远；（十三）日驻屯军之非法演习；（十四）本年七月七日日军攻击卢沟桥；（十五）日政府拒绝中国政府撤退军队用和平方法解决纠纷之建议；（十六）日本增调大批陆海空军来华；（十七）本年八月十三

日，日本陆战队开始攻击上海，(十八)日军现已侵入河北、察哈尔、绥
远、山西、山东、河南各省，并在占领各地设立所谓治安维持会，操纵一
切行政。外交部。

中国第二历史档案馆藏中国粮食工业股份有限公司档案，八九/2

日本拒绝参加《九国公约》会议之复文及声明要旨

1937 年 10 月 27 日

(一)对英、美、比复文

帝国政府，关于美国政府所同意，英国政府所请求对于一九三二年
二月六日《九国公约》签字国，根据同约第七条为检讨东亚之事态，及
考究和协手段以促使该地遗憾纷争之终结，提议定于本月卅日在布鲁
塞尔开会一节，业已正式接获本月廿日比国政府之请柬。

国际联合会，在本月六日关于中日事变所采择之行动，为对于中国
之极端排日抗日政策，尤其以实力挑拨之行动，所不得不采取之自卫措
置。其在《九国公约》范围之外，已由帝国政府加以声明。

联合会在其决议中对于中国更进而表示精神的援助，且对于联盟，
凡足以减少中国之抵抗力及增加中国在现在纷争中之困难者，奖励停
止其行动，且须考虑各别可以援助中国之程度。此点显系漠视对于欲
中日两国之真挚的协调，以实现东亚和平并贡献于世界和平之帝国公
明的意图，而参加纷争国之一方，以鼓励敌对的意识。此其所为，决非
促进解决本事件之方。

比国请柬虽未言及此次会议与国联之关系，但国联在上记决议中，
实已暗示《九国公约》当事国之联盟国会议。而美国政府，不但同意召
集此次会议，且已声明支持国联十月六日之决议，故不得不使帝国政府
认为此次会议显系出于根据国联决议而召集者。而国联既下有关帝国
名誉之断案，且对帝国复采非友谊的决议，又不得不使帝国认为此次会
议难期由关系国举行充分而无隔阂之交涉，以使中日事变导于根据现
实之公正妥当的解决。

再则,此次中日事变为基于东亚之特殊事态,且与中、日两国有生存攸关之重大关系,若由对于东亚利害关系不同,甚至毫无利害关系之各国开会解决,其必反使事态益趋纠纷,而有妨碍正常之收拾,则为帝国所确信不移也。

根据以上观点,帝国政府不便接受比国之招请,实深遗憾。

抑尤有进者,此次事变,实基因于中国政府扶植国民抗日意识,奖励其抗日运动,并与赤化势力相勾结,掀起排日抗日之风潮,以威胁东亚和平之多年所定之国策,故其解决之要谛自在中国政府自觉中、日两国安定东亚之共同责任,并自省自戒以转向于中日提携之政策。帝国所期待于各国者,为充分认识此种要谛,惟根据此种认识之协助,始足以谋东亚之安定。

(二)声明要点

一、中国之一贯的对外政策在排外,尤其采取苏联容共政策以来,此种排外政策,益趋尖锐与露骨。而最近十年间,此项排外政策之主要目标,专对帝国。帝国向信东亚各国之提携亲善,为东亚安定之枢纽,故曾极力谋其实现。然而国民政府不但对于帝国此种态度未与同情,抑且以其排日武器对于帝国在华之权益,有非使之溃灭不已之概。帝国政府深忧此种事态,一再隐忍,几度促使国民政府之猛省,而终未获得效果。而自去年西安事变发生之后,国民党与共产党之间,成立妥协,共产份子,则在抗日旗帜之下,企图搅乱华北及"满洲国"之治安,势之所趋,遂致引起本年七月七日,华军在卢沟桥非法射击日军之事。

二、此事发生后,帝国政府,旋即立定就地解决与不扩大事态,以免酿成大事之方针,而忍受作战上多大之牺牲,中止派兵,决心放过战争之时机。故历二十余日之久,并未积极的军事行动,而仍尽其慎重处理之手段。不料国民政府,蹂躏"何梅协定",陆续调派直属部队,以威胁帝国之军队,并煽动当地之华军,遂使事态发展至于全面的冲突,而使帝国无由再取慎重态度,及施行就地解决之方针。由此可知此次事变之根源,显系由于国民政府之彻底的排日政策,故帝国亦不得不为自卫而蹶起,并乘此机,再求国民政府反省,以确立东亚百年之和平。因此关系,解决此事变要谛,仅在国民政府,幡然痛改前非,抛弃其排日政策,并协助我国中日提携之国策而已。

三、顾使国民政府近年狂奔于排日之一重要原因,为在满洲事变时,国际联盟漠视东亚实情所作之决议,既已招致鼓励中国排日政策;此次国联又复接受国民政府之申诉,并仅据其虚伪的报告,对我九月廿七日轰炸防备最严之南京及广东之军事设备,则认为轰炸毫无防备之都市,而为责难帝国之决议;更于十月六日国联大会,断定帝国之行动,为违反《九国公约》及《非战公约》,且进而公然采取援华之决议。凡此所为,不外支持国民政府,欲以各国干涉以抑制帝国之奸策,益足以鼓励中国抗日之决心,而使事态更难收拾,实不得不谓为重演往年之错误。各国如能理解帝国之真意,而对国民政府,出以促其反省之适切措置,方足以开协同帝国,解决事变之途径。

《卢事前后》,第382—385页

行政院秘书处致外交部
1937 年 10 月 28 日

奉院长谕,孔副院长有电关于九国公约会议贡献意见一案。应抄交外交部王部长参考。等因,相应抄同原电函达查照为荷。此致外交部。附:抄电一件。行政院秘书处启。十月二十八日。

附原抄电

邹次长:胜密。即译呈蒋院长、汪主席、王部长勋鉴。弟返国抵沪,原拟即行来京,以旅程感冒寒甚,未便夜行赴京。医嘱留沪疗治,兼之关于财政金融事件有必须在沪商洽者,故而耽搁。关于九国公约会议案,中央讨论情形迭据邹次长电告具悉。弟海外新还,对于彼方情形见闻,略切谨贡所知以供参考。当弟在欧美时,初与彼等谈及引用九国公约,皆存规避。迭经运用,始较接近。因英、法皆以美国马首是瞻,遂利用此点,使国联决议援引九国公约,俾拉美国加入,煞费唇舌,幸获如愿。罗斯福主张首次会议我国代表报告后退席一节,弟意似可采纳,以表示我信任其主张。盖我代表在座参加讨论,列强或有不便,我如运用得法,使他国多为我说话,在座与否,实无必要。开会停战一节,弟意我方不妨应允。至于会外进行接洽,实属异常重要,应电少川诸兄严切注意。德、义、日联合形势,务须设法打破。敌、友、我能分化敌方一分助力,即增强我一分力量也。最低限度亦须使之消极助我,否则会议必无若何成效。专电奉达,幸加察酌。弟孔祥熙叩。有。

中国第二历史档案馆藏中国粮食工业股份有限公司档案,八九/2

顾维钧致外交部密电

1937 年 10 月 28 日

南京外交部(537 号,10 月 28 日):极密。顷与前赴比京之美代表 Davis(台维斯)及 Hornbeck(霍恩贝克)会谈一时有半,美政府希望比京会议能使用当事双方同意之方式结束战事,并以九国条约为基础,以公平之方法协议和平。Davis 提议中国代表团在会议席上应作一种适当之演说,待会议决定首先试行调解时,中国代表团即提请退出会议,俾调解者不致受其影响,在进行讨论时,得有完全之自由。Davis 谓此系一种策略,所以应付日人对于国联大会之攻击。盖日人谓国联大会受中国代表团参加之影响,态度偏私也。钧指明中国不能因日本拒绝履行其条约之义务参加此种商议,遂亦自行剥夺其参加会商之权利。Davis 谓法律上中国固有参加之充分权利,惟为处理时局,就实事求是方面着想,当讨论解决方法之时,中国苟提出回避,则在世界舆论上必能造成有利中国之空气,而使日本不能不表露其真正之用意,即列强亦因此有种种之便利,得以采取共同之办法。Davis 并提议我国演说中不妨承认日本对于原料来源之需要,并应为人口过剩辟一出路,同时重申中国在经济方面极愿与日本通力合作,并声明中国愿望致力于政治复兴及保障主权,惟日本之破坏华会条约,侵略中国,轻启战端,致使二者均归于无效。中国之抵抗,实尽其所能,以维护条约,现请求列国亦尽

力使条约不失其尊严之性质。渠称上述主旨及策略,罗斯福总统已非
正式告知王大使及胡适之博士。钧称无论任何和平,必须以九国条约
为基础,凡非以九国条约为基础之和平,中国政府不能接受。否则必将
激起对于政府之反对,造成国内之混乱。中国甚愿比京会议之成功,准
备极端合作,惟深恐日本无论如何不肯接受调解。能使日本改变对华
政策之惟一方法,唯在于各国坚决合一之意志,苟日本有拒绝接受之行
为,即对之采取积极之办法是也。渠称日本必能听从,除非自信有完全
征服中国之可能,并深信各国决不致有积极之举动。渠认英、美合作,
对于现在时局实具有一种决定之能力,并询问英国态度如何。经告以
美国如能前进至何种程度,英国亦准备前进至同样程度。渠称英国在
欧洲事务甚多,不能多所作为。美国极望结束可叹之时局,惟不能首当
其冲,取领导之地位。一旦调解失败,究应如何办理,全系于中国时局
之发展,美国之舆论及其他各国之态度。即如禁止煤油输出一事,亦须
经过国会立法之程序,惟美国代表决定努力工作,求比京会议之成功。
渠觉上海军事上之局势,殊足令人沮丧。钧解释中国之退至现在战线,
乃系有秩序及预定计划,并无足以令人沮丧之理由。关于德国之态度,
渠与钧所见相同。德各派意见纷歧,在党诸人其主张多不利于中国,惟
军队及外交人员暨商业团体,则对中国均表同情。钧对于义大利之态
度,虽尚无所闻,然告以义国心中恐守中立,惟外貌则表示亲日。渠郑
重说明中国自身在会议中作何办理,应予决定。惟诚恳建议欲求造成
中国有利之空气,俾一旦调停失败,得准备其他之计划,则上述策略,实
为一种最好之办法。钧允电京请示,并允在最早时期以内,将复文转
知。伏乞电示明确训令。顾维钧叩。

中国第二历史档案馆藏中国粮食工业股份有限公司档案,八九/2

钱泰致外交部电

1937 年 10 月 28 日

南京外交部(28 日,241 号):日本答复内容与报载相同。俄、德请

束已发。葡萄牙对于邀请苏俄表示不置可否。顷义使来，询及义大利加入德、日协定有无其事，彼谓尚无罗马消息，但此系意中事。义大利反对共产，世人皆知，因盛言共产之恶，告以日本宣传中国共产，其实中华民族最爱家庭、团体、和平及个人主义，皆与共产主义不相容。且中央历来方针事实俱在，讵可轻诬。询及九国会议进行程序，彼谓照例开会，将由会长演说。但英、美似皆不肯提案，应由比国提案。再，前日德使曾言应由中国提案。比外部亦曾询及中国有无提案。是否应由我国预备提案，乞电示。泰。（布鲁塞尔 Brussels）

中国第二历史档案馆藏中国粮食工业股份有限公司档案，八九/2

钱泰致外交部电

1937 年 10 月 29 日

南京外交部（242 号，29 日）：顷晤台维斯，彼谓欲日本退出中国，只有两途，一以武力，一以调停。现在武力既不可能，如欲日本退出，必须由中国允利益，俾得顾全面子。再三询中国拟让步至何程度。对于日本未必接受调停，且应由日本先提条件，彼谓如欲日本接受，必须日本见有接受之利益。询以日本如不接受，各国拟采何项办法，彼谓不能在调停前先存彼不接受之心，现在各国注全力于调停之成功，其他尚未能计及。HORNBECK（霍恩贝克）在座，谓中国屡欲开九国会议，现九国会议已开，中国希望如何。答以中国希望各国实行维持九国公约之原则。彼谓九国公约第七条并无何项办法。台维斯谓盟约有制裁办法尚且不能实行，九国公约无制裁办法，中国岂可奢望。九国会议中国关系最切，应由事实着想，不能空言恢复原状。彼意中国或先办几种事件，如取消抵制日货，保护日侨生命财产等等。日本要求中国合作，未知中国何项条件可以合作，答中日合作应以平等相互为原则，根本问题仍在日本反省。最后彼谓愿成立一公道之和平，希望中国方面考量提出条件，帮助彼等觅得解决途径。应如何答复，乞电示。昨日彼与顾大使所提中国退出办法并未提及，泰亦未提及。再，德国已答复谢绝参加

会议,但随时愿加入调停。泰。(布鲁塞尔)

中国第二历史档案馆藏中国粮食工业股份有限公司档案,八九/2

驻日使馆致外交部电

1937 年 10 月 29 日

南京外交部(511 号,29 日):朝日纽约特电载,该地各报转载巴黎 AP 社电,谓日本虽拒绝参加九国会议,但将接受关系各国之友谊,会商时期将在严冬前,地点在中国都市。日方条件:(一)华北五省之一时占领;(二)上海附近设中立地带,中国军队撤退至地带外,由日、英、美、法、义五国共同警卫,维持治安。又谓交涉将分在东京与南京,由英、美两国大使于中、日两国间进行。九国会议亦将探询日方条件并中国条件云。又同盟巴黎电载,据巴黎 AP 社消息,由英、美、法、义四国调停中日纠纷案,渐趋有力,由九国会议赋与该四国以调停权限,似将先由驻英、美大使探询日方休战条件,再由驻中国英、美大使与南京交涉。并谓日本或不至反对该提案云。大使馆。(东京 Tokyo)

中国第二历史档案馆藏中国粮食工业股份有限公司档案,八九/2

顾维钧致外交部密电

1937 年 10 月 30 日

南京外交部(544 号,30 日):密。顷访法外次,询法政府对比京会议有何提议,对议程有何主张。渠答法外长与多数阁员均在参与过激党年会,政府对会议方针尚未决定。昨比政府派驻华大使来询意见时,曾谓英政府对会议亦尚无具体议案。美代表则谓到会后尽量合作,亦无具体主张。法政府尚待法外长星期一回来后讨论一切,惟具体主张仍须俟彼星期二与英外长接洽方能决定。钧言外传会议首将设法调解,东京态度如何?报载前者法大使于发请柬前,曾与日政府接洽,究系如何?渠谓仅系劝日到会,并未谈及具体问题。此次会议全系外交政治会议,与国联大会纯属两事。法方拟本国际合作精神,求其成功。

如其不成,则仍可回国联另议其他办法。即采取制裁等事,亦属国联范围,不能在比京会议讨论云。钧言我国参加会议之主旨,亦系与各国尽量合作,望有结果,谅调解云云,必本九国公约第二条之原则,舍此别无根据,且为维护条约之尊严计,亦不可有违反条约之提议,渠以为当然。旋钧谓法外长前云将越南假道问题提出比京会议,但此会议有祖护日本之国在场,恐遭反对,似以与主要国密商为妥。渠云此层颇关重要,不可因提出会议而将国联助华之案反受影响。并谓前告钧法政府之议决云云,仅属具文,实际仍允假道,务望中国政府勿误会法政府对华有变更其素来友好态度之意。法外长亦已电饬驻华法大使向蒋院长解释。钧又告以前在国联咨询委员会出席之拉格达君,对我态度缺乏同情,每次发言均于我不利,不待我方,即他国代表亦为诧异。询以此次比京会议是否仍派前往,渠言已派东方司长贺伯诺随往。因拉君熟悉国联档案,饬其从旁襄理,但告以勿多露面,一切应由贺氏主持。贺氏对华感情甚好,当能使我满意。渠对钧密告拉氏之实在态度,甚为感谢云。顾维钧。(巴黎)

中国第二历史档案馆藏中国粮食工业股份有限公司档案,八九/2

王正廷致外交部电
1937 年 10 月 30 日

南京外交部(599 号,10 月 30 日):昨日应前总统 Hoover(胡佛)邀请,在纽约早餐。胡总统在欧战时曾负责救济灾民事宜,廷即乘机请其赞助美人发起筹募巨款,赈济我国灾民。胡总统认为有可能性,并允协助。再对九国公约会议,闻美方主张先由中立国详商调解方案,然后送达中日考虑,故日本拒绝参加无甚关系。如日本拒绝调停,各国如何应付,美国当视欧洲各国态度、美国国内舆论及中日战事情形,再行决定云。以上各节,并请核陈院长。王正廷。(华盛顿)

中国第二历史档案馆藏中国粮食工业股份有限公司档案,八九/2

刘文岛致外交部电

1937 年 10 月 30 日

南京外交部(598 号,30 日):(一)十一月廿五日为日、德防共协定周年,届时义国参加与否,当视西班牙问题及俄战日与否而定。(二)会议中态度,义虽云不为虎作伥,然必视英、美、俄、法决心及中日战况而异。现正设法使其至少善意中立。刘文岛。(罗马)

中国第二历史档案馆藏中国粮食工业股份有限公司档案,八九/2

格鲁致美国国务院

东京,1937 年 10 月 30 日

我与我的英国和法国同行一直在考虑,我们是否能在这里提出一些有用的建议,以有助于对布鲁塞尔会议的慎重考虑。我和克莱琪已同意发出下列内容相同的电文,我觉得法国大使也正发出同样旨的电文:

1. 任何形式的集体调停或斡旋,不管其措辞如何谨慎,都是不可能为日本政府所接受的,因为在日本人看来,这样的行动中包含着一种压力的因素。美英的调停甚至比其它大多数国家的调停更难令日本人接受,日本将对外国的压力反抗到最后。

2. 将来在适当的时候,由单独一个国家(无论是美国还是英国)提供调停或斡旋也许会为日本人所接受,但是那种时机现在还未到来。如果日本人取得比最近在上海的成功更具打击性的重大军事胜利,或南京政府比现在更表现出乐于进行谈判,那种时机也许就会到来。

3. 如果不想关闭调停的大门,布鲁塞尔会议就应该严格遵守试图以协商促进和平的委托,并避免对中日冲突的起源和责任再表示任何意见,这似乎是特别重要的。调停最终成功的机会将与奉行的公正程度成正比地增加。根据我们在这里的观察,最好的办法是由会议指派少数有关国家密切注视事态的发展,并准备在形势适合时提供集体调停,或由其中一国在其它国家同意下进行调停。如果会议通过决议实际上排除单独一个国家的调停,这将是不幸的,因为这将可能实际上完全排除调停。

4. 会议应该时常考虑到它的进程对于日本国内局势的可能的影响。这里经常谣传广田的地位不太稳固,据说陆军和海军都赞成由松冈先生取代广田先生。我们必须考虑到这个事实:日本政界的这种变动可能会导致其在华作法更加残酷,其和平条件最终将更加严厉。广田先生的下台意味着日本温和分子的退却,将会对英美利益产生不幸的后果。

5. 日本的战争锐气正显著地增长。

FRUS,1937,Vol. 4,pp. 124—125

驻德大使馆致外交部电

1937 年 10 月 31 日

南京外交部(564 号,31 日):德官方所办之《政治外交通讯》评德不参加九国公约会议事,谓根据条约第七条,应由签字国交换意见,而此次会议则为国联所推动,日本觉他国对冲突发生之详情未能洞悉,又先怀成见,故拒绝参加,会议结果恐难乐观。德国虽被邀请,但觉无参加此会之理由,惟德国殊明了其对于世界之责任,只须各种切合之条件具备,甚愿参加和平调解。即以现在论,德政府对于任何程序,凡足以有助于远东之安定者,无不表示同情云云。谨电闻参考。大使馆。(柏林)

中国第二历史档案馆藏中国粮食工业股份有限公司档案,八九/2

王宠惠致顾维钧等电

1937 年 11 月 1 日

布鲁塞尔,中国使馆第 41 号,1 日。

顾、郭、钱大使鉴:(一)美代表二项建议,前已由罗斯福表示。我政府意,倘英、美、法等果有热诚调停之意,而我能预先探明其所拟计划大致于我尚无不利,则我代表为获得各国更多同情起见,可于陈述事实与我方希望后,各国开始试行调解时,自动声明暂行退席,但保留:(甲)仍得随时出席;(乙)任何问题未与中国代表商讨之机会,并未经中国同意者,不能为最后之决定。(二)关于日方需要原料与过剩人口出路一节,我方应主张近代各国均有若干经济上之困难,日本欲谋经济发展,无论依其主观见解具有何种理由,总应用和平方法友谊态度与他国谋合作。若凭藉武力夺取权益,不独违法背理,且离目的愈远。中国愿随时与日本谋经济合作,但必须根据九国公约之原则,尤须于不侵略、不威胁状态中行之。但此节勿于会议席上自动陈之,可于他国提询时据以答复。外交部。惠。

中国第二历史档案馆藏中国粮食工业股份有限公司档案,八九/2

顾维钧等致外交部电

1937 年 11 月 2 日

发外交部电　廿六、十一、二　会字第三号

顷晤比外长,询以议事日程,答须俟与英美法代表今日下午面商后方能决定。彼意第一步应注重调解。明日彼演说,拟提及德国复文,而不提日本复文。彼拟由会议再请日本到会,如仍不来,再将日本复文内数点如经济合作、中国反日等问题,提请日本加以说明,并询彼议和条件,如再被拒绝,则应视英美态度以为进行张本。彼意日本复文冗长曲折,表示其态度迂回,似非完全拒绝,与德国复文相同。彼谓中国议和条件当甚简单,即日本军队退出中国是也。继询中日间有无接洽及报载日本条件六条有无其事,钧答以中日间绝无直接进行谈判之余地,至报载条件,中日均已否认,绝对不确。又询中国能否承允停战,答以中日间直接不能交涉停战,如会议提出应以条约为根据,彼云拟提议请Eden 为会长,亦待下午商定。Koo Guo Tsien。

中国第二历史档案馆藏联合国及国民政府新闻资料,六四七/202

顾维钧等致外交部电

1937 年 11 月 2 日

　　发外交部电　　廿六、十一、二　　会字第四号

　　午后晤 Davis，当将部电四十一号各节略向陈说，彼谓自动暂退完全系一种策略，如调停人所拟者于中国不利，中国尽可不予接受，经询以具体条件，在通知彼方前可否先得我方同意，彼谓当与中国代表随时商讨，但提出条件如必先得华方同意，将又遭偏颇之议。彼等如经纪交易人，端在传达双方之意见，惟中国不能接受之条件，当然不能提出。现拟组织一研究委员会，中国虽不在内，谅无反对。彼谓已见过 Eden，意思尚好，并无推诿延宕或牺牲中国之意，对于比外长提议再请日本一节，彼不赞成，不如告日本以中国既陈述意见，依照九国公约日本有开诚交换意见之义务，应请日本委派代表提出意见。彼谓明知日本种种藉口之无理，但须给以面子，俾得下台，例如禁止抵制日货取消反日等等，希望中国考量，告知可以接受之条件。彼对于调停前途并不乐观，但不能不予一试。义大利将为有利于日本之演说，但其助日或仅止此。德国之不来系欲观望形势，如会议形势顺利，即将前来。彼主张劝苏俄放松外蒙，俾可减少日方对内蒙之藉口。Koo Guo Tsien。

中国第二历史档案馆藏联合国及国民政府新闻资料，六四七/202

外交部致顾维钧等电

1937 年 11 月 2 日

　　收外交部电　　廿六、十一、二日　　四十八号

　　此次会议我方应主张之原则业经电达。我方不必在会内提出任何具体问题，各国如在会外有以具体问题或具体计划探询我意见者，应以下面各点为应付范围：（一）东北，李顿报告书之建议，我方原已接受，最少主张复据建议，解决东北问题。（二）华北，日本所谓华北意见广泛，但历来纠纷皆在冀察，故交涉亦只以冀察为限。此次日本侵略则由冀察而及于其他各地，我方对于任何地方，均应主张行政主权之完整，

断不能容许任何傀儡组织，尤须注意不得使察绥特殊化。日军必须撤退至辛丑条约地点。倘各国均愿放弃和约驻兵权，并劝会日本同样放弃，以永弭战祸，则我方最所乐见。（三）中日经济合作，我方愿在以下条件实行中日经济合作：（甲）日本不再以武力威胁；（乙）合于九国公约原则；（丙）双方均有利益；（丁）经正当途径协商办理。（四）上海回复一二八前状态于我自属最利，否则须回复淞沪停战协定之状态。（五）排日问题，由日本侵略引起中国国民之反抗，如日本放弃侵略，国民之言论行动自然回复常态，政府亦必加以注意，同时日政府必须注意取缔走私、贩毒及一切侮华之言论行动。外交部。

中国第二历史档案馆藏联合国及国民政府新闻资料，六四七／202

杨杰、张冲致顾维钧等电

1937 年 11 月 2 日

驻俄人使馆来电 2/11/37

密。顷晤苏最高负责人，称比京会议苏决助我，已令出席代表尽无限之力量与我代表切取协调，惟会议主脑为英美，应用多方面之活动促英美作强有力之主张与实际之行动，则将来之局势必有极大之功效。除电蒋委员长外，特闻，并请严守秘密为祷。杨杰、张冲。冬。

中国第二历史档案馆藏联合国及国民政府新闻资料，六四七／202

顾维钧等致外交部电

1937 年 11 月 3 日

发外交部电廿六、十一、三　　会字六号

昨晤 Eden，彼甫与比美法代表会议今日议事日程，拟由比美英法及其他各国演说一日而毕，第二日拟组织小组委员会秘密会议，讨论进行调停。比外长主张再请日本，似系义大利授意，英法美均不赞成，业已打消。外间传说英国主张，显系一种空气，彼谓日本不愿英美调停，但以彼所得消息，日本似亦愿调停。英国愿与美合作，舍此则英国此时因欧局关系,无力兼顾,如禁止煤油问题,荷兰深恐日本报复,非英美联合保证荷属南洋群岛之安全,则决不愿参加,彼愿会议从速进行,不主拖延。副会长彼不允担任。嗣晤法外长,彼谓法国甚愿相助,英法本不愿发言,因Davis须发言,只得从众。据驻日法使报告,日本一部分人主张和平,陆军空军业已显其身手,似亦适可而止,惟海军妒功,颇愿继续作战。义大利闻将作梗。葡萄牙未必有何主张。又晤俄外长,彼对于会议前途极为悲观,以为不过重演伦敦不干涉委员会故事,别无结果。彼不拟发言,此来仅系作客,即委员会亦不拟加入,因有人谓彼如加入,日本必不愿受调停。彼谓德义一来一不来,且闻德询日本时,日本答以彼决不来,希望友邦亦不来,嗣因日本驻外使节纷纷电述参加之利,驻英日使吉田主张尤力,故义大利往询时,日本辞意松动,谓彼虽不来,如义大利参加,彼不反对,并希望其在会中为日本张目。又谓义大利急欲加入日德协定,不日即可签字,意在对英法示威,但仅加入公布之协定,至秘密协定,则不加入。彼谓外蒙取消自治等等,并无其事,纯系日本宣传,至放松外蒙,恐徒为日人造机会,助其组织全蒙古国之计划。Koo Guo Tsien。

中国第二历史档案馆藏联合国及国民政府新闻资料,六四七/202

顾维钧致外交部电

1937年11月3日

发外交部电　廿六、十一、三　会字七号

今晨开会前特访义代表,即前充李顿调查团员之旧友,承密告政府态度,大致即嗣在大会演说之各要点,尤以中日问题复杂,力主会议介绍后由两团直接交涉,钧询与各国代表晤谈否,渠言除比外长,均未见面,惟日大使来谈一小时,又正与钧谈话间,东京来无线电话,要求接话,渠颇显窘状,坚嘱随后再接。钧。

中国第二历史档案馆藏联合国及国民政府新闻资料,六四七/202

孔祥熙致顾维钧等电

1937 年 11 月 3 日

收孔部长来电　廿六、十一、三

顾郭钱大使鉴：九国公约会议开幕在即，遥企贤劳，无任驰仰。弟到港曾由友转某日人电，谓伊代表日负责人拟约地晤谈，似此彼方窘状可知。我因九国会议既经召集，我国不能与日单独接谈，故未置理。顷接外部转来阶平兄与 Davis 谈话，似美国对中日事仍无确切了解。彼所询三点，抵货系因日本侵略太甚，引起国民反感；保侨则历来保护，各国侨民并无分东西，且对日侨曾由国府颁有明令；至于合作，则应为双方之事，决非某方强迫某方所能办到。查九国公约本因美国及列强怵于东亚危机恐将波及世界，而为未雨绸缪，现在情势益急，危险日甚，表面虽中日问题，实则关系太平洋沿岸安全甚巨。我国此次抗战，实为人类德行、世界和平奋斗，非仅中日间两国问题。日本此次暴行，灭绝人道，如列强不能主持正义，有所主张，则恶例一开，世界将永无宁日。吾人深加希望与信赖会议能有公道公允之办法，极愿加以接受。此会列强皆以美国之马首是瞻，美方态度关系最巨，请兄等努力运用，以促成功。其他各国则各自立场及利害，各有不同，尤盼分别密洽为荷。遥祝成功，继续努力，情形仍请随时电示。弟孔祥熙。冬。印。

中国第二历史档案馆藏联合国及国民政府新闻资料，六四七/202

2. 第一阶段会议

顾维钧等致外交部电

1937 年 11 月 3 日

（会字第八号）

九国公约会议今日上午开幕，由荷兰代表提议，英法美赞成，公推比外长为会长。比前驻华代办戴福被选为秘书长。首由比外长致欢迎词，继谓西班牙事件后发生远东事件，几使人视为世界大战之先声，德日不来,深为可惜。以德国复文观之,似其不来,或为暂局。至日本复文,应加以详细考量。本会议并非一种国际法庭,目的在停止战争,恢复平和及公理,吾人以为民族间之冲突,均可以调解仲裁加以解决,Davis 谓战争与世界各国皆有关系,损条约之尊严,造财政、经济之恐慌,即无条约根据,吾人亦应讨论。华盛顿会议各国对于中国前途抱有一种信念,即深信中国民族必能自拔。年来中国进步,此项信念经已证实,不幸中日战起,不特中国受损,世界各国咸受其害,吾人应设法寻觅双方可以接受根据条约之公平条件,美国此来除条约外,则无他种义务。英外长谓战争易于传染,即系局部战争亦与全世界有关,日本虽未来,不能减少吾人恢复平和之努力,希望到会者与不到会者努力合作,英国愿意最大之合作求和平之实现,应从速即组织小委员会以利进行。法外长谓吾人应从速进行,积极工作,不特对于人类之义务亦为维持世界平和及公平之义务,如意存自私,不加尽力,反有被牵入漩涡之危险。尊重条约为文明生存之原则,华盛顿会议各原则诸君当公认其永久价值,希望双方同意于公平荣誉之条件,则世界恢复平和,此其发轫。义大利代表谓此次会议之任务有限制,不能用强制方法,不能施行谴责,恢复平和固属愿望,但欲求争端不再发生,不应仅调查争端直接之起点,因何方启衅,往往不易判明,东三省大厦(原文如此)如两次国际调查毫无结果,可为殷鉴。必须追究争端深远之来源。或系内部,或由外来。内部者即受中国民族及家庭土地不相容之学说之影响,会议目的在邀请双方直接交涉,以后吾人即不必过问。义大利对于不注意实际之会议结果表示保留,余不求诸君鼓掌,但余言与实际相合。下午,李特维诺夫演说,苏联应邀来会,此会乃根据国联议决案而召集者,兹反对侵略,其对于本案之意见业经评述,无庸赘陈。自国际情形日恶,各项国际会议往往忘其成立之目的,或竟与侵略者携手,给予侵略者利益,冀获一时苟安,因之新侵略事件又发生,新会议又召集矣。加以各国向不一致,更与侵略者以机会,希望此项会议不蹈覆辙,得有结果,成立一公正之和平,不可应求会议之成功,牺牲被侵略者。嗣钧演说,大意另用新闻电陈,各国皆表同情,意大利未鼓掌,葡代表谓以中立立场及地理关系,将以诚意合作期复平和,会外一般评论均谓措词和平、主张坚决云。Koo Guo Tsien。

中国第二历史档案馆藏联合国及国民政府新闻资料,六四七/202

顾维钧等致外交部电

1937 年 11 月 4 日

（会字第九号）极密。顷比王茶会,约钧谈话,钧当向谢比政府允在比京开会厚意。王询会议空气如何,是否满意,对于会议成功殷殷属望。关于暂行退席一节,曾非正式向比外长表示,彼谓殊可不必。Davis 谓现组委员会讨论调停事宜情形稍有不同,且中国方面业已表示。惟彼意义代表态度纯属袒日,我暂退策略仍嘱可用,拟再向比外长一谈。关于组织小委员会,美国意恐义大利加入,拟仅以英美比三国组成之,如提议法国加入,义大利亦必要求加入。英法以为与其任义大利在外作梗,不如令其在内,或尚易就范,惟美国尚在犹豫,似须向华盛顿请示,明晨十时再行开会。再,关于会议之进行,英主迅速,美意过速反易生枝节,有碍最后之成功。Koo Guo Tsien。

中国第二历史档案馆藏联合国及国民政府新闻资料,六四七/202

顾维钧等致外交部电

1937 年 11 月 4 日

（会字第十号）

本日下午开会,会长提议组织小委员会,研究日本复文及声明书,加以答复,一面与中日两国接洽,设法调停。彼以为日本复文声明书内有数点可以注意。（一）日本承认九国公约为有效;（二）无领土野心;（三）愿与中国经济文化合作;（四）对于中国抗日抵货各种不满。Davis 赞成,谓九国公约各国因利益、保护条约、恢复平和各三项有权过问,远东事件不能仅认为中日两国之事。Eden 赞成其说,并谓会长所说各点可为将来委员会进行之方针。义大利代表询问是否将通过议决案，彼并不反对组织小委员会研究日本复文，唯须使日本了解会议并无成见，但在使两国直接交涉。Davis 询问君对于中日两国直接议定之事件是否皆予承认，认为他国无置喙余地。义大利代表答现在唯一目的为停止战争，涉及他国之事可以后声明，法外长谓停止战争固属必要，但须定有办法。委员会任务有二，为研究日本复文及调停，如仅使两国直接交涉，深恐空言无补。吾等义务并未能尽，必须注重实际，研究解决争端之办法。义大利代表谓彼不反对两项程序（一）研究日本复文，请其解释；（二）请两国直接交涉。法外长谓或向日本提议调停，或向中日谓君等自行交涉，吾侪不加过问。后者当不足，且无实效。义代表谓须先看议决案条文，澳大利亚代表谓各国应为中间人设法调停，至关于各国利益不妨随后再谈。澳大利亚代表谓日本既谓会议国数太多，应询日本是否愿与何国讨论，中国既已到会，只须向日本接洽。义大利代表谓彼设法使两国直接交涉，既云设法，当然有各种方法可想，并非一次通知即行了结。会长谓对于组织委员会研究日本复文及设法向两国接洽调停，会内既已一致，应设法组织小委员会。因美国劝告在前，我国特不置可否，表示讨论进行不受我国影响。钧、祺、泰。

顾维钧等致外交部电

1937 年 11 月 5 日

（会字第十三号）

顷闻希特勒出面调停，中国业已接受，纽约电报深为诧异，确否？乞速电示。此间已否认，如不确，应请大部正式声明。Koo Guo Tsien。

顾维钧等致外交部电

1937 年 11 月 5 日

（会字第十四号）

今晨开会，首由墨西哥代表宣言，主张维持法律及正义，议和应以九国公约为依据。次由会长报告昨议组织委员会预备答复日本之说，略有变更，现本人受委托，拟有一稿，请予研究。次由钧发言，略谓现在讨论调停事件，如他国代表团觉中国代表在场有所不便，中国可以暂时退席，但并非放弃列席权利或义务。义大利代表谓中国在场并无不便，可以不必退席。会长谓本会议全体之意，中国无须退席，众鼓掌。关于答复日本文大意，首谓日本声明无领土野心，协助中国经济文化合作，尊重外国权利利益各节，会议加以备案。至日本谓九国公约以后有新情形发生，如共产主义、中国内部情形变更、排日、阻止日货贸易、日侨生命危险各节，正为第七条规定交换意见之件。又日本以为此次会议基于国联议决案，但此次与会各国有并非会员国及并未加入日内瓦讨论者，日本谓会议国数太多，现拟委托某某等国设法便利两国争端之解决。Davis 询是否现在文中即须指定进行调解之国家，且文中既提日本不满之点，亦应提出中国不满之点。Eden 赞成其说，并谓应先询日本，如其愿与接洽，再行组织委员会。南非谓答复日本既不愿多数国家会议，可以现拟组织少数委员会答之，但不赞成并提中国不满之点。葡萄牙主张删除日本不满之点，至于委员会组织，中国既在此表示意见，应咨询日本之意见。砍拿大和之。法国代表主张加入中国承允参加合作之美意。钧发言，谓文中既提日本不满之点，则中国不满之点亦应加入，或两俱删除亦无不可。纽西兰谓解决争端为时甚久，应先提停止战争。俄代表主张删除日本不满各点，谓即使各点属实，亦无用武之理，且所提各点系日本宣传，如加入会议文件，不啻为日本宣传。会长因提议请各国代表团将修正案即日提出，由会长修正，明晨再行讨论。再，会长谓答复案已为人泄漏，由各报馆电发，深表遗憾。英代表请会长声明，一切泄漏文件不生效力。再，下午秘书厅讨论会费，提议由各国分担,其摊分标准当待讨论。综观三日来会议情形,各国事前毫无接洽,不易一致,即以组织委员会而论,英法美意见不一,大有中止之意。英法外长已离比,英外长星期一为返。Koo Guo Tsien。

中国第二历史档案馆藏联合国及国民政府新闻资料,六四七/202

顾维钧等致外交部电

1937 年 11 月 5 日

（会字十五号）

昨晚据苏俄外长告钧,彼与美代表详谈后,以为美之态度尚不至十分消极,会议前途全视英美合作抵何程度,彼曾告美代表谓只要英美表示坚决态度,日方必能就范,并语钧谓苏大使迭次报告,华方抗日能力不能久持,颇属张皇,与事实不符,经加训斥,但不久仍拟嘱令回华云。又据美顾问告上午七签约国及苏俄商议进行调停方法,经许久辩论后,义代表业已同意组织小委员会,而下午开会忽反前议,主直接交涉,似经电商罗马,改变计划云。又谓法以中国军品假道越南问题欲商得美之书面保证,如与日发生纠纷,由美互助,实属不可能事。Koo Guo Tsien。

中国第二历史档案馆藏联合国及国民政府新闻资料,六四七/202

顾维钧等致外交部电

1937 年 11 月 6 日

（会字十七号）

昨日会议,义代表声明不反对我国代表团之参加讨论,主席已声明全体赞成此意,经钧于会议休息期间对义代表致感意,并告以我代表团对复日草案内单叙日本对华不满意各点,未叙华方不满意各点,似欠公允,望其主张并列,或并删。彼云主张未便,但为我国或他国提议,彼不反对云。兹据报告,义大利代表详询我共军活动真相,又谓中国既不造成直接交涉,渠意可仿一九三二年解决淞沪问题办法,中日为主体,其他英美法义代表列席旁听,非到必要时不参与讨论云。Koo Guo Tsien。

顾维钧等致外交部电
1937 年 11 月 6 日

（会字第十九号）

报载日本对于希特勒调停均用大字登载,颇为注意。本日路透电及国际新闻社均谓蒋委员长亲信人已乘飞机赴柏林,□□方面空气圣诞节前可停战之说,各处纷纷前来询问,业加否认。美国尤注意,Davis 谓现九国会议既在开会,此事与九国公约签字国均有关系,并非纯粹中日问题。查日本惯技,往往在国际会议时播散各种谣言,或使用离间手段,使助我者灰心。现在我国拟采会议途径,抑采单独调停途径,似须详筹决定。若举棋不定,坠敌计中,深恐两面皆不讨好。钧、祺、泰。

顾维钧等致外交部电
1937 年 11 月 6 日

（会字第廿号）

昨日下午各国对于答复日本文修正案美代表团提出者为多。昨晚经英美法比四国秘书修正,今晨十一时开会,会长宣读修正案,众对全文大致无异议,仅对于文字上之讨论,挪威丹麦主张删除第五段全段,谓前依据九国条约,邀请日本业已不来,此次不必再提条约条文,应从人道主义立论。美、俄、比、坎拿大、墨西哥反对,葡萄牙主张删去,英法和之。钧以该段内称争端两造之一中国本此意旨派代表出席,并声明愿意合作等语,所云本此意旨四字有包含专求和解不问条件之意,故提议删去。英代表赞成,并谓如将请帖一段删去更无流弊。结果两层均删去。因南非代表主张将本会主要任务字样删去,以免有恫吓日本尚有第二步之嫌,会长谓如会议失败,吾人尽有考量其他办法之自由,现在自可删去。俄代表请将第六段末句寻觅解决两国争端字样改为解决远东争端字样,以免日本藉口两国直接交涉,众赞成。关于第六段内载会议列席国信可设法解少日本不满各点一节,及愿知日本能否派定代表与少数国交换意见,停止战争,又表示切愿能有解决等语,以非中国地位所宜出。由钧宣言,谓本我合作精神,无意反对,但不能参加,最后全文通过,即日送交比京日使,并由东京比使送交日本,原文另电。次讨论下次开会日期,美国主张星期二开会,讨论进行手续,组织研究委员会,英国、坎拿大、澳大利亚、印度和之。法俄主张组织委员会应在日本答复之后。葡萄牙谓定期太促,有对于日本限期答复之嫌。英国谓只须通知新闻界星期二开会,专为研究进行手续,并非对于日本延期。众赞成。本日义大利代表一语未发。Koo Guo Tsien。

中国第二历史档案馆藏联合国及国民政府新闻资料,六四七/202

顾维钧等致外交部电

1937 年 11 月 6 日

（会字第廿一号）

顷钧偕放访 Davis,为其介绍。放告以曾屡向德外长询问,德国何以不出面劝告日本变更侵略政策,因日本认德意为日本友,公于说话,德外长谓尚非其时,故外传希特勒出任调人说不可靠。Davis 询德国复比国文末段意真相,放答以德国意,如日本表示可接受调停,彼愿与各国共同努力。Davis 询中国是否愿德国单独调停,放答此事未受政府训令,未能正式答复,但个人意见认为任何调停应有先决条件,即须恢复七月七日以前之状态。Davis 谓德如再提及,中国可告以此事关系九国公约各国全体,非全中日两国之事。次钧询以今后会议进行办法,彼谓不愿久候日本回音,拟先组织一研究委员会,现拟英美比三国,惟法必要加入,义大利以法加入亦愿加入,俄国则以义大利加入彼亦加入为请。委员会成立后,拟先询问中国是否接受调停,及何种条件可以调停。放询以日本如不接受则将如何？彼谓只可想积极办法,但现在尚谈不到。钧谓如美坚定采取积极办法,必有他国合作。彼谓尚难逆。钧又晤英,彼主张先组织委员会,日本如不来,尚有其他接洽办法,可由少数委员会留比,继续研究。放、钧。再,会议录陆续邮呈。

中国第二历史档案馆藏联合国及国民政府新闻资料,六四七/202

外交部致顾维钧等电

1937 年 11 月 6 日

收外交部电廿六、十一、六日　　五十二号

关于具体问题,他国征询我意见时,我方应取若何态度,已详第四八号电。兹再将应付安全问题之方略补充申说如下:(1)如华北主权、领土与行政之完整确能得到切实之保证,则我国可与华北区域内关于经济之开发及资料之供给,作相当之让步。又,辛丑和约各国驻兵权如均能放弃,自属最好,否则日本驻军应以辛丑和约规定之地点为限,其数额应与他国驻军按其实在需要另订条约确定之。(2)关于上海问题:(甲)如一切仍照八一三前原状,我方可以同意;(乙)如在淞沪停战协定规定区域内,我方除警察外不得有任何武装队伍(包括保安队),并不得建筑防御工事,则须另定国际协定,规定日本及他国在上海之陆海军及军事设备,须各减至其担任租界防守所需要之最少确定数额。现有之共同委员会或重行组织之,委员会(包括中日代表)须随时予以稽查并提出报告,此项协定暂行五年。(丙)如(乙)项区域较现有停战区域大加扩充,或竟影响我国行政权或警察权,则我方不能同意。(3)如走私确可停止,中国缉私权确可恢复,则关税税率可自动调整,但仍须顾及中国政府之税收与国内实业及国际商业。(4)排日问题已详四八号电。外交部。

中国第二历史档案馆藏联合国及国民政府新闻资料,六四七/202

蒋介石答记者问

南京，1937 年 11 月 7 日

问：比京九国公约会议，如有主张中日两国直接交涉者，委员长之意如何？

答：主张中日直接交涉，无异于增加中国之危机，且与九国公约会议之精神完全相反。盖日本背义无信，目无公理，如由两国直接交涉，毫无其它保证，无论条件如何，其结果必使中国国家生命陷于随时随地可被消灭之危境，永无独立自由之机会，此不独中国所不能忍受，且亦为九国公约会员国所无法接受也。

问：目前军事形势如何？前途是否乐观？

答：我国此次抗战，其要旨在于始终保持我军之战斗力，而尽量消耗敌人力量，使我军达到持久抵抗之目的。过去三个月抗战情形，足以证明我方此种战略已获初期胜利。以淞沪言，我方在该地本无险可守，且毫无坚固工事可以凭借，敌人虽尽用其海陆空军之全力，凭藉武器之优越，与海运之便利，而我军仍能与之周旋至今，且予以重创，敌方损失之重大，恐为日俄战争后之第一次。最近沪杭公路金山卫地方，虽被敌军登陆一部分，对于我军嘉翔本阵地仍丝毫不能动摇，故我军仍能进退自如，始终立于主动地位。北方战场，山西方面，我军亦步步为营，寸土必争，在过去两月中予敌军以重大打击。敌军费如此巨大代价，而所得者仍仅沿铁路之一线地，此后敌军深入腹地，其困难必更加多。总之敌军入我内地愈深，我方形势亦愈为有利，最后胜利终必属于我也。

问：委员长对九国公约国会议之观测如何？

答：余始终深信公理正义之力量，一经发动，必至贯彻目的为止，余意会议必能有所成就。若就中国而论，在国际公约不发生效力，正义公理未能伸张之时，唯有对侵略我国之敌人，坚忍抵抗，贯彻到底。

问：在九国公约国会议开会之时，近数日内盛传有会议外进行调解之说，其真相如何？

答:绝无其事。中国立场始终为尊重九国公约与国际一切条约,中国除竭诚与合法集团努力合作以外,决无单独行动之理。中国最重信义,断不自行违反一贯之立场。

《先总统蒋公思想言论总集》第38卷,第101—102页

戴维斯致赫尔

布鲁塞尔,1937 年 11 月 7 日

……

3. 我同意你的判断,并希望能强有力地重申国际关系的基础原则,使它达到预期的效果。然而,所有的大国和绝大多数小国都认为,经过一个星期的休会之后,仅仅是重申一下原则,这对召集这次会议所讨论的、远东的实际形势现在所提出的紧迫的具体问题的解决,将不会有什么帮助。而且,它将被视为这样一个明显的证据,即参加会议的各国在它们的权益日益受到破坏及一个合理的解决方案越来越难实现的形势下,并不想采取任何比较积极的措施把它们的看法付诸实施……

4. 如果你仍然认为日本可能会在一个适当的时候同意接受斡旋或调停,那么,我赞成我们应该推迟采取任何可能将被视为是怀有敌意的行动。然而,这里的普遍看法是,除非我们显示了更为坚决的态度,并对日本施加更大的压力,否则,日本将会继续拒绝任何可能会导致建设性的解决的调停。我们希望你能同意在最后的宣言中重申不承认政策并辅之以一个禁止借债和贷款的政策。我们一致认为这样做是明智的和适当的。然而,由于你显然不会同意我们这样做,我们想,你也许会同意宣言至少将包括大意如下的内容将是明智的,即在可预见的将来,如果仍不可能进行我们希望能进行的旨在达成和平解决的谈判,那么,(1)将不承认以违反条约义务的方式所造成的局势;(2)只要日本拒绝履行条约规定的义务,有关各国就完全有理由认为,扩大或鼓励向日本政府的借贷是不正当的。

5. 我们无法明白,遵循上述意在劝阻继续冲突并协助达成和平解

决的路线的宣言,怎么会在召集本会时所确定的议事范围之外？我们也不明白,在日内瓦开会的国联各国避免采取这类措施与本会议的作用和它可能采取的行动又有什么关系？其它出席本会的身为国联成员国的主要大国似乎并没有这样的想法。而且,国联所采取的行动未能解决问题,这一遗留下来的问题正是要求本次会议去解决。此外,自从日内瓦会议以来,形势进一步地发展了,要求各国采取认真的积极的努力的需要已经增长了,并变得越来越明显。

FRUS,1937,Vol.4,pp.201−202

顾维钧等致外交部电
1937 年 11 月 7 日

（会字第廿二号）

连日报载北平东京上海电,谓杭州湾有大批敌军登陆,包抄我军上海后路,平汉路敌军占彰德,山西方面太原失陷,种种失利消息,各国代表甚为注意,深恐影响会议前途,真相如何,祈详示,俾分别说明更正。

中国第二历史档案馆藏联合国及国民政府新闻资料,六四七/202

顾维钧等致胡适等电
1937 年 11 月 8 日

适之、忠黻、端升诸兄大鉴:惠电敬悉,九国会议正在进行,政府意应于会议中求解决,外传种种会外调停之说,纯系日方离间之词。至日本野心,并无止境,如不于此时设法制止,将来羽毛一丰,更难收拾,势将造成世界大战。以上两端,乞设法为美国人士解说,美代表谓将来会议进行须视美国舆论为转移。兄等努力宣传,至为佩慰,仍祈随时赐教为幸。钧、祺、泰。

中国第二历史档案馆藏联合国及国民政府新闻资料,六四七/202

顾维钧等致外交部电

1937 年 11 月 8 日

（会廿四号）巴黎634、644号电敬悉，当经通知国联。昨英代表约谈，谓咨询委员会两星期限期太促，可否仍照原议由会长随时决定。钧答以在本月廿一日以前九国会议进行当有端倪，如届时情形顺利，咨询委员会开会后不妨再行延期如何？日本知我尚有国联后盾，可以早日答复。彼谓日本可延过此期再行答复，反于国联亦不利。现国联秘书厅不日再将原议及苏俄与中国主张征询各国意见，如此中国有转圜之机会，希望中国政府重加考虑云。查苏联主张：（一）须有期限，（二）期限不宜太久。嗣晤俄外长，彼意赞成中国两星期之议，因九国会议美国不肯积极领导，显无结果。查英方用意或系设法撤开国联，使咨询委员会暂行停顿，拉住会议，使美多负责任，惟各国均已赞成会长原议，英代表又殷殷说劝，如中国单独始终坚持，似亦未便，可否先答以中国可允延期一个月，但声明必要时会长经无论何国之请求，应立时召集会（以下一行不清），如何乞电示。Koo Guo Tsien。

中国第二历史档案馆藏联合国及国民政府新闻资料，六四七/202

外交部致顾维钧等电

1937 年 11 月 8 日

五十五号

会十九、廿一号电悉。现在九国公约会议既在进行，我方惟一途径只求由此会议获得适当解决，日本于此时使用离间手段自在意中，而德国亦未尚不欲利用时机以调人自居，藉以抬高其在远东之地位，德大使在此已频频微露其意。我方答复语气正如 Davis 所云，事关九国公约各国全体，自应由与会各国本约文精神图谋解决，以后德如再提及拟告以彼既有意，何不加入九国公约会议，或与英美等国尽量合作，藉以增厚调人之力。一面我代表团可斡旋密商英美，如有关于调停，不妨于会外与德国随时商洽，德国本曾邀聘参与会议，彼虽婉拒，但在会外与之合作,不独与各国本意无违,且于会议前途未尚无利,必要时并可请德与英美等国向日本并行斡旋。日前,致日本复文第六部内所称另行选择之各国代表,实行选择时,不妨包括德国,想可如此,既可打破日本离间计划,而以集体力量图谋解决之政策,亦可始终贯彻,希酌办电复。外交部。

顾维钧等致外交部电

1937 年 11 月 9 日

(会字第廿五号)第五十五号部电敬悉,德国会内或会外合作及选择代表时不妨包括德国代表各节,经详细研究后觉有不少流弊,缘德义日三国均自称为失意国家□□,藉防共为名,造成联合阵线,用打破国际现状、破坏国联及推翻条约种种策略,以与英美法民主各国相周旋,而图达到各个目的,此项目的大致即(一)日本欲取得伪满及华北特殊地位之承认,(二)义大利欲取得阿比古西尼亚帝国及 General France 地位之承认,(三)德国除 France 一层与义大利取一致态度外,并欲达到关于殖民地之欲望,在此情形之下,比京会议中只有义大利加入已觉种种为难,但仅有彼国代表究竟势甚孤立,英美法各国尚可设法应付,假使多一德国代表,无论以何种方式参加谈话,必更多所作梗。是则三国防共协定究竟有无其他军事密约,姑置不论,仅就因缔结该协定而先天造成之外交阵线一端而言,德之主张必将左袒日本,于我不利似已明了,况数月来德义日三国间关系日增密切,对于中日问题之解决条件原谅已由日与德义秘密商洽,而该条件之有损于我,亦自在意想之中。是则德国就其国际立场及为己所谋之主张,若参加调停,非特不能为我协助,恐反足以妨碍英美等国之斡旋努力,故此时拟先看会议有无成功希望及将来情势之变迁,再斟酌另辟途径,或邀请各该国参加英美等国并行斡旋,是否有当,仍候核示。

郭泰祺致外交部电

1937 年 11 月 9 日

　　（会廿六号）午后访艾登，据告接东京英大使电，日本将拒绝派人与会议接洽。明日开会，如日方答复仍未到，彼不主张静候。今晨 Davis 与彼商洽云，如日本不来，拟再向东京提询数点，意使美国舆论了解日本之不可以理喻，本月十五日美国会开会，总统致词，对远东时局将有所表示，届时美国舆论或望渐臻成熟。英美均以为如和解不成，会议不能了结，必须采取其他办法。嗣谈及制裁，艾登谓有两种，一为无效制裁，例如因阿比西尼亚问题所采用者，一为有效制裁，必须各关系国彻底做去，包括互助及战争之危险。祺谓果英美俄法荷诸国能如德日义之联合阵线，即足以制止日本，不惟无战争危险，且可避免之，对欧局亦可发生良好影响。艾登似以为然，并谓如得美国合作，英当无顾忌，已明告美国。彼意 Davis 亦决意使会议有结果，但如何做法，现似尚无定计，须相机进行。美国不愿中日问题回到国联，彼意亦然，因不欲失美国之积极参加。祺谓如会议有办法，吾人亦不愿回到国联，但国联路线不能放弃，彼亦谓然。彼谓法国对我国军火除业经定购者外，安南铁路已停止运输，但香港运输英政府虽有多种困难，必继续维护。彼今日接英代办复电，谓中国人心上下团结一致，与前方士气一样坚决，似较战事开始时更好，彼表示佩慰。祺。

中国第二历史档案馆藏联合国及国民政府新闻资料，六四七/202

戴维斯致赫尔

布鲁塞尔，1937 年 11 月 9 日

　　今天下午，顾维钧要求见我，我安排亨贝克会见了他。

　　顾维钧简要地说明了中国政府命他向美国、英国和法国代表团提出的来电的要点，并递交了一份相当长的备忘录。亨贝克询问中国方面是否在华盛顿也进行了类似的活动，顾维钧说他未得到通报。

　　该备忘录的要点如下：为了进行持久的抵抗，中国政府已经决定迁

都重庆;但中国仍决心保卫南京及南京以西地区。尽管有一些别的国家表示愿意调停,但中国政府已拒绝接受,因为中国已经诉诸于国联和九国公约签署国。不幸的是,这两个机构只是把他们的努力限制在口头说教上,这已证明毫无作用。虽然给了中国一些经济的和物质的援助,但运输受阻,现在经过印度支那的运输便利已被取消。如果列强有意为远东问题找到解决办法的话,现在正是解决这一问题的时候。援助中国的最好的办法是向它提供物资,并对日本加以限制或武装干涉。采取前一办法现在也许已经是太迟了。一个联合阵线联合显示其军事力量,以促使日本改善它的态度,是不会冒任何风险的。中国政府感到,苏联在援助中国方面之所以迟疑,就是因为法国、英国和美国拒绝保证它们将共同支持它。中国政府认为目前的形势已到了关键时刻。

在讨论备忘录时,顾维钧回答说,苏联显然愿意给予中国军事援助,至少对日本进行一次军事示威,如果列强愿意保证将帮助它对付来自欧洲的进攻的话。当然,亨贝克说,他相信顾维钧也知道美国不能给予这样的保证。

接下来,他们讨论了会议的各个方面。顾维钧敦促成立一个小型的委员会以处理向中国提供援助的问题和如何促成和平谈判的问题。他曾询问美国和英国是否不愿进行调停,后来又问美国是否不愿单独调停。亨贝克列举了采取这两类行动可能引起的困难。

顾维钧说,直到这次会议召开之前,中国实际上对从国外得到援助并不抱有多大的希望,会议的召开引起了中国相当大的期望,而会议的进程已使中国产生了失望。他担心,如果会议没有任何建设性的结果而结束,将会在中国产生巨大的沮丧感。他希望,会议能够采取一些有助于防止这一情况出现的行动。亨贝克对这一期望能否实现并未给予乐观的回答。

顾维钧致外交部电

1937 年 11 月 11 日

（会廿九号）军用品假道越南运输，为我国继续抵抗之生死关头，数月来钧在巴黎及近在此间与法英美俄方面商洽情形，迭经电陈。目前法方虽已维持假道现状，然屡谓系限于中日军事发生以前所订购之货物，意谓以后所购各货物之假道须俟此间会议商有办法，方能决定，而法外长以一再向美代表要求遇事美可协助之保证，未获允诺，殊为失望，若因此届时拒绝假道，影响我国接济甚巨，不胜焦虑。顷钧又告美代表，对法所提保证一层，虽知按照美国向来政策，不能办到，但劝其对法勿□绝对之拒绝，使法无回旋之余地，并告以法越或法船如因假道与日发生纠纷，亦可依据九国公约等七条与关系国互相通知，即如英法美三国驻远东舰队亦可随时通消息，以壮法胆。美代表言海军联络通讯未必能办，至依据第七条互相通知，是否适用尚待研究。旋钧约法外长谈，告以日本对会议去文又将拒绝，我方决意继续抵抗，故越南假道尤为重要。英对香港拟继续假道，并不虑日本将与任何假道国为难，并告以美对保证协助确为难，法方不必坚持，惟如对日早起纠纷，似可依据九国公约第七条与英美商议共同应付办法，一面可提议法英美三国远东舰队随时互通消息，似示合作。法外长答，又与艾登又 Davis 商谈此事，告以法对协助中国抗日不为人后，任何制裁亦愿充量参加，但于积极方面既需合作，则因而引起日方反动，亦应彼此合作，否则使法国单独假道冒险，实非公道。艾登颇以为然，且如无担保，则一朝与日发生纠纷，法国议会与人民亦不能原谅政府之所为。因法为欧局所束缚，对于驻安南舰队不能增加力量。至所提两层，关于三国舰队合作，业已提出，无如 Davis 不能同意，其按约互相通知一点，亦当于今晚离比前向彼试提。渠又云闻中日冲突以前所订购各货于本月十五日前均可运到越南，钧答未必能如此早运，以留余地。再，此点与法方所定订货期限两层，请转孔部长接洽。总之，法之要求保证其故有二，一因对日过虑，一欲藉远东问题与美提携，应付欧局。现在越南假道办法之关键在美,如美能对法稍示优容,可无问题,请电王使密与美政府接洽,告以假道运输与我继续抵抗之一关系重要,请美政府为我向法吹嘘,实不无裨益,但此间法美间所谈情形请勿提及,免 Davis 发生误会。法代表今晚既回,约两日后再来。钧。

顾维钧等致外交部电

1937 年 11 月 10 日

(会字第三十号)

请转呈蒋院长钧鉴:英文电敬悉,已遵照遵旨面告各重要国代表,并即宣布,咸佩应时得体。会议情势渐好转,已详陈外交部电谅邀钧察。钧、祺、泰。7-17

顾维钧等致外交部电

1937 年 11 月 10 日

(会字第卅一号)

本日下午开会,会长对英首相 MacDonald 逝世表示怆悼,法、美、义、俄代表及钧均致唁词。旋由会长报告,驻日比使电称,日本复文十二日下午可到,定十三日上午开会,即散会。惟钧等午后在会外分别与 Davis 及英法外长谈及下次会议工作,彼等均以日本既决不来,是会议已仁至义尽,应即商讨第二步办法。彼等虽尚未明言,但据语气,似首重给予我国物质上援助,并维护海运,以维持及增强我国抵抗力量,对日经济制裁或暂从缓,作为第三步。彼等午后又会商,虽均不愿争先,但似亦不甘落后。义大利之加入反共协定,颇有促进英美法团结之势,今后会议当有重要进展,极盼我军能固守新阵线,以坚友邦信任。钧、祺、泰。

许世英致顾维钧等电

1937 年 11 月 10 日

密。青电敬悉。日对九国会议复文决拒绝参加,现正推敲回答文字,将于十二日回答。一般舆论较前次比国招请更为坚决,绝少主张派员参加者,有数因:(一)九国会议阵容欠严整;(二)日德义协定成立;(三)战事进行暂较顺利。本日各报多载彼准备脱退九国公约,且有主张即以一方通告声明脱退者,似此情势,纵苏俄不加入小委员会,亦难望日本出席。至日德义协定是否有密约,颇难探知。去年日德协定成立时,舆论颇有反对主张,此次情势不同,绝不见反对意见,至如何酬报,报纸多载日将在华予德义以特别经济利益。许世英。

中国第二历史档案馆藏联合国及国民政府新闻资料,六四七/202

顾维钧等致外交部电

1937 年 11 月 11 日

(会字第卅四号)

极密。今午美英法三国首席代表约钧往密谈,各该国代表意,假使日本复文不满意,仍坚持直接交涉,拟再致一文,表示较为坚强之态度,并叙明我国立场。因询我国对直接交涉如何看法,是否接受调停,钧答以在大会演说内业已说明,且过去四年试行直接交涉,结果演成今日之局面;又依据蒋委员长最近来电,决心抗敌到底,断不与日本直接交涉。对于调停一层,我固愿意接受,但一须日本同时接受,二须根据九国公约之原则,并非无条件的议和,尤须于文中表明中国并非求和。美代表言,前次所致日本一文,只请该国派员来谈,此次须告以中国立场与接受调停,但非中国示弱之意,因中国并非向日本求和,文中并询日本是否亦能接受调停。美顾问言,日本或表示愿意接受调停,但同时继续作战,以图延宕,此层必须虑及。美代表深以为然,并谓日本一因违约用兵,二因现仍对华作战,惨杀不已,故停战实属必要。英代表亦以此为虑。法代表并言文中不能仅有好意表示,须一面声明中国立场,一面表明各国必须维护条约上各种权利、义务,暨各本国利益之意思。美代表对各该点均以为然,最重要之点即如何办法可以实际维护一切,虽不宜表示威逼,然应微露意思,惟办法一层,可作第三步,为省时起见,在去文后可先商量。钧言深望此次去文为末次去文,否则长此往返,徒予日本以拖延之机会,而每拖一日,中国之牺牲甚大。为促醒日本计,宜于文中隐示各会议国坚强之意,俾日本将来不能责会议以未提醒日本。美代表又言,日本前此复文仅谓对华无破坏领土完整之意,是否日本有破坏中国主权之意,亦请日答复。总之,会议复文应以明确(categorical)之词,提请即时停止战争,而后再谈根本解决办法,惟一提停战,日本如允诺必加条件提出,或以现占领土为谈判张本,问钧中国如何看法,钧言我国决心抵抗到底,并非要求停战,所云提议停战,当系彼调停者之意思,至停战条件,须请示我方最高军事当局,但钧意总须以九国公约为根据。美顾问言,九国公约仅规定原则,如何实施并未言及。钧言任何条件须与该公约原则不背者方能讨论。英美代表均以为公平,并请美顾问草拟文稿为讨论根据。英代表又密告钧,谓星期六开会时英美法各国拟就维护条约神圣原则有所表示,钧答以钧亦拟演说,表明坚决态度。英代表以为然。法代表今日下午回巴黎,明日仍返比京。再,政府对调停与停战二层意旨若何,钧所答视为当否,统请速详电训示,俾有遵循。钧、祺、泰。

中国第二历史档案馆藏联合国及国民政府新闻资料,六四七/202

顾维钧等致外交部电

1937 年 11 月 11 日

（会卅五号）

今晨英美法代表与钧谈,未及具体办法。惟据密报,该三国代表团告各本国报界代表,谓如第二次去文后,日本仍不能接受调停,该三国拟采取积极办法,先从增强中国抵抗能力着手,因对日经济制裁手续繁重,收效较迟。前周与美代表谈时,渠曾谓我国急需要者谅是飞机与机关枪,当答以重炮及高射炮亦甚需要。如该三国代表询我所需,应如何提出财政与军械等具体要求,请速商政府电示为盼。Koo Guo Tsien。

中国第二历史档案馆藏联合国及国民政府新闻资料,六四七/202

顾维钧等致孔祥熙电

1937 年 11 月 11 日

庚电敬悉,深为感荷。会议空气好转,各重要国代表多积极,连日商讨具体办法,如何帮助我国,等等。日本第二次复文闻仍决拒绝参加会议,拟再致一文表示各关系国坚强态度,维护条约尊严暨其权利义务,以促醒日方。我方拟于下次开会时表明立场与坚决态度。钧、祺、泰。真。

中国第二历史档案馆藏联合国及国民政府新闻资料,六四七/202

顾维钧等致外交部电

1937 年 11 月 13 日

(会卅七号)

今晨十一时开会,首由会长宣读日本复文,次由钧演说,略谓:会议虽用种种平和方式及词句,而日本仅答一"否"字,中国至始即表示合作,甚至提议暂行退席,日本复文并无新理由,所谓正当防卫完全与事实公平不符,即日本自信如此亦不能谓为在九国公约范围以外。直接交涉中国已试行四年,中国每次让步,日本即认为示弱,致有此次事件。远东情形并不比九国公约签字时特别,中国决心抗战到底,各国决不能承认既成事实,希望各国维持条约尊严,制止日本侵略,停止日本财政军火原料之接济,予中国以精神实质经济之援助,并且从速,否则范围日广,非世界战争外无可遏止。次法英外长及 Davis 演说,首言普通原则,查系先经商妥,为对德日义协定之共同表示,故三人措词相同,大抵谓世界和平必须以谨守条约及尊重他国独立为原则,条约并非永久不变更,但须用和平方法修改,不能以武力变更。至于各国内政制度,有自由选择之权,他国不能强行干涉。关于中日问题,三国均惜日本不来。法国谓由日本复文发生新问题,须加考量,无论如何不能以武力为解决争端之基础。英外长谓中日战争不能认为仅系中日两国之事,会议应从速考量日本复文声明之意见。Davis 谓中日间以前如交涉自行平和解决岂不甚善,无如已发生战争,至解决争端,除遵守条约外别无他途;九国条约为日本所手签,以日本利益着想,亦宜依约彼此合作,希望日本尚能回意。俄代表谓调停既已失败,各国采用共同切实办法,苏俄愿予赞助。义大利谓关于条约神圣及条约非永久不变各节,意大利亦可赞成,但会中有提及办法者,则会议之目的有定,前已于会议词中述及,试问会议尚有何事可做乎?次,会长提出英法美起草会议宣言,定下午四时半再讨论,宣言全文另电。英法美代表对我国演说立场均表示赞同。Koo Guo Tsien。又,Davis 密告,深盼我国抗战能继续撑持云。

中国第二历史档案馆藏联合国及国民政府新闻资料,六四七/202

顾维钧等致外交部电

1937 年 11 月 13 日

(会字第卅九号)

　　瑞典、挪威、丹麦三国代表对于会议宣言末段表示保留,其意以为会议只应讲调停,末段超出原定目的以外,虽经法外长解说,谓末段并无特定义务,而瑞典以须得训令为请。现定星期一午后四时开会,拟请速电我国驻瑞、挪、丹公使,向各该国政府陈述,为维持世界和平及条约尊严起见,末段实属必要,务请赞成。钧、祺、泰。

中国第二历史档案馆藏联合国及国民政府新闻资料,六四七/202

顾维钧等致外交部电

1937 年 11 月 13 日

(会字第四十一号)

本日下午开会。义大利代表首对于宣言大体及细目均声明不能赞同，加以保留，并谓日本复文中有请各国依现实情形帮助巩固远东一语，应加以注意，询问日本真意，钧谓日本复文意甚明了，在使会议承认既成事实，如再往询问，徒延时日，每延一日，中国损失愈多。英外长、纽丝纶、加拿大、Davis 亦均不赞成，未通过。墨西哥赞成宣言，谓我人不必悲观，历史上已明昭正义，终有大伸之日。和兰代表请修正四点：（一）删除第二节内国联一段；（二）删除第六节共产全节；（三）删除第七节内如"中日间能正当永久解决，各国虽认为事件系全体利益尚可不管"一段；（四）删除第十一节"希望日本再行考量"一语。讨论结果：（一）（三）（四）点均删去，第二点由法国提出对案，通过。玻利维亚主张四原则：一、尊重条约；二、和平解决争端；三、不承认原则；四、不干涉他国内政。关于宣言末段，挪威代表声明保留。关于宣言部分，其目的足以超出原范围以外者，丹麦、瑞典作同样之保留，葡萄牙提议修改，将字句减轻，以便本案可全体通过，瑞典和之。法外长主张维持原文。英外长提议，请瑞典请示其政府意见。结果未修改，宣言全文逐段宣读完毕，无异议，俟星期一下午四时开会再正式通过。钧、祺、泰。7-8

中国第二历史档案馆藏联合国及国民政府新闻资料，六四七/202

顾维钧等致孔祥熙电

1937 年 11 月 13 日

电南京孔部长廿六、十一、十三

（会字第四十二号）极密。文元四电均悉。连日军事情形甚为焦急，故前日三国代表谈及调停，我方业经表示在九国公约原则之下可予接受。至停战一节，美代表提议时，我方并未拒绝，但其条件告以须请示最高军事当局。惟现在日本始终拒绝参加会议，调停似无从进行。英美对于日本迭次拒绝颇为愤懑，今晨英美法代表演说表示拥护条约，下午大会初读宣言草案，指斥日本议内（原文如此）各国考量共同态度，即表示将有进一步之意。我方此时似不便自行主张休战，不但示弱,恐使彼等灰心。如我能支持匝月,局面可望好转,究竟我方尚有若干时期可以支持,乞密示。苏俄外长来比时,曾屡询其是否可以有进一步办法及接济,彼总支吾其词,但言中国已有人在莫接洽,察其语气,似无意于军事上助我。钧、祺、泰。

孔祥熙致顾维钧等电

1937 年 11 月 13 日

极密。敌现取避坚击弱战略后,利用其犀利现代化武器,战事前途甚为困难,即使列强能以军械助我,亦感缓不济急之苦。会议时如有人主张双方休战,望勿失良机,以苏喘息,但亦不宜露急迫状态,务希注意。苏俄利害尤切,前本有英法能为后援则可以出兵表示。望兄等对英美法速加运用,期达目的如盼。特密达,以供参考。弟祥熙。元。

外交部致顾维钧等电

1937 年 11 月 13 日

收外交部电　廿六、十一、十三　第六十六号

会字第卅四号电悉,在九国公约范围内各国实行调停成议,自可接受。惟日本既一再拒绝参加会议,现再由大会去文提议条件,恐迟延遭同样结果。我方为使会议易于成就起见,倘各国正式或非正式促令日本仿照华盛顿会议解决山东问题办法,与中国直接商谈,同时受有关系国之协助,则我方可不反对。至停战问题,倘各国向中日提议双方先行停战,中国亦可同意,希速与英美代表密商进行。外交部。十三日。

戴维斯在布鲁塞尔会议上的声明
1937 年 11 月 13 日

我认为,对目前的形势需要做一些通盘的检查。如果我们总是拘泥于考虑细节问题,不去重申指导我们相互关系的普遍原则,那就会使人获得一种印象:我们的政策目标和深度仅限于对事件就事论事。我们召开这个会议是因为我们非常关心世界上的一个重要地区——远东的和平。恢复该地区的和平极为重要,这不仅对两个当事国而言,而是对全世界也如此。生灵涂炭、牺牲至大,物质的损失亦复惨重。但是假如我们不能维护我们认为是神圣的某些原则的完整性,那么丧失全世界的信任和动摇世界的稳定及安全所造成的损失就更重大了。历经若干世纪,这个世界已发展形成一套成为国际道德和行为根据的国际法体系,它提供了国家与国家间公平交往的准则,就像作为个人与个人间相互关系根据的公平交往的法规一样。遵循此国际法准则,可给各国以安全感,可使各国按自己的方式去发展自己的文化,按自己的意愿选择自己的政府形式,知道有解决自己内部的问题而不受外国干涉的自由。这是这个世界有秩序发展进步的要素。

国际法的条文和基础体现在一系列国际条约中,改变是可能的,而且往往是合乎理想的,但这种改变只能以和平的方式和互相同意来实现才是合法的。归根结底,我们在此考虑得问题,就是国际关系究竟是由专断的武力来决定,还是由法律和对国际条约的尊重来决定。事实上这看来才是今天全世界面临的最大问题,才是人类要求解决的最重大问题。正如罗斯福总统在前些天所表明:"那些爱护自己拥有的自由,并且承认和尊重其邻居也享有自由和生活于和平之中的平等权利的人,必须共同努力,取得法律和道德原则的胜利,从而使得和平、正义及信心能永存于我们的世界。"如果以暴力改变国际关系的观念得逞,我们将会面对国际上的无政府状态。只有尊重法律和条约的观念能够给我们以一个安全的世界,在此世界上良好愿望和信心得以存在,而遵守誓言是唯一不变的基础,世界和平的结构能依此而得以建立。如果我今天是用简单的语言重申这一原则,我只是强调我们的信念:除此而外没有任何其他基础可以求得中日冲突的平等而长久的解决办法,没有任何其他途径可以重建并维持远东的公正和平。

现在谈谈我们所密切关注的具体问题:我们已邀请日本来出席会议,我们欢迎它在会议上作出日本方面对这一导致敌对冲突的事件以及冲突潜在原因的全面解释。但日本未予接受。我们抱着体谅别人可能有的敏感性的愿望,又进而询问日本,它是否愿意指派代表与由本会为此目的指派的少数国家的代表交换看法。这种意见交换将在《九国公约》的架构内举行,并与《九国公约》的条款规定是相符合的,其目的是为了进一步弄清正在讨论的各项问题并促进对这次冲突的解决。但日本的答复仍是否定的。假如日本接受邀请的话,我相信我们会对日本有极大的帮助(就像我们对中国一样),而这一点以前是、现在仍是我们最诚恳的愿望。

FRUS,Japan,1931–1941,Vol.1,pp.408–409

戴维斯致赫尔

布鲁塞尔,1937 年 11 月 14 日

由于事先在日内瓦和华盛顿对日本作了谴责,本大会所进行的调解工作实在困难。法国的态度最近已明显改善,德尔博斯已乐于协作,并对我们颇有帮助。然而,他坚信,指望道德的压力会对日本产生什么明显的效果是徒劳的,因为日本倚仗武力,不讲道理。他认为既然日本已拒绝一切调解的努力,本大会就必须尽快决定各主要大国今后可能并愿意施加何种进一步的压力。

艾登似乎相信,存在着找到某种途径把日本拉到某种谈判上来的可能性。他认为,此事可由几个大国在大会以外办理,并由他们向大会汇报情况。他觉得,我们无法继续有效而不失尊严地把自己局限于表达原则,并乞求日本接受我们的总是遭到拒绝的斡旋。他确信,如果日本真正相信至少我们两个大国会采取一些积极行动的话,那么,我们努力争取的一项可行而公正的解决办法就可望成功。他一再对我说,英

国内阁赞成做任何美国政府愿意做的事。他同意在处理任何事情时，不论是已经做的还是未曾做的，都不应该责怪对方或向对方推卸责任；我们所执行的路线不论何时都应是平行的。

　　艾登对谈论禁运的可能性缺乏热情，但表示如果我们愿意的话，英国也将跟着做。我已告诉他，我甚至连那种可能性都无权认真讨论。他声明，尽管由于欧洲目前的局势，大不列颠不可能单独向日本挑战，但是他们可以派几艘战舰去远东，等等。他倾向于认为集结海军力量也许是个可取而有效的姿态。

　　德尔博斯几次试图与艾登和我讨论积极的联合行动，但是我回避了这样的讨论。他在星期五告诉我们，日本驻巴黎大使已威胁法国说，假如法国不立即停止通过印度支那运输武器，日本将占领海南岛，并采取报复措施。他给我这样的印象：尽管他们不想屈服于日本，但又为不屈服感到害怕，除非他们能得到大不列颠和我们的援助保证。我告诉他，我当然不可能给予他这样的保证。但是我认为，他们对于日本人将报复的担忧是多余的，因为日本人腾不出手来做这些事，而且给自己增添一些与其它大国的麻烦也是愚蠢的……

　　我将作一些详细说明，因为我感到，如果日本不在最近参加谋求和平解决的一些讨论的话，那么，除非我们准备采取一些积极措施，否则大多数国家将束手无策，茫然不知所措。在我看来，可以把他们联结在一起的最简单步骤就是通过一项决议，要求不承认由武力造成的变化；禁止政府贷款及劝阻私人贷款。有迹象表明，日本对本大会感到紧张不安，正在以各种方法加以破坏。人们相信，除了对大不列颠和我国外，日本几乎对所有国家都在暗中进行威胁。

　　我有些担心的是，正当日本紧张不安地害怕我们可能会同意采取某些积极行动时，如果我们继续长时间地显示我们除了告诫之外不想做任何事，这就会使日本立即确信，它可以继续它的侵略进程而毫无遭到干预的危险。

FRUS,1937,Vol.4,pp.183-185

顾维钧等致外交部电

1937 年 11 月 14 日

（会字第四十五号）极密。六十六号电敬悉。前日英美代表谈及调停停战，我方本未反对，英美原议俟日本复文到后，再询日本，以中国已接受调停，日本之意如何？嗣以日本复文措词强硬坚决，各国甚为愤懑，故昨日宣言草案本有希望日本重行考量一语，又会议时意大利曾提议再向日本询问，众以再遭拒绝与会议面子难堪，未能同意。现宣言末段用强硬口气逼日本就范，日本或尚有所顾忌。彼等既主张强硬，并言直接交涉之不可能，我方似未便自动启齿。且即使英美允向日本提议，而日本必于目前军事状态下必认为示弱，益坚拒固绝，张其气焰，于事仍属无补，徒使英美觉我宗旨不定，使其短气灰心，与会议前途发生不良影响，仍祈详酌。再，德意所提条件乞密示，如我发动，恐日本条件更属难堪，无从承认，此层亦乞注意。钧。祺。泰。

中国第二历史档案馆藏联合国及国民政府新闻资料，六四七/202

李石曾致王宠惠等电

1937 年 11 月 14 日

（会字第四十六号）王部长并转介公、庸公、文公密鉴：前电陈此间情形，并建议久抗以待外援，承介公复告同意，必抗战到底，弟已将此意告比会我国代表及亲善西友，咸极佩慰。惟日来我军有失利消息，遂又有中国倾向妥协之传。根据介公表示，当然一面尽量否认谣传，勿致友邦失望而亏前功，一面仍望介公于相当时机再切实表示久抗之决心，而坚比会及各友邦之意志。日来比会趋势渐佳，我方代表运用亦正得手，最后胜利必在我方。现尤宜保持已得之结果，继续前进，自无可疑。惟我方军事急迫，牺牲至巨，困难自多，或有难支之苦，但处我国舍抵抗无生路之环境，只有始终坚忍赴之。日德义阴谋万端，或出威逼利诱之毒计，乘我万分危难之际，别张幻境，我则更宜审慎，勿坠其术中。公等明决，必熟计此而有以御之。中外同志对此节均悬念万分，煜叩。寒。

孔祥熙致顾维钧等电

1937 年 11 月 15 日

极密。连电计达。就我方现在情况论,如英美法俄不以实力助我,仅以空言,前途实甚危险,且因英美之倡和平,益长日军阀黩武气焰,危险更甚。我万一失败,敌利用中国物力人力必为祸列强,如友邦能有切实办法,我决当勉力牺牲。前电盼会议时能作到双方休战,与我有利。日方前既托德向我表示调停,如美能以九国公约地位与德共同主张,或者日肯接受。现在国内主战者怵于兵祸之惨,已感困难,兄等远在海外,国内情形当未详悉,惟照密达,以备参考,后阶兄均此。弟祥熙。删。

外交部致顾维钧等电

1937 年 11 月 15 日

收外交部电　廿六、十一、十五　六八号

宣言末段虽含威胁意味,仍属空泛无补。倘各国明白表示有用武力维持条约之决心,则日本当可立即转圜。倘各国尚无此准备,则深望一面通过宣言,一面由英美等国设法劝令双方停战,仿照华盛顿会议山东问题办法进行商谈,如此各方立场均可顾及,于实际上亦较有利。盼电复。

外交部致顾维钧等电

1937 年 11 月 15 日

收外交部电　廿六、十一、十五　七十号

今日宣言想已通过。末部所谓共同态度,究何所指? 道义援助已至极端,物质接洽固可延长我战斗力,惟恐事亟时促,缓不济急。日本凶焰方张,苟非立即临之以威,迫之以实力,断难望其就范。各国除军械金钱外,尚能予我若何援助,我方亟欲于此时明悉,以备统盘筹划。希速与英美等国代表秘密接洽,一面表示政府之谢意,一面请即坦白告我今后究拟如何措置,并盼据实电复。

中国第二历史档案馆藏联合国及国民政府新闻资料,六四七/202

孔祥熙致顾维钧等电
1937 年 11 月 15 日

极密。外交部转来会四二复电奉悉。连日各地前线虽战事激烈,士气甚佳,所苦敌以犀利武器,水陆空并进轰击,且袭我后路,我方精锐丧失甚巨,故在现地支持久暂,殊难预料。加以南北各地受兵灾之苦,人民坚忍甚惨,长此以往,实伤国家元气,且虑败后英美对我援助冷淡,故调停如自我政府请求,诚属不妥,但如能密为运用,于会议中提出双方停战,实于我有利。况日曾托德向我提出调停,所争者惟直接交涉与会商解决。华会曾有先例,如能沿用折中办法,我方当可接受,仍希密慎运用,以利大局。弟祥熙。寒二。

中国第二历史档案馆藏联合国及国民政府新闻资料,六四七/202

孔祥熙致顾维钧等电
1937 年 11 月 15 日

亮畴兄接到尊电,经会商院长,友邦对我盛意,至感。我国此次抗战原为保持世界和平而牺牲,如我失败,则英美各邦势必受日侵略,困时助我军实,无异自救。飞机、重炮、机关枪、高射炮、战车皆属急要,至于数则多多益善,交货愈速愈妙。惟自战事发生,税收日绌,而支出增加三倍以上,每月约需两万万之数,故财政方面亟盼能得友邦贷助,以资长期抗敌。数月以来,我财政虽甚困难,而外债本息均勉力筹给,以为维持国信,此层当为友邦亮察。至于担保品,则煤油、路矿、关税均可提供,即请迅予洽商见复为荷。弟祥熙。寒。

中国第二历史档案馆藏联合国及国民政府新闻资料,六四七/202

顾维钧等致孔祥熙电
1937 年 11 月 15 日

(会四七号)请转孔部长勋鉴:巴黎十一号电计达。顷据公司电话,另两艘亟待款到开驶,否则取消合同,请速电汇,并将汇期预示,以便转告公司接洽,一俟电示汇期,拟商银行担保,俾船可先开,请速电复。再,来电请用较密电码,KiMi 久失机密性矣。钧。电报科 63、67 两号电迄未收到,请查示。

中国第二历史档案馆藏联合国及国民政府新闻资料,六四七/202

顾维钧等致外交部电
1937 年 11 月 15 日

(会字第四十八号)本日《泰晤士报》载日本消息,英国远东舰队司令已得日本海军司令停战之条件,转达南京,确否乞电示。Koo Guo Tsien。

中国第二历史档案馆藏联合国及国民政府新闻资料,六四七/202

顾维钧等致外交部电
1937 年 11 月 15 日

(会四九号)

本日下午开会。会长询众对宣言有无意见,瑞典代表声明对于宣言原则表示赞成,但因在远东比他国利益为少,声明弃权。挪威代表谓彼应请而来,专为调停,希望将来尚可依原则调停,依照前日声明弃权。丹麦代表赞成宣言原则,但声明弃权。义大利代表谓宣言不仅不能解决争端,且开纠纷之门,义大利不能负此责任,表示反对。至于会议以后进行，义大利表示保留其态度。会长声明宣言通过，文首列举无异议各国名称，并将各保留反对国声明附于宣言之后。继询应否将宣言送交日本，纽西纶赞成送交，葡萄牙谓可不必，议决不送。继会长询下次开会日期，挪威询问开会目的，会长以宣言末段相告。因会长明日随比王赴英，星期五方归，定下星期一下午三时开会。再，开会前经我国及英美分向挪威、丹麦、瑞典各代表疏通，我国并与义代表接洽，均无效。查此次北欧三国弃权，全系挪威代表前驻日公使□□□一人作梗，挪外长竟为所动。至瑞典训令本系赞成，丹麦训令系从北欧三国多数，因挪威坚决反对，北欧外交政策向取一致，瑞典、丹麦不得不同时弃权。祺明日返英，十九日与英代表团同时返比。Koo Guo Tsien。

中国第二历史档案馆藏联合国及国民政府新闻资料，六四七/202

郭泰祺致外交部电
1937 年 11 月 15 日

（会五二号）

下午访麦唐纳、贾德干，告以军事紧迫情形，深望友邦助我能早日具体化。彼等谓对我方困难情形至能谅解，允明日返英详报英外长考量，至具体办法，其关键在美国舆论能否辅助其政府采取前进政策，尤视日内美总统关于远东及中立法案问题议院有何表示，再由华盛顿、伦敦切实商洽。现时英为欧局所牵制，对于远东步骤只得靠美国领导，但极愿与美合作，故凡美国所提议者，无不赞同。在会议延会期间，会议工作自仍积极筹划，星期五即返比京，与美代表商洽进行。关于对我物质援助一层，英方以财政较易设法，至高射炮、飞机等等，英国亦正缺乏，较难供给。查英方在英美合作方式下确有助我诚意，祺告以德义已有出任调停表示，我国政府以此项调停不善直接交涉，于中国及其他关系国均有不利，仍坚持根据会议立场以谋解决方法，彼等深表赞成。祺续言欲贯彻此主张，必须友邦迅速切实助我抗战，若我方因物质缺乏，不能久持，而会议又无办法，则今日德义调停虽极于我不利，非我所愿，尚属一途径。当九一八事变吾人因信赖国联,拒绝直接交涉,反为所误,事为殷鉴。目前我政府虽绝无此意,但中国或有人以此为虑者。彼等对此深为了解,认为严重,询德义有何具体条件,祺答不知。祺问万一会议无办法,英美能约德义共同调停否?彼等仍以此时颇难着手,仍由会议求办法为佳,并告日方在本日会议宣言通过之前,曾遍访各重要代表团,希图破坏云。祺。

中国第二历史档案馆藏联合国及国民政府新闻资料,六四七/202

顾维钧致外交部电

1937 年 11 月 15 日

(会五三号)极密、极要。六八号、七〇号电敬悉。散会后特访美代表,密谈一小时半,先对美在会厚意表示政府感忱,继言日军连日乘我军后退整理阵线时,积极进逼,以收急功,江浙公路纵横,便利机械化之日军,目前我方形势吃紧,外来接济因海道运输迟延,安南假道留难,我虽决心抵抗而前途茫然,军心难为之振,若无迅速具体源源接济办法,恐难持久。问其美能如何切实援助,美代表认接济为重要,惟谓应速□美政府商议,此间无从谈到具体办法,但在华盛顿时,我国代表曾谓我方现有一切军火至少足用至明年一月,何以此时已将告罄?钧言未必将罄,惟近来以日军进攻扩大范围,我方消耗增加,若各国不能担保接济,我自不无焦虑,且按现情或有迁都之必要。彼言此彼可所料及,只要退后继续抵抗,引日军深入内地以苦之。钧言须能保全现有中坚精锐,方能步步抵抗,惟目前因日军之抄袭我军后路及左右二翼,恐须再退,而退后须有相当时间,方能整理巩固,否则不易站住,故如暂能停战,则易于进行防守工事,收集大批军火,以备继续抗战。渠言会议两次邀日,未经同意,此时难于进行。钧言可照原议办法由英美二国以外交途径向东京试提,渠断日方决不能赞同。钧言最近德方屡向我国表示有意调停,而我国亲德分子亦向我政府进言,谓如继续抵抗,将来军事形势更恶,英美法俄援助之心更淡,使我益陷僵局。美代表谓形势益坏,友邦援助之心更切,如德再向华提议调停,可劝德加入九国公约,俾照该约解决一切,现在日本除武力外,任何理由不能动之。钧言此是实情,故以为物质援助海陆运输固属我国之需要,仍恐缓不济急,如能由英美法三国驻远东之海军联合示威,当能见效。美代表谓三国在远东现有海军不足示威,钧言可增派他舰,彼言此须在伦敦、华盛顿密商,钧言一面须劝苏俄在军事上援助,彼言此是最要之着。苏俄陆军甚强,为日所惧,如苏俄能在远东边界示威,日必改辙。钧言惟苏俄以虑远东用兵,德必为患,故须英美之担保,援助方能安心。彼言事先担保,美国素不能办。此次远东问题,美或不得不用兵,但无论如何不能向任何国事先允许,即使明日须用兵,今日亦不能先期允许他国。至德国彼知现在必不能战。钧请其速将所言接济、停战、示威三点与英法俄三国代表会商办法,彼答须加以考虑,但最好一面由中国政府速与华盛顿、伦敦、莫斯科接洽,并询我已否电嘱王使,将所说情形告知美政府。钧谓当电请政府速电王使,一面请其将所谈要点电陈美总统,至即晚电陈,抑候明日总统致国会文发出后再去电,请其酌办。美顾问谓今晚须先电陈所谈一部分云。再,苏俄代表散会后,即离比返莫报告,不及晤谈。以上各节,政府意旨如何?郭使已接洽,定明晨回伦敦,再与艾外相谈。应否电告王、蒋二使,分向美俄政府密商,乞核夺电示,并请抄送孔部长为祷。钧。

中国第二历史档案馆藏联合国及国民政府新闻资料,六四七/202

赫尔致戴维斯

华盛顿,1937 年 11 月 15 日

……

3. 考虑到你和艾登都认为,计划中的你们这一阶段工作的结尾,将被视为是虎头蛇尾,我们感到,一个对国际关系基础原则的强有力的重申,尤其是如果不久大会决议采纳这一重申的话,它将是抵消这类批评的最好的办法。

4. 你建议宣布一些与我们所重申的原则相符合的具体政策,如宣布不承认以违反条约义务的方法所造成的局势。我现在倾向于认为,发表这样的宣言的时机可能还未成熟,如果它被大会所采纳的话,在晚些时候再予以实施可能更为有利。但是,这样的思想现在可以用比较含蓄的语言表达出来。

5. 至于你所提出的反对政府借债和贷款以及紧缩私人借债和贷款的宣言,你应该记得,这些措施是在会议邀请书所列会议内容的范围之外的。你还应该记得,参加日内瓦国联大会的国家明确地回避了采取任何这类的措施。

FRUS,1937,Vol.4,pp.187−188

顾维钧等致外交部电

1937 年 11 月 15 日

(会五五号)

此次会议宣言,初稿出诸美代表团,措词十分严厉,嗣经英法代表修改,故语气稍见和平,但仍坚强。再,今日开会前,瑞典、丹麦代表对宣言草案以中英之坚请赞成,原拟展期一天,以便由该二国政府向挪威政府磋商,取消弃权之决定,惟美不赞成,而对该三国之态度颇表诧异。会后美代表再与彼三代表商,谓下星期一拟再提严厉之宣言,叙述会议前后经过,意含谴责日本之意,为进一步办法之张本,劝彼届时务必赞同。再,英法代表今明日离比,均定星五回来,俄代表星一返比,美义代表留此。钧、祺、泰。

中国第二历史档案馆藏联合国及国民政府新闻资料,六四七/202

国民政府公布比京会议书

1937 年 11 月 15 日

南非、美、澳、比、玻利维亚、加拿大、中国、法、英、印度、墨西哥、荷兰、纽西兰、葡萄牙与苏联,见日本仍以中日冲突不在九国公约范围内为言,并一再拒绝不允交换意见,以图和平解决,咸有遗憾。日本对此问题及冲突所牵涉之利益所抱之观念,与世界其他各国所抱者完全不同,已可显见。日政府坚持中日冲突,仅与中日两国有关之说,而上述诸国代表,则认此次冲突,与一九二二年九国公约及一九二六年巴黎非战公约各签字国,咸有关系,即各国之列于国际社会者,亦皆有关系焉。签定九国公约者,曾在该约内声明其愿采行规定的政策,俾远东情形得臻安定之意,并依允在对华与对日关系中彼此适用某种规定的原则,而签订非战公约者,又依允对无论何种性质或何种起因之争执或冲突,永不得用和平方法以外的方法,以谋解决,凡此皆莫可否认者也。目前中日冲突,不独使各国权利,且使各国物质利益,皆受不良影响,此亦无可否认者。第三国人民间因有此丧生者,更有许多因此受绝大危险者,国际交通为之阻滞,第三国人民之产业遭其损害,国际贸易被其扰乱而受损失,而各国人民,且因此发生恐慌愤懑之情绪,举世亦莫不因此而起惶虑不宁之感想焉。上述诸国代表,并认此次冲突及其所造成局势,为与不独与会诸国,且与全世界咸有关系莫可避免之事件,在上述诸国代表观之,此问题不得视为仅仅远东两国间关系之事,但为法律与程序,世界安全与世界和平之事,日政府曾声明日本对华施用武力,亟欲使中国放弃其现行政策,上述诸国代表,于此不得不指出者,任何国家在法律上绝无施用武力,以便干涉他国内政之理由,苟一般人对于此种权利予以承认,则冲突将从此不休矣。日政府谓应由中日两国单独进行解决,然此种解决方法决不信其能成立公正垂久之解决也。日本武装军队,现以极大数额集中国土地,而占据其广大重要之区域。日军当局宣称,日本目的在摧毁中国之志愿与能力,使之不能抵抗日本之志愿与要求,日政府并谓行为与态度违反九国公约者,厥为中国,然中国现已与签订此约之其他各国,从事于完全而坦直之讨论,而日本则拒不与他国讨论焉。中国当局已屡次声明,不愿且在事实上并不能与日本单独作解决之谈判,故在上述环境中未有根据可信中日两国如此时听其单独为之,能在最近将来成立对于两国和平可予以希望,对于他国权利及远东政治上与经济上安定可予保障之任何解决,不独不能如是,且有理由可信,如此听令中日两国为之,武装冲突将继续进行而无已时,而生命财产之摧毁,秩序之混乱,事态之不定,一切之不安定与痛苦,以及仇恨之愈深,与全世界之扰乱,亦将随之发生。日政府在其最近来文中,请出席比京之各国,依据时局实际作助成东亚安定之贡献,在与会各国代表观之,时局中之真正实际,即为上述之事件。各国代表确信,因上述理由,中日直接谈判不能有获取公正而垂久之希望,前此所以致文日政府,请其与各国代表商洽,庶几意见之交换,可导成诸国代表的斡旋之接受,而助成圆满解决之谈判者,即以此故。与会各国代表,现仍相信如中日两国允停止敌对行动,俾给与试行此种手续之机会,则成功未始无望。今中国代表已依此手续,表示办理之准备矣。各国代表对日本之始终拒不讨论此种方法,咸觉费解。上述各国代表,虽期望日本不再坚持,然不得不考虑何者为其在此局势中所应有之共同态度。此局势为何?即签订国际条约之一国,不顾其他各签约国之意见,始终以为其所施之行为,不在此国际条约范围之内,而蔑视其他签约国,认为在此环境中仍然有效之,该约条文是已云。

中国第二历史档案馆藏国民政府外交部档案,十八/38–40

顾维钧等致外交部电

1937 年 11 月 16 日

电外交部　廿六、十一、十六　(会五六号)

意大利代表昨日单独反对宣言,拟请大部电令驻意使馆向彼表示遗憾之意。至挪威代表声明弃权后,尚一再发言,一为表示不参加讨论应否将宣言致送日本,一为询问下次开会目的,较意大利之反对后不发一言袒日态度,尤为明显,拟请令驻挪使馆向挪外部表示遗憾。现在彼既弃权宣言,希望其下次开会不再为难。至瑞典、挪威两国,亦请电嘱驻使向彼表示失望,并盼其继续助我。钧、泰。

中国第二历史档案馆藏联合国及国民政府新闻资料,六四七/202

3. 第二阶段会议

赫尔致戴维斯

华盛顿,1937年11月16日

来自布鲁塞尔的新闻报导,尤其是过去几天的,已经(并在继续)予人以一种印象,即其它与会国家愿意并热心采取对日施加压力的方法,只要美国也肯这么做。这些报导的语气似乎在说,美国应单独对决定此次会议对这一问题将采取何种态度负责。

我要请你注意这一事实,出席日内瓦会议的约50个国家,是一个明确地规定在某种情况下将使用压力手段的政治机构的成员,但当这些国家最近在日内瓦开会讨论目前的日中冲突时,它们明确地放弃采取任何这类手段,甚至还采取措施去转移公众对这一问题的讨论。我还要请你注意布鲁塞尔会议开会的目的。请你注意对日施加压力的方法问题是在会议范围之外的。

……我希望,你和美国代表团的其他成员将尽你们所能,去反击出席布鲁塞尔会议的一些国家企图把在目前形势下行动的全部责任都加到美国政府身上的总的努力,我确信存在着这一企图,尽管他们自己不愿意采取明确的行动,这在私下他们曾多次明白地向我们表示过……

FRUS,1937,Vol.4,pp.197-198

戴维斯致赫尔

布鲁塞尔,1937年11月17日

昨天,苏联代表波德金①来访,说李维诺夫打电话要求他与我讨论应该向下个星期一的会议提议采取何种行动。他非常坚决地敦促我们

---

① 苏联外交部副部长,时为出席布鲁塞尔会议的苏联代表。

提出一些具体的反对日本的措施,因为他的政府坚信,除此而外没有任何其它办法能够阻止冲突。他重申,苏联愿意参加英国和我们准备进行的任何行动;它不希望单独行动,但是如果没有任何共同行动,而只能让它单独行动,它感到除了继续以"谨慎的方法"通过陆路向中国输送武器弹药之外,它无法做更多的事情。

　　我对他说,我怀疑现在是否能提议采取什么积极的措施,今后将采取何种行动的决定,必须要等到周末各位代表回来之后通过进一步的协商才能作出。我还解释了我们的总的立场,表示我们无法对共同行动作出任何承诺。

FRUS,1937,Vol.4,pp.198-199

赫尔致戴维斯

华盛顿,1937 年 11 月 17 日

　　我将另外发给你一封电报,总结来自布鲁塞尔的新闻报道。你将注意到,这些新闻报道企图对美国政府的行动自由划上一条不适当的线,并企图限制我们坚持我们的原则立场的能力。

　　总统和我都认为,这些攻击是不公平和不正当的。我担心,这样继续下去将会危及你的地位。

　　法国和英国的驻各国使馆不仅不作任何努力来改正这一印象,我还有理由相信,它们至少曾在某国首都扩散美国应对目前形势负全部责任的印象。

　　我们只能继续维持着我们自远东的纠纷开始以来所奉行的政策。此外,我还要强调指出这两点:1. 美国人民在目前是不准备赞成采取压力和威胁的方针的;2. 你在布鲁塞尔越久,你就越可能会被提倡采取这样的政策并企图让布鲁塞尔会议采纳它的新闻界所指责。

　　……我注意到,你可以乘 12 月 2 日的"华盛顿"号返航。我认为,在会议结束会尽快离开布鲁塞尔不管怎样总是明智的。

FRUS,1937,Vol.4,pp.203-204

顾维钧致外交部电

1937 年 11 月 17 日

发外交部电　廿六、十一、十七　极密　极要

（会五七号）。顷钧再访美代表，商谈并表示希望下周会议进商积极具体办法，彼言尚未接华府回电。渠意下周会议作进一步之表示态度以为基础后，即暂告休会，俾各代表回国与本国政府商议采取何种积极办法，商定后仍回比京继续开会讨论共同决定。钧言我国情形吃紧，如休会前无具体办法援助我国及制止日本侵略，必使我政府与人民大失所望，甚至摇动军心。彼言休会时期不久，因彼亦不愿会议告终或拖延休会，用意即在向政府促进具体办法。钧言如不得不休会，则应组织英美法俄小委员会，进与中国代表团商议日昨所谈五层具体办法，即物资援助、保证海道运输与假道中国、经济制裁日本、三国海军示威与苏俄陆军示威，且意代表既已反对商议共同态度，则对此委员会自不愿加入。彼言顷于途中晤谈，意仍坚持加入，意存破坏会议，另图仿照一九三二年上海办法，促进中日直接谈判，且明言援助中国之委员会在会议内亦难望通过，不如作罢，由英美法俄荷自行会商，较多自由。钧言我政府鉴于最近军事形势，欲详悉会议前途究有何种援助希望，俾得统盘筹议，决定方针，故得免使失望计，至少于休会前或休会期间商定具体物资援助办法。现英方表示财政上援助较易办到，因其正在扩充军备，对于军械军火，本国已经供不应求，如美国即予我财政与军械上之援助，并与法共同设法保障，假道实属必要。美顾问言，因美中立法未取消，故如借款与华，不能拒日方之请求。美代表言，彼当初甚反对此法，但现既存在美政府行动不能自由，至器械之供给可听中国尽量在美购订。钧言现在我国形势紧迫，望其剋速与英法俄会商彼此如何分任具体援助办法。美代表谓英国代表明日可回，拟先与商谈，再奉约续商云。美顾问密告苏俄代表昨访美代表，亦表示急宜具体援助我国，但所提类似四国同盟在美不能允诺云。查今日美代表态度仍极诚恳，深欲援助，惟察其口气不如日昨之彻实，仍因体察美国舆论及美议员之意

见,悉美政府对内之运用尚未成,然所取或以我方急欲停战,彼拟用援助我国之意暂不具体化,以等过日本接受调停之武器,亦未可知,并请抄送孔部长为祷。钧。

中国第二历史档案馆藏联合国及国民政府新闻资料,六四七/202

胡适致顾维钧等电

1937 年 11 月 17 日

国内形势想兄等洞悉,会议万一无能为力,应请会议委曲求全,美国全权任调停,使会议散而不散。主张至要,恳请留意。Hushik.

中国第二历史档案馆藏联合国及国民政府新闻资料,六四七/202

顾维钧等致孔祥熙电

1937 年 11 月 18 日

发外交部电　　廿六、十一、十八　　转孔部长

(会五八号)

筱电计达。十三日电并电外交部计均入览。九国会议事实上能切实助我者,为英美俄三国,至法尚在次。前经面询英美代表,究能助我至何种程度,尚无切实答复,揣各国用意,虽愿助我,而因内政、外交种种关系,未能立时表示,须由华盛顿、伦敦、莫斯科三国政府彼此互相切实商酌。至国联中重要各国均列席九国会议,其他未列席各国大抵与我无甚关系,九国会议有美国在内,似较国联力量较大,但因彼此互相牵制,最好由我向英美俄三国政府分头切实敦促,以期彼早日表明态度,郭使暂返英,明日来此。钧、泰。

中国第二历史档案馆藏联合国及国民政府新闻资料,六四七/202

顾维钧等致外交部电

1937 年 11 月 19 日

电外交部　　廿六、十一、十九　　会五九号

极密。胡适之电称,会议万一无能为力,应请会议委曲求全,美国全权任调停,等语。查我国对于调停国家是否愿英国或英美两国或英美法德四国共同调停,迄速电示。钧、泰。

中国第二历史档案馆藏联合国及国民政府新闻资料,六四七/202

外交部致顾维钧等电

1937 年 11 月 18 日

收外交部电(南京)　廿六、十一、十八　七十二号

（一）我国此次抗战为保卫国土与主权,亦为维护条约之尊;既为自身谋生存,亦为国际谋安全。（二）数月以来,并力挣扎,只以敌人武器优良,我军不得不变更战略,向后移动。兹为长期抵抗起见,政府决定移驻重庆,但仍坚守南京及南京以西之阵地,决不为牵动。（三）事变以来,我方措置悉凭正义与条约,确信国联与九国公约签字国必能遏止暴日之侵略,虽属间有他方微露调停之意,亦因既已诉诸国联与九国公约当事国,断然拒却,而各国迭次会议则仅贬词谴责,未见实效。（四）各国对我物质相助,不谓不佳,惟运输迟缓,阻碍横生,甚至越南拒绝过境。我虽继续拼死抗战,但已渐至人尽力竭之时,筹得精良机器,已将无用。故各国不欲解决远东问题则已,如欲图谋办法,惟在此千钧一发之间。（五）助我之法:（1)为对我接济与对日制裁;（2)为武力干涉。接济已如上述,制裁固属进一步办法,但□迁缓,迨日方感觉制裁之痛苦,我方殆已不能支持,而日人自此志沸气高,各国在华地位与市场将根本丧失,有关系国应认清今日局面,苟非由具有实力之国家对日施以武力威胁,决难有合理的解决之望。实则各国只须采取共同威胁阵线,日方当可立即转圜,各国不致遭受若何牺牲。（六）苏联趑趄不前,亦以英法美等未允联合协助之故,倘各该国力促苏联前进,而深以实力援助,则苏方态度决不如今日之形势。（七）以上各点,望立向英法美政府剀切说明。总之,到此最后关头,只得以敏捷有效的手段,应付不易(原电脱一码)（八）政府迁移一节,在未需宣言以前,暂不

公布,对驻在国政府作为 confidential information,本部在汉口设办事处,主要长官当在京。

中国第二历史档案馆藏联合国及国民政府新闻资料,六四七/202

顾维钧等致外交部电

1937 年 11 月 19 日

电外交部　廿六、十一、十九　会六一号

七二号电敬悉。本拟访 Davis,因彼卧病由 Hornbeck 来晤,当将电文译成备忘录,交备参考,询以会议如何进行,彼云俟英代表到后,即时讨论,或将通过一议决案后暂行休会。告以会议必须有切实办法,如无结果而散,不特中国失望,世界平和前途亦大有妨碍。彼意或成立一委员会继续进行,但法义必欲加入。关于请苏俄以实力援助问题,彼云美国向不请人,且苏俄如接济中国,日本决不与之为难,何必顾虑。告以我国希望苏俄进一步助我,彼未答。继询以美国有无单独出任调停之可能,彼谓美国无意为之。询以能否共同调停,彼谓前本有英美比调停之议,嗣彼又再三询中国可以何项条件讲和,告以必须根据条约原则,否则惟日本尚未接受调停,似谈不到条件。彼云为调人者,必先知可以应允之条件,彼希望中国继续抵抗,愈深入内地,日本困难愈多,最后胜利必属于中国。彼询部电,武力威胁是否逼日本来会,抑逼日本接受公平之条件,近日因美议会对于罗斯福外交政策颇有反对论调,甚且有议员攻击 Davis 本人,故 Davis 意兴阑珊。闻彼曾条陈停止适用中立法,美政府似尚未敢提出国会。此次各国均惟美马首是瞻,美既如此,英法不免失望。星期一英法外长均将不来,钧今晚赴巴黎,将备忘录面交法外长,明晚返比。钧、泰。

传闻 Davis 条陈五点:

一、停购日货。

二、帮助中国。

三、不承认原则。

四、停止适用中立法。

五、海军示威。

郭泰祺致外交部电

1937 年 11 月 19 日

发外交部电　廿六、十一、十九　（会六二号）

英馆七〇五号电敬悉。遵于今晨访英外长，面达种切。彼甚了解我国困难，但谓在目前情况下，英已属出力助我，昨日阁议仍决维持香港转运，对越南过境迳劝法国勿予拒绝，对运日军火签证则多方延宕。至共同助我及对日威胁，则据最近驻美英大使报告，因美国国会态度恐难实现，美总统致国会词竟未提及中日纠纷，殊为失望，同时足见美国舆论之趋同。祺问英美可否鼓励苏俄武力助我，答以曾与苏外长谈过，苏俄只愿在共同行动下进行，难期其单独动作。祺又问可否由英国领导，美政府或较易应付，彼答曾与美国务卿长途电话商洽，美亦不愿步人后尘，免为人利用。祺问如此情形，会议将如何进行？艾登答昨已与首相、会长商谈，将再商美代表，由会议委托英美两国调停，并拟劝法国勿要求加入，免他国要求参加。祺谓日本已迭次拒绝调停，如英美出面日本能接否？彼答尚未得其表示。但据日方告和平条件不苛，内容则未悉。后询此项调停与不背会议宣言之立场否？彼答终须以九国公约原则为依归。艾登本人未来，由政次代表前来，彼与法外长均系受美态度影响趋消极，麦唐纳、贾德干均于今晚同祺返比京，我方拟俟彼等与 Davis 商谈后，再约英美代表共同谈话。祺。

孔祥熙致顾维钧等电

1937 年 11 月 19 日

连日电谅达。德使、英代办来访晤。德使表示，日方前托德转我者,系为日本谈判之根据,兼往商事休战之意,弟经向英代办告以我因九国公约开会,不愿在会外有何交涉,故对德婉却,然若英美法或代表公约国或以国际关系或以会长资格会同德国合作调解,我国绝不至令友邦为难,拒绝公道办法,兹有人密转日方消息,日军部颇有结束战事,谓如英美法能拉拢德意出面调停,日方当可接受,并谓英美法倘能略有强硬之表示,必可抑彼少壮军人之气焰,促使温和派较易为力,否则前途实堪忧虑云云。似此情形,万一英法一时不愿向日有所强力表示,能否运用彼等促苏联能有所举动亦佳,务乞兄等密加运用,见复复初兄处,并盼转知。弟熙。巧。

中国第二历史档案馆藏联合国及国民政府新闻资料,六四七/202

钱泰致外交部电

1937 年 11 月 20 日

(会六三号)苏俄第二代表上次延会后即返莫斯科,顷泰晤苏俄第三代表,当将备忘录转交,俾资接洽。彼谓关于第六段苏联一节,中国何所见而云,答以中苏利害相同,中国希望于苏联者,较其他各国为切,中国希望英法美或委托苏联,或与苏联共同示威。彼云 Davis 曾与谈及苏联进一步办法,似美国并不反对,但苏联主张切实有效办法,但主张共同行动,若单独行动则非苏联所愿,英美始终无意动作,彼等自往后退,而欲令苏联独当其冲,苏联岂为其所愚。泰。Koo Guo Tsien。

中国第二历史档案馆藏联合国及国民政府新闻资料,六四七/202

顾维钧致外交部电

1937 年 11 月 20 日

电外交部　廿六、十一、二十　会六十四号

今晨在巴黎访法外长,遵 72 号电意旨,剀切说明,面交备忘录,以便法政府研究,并说明事机急迫,希望迅速与英美筹商有效办法,且九国公约会议开会二旬,不应无结果而散会。法外长谓:(一)前在比京,曾向英美表示,一须援助中国,一须英美法俄共同合作,使日就范。即如安南假道问题,曾提议安南或法船,因此被日攻击,英美法海军应彼此互助,英以为然,美不赞成。但法国不能单独冒险,故向英提议共同再向美方接洽,惟英拟俟星期一开会后再行商定。至(二)所云示威办法,法方亦以为目前日本除武力外,任何理论不能动其听。假使英美法俄四国表示坚决态度,联合阵线,则其他各国除日德义外,均愿参加。届时,不特日本即义德亦不得不就范。现美国海军强大毫无顾虑,尽可开往远东。钧言英法亦不宜强美独任其劳,彼言英法自愿酌派数舰加入,以示合作。(三)钧请对苏俄进劝与华立军事上合作,法外长谓远东与苏俄有切身利害关系,尽宜积极援助,至少在边境示威,以牵制日军。惟苏俄对西班牙颇积极援助,其对华反冷淡,谅因清党举动业已影响军心,不敢轻易用兵。钧谓如得英美法之允为后援,彼亦可作进一步之助华,法外长谓法愿与英美共同为之,不能单独为后盾。(四)钧谓下周开会,希望组委员会进商具体助华与制日办法。法外长言委员会成立恐无济于事,因艾登与彼均不能往比,而美代表亦须回美。至商具体办法,不必以会议行之,致多窒碍,不如在会外密商为得计。制日一层,彼曾向英美提议停止供给日本煤油,如美商恐遭损失而反对,则法可承购若干,惟荷兰以恐日本出以报复手段,要求共同担保互助,而美又不允。(五)总之,美国态度为远东问题之关键,美总统本人颇欲采取具体办法,何如美国议院与舆论均不赞成,彼意我国应速设法运动美国舆论,按目前情况,非有意外之事件,如美船被日海军击沉等类,决不能有进而赞成积极助华之望,但美民意旨有时变更甚速,加入欧战即其先例。(六)目前要着,即使比京会议散而不散,以待时机。(七)钧询再回国联如何,彼谓与远东有关系之国家殆悉已加入比京会议,且有美国参与,如回国联,除空洞之决议外,难望能收实效耳。钧。

顾维钧等致外交部电

1937 年 11 月 20 日

发外交部电　廿六、十一、廿　（会六十五号）

钧自法回比，顷偕晤英美代表，告以中国希望会议不散，委托数国一方面继续调停，一方面商议切实援助中国及阻止日本办法，且以情势紧迫，如能由英美法俄分头用陆海军示威方能迅速见效。Davis 谓美国因中立法关系，明白援助甚为困难，不特恐引起战争，且日本如见各国援助中国，或加封锁阻止，反于中国不利。……谓现英国能助力处业在尽力，且拟继续努力，且以香港而论，颇有主张转运者，均加拒绝。现在要点在使与中国同情之国家设法调停，如同时议及援助中国，恐引起日本猜忌，视为偏袒，不愿接受调停。答以不妨同时进行商议如何援助中国，使日本知中国有列强为后盾，调停转易成功。Davis 谓现在会议应暂行休会，使各国得以从长计议。告以会议如无结果而散，不但使我国失望，将予全世界舆论一大打击。询以星期一会议如何进行，彼云尚未面商妥协，最后约定开会前再行交换意见。闻英美明日下午五时尚须讨论。现在美国态度骤加冷淡，一方面国会情形不佳，一方面我军事情形及希望停战之意似亦不无影响。美代表颇显明主张我继续抵抗，意谓此时讲和，日方条件必使我与各关系国难堪。英代表则以为在目前情况下，固不易得合理解决，但六个月后或情势更坏，条件更苛，亦未可知。Koo Guo Tsien。

中国第二历史档案馆藏联合国及国民政府新闻资料，六四七/202

孔祥熙致顾维钧等电

1937 年 11 月 20 日

极密。昨电谅达。九国会议如有办法最佳，否则日曾露愿德义拉英美法出作调停，盼兄等速加运用，使英法促美不以九国会议名义拉德义亦可主张，否则宣言不济实际，徒使我被牺牲。漾日（廿三日）宣言发表后，如无实际助我办法，则前途更无望矣。熙。皓（十九日）。

孔祥熙致顾维钧等电

1937 年 11 月 21 日

顾、郭、钱大使:外交部转十五、十七电均悉。四国同盟美虽难照办,如能使英美向苏俄表示可为后援,俄当亦可有所动作。国内情形前已电告,国人抗敌确有决心,惟须有切实援助,方有办法。为英美法俄各国计,与其任日军阀占领中国后,利用我人力、物力为害将来,莫若现在予以打击,使日本温和派得以抬头。英美等日倡世界和平,惟和平须赖合力维护,当现在局势,九国如能决心表示强硬,日本决不敢不从,调停条件或较缓和。如候日本军阀占领我首都深入内地后,则更无办法。养日开会,如会内有办法固最佳,否则务请注意个别办法。日原有由德意拉列强出作调停之意,现在九国及国联如无切实办法,闭会以后更愿显其日本军阀气焰,我国至迫不得已屈服时,条件之苛可想而知。莫若趁此时机一了百了,使英美法比出为主张,即在列强各别参加形式下,与日会谈解决办法。弟现移汉办公,如有要闻,盼速电汉口中央银行转。弟祥熙。马。

戴维斯致赫尔

布鲁塞尔,1937 年 11 月 21 日

……

3. 在我们与麦克唐纳、克兰伯恩和贾德干的会谈中,他们表示他们认为再作进一步的原则声明是不明智的,因为他们想不出还有什么没有说过的东西。他们还急切地希望现在能在这里做些什么,以清楚地表明休会并不意味着会议的结束,否则,中国将会坚持再把这一问题提交国联,英国的公众舆论也将激烈地批评政府未能促使会议做一些有

实效的事情。他们提议,英国和美国可以通告本会议,我们准备并愿意做些斡旋工作,这也可以为本次会议的休会提供一个合理的基础。但他们并没有提出更进一步的措施。他们还说,保持中国人的士气,不使其丧失国际社会总会做一些事的希望是极为重要的……

FRUS,1937,Vol. 4,pp. 219~220

戴维斯致赫尔

布鲁塞尔,1937 年 11 月 22 日

经过昨天一整天的商讨和起草,英国和美国代表团在今天早上就会议的报告和宣言的草案达成了一致意见。今天,我们分别向各个代表团出示了这两个草案,并加以说明。法国代表团要求与英美代表团一起作为提案国,我们接受了这一要求。下午晚些时候,在本会的一次非正式会议上,会议主席通报了这两个草案。中国代表团对这两个草案都表示了总的保留意见。

FRUS,1937,Vol. 4,p. 226

顾维钧等致王正廷电

1937 年 11 月 22 日

廿二日电敬悉。法曾提议英美法三国驻远东海军增援示威,或彼此联络,遇事通力合作。又,对日经济制裁,提议先办煤油制裁,如美以减少销路为使美损失,则法方承购一部分,以为补偿,英均赞成,惟美代表颇反对,即对于会同英法俄和比与我商订以物质助我切实办法,亦屡以中立法为词,坚称不能商办。查此次会议美虽阳称与各国合作,阴执牛耳,初尚表示积极,自华府国会开会以来,其态度忽转消极,近且微露颓丧。据传,系接美政府训令,嘱为注意,国会议论勿宜积极,故最近美方所拟大会宣言草案一变前次坚决积极口气,而为模棱含混之词,各方观察与弟等同,究竟美总统用意如何,深盼密示为祷。钧、祺、泰。

中国第二历史档案馆藏联合国及国民政府新闻资料,六四七/202

顾维钧等致蒋介石及外交部电

1937 年 11 月 22 日

发汉口外交部、南京蒋院长电　廿六、十一、廿二　（会六六号）

九国会议拟通过宣言、报告书后暂行休会。今晨经向英美代表力争，必须有切实援助中国办法，彼等云会议不能通过何项办法，但各国可以分别讨论，当告以最好由英法美俄比和六国共同讨论，英美询究需何项援助，答以金钱、大炮、飞机、高射炮、机关枪均所必需，彼询数量若干，此外尚需何物，嘱速开一单，以便讨论，究应开若干数目，乞速电示。Koo Guo Tsien。

中国第二历史档案馆藏联合国及国民政府新闻资料，六四七/202

顾维钧等致外交部电

1937 年 11 月 22 日

（会七十号）

本日下午开会，会长将宣言及报告书交讨论。首由钧发言，因宣言报告书内并无切实办法，表示不满，保留提出修正案。墨西哥代表宣言，希望有关系之九国公约签字国继续设法停止战争，并经咨询委员会向国联大会报告关于报告书之实用，意大利、葡萄牙、纽西兰均认为无此必要，英、法、美、玻利维亚则以为必要，挪威请将日本答复原文及意大利、北欧三国保留加入，钧要求将中国方面宣言加入，结果议决保留案加入宣言中日文件，作为附件，会长以中国须候训令决定，星期三下午三时开会。钧、祺。

中国第二历史档案馆藏联合国及国民政府新闻资料，六四七/202

顾维钧等致外交部电

1937 年 11 月 22 日

发外交部电　廿六、十一、廿二　会七十一号

今午访英美代表，彼等交示所拟会议宣言草案，我方以内容空洞距

我国期望太远,重提有效助我制日办法,彼等谓如各国明显助我,恐反促成日本实行封锁,使我国现有之物质援助亦不可续得,且此项办法难望通过大会。钧谓我方重实际,由英美法俄荷比诸国会外商酌亦可,美代表反对共同商讨,谓应单独交涉,英代表请我方拟具节略,分送上述各国,列举所需物件各数量,由各国酌量后再定应否共同商讨。嗣祺提及贷款问题,美代表谓美国近曾给予中国五十万元信用借款,于中国不无补助,但政府直接借款须经国会通过,甚困难。钧谓或可设法用其他方式借垫,英代表则谓只须与英财部商洽,不必经过国会手续云。Koo Guo Tsien。

中国第二历史档案馆藏联合国及国民政府新闻资料,六四七/202

顾维钧等致外交部电

1937 年 11 月 23 日

电外交部廿六、十一、廿二　会七十二号

宣言内拟提出修正案:(一)不承认原则;(二)一面继续调停,一面迅速研究具体办法;(三)知照国联。大部对于宣言报告书有何意见,乞速电示。报告书闻系美国要求,似为对内作用。钧、祺、泰。

中国第二历史档案馆藏联合国及国民政府新闻资料,六四七/202

顾维钧等致外交部电

1937 年 11 月 23 日

电外交部　廿六、十一、廿三　(会七六号)

午后访英美代表,钧谓会议可决议休会,似不必再发宣言,因宣言草案内容无新主张,且不及上次宣言之切实,尚有各国须考量其共同态度一节。Davis 谓原草案第七段甚重要,共同态度一语,并非反映共同行动,现会议拟暂休会,一面再设法调停,此即会议各国之共同态度,如调停再失败,则其将来之共同态度如何,此时不能预定。英代表谓各国现在之共同态度,即由一国或数国努力调停。钧谓同时会议应采用助我制日办法,与调停不但可并行不背,且可促其成功。英代表谓此系对日压迫式威胁,恐与调停适相反。嗣英美代表均言,九国公约各签约国有遵守其条文之义务,但无迫使他国遵守之义务。原草案第六段钧提议将首半句删去,其余并入第十二段末尾,众赞成。旋英代表退出,Davis 言美国助中国意思之真切,不异于任何国家,美国决不同意牺牲中国之条件,盼我国无论如何,除万不得已停战外,绝不可与日本直接签订任何协定。今晚英代表后来谈助我办法,彼等愿意照国联大会决议,各别助我。关于垫款问题,及英国所能借给我所需要之军械,俟接我方节略后,返英切商。钧、祺、泰。

中国第二历史档案馆藏联合国及国民政府新闻资料,六四七/202

孔祥熙致顾维钧等电

1937 年 11 月 23 日

顾郭钱大使:外交部转电悉。连日折冲,贤劳敬念。弟等及国内舆论对九国会议均深驰系,密探英美办法,其大使亦谓比京之会恐无结果。六十五号所示,外人骤加冷淡云云,想或系英法观望美方,美方则因国会言论所致,英代表所虑弟等亦有同感。我对抗战确具决心,过去事实乃可证此次政府西迁正为决心表示。美代表主张抵抗,而英法俄主张表示强硬,美独反对。我非希望停战,但列强如无确切援助,则我牺牲将无止境。敌人窥破列强不肯实力助我,又别无办法,故乘我后方我军因交通不便,且值此雨季,大军撤退颇感困难,致辛苦购备之大炮,亦不得不抛弃河流。如友邦徒托空言,绝无确实援助,前途实可忧虑。盼兄等力加运用,以竟全功,有何高见,切盼示知。弟祥熙。漾(廿三日)。

中国第二历史档案馆藏联合国及国民政府新闻资料,六四七/202

顾维钧等致外交部电

1937 年 11 月 24 日

发外交部电　廿六、十一、廿四　(会七七号)

宣言书昨日送与英美代表商议修正,如第六条、第十二条均照我意修正,关于不承认原则,及研究具体办法,英美因反对者多,则如被否决反牵及国联前案,坚劝弗提。至我国要求加入各国考量共同行动一语,英美始终拒绝加入。今日下午开会将宣言修正案付讨论。除小有文字修正外,连同报告全部通过,修正文另电。荷兰提议,将宣言列于报告之后,作为一件,美国提议定名为报告,钧起立宣言,中国对于会议未能规定切实办法,表示遗憾。此次休会,认为系继续研究和平解决方法,希望各国从速切实进行,并同时考量共同助我制日办法,中国因团体关系,对于报告表示接受,但请将本宣言备案加入报告之后。义大利谓休会如必要,实可闭会,故不反对休会,但对于宣言内容不能赞同,并要求将彼此项宣言,亦列入报告之后次。英美法演说对于比政府及会长致谢,Davis谓会议仅系休会,并非结束,中日问题非新问题,各国经此次交换意见,认识更切,美国将继续努力,促成和平解决。英国谓聆中国宣言,深觉感动,但局面如此,中国应谅解,现在办法为唯一实际办法,英国将继续与各国交换意见,甚愿与会议中无论何国合作,促进和平。法国谓希望得一公平之解决,对促进和平运动法国皆所乐从,并对于中国所受痛苦表示同情。纽西兰谓中国为被侵略者,对于中国及钧表示同情及敬佩,众鼓掌,钧起立致谢。比政府会长及纽西兰及诸代表并请将会议文件送交世界各国政府,美代表起言赞成,众无异议。因知照国联一层,美国反对,改提此议。次会长答谢,并对于中国代表团及钧以和平合作之态度,持坚强不屈之精神,深致钦谢,会议虽未满人意,不宜失望,顷聆英美法三国代表之言,盼其继续努力,遂散会。会后Davis谓彼本拟提及向中国表示同情,一时忘提,彼回国后,仍将继续努力。英代表谓对于中国代表团之和平坚决态度,极为感动,关于接济中国一层,彼已与艾登今晨电话述及,一俟接到中国开单后,即在伦敦讨论,应请将该单从速电示,以便进行。钧、祺。

布鲁塞尔会议通过的报告和宣言（节录）
1937 年 11 月 24 日

　　布鲁塞尔会议是接受比利时政府的邀请，应联合王国陛下政府的要求，在美国政府赞同之下召开的。1937 年 11 月 3 日举行开幕式。目前，会议已达到可将其工作的主要方面记录在案的时候了。

　　1921—1922 年的冬天，在华盛顿签订了一批相互关联的条约和协定，其中最重要的部分之一是有关中国问题应遵循的原则和政策的《九国公约》。这些条约和协定是谨慎审议的结果，也是自由缔结的。它们的缔结，主要是为了促成太平洋地区的稳定与安全。

　　《九国公约》第一条规定：

　　"1. 尊重中国的主权、独立、领土及行政的完整；

　　"2. 给予中国最充分、最顺利的机会，俾使其自行发展与维持一个有效而稳固的政府。

　　"3. 利用各缔约国的影响，以期切实制定并维护所有国家在中国全境商务实业机会均等的原则。

　　"4. 不得乘中国状况之机，以减少友邦臣民或公民的权利，而谋求本身的特权和特惠，并不得支持危及友邦安全的行动。"

　　遵循并根据这些承诺及其他条约中的条款，十年来太平洋地区的形势是以实际上的稳定为特征的，并向着条约所设想的其他目标有了很大进步。近几年来，日中之间却出现了一系列的冲突，而这些冲突已经达到敌对状态，迄今正在发展。

　　布鲁塞尔会议所以召开，其目的正如邀请书所述，"是为了根据《九国公约》第七条检查远东局势，并考虑迅速结束目前正在那里发生的令人遗憾的冲突的各种友好的办法"。除日本之外，所有 1922 年 2 月 6 日《九国公约》的缔约国和拥护者，都为达到邀请书所阐明的目的而接受了邀请，并派代表来到布鲁塞尔。

　　中国政府出席会议并参与了会议的讨论，业已就遵循该公约第七条问题致函《九国公约》其他各方。它在这里声明：该国目前的军事行动纯属抵抗日本对中国的武装侵略。中国政府已宣布自己愿意接受基于《九国公约》原则的和平,并全心全意同那些拥护条约的神圣原则的其他列强合作。

日本政府在答复中说,令人遗憾的是,它不能应邀赴会,并断言:"日本在中国的行动是面对中国强烈的抗日政策和行动,尤其是中国诉诸武力的挑衅行动而使日本被迫采取的自卫措施。因此,正如帝国政府业已宣布的那样,这种行动不属《九国公约》条款之列。"它还提出这样的看法:集中如此之多的大国以求解决冲突的尝试,"只会使局势更趋复杂,为公正合宜地解决冲突的途径设置严重障碍。"

1937年11月7日,会议通过比利时政府致函日本政府。在该函内,会议征询日本政府是否愿派一位或几位代表,同为此目的而选择的少数列强代表交换意见,这种交换将仅限于在《九国公约》范围之内,并与该条约之条款相一致,以进一步表述不同观点,便于中日冲突之调停。布鲁塞尔的各国代表在该函中表达了使中日冲突得以和平解决的诚挚愿望。

1937年11月12日,日本政府对该函作了函复,内称:它只能维持其先前陈述过的观点、即日本目前在其对华关系上采取的行动是一种自卫措施而不属《九国公约》之例;只有中日双方努力,才能达成一种取得最公正、最平等的解决办法;诸如布鲁塞尔会议那样的集体机构的干预,只会招惹两国舆论而使冲突更难以得到使所有各方都满意的解决。

11月15日,会议通过一项宣言,确认南非联邦、美利坚合众国、澳大利亚、比利时、波利维亚、加拿大、中国、法国、联合王国、印度、墨西哥、荷兰、新西兰、葡萄牙和苏维埃社会主义共和国联盟等国的代表们"……认为这项冲突在法律上关系到签署1922年华盛顿《九国公约》的所有国家的利害关系,并关系到签署1928年《巴黎公约》的所有国家的利害关系,并认为它在事实上也关系到国际大家庭所有成员国的利害关系"。

面对会议与日本政府之间意见殊异的情况,目前会议似乎无机会在其职权范围内同日本进行讨论,以达成协议促使和平实现。因此,会议即就这一方面的工作进行总结,并在此即将进入休会的时刻,通过一项关于会议观点的宣言。……

1937年11月24日会议通过的宣言全文如下:

《九国公约》是大量国际约章的一个杰出典范。这些国际约章为世界各国阐明了某些原则以及在彼此交往时应接受的某些自我克制的规定,郑重保证尊重他国主权,不得谋求对他国的政治、经济控制,不得干涉他国的内政。

这些国际文件组成了一种机构,可借以在不诉诸武力的情况下保卫国际安全和国际和平。在这种机构范围内,国际关系将建立在互相信任、互相亲善、在贸易和金融方面互沾利益的基础上。

必须认识到,不论何时无视这些原则而使用武力,那么,由这些条约所提供的保障为基础的整个国际关系结构就将遭到破坏。于是,各国为求得安全便不得不一再扩充军备,结果处处造成不稳定感和不安全感。这些原则的有效性不容遭到武力的破坏;这些原则的普遍适用性不容否定;这些原则对于文明与进步的必要性不容否认。

本会议就是根据这些原则而在布鲁塞尔召开的。其目的正如比利时政府所发请柬中所说,是"为了根据《九国公约》第七条检查远东局势,并考虑迅速结束目前正在那里发生的令人遗憾的冲突的各种友好的办法"。

会议自11月3日开幕以来,抱着制止战争行动、达成解决办法的希望,一直在尽力促进和解,并努力争取日本政府的合作。

会议相信,武力本身决不可能为两国之间的争端提供公正持久的解决办法。它相信,使争端双方在别国帮助下努力早日结束冲突,并以此作为达到一项普遍的持久的解决办法的前提,这是符合目前冲突双方直接利益和最终利益的。它还相信,由冲突双方单独进行直接的谈判,不可能达到满意的解决,只有通过同其他有关的主要国家进行磋商,才能达成一项协议,其条款将是公正的、一般可以接受的,并且可能是持久的。

会议坚定地重申,《九国公约》各项原则是对世界和平和国内国际生活有秩序地向前发展的必不可少的基本原则。

会议相信,立即停止远东的战争行动,不仅符合中日两国,也符合所有国家的最大利益。随着冲突一天天地延续,生命财产的损失与日俱增,冲突的最终解决也就会更加困难。

因此,会议强烈要求应该停止战争行动,必须求助于和平程序。

会议认为,对于通过和平程序而公正地解决冲突的任何可能步骤,都不能予以忽视或遗漏。

会议认为,为了让与会各国政府有时间交换意见,并进一步对依据《九国公约》各项原则、符合该公约目标、可能使争端得到公正解决的一切和平方法进行探索,暂时休会是适宜的。然而,鉴于在《九国公约》中的承诺以及在远东有着特殊利益,远东冲突仍是在布鲁塞尔集会的所有国家关注的问题,而那些受到远东局势和事件最直接影响的国家则尤为关注。其中,《九国公约》缔约国已明确采纳了旨在稳定远东局势并受到《九国公约》特别是第一条和第七条制约的政策。

不论何时,只要会议主席或任何两个与会国提出,认为重新开始会议的审议工作将是有益的,那么会议将重新召开。

《国际事务文件》,1937 年,第 249—253 页

顾维钧在布鲁塞尔会议闭幕会上的声明(摘录)
1937 年 11 月 24 日

中日战争,迄未终止,中国代表团深信仅口头复述原则,决无补于实际,尤其在此种严重情形之下。中国代表团对于大会,不能采取积极而完备步骤,实为遗憾。因此等一致行动,在阻止日本侵略,恢复世界和平上,实为必需。

《武汉日报》1937 年 11 月 26 日

顾维钧致蒋介石电

1937 年 11 月 26 日

蒋院长钧鉴:澜电敬悉。顷晤 Davis,彼谓美国对于日本人已暗中停止财政上之接济,仅关于商业上押汇须金子已离日本后方予贷款,事实上仅有十余日之通融。至接济军火原料问题,美商对于日本已多顾虑,其关军火一层,即对于中国亦有人主张慎重。询以是否军火商均抱此项见解,答以少数。至于英国一星期前 Eden 告祺,对日本财政接济英政府方面亦早已停止,仅商业上贴现尚有往来,至对日本军火,亦在设法留难。英美商约艾登谓特于此时由双方宣布进行,即为英美合作一种表示,含有政治意义。至商约本身,因与各自治领错综关系,内容复杂,商讨不易,恐须俟明春始可望订立。Davis 亦谓商约为两国亲密合作之朕兆,但美国人民向惧政治同盟,故其合作方式希望英国看法能与美国相同,但经济合作亦不能视为与政治无关云。谨闻。钧今日回巴黎,祺偕陈公博专使经巴黎赴英。钧。

中国第二历史档案馆藏联合国及国民政府新闻资料,六四七/202

顾维钧等致外交部电

1937 年 11 月 26 日

电外交部廿六、十一、廿六　会八十二号

美顾问来辞行,重申历来美代表团之请,询问中国以何项条件可以议和。彼意政治问题如东三省等整个避开,以待将来,而先择中国可以承允之具体问题,如经济合作等,嘱开一单秘密非正式告伊,不作为中国提出,只作为美国意见,以使促成双方接近。顷晤 Davis,缓以为言,彼谓美国如出任调停,决不愿出卖中国,如任日本先行提出条件,恐其苛酷程度决非中国所能接受,美国亦不愿代为传达,不如由中国开出可以承允之条件,作为美国之意,如此则对方不至开价过巨。至于政治问题,目下甚难解决,拟将其暂行不提,另签一双方可以停战承允合作之条约,如此日本亦可下台。询以美国是否愿单独调停,答以非彼所愿,但不与他国共同调停,等语。查关于中国可以考量之问题,如原料、人口过剩、经济合作、抗日问题等,前已奉有训令。此外,华北植棉、沧石铁路、龙烟煤矿、长芦盐田、福岗飞行联航等,是否可以提出? 又,此外有无日本希望而我国可以考量之件,请速电示巴黎。Davis 本日赴巴黎,二日返美,望于离欧前接到我国意见。现英请其赴伦敦,彼似尚在候训令,彼设为美国舆论起见,如不去伦敦于中国无损,或及有益云。钧本日返法,祺偕陈公博专使经巴黎赴英。钧、祺、泰。

中国第二历史档案馆藏联合国及国民政府新闻资料,六四七/202

二、中德关系

说明:抗日战争爆发之前,德国与中国和日本都保持着密切的关系。中国军火进口的大部分来自于德国,而德国国防工业所需要的一些重要原料则依赖于中国的出口。另一方面,德日于 1936 年 11 月订立反共产国际协定,双方形成了一种非正式的盟友关系。中日战争的爆发使德国处于两难境地。德国担心日本的侵略会把中国赶到苏联一边,同时日本自身亦受到战争削弱,难以发挥其对苏联的战略牵制作用。因此,德国不赞成日本扩大对华战争。在战争的最初半年中,德国基本上保持着中立立场。它拒绝了日本要求其撤回驻华军事顾问团、停止对华供应军火、及承认"满洲国"等要求。当然,德国政府也对德国顾问的在华活动及提供军火等问题作出了相应的限制。德国希望中日两国能停战言和,日本驻华、驻日外交官努力在中日之间进行斡旋活动,但日本提出的过于苛刻的和谈条件,使德国调停归于失败。此后,德国政策发生逆转,陆续宣布承认"满洲国",撤回驻华军事顾问,停止向中国输出军火等。中国努力维持中德关系,中德贸易仍在一定程度上暗中继续进行。但德日结盟的趋势难以改变,德日结成军事同盟后,德国又宣布承认汪伪政权,国民政府立即与德国断交。

本章主要资料来源:
中国第二历史档案馆藏蒋廷黻个人档案
中国第二历史档案馆藏国民政府档案
中国第二历史档案馆藏中央信托局档案
中国第二历史档案馆藏档案
中国第二历史档案馆藏国民政府外交部档案
中国第二历史档案馆藏中国粮食工业股份有限公司档案

中国第二历史档案馆藏军事委员会委员长侍从室档案

中国国民党中央委员会党史委员会编,秦孝仪主编:《中华民国重要史料初编——对日抗战时期》第三编《战时外交》,台北"中央"文物供应社,1981 年(以下简称《战时外交》)

中华民国外交问题研究会编:《卢沟桥事变前后的中日外交关系》,台北,1964 年(以下简称《卢事前后》)

复旦大学历史系编:《中国近代对外关系史资料选辑》下卷第 2 分册,上海人民出版社,1977 年

中国第二历史档案馆编:《中德外交密档》(1927—1947),广西师范大学出版社,1991 年(以下简称《中德外交密档》)

《日本外交年表及主要文书》(1840—1945),简称《日本外交年表及主要文书》

Documents on German Foreign Policy, 1918 – 1945(《德国外交文件》,以下简称"DGFP")Series D, Vol. 1,4,8,13(London:His Majesty Stationary Office,1949,1951,1954,1964).

本章所收《德国外交文件》资料,部分由杜继东先生翻译,部分由编者译出。

(一)争取德国保持中立

说明:战争之初,日本曾要求德国根据反共产国际协定对日本予以声援。但德国政府认为,日本在中国的作战背离了反共产国际协定的既定目标,它只会把中国推向苏联的怀抱,造成共产主义在中国的发展。因此,德国不愿采取支持日本扩大战争的行动。这一时期,德国军事顾问继续在华活动。除了继续在后方进行训练、教育等工作外,一些人甚至参与了前线对日作战的计划和指挥工作。根据战前中德间签订的协定,德国继续向中国提供军事物资。日本对此提出抗议,要求德国

政府停止这些活动,并要求德国召回其驻华大使。迫于日本的压力,德国政府对军事顾问的在华活动作出限制,对向中国提供军事物资规定了条件,但实际的执行情况仍对中国有利。

1. 德国不赞成日本发动对华战争

程天放致蒋介石
柏林,1937 年 7 月 12 日

牯岭。院长钧鉴:密。自七日晚华北中日军冲突,德报连日登载极详,柏林日报、德意志日报、哥龙日报等,且有评论,虽未公然责备日本,但谓驻华北达一师之多,足以引起事变,含应由日方负责之意。乃今晨各报忽登日大使馆声明,谓驻华大使馆曾向我外部要求制止卅七军及华北党部之反日行动,我方答以事变责任属于日方,致军队更增,十日晚中国军队重新开火,现中国派援兵四师,且令空军向华北开动等语。我方如置之不顾,不啻自承理屈,故亦发一声明,说明日驻兵数及大规模演习均越出辛丑和约,七日晚借口兵士失踪寻衅,其后协议撤兵,又不履行,责任均在日方,我方行动均属自卫,且始终希望和平解决,不欲扩大,但关键仍在日本。谨电呈。职天放叩。文。

《战时外交》第 2 卷,第 677 页

程天放致外交部
柏林,1937 年 7 月 14 日

南京外交部,四八四号。

昨奉钧部十一、十二二电,两度以本馆名义发表声明,说明日方一再违约启衅,我方不得已抵抗,及日方陆海空军发动情形,今日德报已登载。今午与德外长谈半小时,说明卢沟桥在北平南部,照辛丑和约,日亦无权驻兵。至我方对七日起事变经过,中央始终抱定和平解决之态度,但如日方坚持无理要求,及意图以武力压迫,决抵抗到底,一切责任应归日方。德国外长谓:日本大使今晨见彼,告以日方态度,并诿过于中国。但经放说明后,彼已了然。对卢沟桥非和约规定驻兵及演习范围更为明了。放询德国政府持何态度,彼谓目前已与德国总理说明,德国政府觉中日间有此冲突,深为不幸,甚盼能和平解决,否则非世界之福。放谓如日方改变侵略政策,我国仍愿与之协商,以外交方式解决,但能否办到则在日方,又谓万一事变扩大,德方见解如何?彼谓德国政府必抱定平允态度。再连日与各国驻使交换意见,所幸各使均极关怀,且云,如英美切实合作,可消弭远东及世界危机,但未奉政府训令,未知二国对此事已接洽到如何程度,谨闻。程天放。

《卢事前后》,第504页

程天放致外交部

柏林,1937年7月16日

南京外交部,四八五号。

五三八号电敬悉。放抵德后曾备德文本中国反共斗争书籍数百部,分赠德政府要人及在野名流。个人谈话及公开演讲亦随时宣传中国反共经过,故德方朝野对此颇为明了。华北事变发生后,日方在德自思造成中苏连系,及我政府与共党妥协友好之舆论,但迄至现在止,可谓未生效力。德报对中日事件评论均尚持平,大都暗示日方在华北驻军太多,引起中国恶感。著名大报佛朗克府新闻十三日社评且谓,中国方面军力及民族自尊心均强,已非数年前之易于屈伏。蒋院长决不愿订立屈辱之条件,现仍愿交涉,但不免有一日至忍无可忍之境云云。除三月五日德党报社评曾提及中国之人民阵线外(详三九七号电),此后并未再提。同盟社所传,显系故意散放空气。惟十四日与德外长谈话时,曾谈及见日大使时,曾告以中日纠纷扩大延长均不利,恐徒为共党造机会云云。此后仍当严密注意报纸论调,随时电陈,唯我方在海外无通讯社,不克直接供给消息于各报,为可憾耳。程天放。

《卢事前后》,第504—505页

德国外交部致德国各驻外使团

柏林,1937 年 7 月 20 日

致德国驻英、美、法、意、比、荷、葡、日、中、苏使馆:德国政府将在远东冲突中保持严格的中立。德国外交部长在与中国和日本驻德大使的谈话中已经表明了这一点. 为了我们在远东的经济利益并考虑到我们的反共产国际政策,我们对势态的发展极为关注,并真诚地希望这一事件能早日得到和平解决。中日之间的决战将使苏联政府得利,它很乐意看到日本在其它地方受到牵制,并由于军事作战而受到削弱。

致德国驻英、美、法、意、比、荷、葡、日、中使馆:根据我驻莫斯科使馆的观察,我们得出这样的结论:苏联正在以各种方式煽动冲突,以转移日本对苏联的压力。……

麦根逊

DGFP,Series D,Vol. 1,pp. 733–734

哈赛尔[①]致德国外交部

罗马,1937 年 7 月 21 日

齐亚诺今天向我说明了意大利对于远东冲突的正式立场,它与德国的立场完全一致。它实际上赞同日本的行动,这一点是明显的。齐亚诺并补充说,根据德意协定的精神,他已经通过阿托利科[②]与中国政府相商军事使团的去留等问题,因为对军事行动的参与是和与日本的良好关系完全不相容的。……

DGFP,Series D,Vol. 1,p. 735

---

① 时任德国驻意大使。
② 时任意大利驻德大使。

德国外交部致德国驻华大使馆

柏林,1937 年 7 月 28 日

关于你 99 号电的最后一节。你对蒋介石的说明甚为适当。反共产国际协定并没有给我们提供任何对日本施加影响的基础。但是,另一方面,我们已经清楚地使日本人了解到,他们不能在对中国的行动中要求适用反共产国际协定,因为这一协定并没有把在第三国的领土上与布尔什维克主义作战作为其目标。同时,我们曾一再劝告日本人应缓和局势。

魏泽克

DGFP, Series D, Vol. 1, p. 742

狄克逊致德国外交部

东京,1937 年 7 月 27 日

1. 日本陆军省次官在会见我武官时,对德国政府停止向中国提供武器感到高兴,但是考虑到通过德日条约所建立起来的友谊,他对只是在日本提出了抗议之后德国才作出这一决定表示遗憾。

武官回答说,日本在华北完全出乎意料的行动严重地影响了德国与中国的经济关系,德日条约只是用以应付由俄国所引起的局势的。

2. 次官进一步说,德国军事顾问在目前的紧张局势下协助中国的行动,严重地损害了日本军官们对德国的情感。尽管日本军队的指挥官无法在法律上对德国军事顾问提出反对,但德国的行为极大地危害了德日合作的政策,因为已经存在于一部分军官中的反对意见有扩展的整个军队中去的危险。

次官以一种友好的但又具有压力的方式,要求德国作出友好的姿态来改善日本人的感觉。

武官列举了一些事情来证明德国军队对日本军官的非常积极的友谊,并表示了我们期望日本的军备计划能够实现的愿望。因此,日本军队实在不能抱怨我们缺乏乐于帮助的诚意。

……

DGFP, Series D, Vol. 1, p. 740

德国外交部致狄克逊

柏林,1937 年 7 月 28 日

　　日本人把他们在中国的行动解释为履行反共产国际协定而与共产主义作战,这是故意曲解。正如我们的第 140 号电已经指出的那样,协定的目标不是在第三国的领土上与布尔什维克主义作战。相反,我们认为日本的行动是与反共产国际协定背道而驰的,因为它将阻碍中国的团结统一,导致共产主义在中国的进一步蔓延,其最后结果将驱使中国投入苏联的怀抱(这里,我可以机密地告诉你,蒋介石在与陶德曼大使的会晤中回答这一问题时说,晚些时候俄国对可能出现的战争进行干预的可能性是必须考虑的,他长久以来不想与苏俄订立任何协定,但现在情况不同了)。因此,日本人没有任何理由期望我们赞同他们的举动。我们倒是希望他们不要在中国引起任何麻烦。我们认为,所谓的"造成明确的战略形势",对日本准备未来与俄国的可能的摊牌不会带来任何好处。日本在华北得到的地盘越多,它所激化的中国人对日本人的仇恨的结果将越多,并将长期延续下去。因此,日本人可能必须面临两线作战……

　　日本人近来一直在德国进行广播宣传,向德国人卖好,他们总是极力把对中国的战争说成是反共作战,力图迫使我们至少给予其道义上的声援。我们不欢迎这种宣传。

魏泽克

DGFP, Series D, Vol. 1, pp. 742–744

徐谟、陶德曼谈话纪要

南京,1937 年 7 月 30 日

　　七月三十日下午五时卅分德大使陶德曼到外交部访问徐次长.略

谓:前日与蒋院长谈话后,当经蒋院长所云一节电达政府。兹接复电谓:
本人对于德日防共协定表示之意见,甚为适当。德政府认为不能以该协
定为根据,请求日方停止在华行动,反之日方亦不能以该协定为根据,
请求德方为任何协助,但德政府业已再向日政府劝取和缓态度云云。

《卢事前后》,第496页

德国外交部致陶德曼狄克逊

柏林,1937 年 7 月 31 日

有关共产党人在华北进行反日煽动的消息(其消息来源大多出自
日本人),正越来越多地频繁地出现在德国报刊上。

7 月 29 日,近卫首相在日本国会声称,共产国际在华北的活动正
日益增加。

请来电告诉我们,你们那里对这些报告的看法如何,在远东冲突中
苏联影响的增加是否确实是引人注目的,它已达到何种程度?

魏泽克

DGFP,Series D,Vol.1,p.747

陶德曼致德国外交部

南京,1937 年 8 月 1 日

我认为这些报告①是日本人的宣传。日本曾同样地以进行反共斗
争的名义作为其建立冀东政权和进行绥远作战的理由,但实际上却毫
不相干。这种宣传是日本人的陈词滥调,在远东没有任何人相信它。

另一方面,我认为,中国完全可能正在被日本人的行为推向苏联的
怀抱。在国内的政治战线上,中国政府停止了它对左翼力量的斗争。
蒋介石长期以来一直反对与苏联签订协定,现在他不能再完全拒绝这
一想法了。孙科现在可以公开地鼓动联俄。

---

① 即关于共产党在华北进行反日煽动的报告——原件注。

没有听到什么共产党人在西北活动的消息。他们也许得到了莫斯科令其潜伏的指示。

日本的暴力政策正在造就他们声称正与之作战的力量。

牛拉特备忘录

1937年9月22日

今天,日本大使突然间接地建议我们从南京召回陶德曼大使。他是唯一的仍在南京的大使,如果我们命令我们的大使离开南京,它无疑将对中国人产生强烈的道义上的影响。我直率地答复武者小路先生说,陶德曼大使将继续留在南京。我们没有撤回大使的惯例,即使日本的轰炸机把炸弹投到我们大使居住的不设防城市中。……

德国外交部致狄克逊

柏林,1937年9月23日

1. 南京22日来电报告,日本人把炸弹投到了德国的房屋附近。鉴此,请对日本对南京地区的轰炸再次提出强烈抗议。……

麦根逊

陶德曼致德国外交部

南京,1937年10月30日

我愿意指出,在远东问题上,把我们的政策和意大利的政策混为一谈是毫无益处的。意大利在中国扮演了一个相当消极的角色,被认作为日本的盟国。他们能够实行这样的政策,而我们却必须保护我们在中国的仅次于英、美、日的重大经济利益。

牛拉特备忘录

柏林,1937 年 11 月 22 日

今天,意大利大使再次提起承认满洲国的话题。他说,他已得到指示,要探询我们对一问题的态度。……我回答大使说,我认为在目前这样的时候,不宜采取承认行动,因为我们将因此而丧失我们迄今为止在远东冲突中所持有的中立地位,而相当公开的偏向日本。这将至少会造成我们将不再持有冲突调解人的立场的影响,因为中国人将把我们视为他们的敌人。而且,我们不准备没有任何回报地送给日本人一件礼物。元首对我说,他并不想在反共产国际协定周年纪念日的时候采取承认行动,这是这里的日本人所一直要求的。

DGFP,Series D,Vol.1,pp.785–786

德国外交部致驻意大利大使馆

柏林,1937 年 11 月 27 日

24 日晚,意大利大使询问元首,德国现在是否准备满足日本的愿望,承认满洲国。

元首指示外交部长通知大使,尽管我们原则上准备承认满洲国,但我们现在还不能确定日期。而且,我们还必须获得日本人对我们在满洲国以及它将占领的其它中国地区的商业利益的保证。……

DGFP,Series D,Vol.1,pp.786–787

陶德曼致德国外交部

汉口,1937 年 12 月 13 日

鉴于汉口正流传着孙科已与俄国人缔结同盟的传言,我今天就此事询问了张群将军。他很机密地告诉我,孙科曾计划飞往俄国,但是由于我对蒋介石的拜访,他已经中止其行程,回到了汉口。张群并不对我讳言,在更广阔的范围内,主要是在青年一代中,倾向苏俄的情绪正越来越浓,有势力的人士要求政府抓住这一最后的机会的压力也日益增长。我问他关于俄国的态度,他表示了这样的看法,即苏俄与日本之间的战争无疑是会发生的,这只是个时间问题。大使的变动就是一个征兆……

后来,张群问我,如果俄国出面干预,德国是否将参战,站到日本一边。对此我回答说,我们与日本没有同盟关系,但是,如果中国与俄国结成同盟,将会对德国的公众舆论产生非常坏的印象,因为那时共产主义就要到中国来了。张群将军回答说,中国非常感谢德国为中国所做的一切事情,并希望与德国长期友好下去。

我从这一谈话中得出了这样的印象,张群将军本人对未来局势的发展是很悲观的,假如中国由于日本要灭亡中国的政策而陷入绝境,它就会落到俄国人手中。

DGFP,Series D,Vol. 1,pp. 801−802

2. 德国军事顾问继续在华活动

德国顾问在华工作分配一览表
1937 年 8 月

外员工作分配一览表

服务机关	外员姓名	工作主兼	备考
总顾问办公处:	佛采尔	主	
	克鲁格	主	
	克鲁马赫	主	
	布赛吉斯特	主	
参谋本部:	佛采尔	兼	
	顾德威	主	
	史培曼	兼	
	莱柏尔	兼	
陆军大学:	林德曼	主	
	史培曼	主	

	古稀	主
	克里拜	主
	王恩翰	主
	顾德威	兼
	莱柏耳	兼
测量总局：	罗霭夫	主
	哈特曼	主
	赖曼	主
	饶美亚	主
	布盖特纳	主
交通司：	霍柏斯	主
	皮尔纳	主
	喀诺布尔司多夫	兼
军医司：	莱柏耳	主
航空署：	百禄	主
	皮尔纳	兼
兵工署：	佛莱迈里	主
	亨尼希	主
	杜好尔	主
	麦次纳	主
	布鲁麦	主
军需署：	屈本	主
骑兵旅：	洛森	主
	罗伦次	主
	薄弟恩	主
	霍柏斯	兼
	喀诺布尔司多夫	兼
	莱柏耳	兼

	爱基弟	兼
	克鲁马赫	兼
铁道炮队司令部：	皮尔纳	兼
军官学校：	巴德	主
	诺尔泰	主
	爱基弟	主
	凯塞	主
	胡脑施坦音	主
	达麦劳	主
	布禄贺音	主
	毕里次	兼
	霍柏斯	兼
	皮尔纳	兼
	莱柏耳	兼
	克鲁马赫	兼
	漆麦曼	兼
	麦次纳	兼
第八十七师：	马约	主
	包尔	主
	摩里次	主
	漆麦曼	主
	马丁	主
	鲍次	主
	波勒	主
	喀诺布尔司多夫	兼
	莱柏耳	兼
第八十八师：	阔次	主
	施特莱勃	主

	史脱次纳	主
	韦白	主
	扈迈	主
	费尔曼	主
炮兵学校：	毕里次	主
	喀诺布尔司多夫	主
	哈赛	主
	基尔柏	主
	毕格尔*	主
	郝次	主
	舒尔次*	主
	郎格尔*	主
	莱柏耳	兼
	克鲁马赫	兼
工兵学校：	克鲁格	兼
步兵学校：	魏尔克*	主
	布罗赛*	主
兽医学校：	爱倍勃克*	主
蹄铁教练所：	贝尔哈特*	主
工兵补充队：	爱基弟	兼
财政部税警特务团：	邵姆堡	主
	施坦音	主
	喀诺布尔司多夫	兼
未经指定：	洛卫*	
	骆梅苍*	

附记:据总顾问 8 月 3 日函称,奉委员长核准军官学校添聘顾问二

---

* 加 * 号者尚未抵华。

员,步兵学校、工兵学校,各添聘顾问一员。业经准函,由顾问处呈请军政部备案在案。

《中德外交密档》,第126—129页

德国专家在华工作津贴办法
1937年

（一）德国专家津贴分为甲乙丙三等。甲等每月八百元,乙等五百元,丙等临时酌定,每月终由资源委员会分发具领。

（二）凡领取上条津贴者,所有膳宿及其他各费皆由自备。

（三）德国专家经资源委员会核准而由德来华或离华返德时之旅费,甲乙两等人员每人每次二千元,丙等每人每次一千二百元。

（四）本办法资源委员会认为必要时得酌为变更之。

附:德人在华旅费办法

（一）德人旅行时轮船及火车费用皆照头等客座计算。

（二）德人旅行时膳宿杂费及内地旅行用款分为三等。甲等每日以十五元计,乙等以十元计,丙等以七元计。

（三）旅费由资源委员会发给,用毕应造具账目,开列旅行日期,送请资源委员会审核,但因款数系按日计算故不必定附收据。

（四）与德人同行之华人经资源委员会核定者,其旅费另行规定。

《中德外交密档》,第130页

军委会办公厅、军政部等关于抗战开始后可
"照常信任"德国专家来往文电
1937年8月—9月

1.军事委员会办公厅致军政部密函
1937年8月12日

国民政府军事委员会办公厅密函　执三字第1136号

案准外交部情报司本年八月七日密函开:"顷据上海密报:据哈瓦斯社

方面消息,日德之间已有密约,由德籍顾问供给日方关于我国军事之秘密,日方允于事后与德以青岛及山东之权益等语。查所报告各节关系重大,相应密达查照"。等由。准此,案关国防,相应密达,即希严切注意为荷!

此致

军政部

> 国民政府军事委员会办公厅
>
> 中华民国廿六年八月十二日

2. 军事委员会办公厅致军政部密函

1937 年 8 月 21 日

国民政府军事委员会办公厅公函 高一字第 12136 号

奉谕本会前次令各军事机关对于德顾问等应照常信任服务,仰再知照。各机关须彻底令知各级遵照。等因,奉此。除分函外,相应函达,即希查照前令切实办理,并祈将转令情形见复为要。

此致

军政部

> 国民政府军事委员会办公厅
>
> 中华民国廿六年八月廿一日

3. 军政部致军务司训令

1937 年 8 月 23 日

军政部训令 (密)务(防)字第 4134 号

令军务司

案准军事委员会办公厅高一字第一二一三六号函开:"奉谕本会前次令各军事机关对于德顾问等应照常信任服务,仰再知照。各机关须彻底令知各级遵照,等因,奉此。除分函外,相应函达,即希查照前令,切实办理"。等由,准此。除函复并分令外,合行令仰遵照具报为要。

此令

> 部长 何应钦
>
> 中华民国二十六年八月廿三日

4.军政部致各所属单位密令稿

1937 年 8 月 25 日

部衔密令　务防字第　　号

令本部各署司厅处

各学校

第八十七师、第八十八师、教导总队

案查关于日德间订定密约,由德顾问供给有关我国军事秘密一案,经于本月十四日务防字第四〇五七号密令该( )注意防范在卷。此案全文应付焚烧。除分令外,合行令仰遵照,于奉到此令时即行一并销毁,如经转令并仰饬属遵照为要。

此令

部长　何〇〇

5.军政部军务司致军需署密函

1937 年 9 月 6 日

司衔密函　务防字第 4250 号

案查关于贵署八月三十日呈,据军需学校教育长墨林翰呈以该校原聘德籍顾问申来克一员,自任教以来颇具热心,惟于教材及教授法微乏统系,有失学子信仰,不拟继续聘请,转请核示一案,经签奉部长批示"是否到期应查明,如未满期应缓办"。等因,奉此。相应录批函请查照,查明见复为荷!

此致

军需署

司长　王文宣

中华民国二十六年九月六日

6.军政部军务司签呈

1937 年 9 月 3 日

签　呈　二十六年九月三日于军务司

查因日德密约由在华德顾问供给日本有关我国军事秘密,奉令转饬各机关学校对德顾问严加注意一案,已转奉委座谕令对德顾问照常信用。遵于八月二十三日务防字四一三四号密令通饬遵照在案。该署转请对德顾问拟行解聘一节,似应暂勿庸议。当否之处,理合签呈,鉴核示遵!谨呈

次长陈、曹

部长何

军务司司长王文宣

《中德外交密档》,第130—133页

合步楼公司致何应钦函

1937 年 8 月 25 日

谨呈者:窃敝公司为防止误会及为中国政府利益起见,谨将管见数项呈请鉴核。查陈门苏上尉系德国国防部派来中国担任训练中国人员事宜,现率其教练员四人实施南京已安装之八·八公分要塞炮炮兵连之训练。

陈门苏上尉前应兵工署之请,于上星期日前往江阴试放由敝公司装配师史宾勒安装之八·八公分炮,惟抵澄后发觉所装之炮已由该处士兵自行试放,并无长官在旁监督,该项士兵不谙此项新式炮之构造及其锐敏性质,贸然使用必致发生损坏或不能用之重大危险,为避免损坏后将责任推诿于敝公司所供给之材料不佳起见,拟请钧长加以注意,并饬令于试射时应由受过训练之军官在旁监督,方不致发生危险。

该项要塞炮曾经不良之使用一部分在外表上即可看出,惟使用不良之程度如何未能判定。敝公司对于该项火炮因不合理使用所生结果恕不负责。再查炮弹于试射前曾堆置于地,苟地上之沙土粘附其上,则虽使用炮弹一枚,已可损坏全部炮管。

再据陈门苏上尉报称,有数炮皆未经德国装配师之手已擅自安装,查该装配师在该处并无他事,而当局并未通知其前往指导。敝公司因未知炮之安设有无不合,故拒绝试射。盖于装配时如稍有不合,射击时

不仅可损坏炮之本身,且可危及人之生命也。故拟请钧长饬令该处将已装之炮在德国装配师指导之下拆下重装,否则敝公司不能负此重责。

此外又有不能不为钧长告者:当地中国军官对于敝公司供给之炮颇有反对之论,调查敝公司所供给之炮皆系著名之克虏伯厂最优而最新式之出品,而为德国国防部所可保证者。此项不合理而含有恶意之批评颇予敝公司人员以难堪,在江阴目前情况之下,敝公司人员为谋中国福利,不顾其个人生命危险而与中国士兵患难相共,其对于是项论调可发生使人不快而难堪之影响,敝公司装配师史宾勒原住于炮兵学校营房,因无翻译人员传达言语易起误会,其最使其难堪者,某日校中全体竟无只字通知开往他处而遗弃一人于原处,又当士兵寻觅危险较少之处时,亦不通知其离开危险处所,更不为其谋膳食及安全处所在。如此情形之下,敝公司不得不决定将其召返南京。惟为中国政府利害关系计,拟请钧长在此艰难之时期中,饬令对于敝公司人员施以与中国官兵同等之保护及待遇。以上种种之情形如钧长认为有必要,敝公司当再详细面陈,但敝公司所陈诉各节实非获已。敝公司所望者在勿使予吾人以难堪,并勿因敝公司供给之材料而使中国政府及敝公司之合作发生损害也。此呈

军政部长何

合步楼公司谨启

八、二十五

《中德外交密档》,第133—135页

狄克逊致德国外交部

东京,1937年9月21日

……日本参谋本部转述了合众社的如下报道:5名德国顾问正活跃在上海闸北前线。顾问团已经迁移到南昌,但是,相当多的成员参与了作战,并指挥着部队。在日本人包抄推进的威胁下,中国军队在北方战线的撤退,打击了中国参谋部对举荐德国顾问的希望,他们中有87

人参与了北方的作战。

3. 一位来自上海的消息可靠的德国人告诉我，法肯豪森将军已在上海多时，他指挥着那里的战斗。另有两名德国顾问亲临前线作战……

DGFP, Series D, Vol. 1, p. 759

陶德曼致德国外交部

南京,1937 年 9 月 23 日

1. 现在改变我们的政策是太迟了。如果我们召回顾问，它可能会引起严重的后果。另一方面，我已经告诉法肯豪森和蒋介石，不得在前线使用顾问。……

2. 合众社的报导纯粹是捏造的。顾问团办公室声明：在闸北前线没有任何德国顾问。顾问团并不在南昌，它仍像从前那样从事教育和训练，而不是参加作战。没有任何德国顾问挥部队或担任高参。在北方战线，没有一个德国顾问。

3. 狄克逊所说的那个德国人向他提供了不准确的消息。自从战斗开始以来，法肯豪森从未去过上海或前线。事情的真相是，作为外国武官，他曾被中国的指挥部邀请去通报当时的形势。

……

4. 今天，我再次通知了顾问们，德国统帅部不希望他们在前线活动。我认为他们可以去中国的指挥部听取通报。顾问们难以避免这样的活动。

DGFP, Series D, Vol. 1, pp. 761–762

麦根逊备忘录

柏林,1937 年 11 月 3 日

根据先前的印象，外交部长认为，在明天预定要与元首举行的关于撤回德国驻华军事顾问的谈话中，白龙柏元帅不会使自己只限于接受关于这一问题的指示。此外,他(外交部长)将向元帅指出进行争辩的必要性。作为一个重要的论据,我建议询问元首,他是愿意让法肯豪森将军还是让一个苏联将军留在中国。

DGFP, Series D, Vol. 1, p. 777

麦根逊备忘录

柏林,1937 年 11 月 8 日

通过冯·海登—雷恩希,我在前天(星期六)向凯特尔将军询问,在元首与国防部长的讨论中,有关从南京召回军事顾问的问题是否已经作出决定。凯特尔给我的答复是,无论是元首还是国防部长都没有涉及这一问题,但是,元首指示白龙柏元帅说,国防部应该设法消除它的亲华名声。

DGFP, Series D, Vol. 1, p. 782

狄克逊致德国外交部

东京,1937 年 11 月 8 日

1. 与陆军武官的看法相一致,我不认为在目前撤回驻华军事顾问是适时的或必要的,因为日益恼怒的在上海地区的战斗部队对东京中央政府的压力业已减轻。自从陆军武官到上海视察和日本在那里取得军事胜利以后,这里的参谋本部和外务省再没有重复他们的不满。

2. 假如促使迅速结束敌对行动的德国调停有成功的希望,假如我们因此必须尽力保持南京政府对我们的信任,那么,就应该尽可能地避免军事顾问的撤退,因为那无疑会对我们与中国的关系产生不好的影响。

3. 不仅如此,在目前情况下,顾问们可以成为德国对蒋介石施加影响的手段。如果可行的话,我认为就必须利用他们向委员长严重地陈述延长战争对于中国的后果,以促使他考虑和平。

4. 一旦现在的和平试探失败,我们可以推测,日本反对德国在华顾问的压力将会增加。在我们作出决定的时候,我们必须考虑到我们对于冲突的继续和对于双方的总的态度。

DGFP,Series D,Vol.1,p.783

德国顾问团成员一览表①

1938 年 4 月 26 日

1935 年 10 月人数　　　　　43 名军官和若干文职官员
1937 年 8 月总人数　　　　　30 名军官和若干文职官员
1938 年 4 月总人数　　　　　24 名军官和 9 名文职官员
1938 年 4 月在华德国顾问名单
顾问是以中国政府与私人订立合同的方式聘用

军衔	姓名	来华日期	合同期限	备注
退役陆军上将	冯·法肯豪森 Von Falkenhsusen	1934	?	
退役中将	施特雷齐乌斯 Streccius	1934	1940	
退役少将	施塔克 Starke	1933	1939	
退役上校	诺尔特 Nolte	1931	1939	
退役上校	维尔可 Wilck	1932	1940	
退役中校	福格特——鲁舍魏 Voigt——Ruschenweyh	1933	1939	
退役中校	内维格尔 Newiger	1935	1939	
退役中校	阿德尔霍尔特 Aderholdt	1936	1940	
退役少校	鲍姆巴赫 Baumbach	1933	?	
退役少校	布吕德尔 Bründel	1933	1938	
退役少校	海因里希斯 Heinrichs	1934	1939	
退役少校	林德曼 Lindemann	1934	?	
退役上尉	克鲁马赫尔 Krummacher	1929	1939	

---

①　本表所列服务于中国政府的德国顾问的人数和姓名,来源于国务秘书的份题为“中日冲突”的档案。据推测,这份资料最初来源于国防军司令部的某个机构。

续表

退役上尉	迈尔 Meyer	1929	1939	
退役上尉	巴龙·冯·施泰因 Baron von Stien	1931	1941	
退役上尉	施腾内斯 Stennes	1933	1939	
退役上尉	阿尔纳德 Arnade	1936	1939	
军衔	**姓名**	**来华日期**	**合同期限**	**备注**
退役骑兵上尉	冯·博迪恩 Von Boddien	1931	1938	
退役中尉	鲍尔 Barer	1930	1939	
退役中尉	伯格尔 Bogel	1932	1938	
退役少尉	胡梅尔 Hummel	1928	1939	
退役少尉	施托尔茨纳 Stölzner	1928	1939	
退役少尉	冯·施梅林——迪林斯霍芬 Von Schmeling-Diringshofen	1934	1939	
退役少尉	博尔夏特 Borchardt	1935	1939	

此外,顾问团还有下列非军官成员:

退役军械师、技术员	鲍茨 Bautz		1939	
退役钉马掌师	伯恩哈特 Bernhardt		1939	
退役军需中士	海因里希 Heinrich		1939	
退休车间主管	库比克 Kubik		?	
预备役中尉、工程师	洛曼 Lohmann		1939	
退役军械师、技术员	马丁 Martin		?	
退役中士	波勒 Pohle		?	
退役政府监察长	森泽克 Senczek		1939	
	朔尔茨 Scholz		1939	

另外还有一人(不隶属于总顾问)

预备役中校	勒布赞夫特 Lebsanft		1937	合步楼公司

3. 德国继续提供军事物资

魏泽克备忘录

柏林,1937 年 7 月 22 日

日本使馆参赞今天来访,对德国向中国运送武器一事提出抗议。

他指出,德国外交部长在北平事件后与武者小路伯爵①的第一次会晤中,已经宣称他本人"非常乐意"停止向中国出口武器。7 月 15 日,德国外长在答复日本的第二次询问时,再次向武者小路伯爵重申了这一允诺。

日本参赞继续说道,然而,根据报告,有一大批战争物资正在运往中国的途中。有 7 艘船正在海洋航行,3 艘以上的船只即将启程。

矢内先生认为采取新的措施非常重要和迫切,他还提到了广田和狄克逊的一次谈话,并实际上威胁要扣留任何继续向中国运送武器的船只。

我回答日本参赞说,我对他提及的外交部长的允诺毫无所知,我不是军火商人,我不知道在公海上运输战争物资的情况。如果这类物资中有一些正运往中国,人们甚至也不知道谁对此拥有所有权。因此,在作出更为仔细的检察之前,我无法保证德国政府会作出干预。……

DGFP, Series D, Vol. 1, pp. 737–738

牛拉特备忘录

1937 年 8 月 17 日

在昨天向元首报告时,我们也详尽地讨论了我国对华政策。元首强调说,他原则上坚持同日本进行合作的意见,但在目前的中日冲突

---

① 时任日本驻德大使。

中,德国仍须保持中立。关于与中国所订合同物资的交货问题,只要中国方面用外汇购买或提供相应的原料,这些物资就应该继续出口,当然对外应尽量加以伪装。中国方面对军事物资的新的订购要求,则尽可能地不予接受。

元首的这些决定已经向国防部长作了通报。

DGFP,Series D,Vol. 1,p. 750

麦根逊备忘录

柏林,1937 年 10 月 19 日

今天,托马斯上校①打电话告诉我,从昨天下午以来,他从许多企业不断获得报告说,昨天戈林将军已向工业部门发出了指令:根据元首的命令,将停止向中国交付一切物资。托马斯上校问我们是否知道这些指示,以及在这一方面我们还知道些什么。在与魏泽克先生商量后,我回答了这一问题,其大意是,我们这里对这些指示毫无所知。托马斯上校将立即向凯特尔将军汇报此事。他认为,鉴于这些指示的重要性,凯特尔将军将必须就采取某些措施作出决定,因为目前无法与陆军元帅白龙柏取得联系。

我要求托马斯上校在这一问题上保持与我们联系,因为外交部对此事自然也十分关注,并在未与我们商讨之前不要采取任何步骤。

DGFP,Series D,Vol. 1,pp. 767–768

海登—雷恩希备忘录

柏林,1937 年 10 月 19 日

今天,凯特尔将军要求我去见他,并要求我将下列情况转告国务秘书:

冯·劳默尔于星期六代表里宾特洛甫大使打电话给凯特尔将军。

---

① 时在国防部负责经济和战争物资生产事宜。

大使在启程前往伦敦之前不能亲自拜访凯特尔将军,但他要求将元首的这一决定通知凯特尔将军:在中日冲突中,德国军队要避免采取任何方式的可能妨碍或阻止日本实现其目标的任何行动。

星期一,戈林上将亲自打电话对凯特尔将军说,日本人已经发出威胁,如果德国继续以目前的方式支持中国,它将退出反共产国际协定。元首已经决定,要对日本采取毫不含糊的态度。因此,他(戈林将军)要求凯特尔将军发出必要的指示,将不再向中国交付任何军事物资。他本人已向合步楼公司发出大意如此的指示。在答复这一来自最高层的指令时,凯特尔将军表示他将执行这一指示。他随即下令(特别是命令托马斯上校)停止所有军事物资的交付。明天,当陆军元帅①回到柏林时,凯特尔将军将立即向他报告此事。

在进一步的交谈中,凯特尔将军表示,简单地以这种方式停止交货可能是不合适的,因为可能已经接受了用外汇支付的预付款,一些订单也已交给了工业部门。工业部门已经开始交付某些订货。凯特尔将军已安排收集必要的资料,特别是指示托马斯上校去收集。他认为,陆军元帅非常有可能随后就去奥勃萨尔斯堡向元首报告,以便确定目前各种指示所表述的我们对中日冲突的态度的改变,是否真正符合元首的意图。

最后,凯特尔将军强调,他认为在这件事情上与外交部保持特别密切的联系非常重要。

DGFP,Series D,Vol.1,pp.768–769

海登—雷恩希备忘录
柏林,1937 年 10 月 22 日

今天,凯特尔将军要求我去见他,并要求我将下列情况转告国务秘书:

戈林上将于 10 月 18 日发出了停止向中国提供所有战争物资的指示后,又于 10 月 20 日通知托马斯上校,告诉他说,在再次与里宾特洛

---

① 系指国防部长白龙柏。

甫先生接触后,他指示托马斯仍可以目前的方式继续与中国的贸易。

陆军元帅白龙柏利用这一机会,随即在给戈林将军的信中记录了这些事实,并再次明确地宣布:他,白龙柏,已向有关的军事部门发出指示,继续以到目前为止一直延用的伪装形式与中国进行贸易。

凯特尔向我出示了这封信,并说 300 万美元的贷款现在将得到充分的利用。货物正由丹麦船只运到新加坡的一家英国商号,已要求有关参与者最严格地保密。

DGFP,Series D,Vol.1,p.772

韦尔①备忘录

柏林,1938 年 4 月 23 日

主题:向中国提供战争物资

1.向中国政府提供战争物资的合同金额总计

1936 年	64581000 马克
1937 年	60983000 马克

1937 年签订的合同包含下述各种战争物资:

项目	金额(马克)
2 厘米口径机枪	400
15.5 厘米口径火炮	13447700
反坦克炮	4491000
高射炮	1655000
炸药、爆破炸药、火药	167800
步枪子弹	19236600
2 厘米口径机枪子弹	32500
大炮炮弹	7047700
炸弹	6337900

---

① Wiehl,德国外交部办公室主任。

普通光学仪器	54400
光学测距仪	116600
探照灯	1255900
装甲巡逻车	121000
飞机	7019000
合计	60983500

2. 向中国交付的战争物资总计

1936 年	23748000 马克
1937 年	82788600 马克

1937 年交付的战争物资细目如下：

项目	金额（马克）
步枪、卡宾枪	148369
2 厘米口径机枪	1170000
15.5 厘米口径火炮	9332757
高射炮	5075000
反坦克炮	3300630
炸药、爆破炸药、火药	450804
步枪子弹	30718691
2 厘米口径机枪子弹	1976600
大炮炮弹	15421700
炸弹	6339475
光学测距仪	105888
数据储存器和示波器	292162
探照灯	1325528
坦克	900000
装甲巡逻车	661000
飞机	2570000
海军舰艇	3000000

合计　　　　　　　　　　82788604

3.上述资料来源于战争物资出口协会1937年的年度报告

该年度报告没有透露合同中规定和实际交付的枪炮、飞机和坦克等的型号。关于这个问题,我们正在查询。

通过国务秘书转呈外交部长。

DGFP,Series D,Vol.1,pp.852-853

(二)陶德曼调停

说明:1937年10月下旬,为与即将召开的布鲁塞尔会议可能出现的集体仲裁相对抗,日本发出欢迎德国充当中日谈判斡旋者的信息。德国接受了日本的这一请求。从1937年11月初到1938年1月中旬,德驻华大使和驻日大使在中日两国政府之间进行斡旋活动,史称"陶德曼调停"。中国起初对布鲁塞尔会议存有某种期望,对日方第一次提出的条件反应冷淡。但布鲁塞尔会议并未采取实质性的援华措施,而中国军队又新败于华北和华东战场。于是,中国政府开始考虑与日本进行谈判。但日军的战场胜利,已使日本最高当局不满足于它最初的要求。12月下旬,日本提出了更为苛刻的谈判条件,中国政府无法接受。日本认为迟迟不作答复的中国政府是在采取"拖延"战术,遂发表"不以国民政府为对手"的声明,"陶德曼调停"至此宣告失败。

1.日本希望德国出面调停

日本四相会议关于处理中国事变的纲要

1937年10月1日

总则

一、一般方针

处理这次事变的宗旨是通过军事行动和外交措施双管齐下的行动尽快使事变结束,使支那取消抗日政策,在日华间建立真正明朗而永久的邦交,以期实现日、满、华和睦与共荣。为了支持长期使用兵力,要根据形势变化而采取相应的必要措施。

二、军事行动

军事行动的目标是使支那迅速丧失战斗意志。具体手段是使用兵力,占据要地,以及与此有关的必要行动。

三、外交措施

外交措施的目标是迅速促使支那反省,将其诱向我方所期待的境地。对于支那及第三国,都要抓紧时机做说服工作。在结束事变方面,要使支那取消抗日政策与容共政策,既往不咎,并通过有划时代意义的调整邦交,开展外交活动。

四、在不超过国际法所许可的范围内,慎重实行军事、外交以及与此有关的各种措施。

准则

……

三、华北对策

解决华北问题的目标是实现日、满、华三国共存共荣,最后明确华北是在支那中央政府的管辖之下。

注:行政工作虽由中央政府担任,但上述地区的行政首脑应由适合于实现日华敦睦关系的有力人物充当。另与中央政府签订协定,规定华北以日华平等立场取用合办或其他方式进行日华经济合作,并在华北划出一定的非武装地带。

四、华中、华南对策

在华中、华南,希望出现适合于不断增进和发展日华通商贸易的情况。

注:在上海周围,划定一个非武装地带。但是,对上海的安全保障原则上由有关各国共同负责。

五、对华北战区后方地区的措施

事变中对华北战区后方地区的措施应排除占领敌国领土的想法，主要原则如下：

1. 不建立占领区式的行政，但必须在日军指导下确保治安。

2. 政治机关委托当地居民自主组成，但必须加以指导，使之施行贤明的政治。

3. 通过必要的体制，进行军事上所需要的交通建设和资源开发。

但是，执行第 1、2 两点时不得影响出现和平局面以后的邦交调整。

注：调整邦交的大纲是

（1）原则：谈判停战的同时，为了具体体现日华两国真正亲善的关系，应既往不咎地调整邦交。

（2）细目：支那方面放弃排日抗满政策，在防共方面与帝国协调，实行日华经济合作，即在全支那从海运、航空、铁路、矿业等方面的事业着手，进行日华平等的共同开发，逐步转入两国真正的经济合作。同时，纠正关税上的排日态度，扫除两国经济合作的障碍。日本方面不在华北强硬推行刺激支那的政策，消除排日的口实，消除日华对立的根本原因，努力建立和保持真正明朗的邦交关系。

六、对外通商和经济财政关系

关于日华和第三国之间的通商与经济财政事项，要点是使支那放弃战斗决心。照此原则行动。

七、对第三国关系

对第三国的外交措施以及有关的工作，出发点是使对方对我产生好感，不与第三国发生纠纷，避免引起他们的干涉。军事行动及各项有关工作都要审慎地遵照以上宗旨办理。

八、对侨民的处理

对侨民予以救济抚恤。

九、上述各项的具体方针另定。

《日本外交年表及主要文书》下卷，第 370—372 页

狄克逊致德国外交部

东京,1937 年 10 月 21 日

外务大臣广田弘毅通知我九国会议的邀请已于今日收到。日本政府正在考虑答复,但大概是要拒绝的。

在讨论德国对于邀请的态度时,广田说,假如德国政府也同样地拒绝参加,日本政府是欢迎的。

意大利政府,因为是《九国公约》签字国之一,大概要参加。意大利大使曾问他(指广田——译者)意大利在会议上如何可以对日本有所帮助,他已与意大利大使商谈,希望意大利代表并且说明日本的立场。但是他曾告诉意大利大使,假如意大利拒绝邀请,那就更符合日本政府的愿望。

外务大臣并且说,日本在原则上反对这样广泛性的会议,因为这样的会议对于冲突的解决是有害的。日本随时都准备与中国直接谈判,假如有一个与中国友善的国家,如像德国和意大利,劝说南京政府觅取解决,日本也是欢迎的。

DGFP, Series D, Vol. 1, pp. 769–770

德外交部致德驻华大使馆

柏林,1937 年 10 月 22 日

第 152 号

10 月 21 日自东京发出的电报中所报告的日本不愿参加九国会议的态度,大概将会因艾登在国会中演说而加强,在那篇演说中,艾登明白地以国联为会议的召集者。我们正期待邀请,但大概是要拒绝的。意大利已经接受了邀请,但是,作为国联的成员和《九国公约》的签字国,并且在中国没有什么经济利益,意大利是有不同的观点的。

请向中国政府解释,我们大概要拒绝参加会议的理由,不是憎恶中国或对日本特别同情,而是觉得,假如没有日本参加,这个会议是无益的。我们认为,就目前来说,直接谈判比较有希望,如果有机会的话,我们并且愿意作联系的途径。

麦根逊(Hans Georg von Mackensen),德国外交部国务部长,相当于他国的外交部副部长。

DGFP,Series D,Vol.1,p.771

中国国防会议纪要

南京,1937 年 10 月 25 日

停战问题之考虑

一、停战对于军事上之利害

1.对于士气精神之影响:停战易引起抗战精神之涣散。此后继战,欲再振精神,颇为困难。故停战于士气不利。

2.目下现役部队略已使用完尽,此后补充者多系新募,未经训练,故战斗力益见低劣。故以适时停战为有利。

3.械弹器材、被服粮秣之积储略已用至半数,后续补充堪虞。故以适时停战为有利。

4.目下晋、鲁两省未决,上海形势亦有利,故如在目前停战,外交形势尚不恶劣。

二、停战后再续战两方利害之比较

停战后如再行续战,此停战期间敌我两方均得利用以调整部队,整理补充,增筑工事,以及整理后方等等。此事敌我两方本属相同,惟因我方系防御作战,又敌军在我国内作战,故有较敌有利之处。兹比较如下:

调整部队、整理补充、补充兵之训练	敌我相同,因时间相同。
增筑防御工事及设备	于我有利,因我方为防御。
组织民众及游击部队	于我有利,因在我国土作战。
增强各地防空组织与设备	于我有利,因我空军劣势,不能袭击敌国
整理后方交通	于我有利,因无空袭。

军械弹药器材之输入　　　　　　　　于我有利,因我方所购之弹
　　　　　　　　　　　　　　　　　药等,愈迟则到者愈多。

三、综观以上利害比较,停战或短期停战于我物质上均较有利。故在有利之条件下,自可接受。又为顾虑士气精神上之影响,则外交上不妨避去停战口吻,而以"敌如撤退或退至某某之线则我不进"之方式出之。

《中国外交史资料选辑》第 3 册,外交学院编,1958 年,第 133—134 页

狄克逊致德外交部

东京,1937 年 10 月 28 日下午 1 时 10 分

第 336 号

还在递交给比利时大使以前,外务次官今日给我一份日本拒绝布鲁塞尔会议的邀请的复文的副本。这个复文将于明日公布。假如柏林被邀请的话,他要求迅速通知他关于德国的确切态度。

关于日本不赞成联合调停的态度,外务次官说,假如德国……给中国政府以友好的影响,使中国主动提议和平谈判,日本政府是欢迎的。

DGFP, Series D, Vol. 1, p. 773

陶德曼致德外交部

南京,1937 年 10 月 30 日上午 1 时

第 268 号

国务部长亲阅。

今日我将令我传达的意见和外交部次长陈介谈了,同时还告诉他,与日本觅取解决的时机,现在已经到了。我们愿意做联系的途径。他说委员长要先知道日本的条件是些什么,我就答复他,日内我和委员长谈。但是现在就要采取第一个步骤,因为这是心理上要求和平的时候。布鲁塞尔会议不会有什么结果。外交部次长也是同样的意见,但是他问我们如何能把事情推动起来。我建议他转告他的政府,说我们愿意

做与日本联系的途径。我又建议授权给我告诉日本政府,开始时只说中国准备觅取解决。在答复外交部次长提出的关于意大利的参加反共公约和意大利的否认此事的问题的时候,我就我的经验说,否认的重要性大都是被估计过高的;但是我同时着重地指出,在目前的冲突中,这个公约并无实际的重要性,可是中国与俄国缔结条约,却犯了一个严重的错误,因为这样一来,就使得她与日本成立协议比较困难了。修改中国对俄国的政策是必要的。外交部次长说,假如俄国实际上能够大规模的支援,要修改对俄国的政策是困难的。但是他迄今还没有这样的印象。

我将于日内去见委员长;假如我能够至少将日本对议和条件的一般态度告诉他一些,那是很好的。日本大使对这一点颇为含糊,他向我提到近卫公爵在就职以前发表的一篇文章,说那篇文章现在仍然有效。这是不够明确的。

外交部次长告诉我,上海问题不能分开来解决,必须自始即加以考虑。

DGFP,Series D,Vol. 1,pp. 774–775

德外交部致德驻日大使馆
柏林,1937 年 10 月 30 日

第 268 号

参照第 336 号

我们拒绝布鲁塞尔会议的邀请的答复于昨日交给这里的比利时公使馆。同时我们也把复文的一份副本交给日本大使。日本大使对于这个决定和作出这个决定的理由,表示非常高兴。关于第二段:请告诉日本政府,照我们看来,自从战事爆发以来,我们已经竭尽一切可能予中国以友好的影响,我们认为要采取一个更深入更尖锐的行动,时机还没有成熟。

我想知道,照你看来,日本政府是否真准备进行和平谈判。据路透

社的消息,日本外务省发言人今日宣称,假如中国直接提出和平的建议,日本将不拒绝举行谈判。这事也许是表示,日本对制造宣传效果比对于实际进行谈判更为关切。现在难望中国采取主动,但日本在达到了它的军事目的之后,可以采取第一个步骤而不致有失面子。

麦根逊

DGFP,Series D,Vol.1,p.775

德外交部致德驻华大使馆

柏林,1937 年 10 月 30 日

第 160 号

大使亲阅。

你的 10 月 30 日第 268 号电报使我们觉得,中国政府也许会把你根据我们 10 月 22 日第 152 号电报和它取得的接触解释得比我们的原意为广泛。现在我们只想根据日本的愿望并体会自东京出发的第 21 号电报中最后一段的意思,劝促南京政府觅取解决。至少就目前而说,我们并不想超出一个递信员的地位。

我们在答复 10 月 28 日第 336 号电报(那封电报也送给你了)的时候,也将讯令驻日大使馆告知日本政府,我们在促使中国觅取解决一事上,已经做得够了,我们认为要采取任何更有利更深入的行动,现在时机还没有成熟。

麦根逊

DGFP,Series D,Vol.1,p.776

2. 日本提出第一次条件

狄克逊致德外交部

东京,1937 年 11 月 3 日上午 5 时

(一)在今日与外务大臣广田的谈话中,我根据训令解释了关于调

停一事我们所采取的立场。在随后的谈话中,广田详细说明了日本的议和的基础。

1.内蒙古在国际法下建立一个与外蒙古情形类似的自治政府。照这个先例看起来,中国不应该有所反对。

2.在华北沿"满洲国"边境至平津铁路线以南一点建立一个非军事区。在这个非军事区里,由中国的警察和官吏维持秩序。

假如和约立即缔结,则华北的全部行政都交给南京政府,只有一个条件,就是要委派一个亲日的首长。假如现在不能缔结合约,因此有必要在华北建立一个新的行政机构,他们将⋯⋯(电文脱落)行政继续至以后合约缔结的时候。据此,日本已经放弃了在华北建立任何自治政府的要求。在经济方面,战事爆发以前开始的关于让与矿产的谈判必须得到一个圆满的结果。

3.上海,建立一个比现在更大的非军事区。由国际警察管制。其他不变更。

4.停止反日政策仅只履行1935年在南京谈判时所提出的那些要求(修改学校教课书等)。

5.共同反对布尔什维主义。据从此间中国大使获悉的消息,这一点与中苏互不侵犯条约并不抵触,只要没有秘密协定的话。

6.减低对日本货物的关税。

7.尊重外侨权利。广田着重地表示,假如日本被迫继续作战,他就要把战争进行到使中国完全溃败,然后再提出远较现在为苛刻的条件。

(二)从与外务大臣的谈话中,我得到一个信念,正如陆军武官与此间和上海的军事首长谈话中所得到的信念一样,日本确实希望在上述那些条件的基础上的和平,假如南京政府现在不接受那些条件,它也确实决心无情地继续战争,直至中国最后崩溃为止。照我看来,这些条件是很温和的,南京可以接受而不致有失面子,我们现在似可对南京施加压力,使它接受这些条件。清考虑可否令军事顾问们在向蒋介石报告战局时鼓吹和平谈判。

同样的电文交给南京。

DGFP, Series D, Vol. 1, pp. 778–779

陶德曼致外交部

南京,1937 年 11 月 5 日下午 7 时 25 分

遵照训令,我于今日将日本的和平条件通知了蒋介石,在座的仅有财政部长孔祥熙。蒋介石要我向德国政府表达他对于德国政府在这件事上所作的努力衷心的感谢。他首先问我的意见。我说,我和你一样,认为这些条件提供一个谈判的基础。我们从世界大战的经验已经看到,一个国家不应该等待到精疲力尽的时候。对于军事局势,我不能作判断。于是他说,假如日本不愿意恢复战前状态,他不能接受日本的任何要求。对于某些条件,当然可以讨论并且觅取友好的谅解,但是只有在这一点做到了之后。他又很机密地告诉我,说只让德国政府知道:假如他同意那些要求,中国政府是会被舆论的浪潮冲倒的,中国会发生革命。日本人正在执行错误的政策,他们现在不对中国作友好的姿态以奠立日后友善的基础,却提出要求。假如他们继续作战,中国当然不会有在最后获得军事胜利的机会,但是她也不会放下她的武器。假如由于日本采取的政策,中国政府倾倒了,那么唯一的结果就是共产党将会在中国占优势。但是这就意味着,日本不可能与中国议和,因为共产党是从来不投降的。我说我刚才重读了俄国革命的历史。假如中国发生革命,那真是一幅可怕的景象,孔祥熙也承认那是可怕的,但是假如那样的话,他也想不出别的办法。

委员长又说,他也不能正式承认日本的要求,因为中国现在正是布鲁塞尔会议列强关切的对象,而列强是有意要在华盛顿条约的基础上觅致和平的。我告诉他,我现在采取的步骤仅仅是机密地通知中国政府日本向我们大使表示的对于和平的意见。委员长要求我对于我今日采取的步骤严守秘密,我允诺了,也要求他同样地做。孔祥熙要我留下一份日本的条件,我没有能很好地拒绝他。

我从另一个来源获悉，南京的，并且最重要的还有上海的，许多高级人士反对妥协。于右任私下告诉大使馆的一个官员说，重要人士的政策是主张由英、美调停，而英、美调停的第一步是建议双方成立停战协定。

山西的最大一家中文报猛烈抨击我，因为根据一个日本传出的消息，是我有意要调停。因此对于今日采取的步骤，在日本也要保守秘密才好。

DGFP, Series D, Vol. 1, pp. 780–781

陶德曼致德外交部

南京，1937 年 11 月 9 日下午 4 时 30 分

应我的请求，法肯豪森①向蒋介石、他的妻子、财政部长孔祥熙和白崇禧将军指出战局的严重。他要孔祥熙注意，如果战事拖延下去，中国的经济崩溃，共产主义就会在中国发生。要说日本也可能预料到一切大变动，那是愚蠢的安慰。同样的电文给东京。

DGFP, Series D, Vol. 1, p. 784

牛拉特②备忘录

柏林，1937 年 12 月 1 日

谈话中，中国大使在谈论其他事情的时候，提到了中国的局势。我告诉他，我认为，为中国的利益着想，不要不加考虑便拒绝日本的和平建议，还是尽速议和为好。中国方面就是尽最大的努力，也不再能把日本的军事胜利扭转过来。因此首先需要顾及这种情况。中国政府迟延议和的时间越久，中国国家解体的危险也越大。

DGFP, Series D, Vol. 1, p. 787

---

① Alexander von Falkenhausen，德国驻华军事总顾问。
② Constantin von Neurath，德国外交部长。

孔祥熙致蒋廷黻

1937 年 12 月 2 日

极密。亲译。上月五日,德国大使来晤,提出日方和议条件七条如下:一、在中国主权下,内蒙自治,地位等于外蒙。二、沿满至平津以南一带设非战区,由华警察管理治安,华北行政由我全权处理。惟最高长官人选,须对日友好者。如目前无成立议和可能,而华北必设新政府,即该政府于和议后续存。经济方面,战事前关于让与矿产权利交涉事项,应与满意结束。三、上海扩大非战区,由国际警察管理,余无变更。四、取缔排日政策,接受一千九百三十五年日方提出条件。五、共同防共。六、减低日货进口税。七、尊重外人权利等项。我因正值九国会议,日方提议不能置理,当婉却谢德国好意。比会失败,军事不利,国联既无切实助我办法,国内又险象环生,日方昨又托德国大使来重提调解,仍根据前案为停战讲和章本。据兄观察,日来俄对中日问题趋势如何,是否有切实助我办法,请先探明告我。否则,我失败后,日必攻俄,且利用中国人力物力之大害,此点俄应明白。如能即时动员,共同合作,必得胜利。若仍迟疑不决,后患迨不堪设想。请将此意斟酌表示,以免后怨。总之,我方只要列强确实助我,必牺牲到底。否则,徒托空言,益增我困难,迫不得已,只得受其苛刻条件。上开德大使所转七条,乃为交涉范围,并非必须我方承认。用为密达,以备参考,务希千万守秘密。有何高见,仍盼电示。尊驻处好意,极所感谢。故特详达,望善为运用,务期有利于我。盼复。弟熙。冬。三日。

中国第二历史档案馆藏蒋廷黻个人档案,五/二/657

蒋廷黻致孔祥熙

1937 年 12 月 5 日

电孔院长　廿六年十二月五日发

汉口中央银行。WAVE。孔院座钧鉴:亲译。(以下部颁电码EMWE)冬电敬悉。苏联极端反对中日妥协,德国调停第五款尤非此邦所乐闻,如彼策动我国内反对派,不无可虑也。且欧洲报纸已登载德国调停消息,并列举日方条件。明后两日乃苏俄纪念宪法放假,无法见李外长。请与委座及亮畴部长切商,电示方案,俾便遵循,以免误会。苏联对我态度已迭次电呈外部。昨日午后,偕李石曾先生同见李外长,彼又言主要关键在美,美动彼亦动。惟杨耿光次长在此与苏联国防部接洽所得表示,比李外长较为积极,然亦不确切。张冲已返国,经过情形必已面呈委座。钧座欲知实情,必须斟酌双方报告,且苏俄新大使已于四日离莫,月中可抵汉,彼乃斯塔林亲信,必携有具体方案。总之,政府似应注意两点:一、军国大事不能专凭口信,必须订有盟约,始足取信,口信最易误事。苏新大使抵任后,政府何不正式向其提议缔结盟约。彼之答复如何,乃苏联政府最可靠之表示。二、苏俄内外困难不少,即使彼有意参战,亦须在数月之后,耿光等或过于乐观也。职与何处长有专约密码,不知已携至汉否? 职蒋廷黻○○。

中国第二历史档案馆藏蒋廷黻个人档案,五/二/657

陶德曼致德外交部

南京,1937 年 12 月 3 日 12 时 55 分

外交部长阅。

蒋介石首先对于德国促致和平的努力,表示衷心的感谢。中国愿意接受德国的调停,因为她认为我们是她的朋友。我把日本上一次的声明明确地重述了一遍,蒋介石就问日本的……(电文脱落)是否还是一样。我答说还是一样。电报仅提到要点,但是条件只包括要点。对于这一点,蒋介石说,对于那种认为日本已经从这次战争中成为胜利者的看法,他不能够接受。我答说,全世界都赞美中国军队的英勇伟绩。蒋介石于是……(电文脱落)他也不能接受日本的最后通牒。我答说,这并不是最后通牒。蒋介石仍将中国的意见列举如下:

(一)中国接受这些条件作为和平谈判的基础。

(二)华北的主权和完整……(电文脱落)独立不得侵犯。

（三）在和平谈判中，自始即由德国任中介人。

（四）在和平谈判中，不得涉及中国与第三国之间的协约。

关于第一点，我告诉他，我认为中国必须宣布她自己愿意以协和的精神和意念……（电文脱落）讨论这些条件。蒋介石说，他是想这样做，但希望日本也这样做。

关于第二点，我要蒋介石注意日本的条件，就是华北的最高首长应该是对日本友善的。蒋介石答说，假如要选派一个人去担任那个职务，那个人自然不会是反日的。

关于第三点，我向蒋介石声明，德国无意直接参加和平谈判或主持谈判。我们宁愿就我们力所能及在幕后尽量帮助中国。蒋介石希望我们能够斡旋到底。

关于第四点，我提醒蒋介石注意到日本的反共的要求。我认为这个要求与中苏不侵犯条约并不冲突。蒋介石没有反对我的意见。

关于停止敌对行动的问题，我和他说，我以为停止敌对行动的步骤是这样，在蒋介石的声明已经交给日本而日本的同意的答复也已经收到之后，元首和总理就向双方政府建议停止敌对行动。蒋介石同意。

蒋介石最后再三地要求日本政府对于初步谈判，特别是条件，保守秘密。这是和平的一个初步条件。我认为我们应该尽我们的力量支持这个要求。否则蒋介石的地位将会大为动摇以至于下台，而使中国政府落入亲俄的人的手中。日本对于蒋介石这种勇敢的愿意和平的态度，应该给以种种便利，俾使他能够完成谈判。蒋介石在上一次我和他会见的时候曾经说过，中国不能接受关于蒙古自治的要求，因为这意味着要失去两省；我就问他是否愿意对这个问题表示意见。他说，蒙古的问题可以和日本谈判。在全部谈话中，蒋介石的态度极为友善，精神很好，一点也不紧张。他自己对于防守首都表示很乐观。我今日将回汉口去，希望在那里接到以后的训令。大使馆的人员和德国侨民都安好。

同样的电文给东京。

狄克逊致德外交部

东京,1937 年 12 月 3 日下午 3 时

并交陆军部与空军部阅读。

从现在陆军武官与参谋本部的谈话中得到的消息,12 月初的情况有如下述:华北被占据了;大规模的攻势已经停止;为了占领的缘故,日本军队已经重新编组。山东不致再有什么战事。

在上海附近的主要战场上,日本军队正在迅速的向南京推进,南京的陷落估计当在 12 月底以前。

照日本官方的意见看来,中国的情况是这样:军队的抵抗力受到了严重的损失;在 1938 年夏季以前,还不能有准备成熟可以作战的新军队;武器和弹药补给越来越少,中国如果指望日本经济力量的削弱,那将会是一个错误。

日本参谋本部方面又正在考虑迅速进行和平谈判;鉴于中国在军事上的大败和对于布鲁塞尔会议失败的失望,和平谈判是与中国有利的;由于作战地区的不断扩大和战费的不断增加,和平谈判也是有利于日本的。

根据私人的机密的消息,鉴于急进分子的反对,鉴于有些军团力图把蒋介石完全排除,参谋本部对于由日本建议和平一事,现在正在踌躇。在这种情形下,参谋本部的重要人员希望,由元首和总理来率先发动,以开启和平谈判之门;他们相信假如元首和总理得到蒋介石在原则上同意与日本直接举行谈判,那么同样向日本征询意见,也会得到日本的赞同。

参谋本部着重的指出,如果那样做,必须保持完全的秘密,以避免英国和美国的干涉,因为英国和美国的干涉,是它最强烈反对的。

日本政府目前还不会提出这样做的正式建议。以后的情形续报。

DGFP,Series D,Vol. 1,pp. 789–790

狄克逊致德国外交部

东京,1937 年 12 月 3 日

接续我的第 385 号电报①。

(一)假如第三国意图通过斡旋以促使直接谈判的开展,或者帮助谈判的进行,现在是一个很好的机会,因为日本已经达到了她的军事目的,想避免再继续作战,而中国则还没有被迫投降。假如敌对行动继续下去,日本就不会再愿意和好解决,而中国也将分崩离析,不复能成为谈判的一方了。

(二)唯一可以作为斡旋者的国家是德国,因为西方国家和美国由于日内瓦会议和布鲁塞尔会议已经使他们自己不能担任这个角色,而意大利因为偏袒日本也不能担任这个角色。

(三)由于众所周知的原因(德国对两国都很友好,在两国都有很大经济利益,而且因为日本反俄的作用,也不愿意日本削弱或困陷于中国战事里),德国希望敌对行动早日停止。

(四)除此之外还有一种情况:俄国对中国日渐增加的援助不久就要使我们抉择——是撒手离开中国还是促使敌对行动停止;现在正在发展的情况是这样:德国军事顾问使用俄国军用飞机帮助中国与日本作战,而这种情况是不能容忍的。

(五)我们的调停最初应该限于使双方拿到会议桌上来谈判。这既符合日本的愿望,也不使我们对于任何协议的内容负什么责任。

(六)因为日本现在愿意谈判,我们的努力应该集中在中国这一面。

(七)只有由元首和总理直接与蒋介石联系,这样的一个调停行动才有成功的希望或得到日本的重视。

(八)军方人士心目中的和平谈判的基础,是 11 月 3 日第 345 号电报中所提到的那些条件,附带的条件是:蒋介石必须听命于将来改组的

---

① 即前译 12 月 3 日狄克逊给德国外交部的电报。

政府,同时日本驻军的期限也要延长。

(九)假如元首和总理同意他采取这种步骤来推动谈判,那么就有一个问题:我们是否还需要得到日本方面明确而正式的请求。对于这一点,赞成的理由是:我们应该明确地授权去行动;反对的理由是:这样一来,中国将会以为我们是日本的代言人,而且我们也要对我们的行动负担一种假如不这样做便不要负担的责任。

(十)鉴于战事的形势,迅速是必要的。

DGFP,Series D,Vol. 1,pp. 791-792

德国外交部致德驻日大使馆

柏林,1937 年 12 月 4 日

1. 你的第 385 号和第 386 号电报①。与陶德曼大使12 月2 日自南京发出的关于他与蒋介石详谈的电报(那电报你已经收到了)在时间上相左了。从陶德曼大使的电报看来,日本的建议差不多在所有的要点上都已得到满意的反应。因此,和你一样,我也认为现在时机已经到了,要立即向日本政府采取行动,以导致远东对行动的停止,而且在事件进一步发展的情况下,导致双方直接谈判关于议和的问题。

为了免除一切误会,必须给日本一份截至现在为止德国所采取的行动的书面记录。我愿意再一次着重地指出,这种行动并非调停,而只是把我们所知道的交战双方的意见作为消息传递。你的照会应作如下措辞:……

二、德国政府意图仅以中间人的地位对于敌对行动的停止和和平的恢复有所贡献,因而负有重大的责任,这就有必要将上面的详细经过情形以书面照会日本政府和中国政府。假如在某一个时候,元首和总理也出面,这个责任还要更重。

因此,在将上面的记录性的照会交给日本政府的时候,你的任务就

---

① 即狄克逊 12 月 3 日的两份电报。

是要明确：日本政府是否愿意在这个基础上进行停战协定的直接谈判，以及此后在中日军政当局之间进行和平谈判。请注意：只有这个照会才是权威性的根据，因此凡事以后提到以前的无论何种的相反意见或保留条件（例如12月3日你的第386号电报中的第八段）都不在考虑之列。日本政府作了这样的承诺之后，陶德曼大使将立即奉命交给中国政府同样的文件，向中国政府取得类似的承诺。在这样肯定的双方同意的基础上，德国就可以提出上面所说的以恢复和平状态为目的的停止敌对行动的郑重建议。

这个建议如果要提出的话，将由元首自己提出，不作任何政治主张。它是基于恢复远东和平的需要——这种需要全世界和从事战争的两国人民都强烈的感觉到。它将力促有关的两国政府进行直接联系，以停止敌对行动，然后接着谈判缔结合约。

在你进行上述的步骤时，你要告知日本政府，与它所表示的愿望完全一致，中国也极望对于直至德国提出和平建议时为止的一切初步谈判保持绝对秘密。双方的这种愿望与德国征服的愿望完全符合。因此可说，对于这一点，大家都将遵守。

牛拉特

DGFP, Series D, Vol. 1, pp. 793-796

陶德曼致德外交部

汉口，1937年12月5日下午1时10分

接续我自南京发的第2号电报。

外交部次长已将南京的谈话总括如下：

中国政府信任德国的友谊，并且深深感谢她斡旋的努力，愿意以德国大使阁下所提出的各点作为谈判的基础。但是，有两个我们认为极重要的条件。（一）中国深望，在恢复和平的全过程中，德国通过调停予以帮助。（二）中国在华北的主权和行政权不得改变，它们的完整必须维持。

大使询问在与日本谈判时,中国是否愿意表示她的协和的态度,委员长答复说,这样的态度应该由双方表示。

在敌对行动继续进行的时候,是不可能进行任何谈判的。因此,假如总理向中国和日本提议停止敌对行动以为恢复和平的初步,中国愿意接受这样的一个提议。

必须力告日本,在谈判完成之前,不要公布任何提出的条件。假如日本以向战败者任意规定和平条件的战胜者自居而又这样做的话,那么对于中国和日本之间真正和解的前途,将会造成很大损害。这一点希望德国明确地告知日本。

虽然大使提出来的各点可以作为谈判的基础,它们在任何情形之下都不应该被认为是以最后通牒的形式提出来的不可改变的要求。

DGFP, Series D, Vol. 1, p. 797

中国国防最高会议第五十四次常务委员会议记录(部分)

1937 年 12 月 6 日上午 9 时

地址:汉口中央银行

出席:于右任　居正　孔祥熙　何应钦

列席:陈果夫　陈布雷　徐堪　徐谟　翁文灏　邵力子　陈立夫
　　　董显光

主席:汪副主席

秘书长:张群

秘书主任:曾仲鸣

徐次长谟报告

德国驻华大使陶德曼,于上月二十八号,接到德国政府训令,来见孔院长,二十九号上午,又见王部长,据称,彼奉政府训令云:德国驻日大使在东京曾与日本陆军、外务两大臣谈话,探询日本是否想结束现在局势,并问日本政府欲结束现在局势,是在何种条件之下,方能结束;日本政府遂提出条件数项,嘱德国转达于中国当局。其条件为:(一)内蒙自治。(二)华北不驻兵区域须扩大,但华北行政权仍全部属于中央,惟希望将来勿派仇日之人物为华北之最高首领。能结束,便如此做法。若将来华北有新政权之成立,应任其存在;但截至今日止,日方尚无在华北设立新政权之意。至于目前正在谈判中之矿产开发,仍继续办理。(三)上海停战区域须扩大;至于如何扩大,日本未提及,但上海行政权仍旧。(四)对于排日问题,此问题希望照去年张群部长与川樾所表示之态度做去,详细办法系技术问题。(五)防共问题,日方希望对此问题有相当办法。(六)关税改善问题。(七)中国政府要尊重外人在中国之权利云云。陶大使见孔院长、王部长后,表示希望可以往见蒋委员长,遂即去电请示,蒋委员长立即复请陶大使前往一谈。本人乃于三十日陪陶大使同往南京。在船中与陶大使私人谈话,陶大使谓,中国抵抗日本至今,已表示出抗战精神,如今已到结束的时机。欧战时,德国本有几次好机会可以讲和,但终自信自己力量,不肯讲和,直至凡尔赛条约签订的时候,任人提出条件,德国不能不接受。陶大使又引希特勒意见,希望中国考虑;并谓在彼看,日本之条件并不苛刻。十二月二日抵京,本人先见蒋委员长,蒋委员长对本人所述加以考虑后,谓要与在京各级将领一商。下午四时又去,在座者已有顾墨三、白健生、唐孟潇、徐次辰①。蒋委员长叫本人报告德大使来京的任务。本人报告后,各人就问有否旁的条件,有否限制我国的军备。本人答称,据德大使所说,只是现在所提出的条件,并无其他别的附件,如能答应,便可停战。蒋委员长先问孟潇的意见,唐未即答,又问健生有有何意见,白谓只是如此条件,那么为何打仗? 本人答,陶大使所提者只是此数项条件。蒋委员长又问次辰有何意见? 徐答只是如此条件,可以答应。又问墨三,顾答可以答应。再问孟潇,唐亦称赞同各人意见。蒋委员长遂表示:(一)德之调停不应拒绝,并谓如此尚不算是亡国条件;(二)华北政权要保存。

---

① 顾祝同、白崇禧、唐生智、徐永昌。

　　下午五时,德大使见蒋委员长,本人在旁担任翻译。德大使对蒋委员长所说,与在汉口对孔院长、王部长所说者相同,但加一句谓:如现在不答应,战事再进行下去,将来之条件恐非如此。蒋委员长表示:(一)对日不敢相信;日本对条约可撕破,说话可以不算数;但对德是好友,德如此出力调停,因为相信德国及感谢德国调停之好意,可以将各项条件作为谈判之基础及范围。但尚有两点须请陶大使报告德国政府:(一)关于我国与日谈判中,德国要始终为调停者,就是说,德国须作调人到底;(二)华北行政主权须维持到底;在此范围内,可以将各项条件作为谈判之基础。惟日本不可自视为战胜国,以为此条件乃是哀的美敦书。德大使乃问:可否加一句? 蒋委员长说:可以。德大使说:在谈判中,中国政府宜采取忍让态度。蒋委员长云:两方是一样的。蒋委员长又谓:在战争如此紧急中,无法调停,进行谈判,希望德国向日本表示,先行停战。陶大使称:蒋委员长所提两点,可以代为转达;如德国愿居中调停,而日本亦愿意者,可由希特勒元首提出中日两方先行停战。蒋委员长说:如日本自视为战胜国,并先作宣传,以为中国已承认各项条件,则不能再谈判下去。在归途中,陶大使表示,以为此次之谈话有希望。及京时,陶大使并对蒋委员长说:此项条件并非哀的美敦书。陶大使在船中即去电东京及柏林,但至今尚未有回复,此后发展如何,尚不可知。

《中国近代对外关系史资料选辑》,下卷,第2分册,第53—56页

3. 日本提出第二次条件

狄克逊致德外交部

东京,1937年12月7日下午8时35分

　　密! 外交部长亲阅。

　　今日我遵命将译为英文的备忘录交给外务大臣广田,并根据训令加以口头解释。

　　广田收了备忘录,表示谢意,并说他现在当征求陆军和海军方面的

意见。广田怀疑是否还可以在一个月以前——日本的巨大的军事胜利以前——所拟制的基础上谈判。我因说，直至11月中日本第一次的胜利以后，他曾经告诉我，这个基础仍然不变。他回答说，最近几星期已经发生了不同的情况，陆军方面的要求已经比以前苛刻了。广田详细地问我对于蒋介石态度的意见。我详细说明，如果蒋介石签订和约，对于日本是最好的解决办法，如果他被推翻或者他拒绝缔结和约，对日本就很不利了。广田在和我讨论11月2日他交给我议和的基础的时候，认为那个基础包括几个要点，而那几个要点需要进一步加以明确，这样，例如日本在华北除了那些对于矿产的要求外，自然还要求其他的让步。

我以为，从最近这几日日本军事上巨大胜利和中国的严重失败——如我在12月3日第386号电报第八段中所说的——看来，日本对它提出的要点加以一定的扩大，是不可避免的。同样的电文给汉口。

DGFP, Series D, Vol. 1, p. 799

德外交部致德驻日大使馆
柏林，1937 年 12 月 10 日

绝机密。大使阅。

我们自然明白，随着军事行动的进展，交战国的作战目的也要改变，因此日本的要求可能要比以前苛刻。当然，我们并不仅仅因为这一点就动摇我们原来的意念，那就是尽可能地作一条联系的途径，为使双方拿到会议桌上来而尽一些力量。自然，假使日本向中国提出屈辱的、不能接受的要求，就是以前我们仅仅作为一个递信员的作用也还是有限度的。我们也不能把日本自己在很短期间就会说需要扩大的条件转递给中国。

假如广田现在把在新基础上得比较广泛的条件交给你转给中国，在你接受那些条件的时候可以引用前面所说的那些论点。但是，另一方面，我们的意思自然也不是要对日本的条件内容或措辞施加任何压力。这一点你可以在和广田的谈话中说明。

牛拉特

DGFP,Series D,Vol.1,pp.800-801

日本内阁会议议决的日本外务大臣致德国驻日大使复文

东京,1937 年 12 月 21 日

本大臣对本月七日大使阁下向本大臣口头说明,并通过当天的备忘录所表示的贵国政府对日华事变直接和平谈判的善意关心,并对贵国驻中国大使的努力,表示感谢和钦佩。但是,鉴于最近战局的迅速发展,情况大有转变的趋势,帝国政府将提出如下的基础条件。如中国方面总的承认这样一个媾和原则,向帝国政府表示乞和态度,则帝国准备答应开始进行日华直接谈判。

如果不接受上述原则,遗憾的是,帝国不得已将站在和以前完全不同的新观点上处理事变。此意希予鉴察为荷。

基本条件如下:

一、中国应放弃容共和反抗日、满的政策,对日、满两国的防共政策予以协助。

二、在必要地区设置非武装地带,并在该地区内的各个地方,设置特殊机构。

三、在日、满、华三国间,签订密切的经济协定。

四、中国应对帝国赔款。

口头说明:

(一)中国应表现出有实行防共的诚意。

(二)中国在一定的期限以内,派遣媾和使节到日本所指定的地点。

(三)我方考虑大体上在本年内答复。

(四)现在,蒋介石对向他秘密提出的这些原则已经表示了承认的意思,希望德国方面不要劝告日华双方停战,而劝告日华直接谈判。

（五）为了回答德国大使提出的问题，我方再加以考虑将秘密提示的这些原则改为更具体的条件，现抄附如下，以供参考。

日、华媾和谈判条件细目：

一、中国正式承认满洲国。

二、中国放弃排日和反满政策。

三、在华北和内蒙设置非武装地带。

四、华北在中国的主权之下，为实现日、满、华三国的共存共荣，应设置适当的机构，赋予广泛的权限，特别应实现日、满、华的经济合作。

五、在内蒙古，应设立防共自治政府，其国际地位与现在的外蒙相同。

六、中国确实采取防共政策，对日、满两国的防共政策予以协助。

七、在华中占领地区，设置非武装地带；在上海市地区，日、华合作，负责维持治安和发展经济。

八、日、满、华三国，在资源开发、关税、贸易、航空、通讯等方面，应签订必要的协定。

九、中国应对帝国赔款。

附记

（一）在华北、内蒙和华中的一定地区，为了起保证作用，应在必要期间内驻扎日本军队。

（二）在日华间签订有关以上各项协定后，开始签订停战协定。

如中国政府诚心实行以上各项约定，对我方的日华两国合作互助的理想采取真正合作时，帝国在此声明，不仅取消以上约定中的保证条款，并进一步准备对中国的复兴和国家的发展，国民的要求，衷心地进行协助。

《日本外交年表及主要文书》下卷，第380—381页

狄克逊致德国外交部

东京，1937 年 12 月 23 日下午 1 时 13 分

密！外交部长亲阅。

参照你的 12 月 4 日的第 306 号电报

（一）今日外务大臣将日本政府对于我们的备忘录的答复口头通知我，后来又给我一份他的书面声明。从英文翻译过来的声明的全文如下：

……①

（三）外务大臣也向我宣读了下面的声明，他让我记下来，但是没有把声明的原文给我：

1. 假如中国接受这些基本条件，她必须以行动——反对共产主义——来表示她的诚意。蒋介石须在规定的时期内派遣和平谈判的代表至日本所指定的地点。日本希望在本年底左右获得答复。

2. 当蒋介石已经声明他愿意接受刚才我机密地通知阁下的那些基本条件的时候，假如德国政府不向日本和中国建议扩大②敌对行动，而建议开始两国之间的直接谈判，日本政府是很欢迎的。

关于这一点，广田解释说，在和平谈判中，日本必须继续军事行动，不到和约缔结时，敌对行动的停止是不可能的。

3. 外务大臣在回答我提出的详细的问题的时候，关于和平条件又作了下面的补充说明，他说这些说明是很秘密的，决不能让中国知道。

关于基本条件的第一点。这一点意味着〔要中国〕承认满洲国。日本虽然不要求中国废止中苏协定或参加反共公约，但却很希望中国这样做。

关于基本条件的第二点。除北方的非军事区之外，现在显然在考虑中的是在长江流域也建立一个。

"特殊政权"，只考虑在蒙古建立。华北政府必须具有广泛的权力，不从属于中央政府，但是在中国主权之下。外务大臣对此不肯做任

---

① 参阅前件。

② 此处《德国外交文件》编译者原注说："此处德文本作 Aufbau（扩大）"，是 Abbau（停止）之误。当这个电报转给德国驻华大使馆时，电文已经改正。

何确切的说明。

关于基本条件的第三点。这一点意味着就关税、一般贸易等问题缔结协定。

（四）我告诉外务大臣，这些条件远超过 11 月 2 日他所告诉我的那些，并且我认为要中国政府接受这些条件是极端不可能的。广田回答说，由于军事局势的改变和舆论的压力，不可能有任何其他的方案。

（五）新条件是最近数周日本政府内部激烈争执所产生的折衷方案。最近陆军方面曾要求在蒋介石详细地获悉条件以前，要他承认战罪，但没有成功。关于基本条件，最初也曾有人争执，要出之以更严厉的形式。这些条件现在的形式已经内阁决定，并由天皇批准；因此这些条件构成有约束力的日本官方文件。我机密地获悉，由于陆军方面和实业界的压力，内阁中的许多人都认为这些条件太温和了，他们希望这些条件为中国拒绝，以便可以贯彻对蒋介石进行歼灭战的政策。

（六）我故意避免了直接转告汉口。

DGFP, Series D, Vol. 1, pp. 802–804

德外交部致陶德曼

柏林，1937 年 12 月 24 日

一

日本政府现在已将它对于我们的备忘录的答复交给狄克逊大使。据大使的报告，新条件是由最近数周日本政府内部激烈争执所产生的折衷方案。在现在这种形式下的条件已经由日本内阁通过，并经天皇批准。因此这些条件是一个有约束力的日本官方文件。虽然这些条件与以前我们向中国转达的那些条件有很大的出入，我们仍然认为我们有责任以递信员的身份将日本的答复〔转给中国〕，因为我们接受了递信员的身份，而递信员的身份不容许我们自己对于条件表示任何意见。

因此，你需要将下述的备忘录递交中国政府：

（一）12 月 7 日，德国驻东京大使将 12 月 2 日蒋介石委员长向德国驻南京大使表示的对于在 11 月初经由德国大使们向中国政府转达的日本的基本和平条件的态度,告知了日本外务大臣。当他得到德国大使的通知的时候,日本外务大臣声明说,他要征询有势力的各党派的态度,并且说,鉴于最近军事局势的改变,他怀疑是否还可以在 11 月所拟定的基础上进行谈判。

(二)关于这一次日本外务大臣从德国大使获得通知的事,已同时由德国驻华大使告知蒋介石委员长。

(三)12 月 23 日,日本外务大臣将日本政府对于 12 月 7 日给他的照会的答复口头告诉德国驻东京大使,并将下面的书面答复交给德国大使:

"鉴于最近战事方面的迅速发展和一般情况的巨大改变,日本政府考虑以下列各点作为和平谈判的基础。假如中国全部接受这些条件并且向日本表示媾和的意念,日本政府准备进行两国之间的直接谈判。

关于这一点,我谨通知阁下,假如中国不接受这些条件,日本——虽然很不愿意这样做——就将被迫以完全不同于前此所持的观点来对待目前的局势。

基本条件:

(一)中国必须放弃她的亲共的以及反日的和反满洲国的政策,并且与日本和满洲国合作,执行她们的反共政策。

(二)在有必要的地区建立非军事区和特殊政权。

(三)日本、中国和满洲国之间缔结关于在经济上密切合作的协定。

(四)中国偿付日本所要求的赔款。"

(在这里——自"鉴于"至"赔款"——将〔日本书面答复〕的英文原本插入,英文原本正由东京以电报拍给你。)

在递交书面答复的时候,日本外务大臣也向德国大使宣读了下列的声明,德国大使把声明记了下来:

"(一)假如中国接受这些基本条件,她必须以行动——反对共产主义——来表示她的诚意。蒋介石委员长须在规定的时期内派遣和平谈判的代表至日本所指定的地点。日本希望本年底左右获得答复。

（二）当蒋介石委员长已经声明他愿意接受这些基本条件的时候，假如德国政府不向日本和中国建议停止敌对行动，而建议开始两国之间的直接谈判，日本政府是很欢迎的。"

日本外务大臣又口头说，在和平谈判中日本必须继续军事行动；不到和约缔结时，敌对行动的停止是不可能的。

你需要交给中国政府的备忘录完。

二

仅供你个人参考：

关于个别的和平条件，日本外务大臣以下列的补充说明答复狄克逊大使的问题，他表示这些说明是很秘密的。决不能让中国政府知道……（参见上一文件。）

三

鉴于上面——（二）所说的那些情况，你在将备忘录递交给蒋介石的时候，要以口头作如下的补充：

（一）我们继续以前作为一个递信员的身份，我们认为有责任将日本的答复照样地转达给中国政府。当然，这样的声明决不是表示赞成或反对的态度。

（二）假如中国政府认为适当的话，我们准备继续处于递信员的地位，并且为中国政府与日本作任何进一步的联系服务。

（三）鉴于上面提到的日期——本年底——我们已经训令驻东京大使要日本政府注意这样的事实：由于技术上的原因，中介人的活动是需要一定时间的。

四

我附带告知你，狄克逊先生自机密方面获悉，在陆军方面和实业界的压力下，日本内阁中很多人认为这些条件太温和了。他们希望这些条件为中国拒绝,以便可以进行对蒋介石的歼灭战。

牛拉特

DGFP,Series D,Vol.1,pp.805-808

德国外交部致德驻日大使馆

柏林,1937年12月24日

由于日本的条件和不能向中国转达的补充说明不明确,加上日本要求中国在年底答复(这个要求差不多是一个最后通牒),以及日本要在和平谈判期间继续军事行动,我们对于我们是否应该转达日本的条件给中国这一件事,已经发生严重的疑问。但是,另一方面,以递信员的身份(我们已经接受了一个身份,而这个身份是不容许表示我们自己的任何意见的),我们觉得我们没有权利不转达这些条件。因此我训令陶德曼大使向中国转达的书面声明,以及你的第410号电报中的第三段的第一点和第二点。为此,要求你将[日本的书面答复]的英文原本立即以电报拍给汉口,以便可以递交[给中国政府]的文件中。

鉴于上面提到的日期(本年底),要求你告知日本政府注意这样的事实:因为中日双方的联系必须经过柏林,所以就是尽快的办理,也常常需要几天的时间。……

DGFP,Series D,Vol.1,pp.808-809

4.调停失败

陶德曼致德外交部

汉口,1937年12月26日下午8时30分

因为蒋介石生病,今晚7时我将备忘录递交给孔博士……(电文涂改)并作了口头说明。当我向他们宣读日本的条件的时候,孔和蒋介石夫人都极为惊恐。蒋介石夫人说,对于这样的要求,无怪德国政府不愿表示态度。明日我将把备忘录的一份副本递交给外交部长。

同样的电文给东京。

陶德曼致德国外交部
汉口,1937 年 12 月 26 日下午 11 时 15 分

因为蒋介石仍然在病着,我将 12 月 26 日第 212 号电报中所转达的广田的声明通知了孔祥熙。孔谢谢我,并问日本的要求在德国引起了什么反应。元首和总理曾经告诉他,德国愿意使中日之间的纠纷获致友好的解决。日本现在提出了可以说是无所不包的条件。日本也许要求十个特殊政权和十个非军事区。没有人能够接受这样的条件。日本应该想到将来,她会招致她自己的败亡。我没有答复孔的问题,但是告诉他狄克逊电报中所说的这些条件的来历,并且告诉他,日本的极端分子们批评这些条件,认为太温和了。

铁道部长拜访我,就中国是否应该接受这些条件的问题征求我的意见。我回答说,我不能表示意见。他于是又问,借我们的帮助究竟是否可以使敌对行动停止。我机密地把第 212 号电报告诉他,并且说,停战协定也要有双方参加,就像 1918 年我们被迫签订的停战协定一样。

同样的电文给东京。

德国外交部致德驻日大使馆
柏林,1937 年 12 月 29 日

根据此间接到的报告,中国政府寻求苏俄援助的迹象日益显著。财政部长孔祥熙最近告诉一个德国的联络人说,假如举行和平谈判的努力不成功,中国将继续抵抗到底,甚至使国家经济崩溃,使中国人民投入俄国的怀抱,亦在所不计。毫无疑问,俄国那时一定是战争中的胜利者。

当然,我们已训令陶德曼大使着重地警告中国政府不要与俄国做

任何进一步的亲善,指出如果中国政府这样做,我们就要重新考虑与中国的关系。但是,你要在适当的场合向日本政府指出一旦中国布尔什维化所能引起的危险,并且指出,这样的一个结果是与反共公约不符的。德国和日本反对共产国际的共同利益要求中国的正常情况尽速恢复,即使只能在不能完全满足日本愿望的和平条件下才能做到的话。日本应该考虑从凡尔赛条约的历史所得到的教训。

麦根逊

DGFP,Series D,Vol.1,pp.810–811

狄克逊致德外交部

东京,1937年12月30日下午8时

密!外交部长亲阅

(一)近来陆军武官与参谋本部的谈话和海军武官与有势力的海军官员的谈话表明:东京的中央军事当局对于和平谈判的开始很为重视。

(二)陶德曼大使认为可以促使外务大臣将日本的四个和平条件的详细内容告知我们,为了这样做,我今日和他作了一次谈话,把从汉口大使馆的报告中所得到的总印象告诉了他,并且着重指出[对于和平条件]加以补充说明在谈判开始后局部停止敌对行动的必要。

(三)对于这一点,广田同意说,12月22日他对我所作的指明不要向中国转达的声明(参看12月22日第210号电报中的第三节),可以告知蒋介石——但是不要作为日本政府的声明,而只是作为我从与日本高级官员谈话中所得到的印象。

(四)外务大臣对于那一次的声明补充说明如下:关于第二个条件:日本曾经考虑三个非军事区,即内蒙古、华北和上海附近占领区的一部分(可能远至沿海岸一带的平原)。

对于"特殊政权",广田说:内蒙古自治,华北成立具有广泛权力的政府,但不是自治,仍在中国主权之下,此外,在公共租界之外上海也要成立一个"特殊政权"(不包括很大地区)。

关于第四个条件:广田指出对中国要求的赔款的范围是:赔偿一部分战费,赔偿日本损失的财产,支付占领费用。

(五)陆军武官曾经获悉,参谋本部正在考虑设立一个防止中国重整军备的管制委员会,以为12月28日第420号电报第五段中所说的保证;这样,谈判开始反敌对行动的继续就成为不必要了。

同样的电文交给汉口。

DGFP, Series D, Vol. 1, pp. 811–812

王正廷致孔祥熙
华盛顿,1938 年 1 月 3 日

孔院长:密。美外长病愈,今晨往晤,详告一切,对于日方条件,彼表示不愿中国丧失领土、放弃任何权利。并据告九国会议我代表团所送说帖请求协助各节,尚在研究,事关财政,或须先商国会。弟廷。觉(三日)。

《战时外交》第 1 卷,第 77 页

驻日大使馆致外交部
1938 年 1 月 8 日

川越昨在上海发表谈话,据朝日载:略谓华中新政权,当为中国财政界实业界组织之经济的民主的国家,为使此新政权产生,日本有公开否认南京政府之必要,对于以汉口为中心之国民党政权之武力,应予以压迫,华中政权与华北伪组织,暂各别成立,将来两国间可圆满解决,中国民众畏惧日军撤退后,国民党政权或仍将恢复,日本应援助中国民众,使认识国民党政权复活为不可能云。大使馆。

《卢事前后》,第 330—331 页

狄克逊致德国外交部

东京,1938 年 1 月 12 日下午 10 时

外务次官约使馆参赞今晚去见他,他表示希望我们以电报告知〔德国〕驻汉口的大使馆,请大使馆竭力向中国政府要求迅速答复。假如到 1 月 15 日得不到答复,日本政府将保留自由行动的权利。使馆使馆参赞问他,这样的要求是不是等于一个最后通牒,乐舞次官对这个问题答复说,假如日本希望在迟延以久之后得到一个答复,不能责备日本。最初定的日期是 12 月底,后来是 1 月 10 日,都没有最后通牒的意思;现在是 12 日,他们只能等待两三天,不能再久。

他所说的"答复",意思是要明白表示态度,或者也可以就个别之点进行详细的研究,假如他们表示了中国寻求和解的基本愿望的话。

那种说他们仍然在考虑这个问题的答复是不够的。

DGFP,Series D,Vol. 1,p. 814

王宠惠、陶德曼会谈经过

1938 年 1 月 13 日

二十七年一月十三日下午十二时五分,王部长、徐次长访晤陶德曼大使,劳德士参事亦在座。

陶大使谓:……东京德大使馆电续称:德参事又询崛内,日方之意中国须如何答复? 崛内谓:中国之答复须表明确实之态度,即使对于特定各点或提出反问,该项反问亦应含有中国在原则上有否愿与日本得到谅解之意。倘中国答称此事正在考虑,此种答复认为不足。

陶大使谓:另接东京一电,知十二日外务省之发言人密告新闻记者,御前会议结果之公布(天皇公告)须视中国政府之答复而定,而中国之答复须接受或拒绝。日方已自蒋委员长处得有某项消息。宣战问题尚未经御前会议决定。

二十七年一月十三日下午四时二十分,王部长在官舍约晤德大使

陶德曼,徐次长在座。

王部长首谓:昨日(十二日)本已准备答复,嗣因须与一某同接洽,故迟至此时始得提出。王部长遂将准备之件(附件)诵读一遍。陶大使请交彼参阅,王部长声明此系口头通知,不能认为文件,交彼存阅,仅为彼之便利,遂将所读之件交陶大使。

陶大使听王部长读毕后,神色颇不自然。询问此项通知是否系答复,王部长、徐次长均谓:我方欲知条件之性质与内容,以便考虑决定,此件并非答复今日陶大使所述之电报。陶大使遂表示彼认为此系一种中间答复。陶大使问:如日方认为此系一种躲避之答复将如何?王部长告以如我方有意躲避,不再询问内容与性质矣。陶询我方意是否请彼转知日方。王部长答是。

《卢事前后》,第 500—502 页

陶德曼致德外交部
汉口,1938 年 1 月 13 日下午 7 时 40 分

中国外交部长今日向我宣读了下面的口头声明,他请求我们将这个声明转达日本政府:

"1937 年 11 月 5 日,承阁下在南京将日本所提出的若干和平条件告知了我们。后来在 11 月 28 日和 29 日以及 12 月 2 日,阁下又将日本政府的意图转达给在汉口和南京的中国当局,并且告知我们说,日本当局曾经声明说,尽管日本在军事上获得了极大的胜利,日本政府在 11 月初提出的条件仍然不变。鉴于德国所作的斡旋和日本方面希望恢复和平的意念,我们请求阁下告知日本政府说,我们准备以日本提出的各点作为讨论的基础。

12 月 26 日和 12 月 27 日,阁下将日本的若干'基本条件'转达给我们,并说,日本外务大臣曾经告知德国驻东京大使说,因为情况的改变,所以日本提出了那些新条件。经过适当的考虑后,我们觉得,改变了的条件,范围是太广泛了。因此中国政府希望知道这些新提出的条

件的性质和内容,以使加以仔细的研究,作出确切的决定。"

……

DGFP, Series D, Vol. 1, pp. 815–816

狄克逊致德外交部

东京,1938 年 1 月 14 日下午 7 时 40 分

密! 外交部长亲阅。

(一)今日我将中国外交部长向陶德曼大使传达的声明全文交给外务大臣。

广田对于中国的不置可否的声明很不满意,认为它简直是遁辞,并且说,为了作一个肯定或否定的答复所必需的一切细节,中国都已知道了。总之,被打败了而不得不求和的是中国,不是日本,而中国却不断要求日本提供说明。

我向外务大臣指出,直到现在,中国所正式知道的还只是四个基本条件。所有他向我所作的补充的说明,都依照他的请求只是以很含糊的方式转达中国政府。我建议他或者对那些说明加以明确,或者同意现在将那些说明作为日本政府的正式声明向中国转达。

广田回答说,他须与内阁商议,他允许及早答复。

(二)对于我提出的一个问题,广田机密地回答说,中国争取美国支持和平谈判的企图已经失败了。罗斯福已经拒绝作任何干预。

(三)美国已经否认美国银行已经对中国贷款 1.5 亿美元的传说。

(四)意大利大使也正由外务大臣通知。

同样的电文给汉口。

DGFP, Series D, Vol. 1, pp. 816–817

陶德曼致德国外交部

汉口,1938 年 1 月 15 日

行政院长孔祥熙今日向我致谢德国政府和我自己为企求和平所作

的一切努力,也致谢元首和总理在新年接见中国大使时说的话。

关于中国的答复,孔告诉我说,中国政府绝不是想采取搪塞的态度,政府中曾经多次讨论,因为关于这个问题的决定对于国家和国际都有很重大的关系。中国已经受了很大的损失,她愿意获致与日本的真正的谅解,以保证持久的和平,因此她诚恳地希望"寻觅每一条可能的和平途径"。为了这个缘故,她要求更多的主权。

孔请求把他事前即已拟就的下列口头声明转给日本外务大臣:"中国和日本竟会从事目前的武装冲突,使两国都蒙受灾害的后果,这是极为不幸的。中国仍然抱着与日本达成真正谅解的愿望,俾东亚的持久和平得以保持。

我们已经表示了诚恳的愿望,希望知道日本所提出'基本条件'的性质和内容,因为我们愿意尽每一分努力来寻求恢复两国之间的和平迹象。有了补充的说明,我们就更好表示我们对于日本所提出的条件的意见。"

据我看来,中国政府是想以这个声明补救它的不恰当的答复。

同样的电文给东京。

DGFP, Series D, Vol. 1, pp. 817–818

狄克逊致德国外交部

东京,1938 年 1 月 16 日

(一)今晨 10 时 30 分,外务大臣将下面的日本政府对于中国政府 1 月 13 日的声明的答复的全文交给我,并且请求我尽快转给汉口。广田一再着重地表示,日本政府感谢德国政府为安排和平谈判所作的努力。他后来又把日本政府将于今日下午向日本人民发表的声明交给我。这个声明将由德国新闻社拍发。

(二)答复照会的全文:

绝密

我谨对阁下的政府和阁下为推动直接谈判以和平解决中日事件所

作的斡旋和热心的努力表示最真诚的感谢。但是,中国关于上面所说的谈判的答复,已经推延了好几次,甚至在 1 月 10 日我们还没有收到,因此我们不得不再等几天。当昨天最后收到的时候,我们发觉中国的答复仅仅是一个敷衍的答复,要求知道我们的条件的详细内容。我们只能认为:中国政府方面这种拖延的态度,表示没有以接受全部和平谈判的基本条件来谋求和平的意念,而这一点是我以前就已经说明过的。因此帝国政府现在决定放弃(帝国政府对此是深为遗憾的)承阁下的政府竭诚帮助而进行的日本与中国之间的目前的和平谈判,并且从一个完全新的立场来处理目前的事件。

让我再向阁下对于德国政府对这个问题的友好的关切和努力表示衷心的感谢。

(三)最后,外务大臣要求我们同意公布我们参与安排谈判的经过。我回答说,我要向德国政府请示。广田要求尽快答复。请及早以电报给我训令。

(四)意大利大使处,正由外务大臣通知中。

同样的电文给汉口。

DGFP, Series D, Vol. 1, pp. 819-820

日本政府声明

东京,1938 年 1 月 16 日、18 日

在攻陷南京后,帝国政府为了仍然给中国国民政府以最后重新考虑的机会,一直等到现在。然而,国民政府不了解帝国的真意,竟然策动抗战,内则不察人民涂炭之苦,外则不顾整个东亚和平。因此,帝国政府今后不以国民政府为对手,而期望真能与帝国合作的中国新政权的建立与发展,并将与此新政权调整两国邦交,协助建设复兴的新中国。帝国政府尊重中国领土与主权以及各国在中国的权益的方针,当然毫无变更。现在,帝国对东亚和平的责任日益加重。政府期望国民为了完成这一重大任务而更加发奋。

补充声明

东京,1938 年 1 月 18 日

所谓"今后不以国民政府为对手",较之否认该政府更为强硬。本来,从国际法上来说,为了否认国民政府,只要承认新政权,就可以达到目的。因为尚未到达正式承认中华民国临时政府的时期,这次开国际法上的新例,在否认国民政府的同时,把它彻底撇开。虽有发布宣战布告的流传,但帝国对无辜的中国民众并不敌视。又因为采取不以国民政府为对手的立场,所以,更不需要发布宣战布告。

《日本外交年表及主要文书》下卷,第 386—387 页

狄克逊致德外交部

东京,1938 年 1 月 17 日下午 4 时 12 分

接续我的 16 日的第 27 号电报。

密。外交部长亲阅。

(一)在日本的答复发出以后我与外务大臣的谈话中,我向他表示,我觉得很遗憾:日本政府的声明在答复发出后公布得这样快,日本的答复断绝了此后的一切商谈。日本之不能忍耐中国的延宕和不能令人满意的态度,虽然是可以理解的,但在全世界人的心目中,日本却要负断绝商谈的责任。

(二)我后来问广田关于日本进一步的意图,是要宣战,还是对广州和海南岛采取行动?广田说,目前两者都没有考虑。

(三)后来我表示,我很忧虑,战事继续下去会对于德日关系发生三方面不利的影响。

(1)英日关系进一步恶化的危险,这一点我们认为是不好的。

(2)中国的布尔什维化。

(3)日本因进攻中国而把全部力量牵制住了,因此与俄国的力量相对比,日本将日益削弱。

对于这一点,外务大臣回答说:

关于(1)任何与英国关系的进一步恶化都要避免。对于这一点，[日本政府]已严令武装部队避免发生意外事件。

关于(2)反正蒋介石现在已越来越受共产党的影响。因此战事继续并不会有任何更不好的改变。

关于(3)假如战事迁延很久，我们的忧虑是正确的。但这一点确是不必预期的。

（四）日本与中国政府断绝联系，并且断然发表声明，是经过许多小时激烈政变后方才决定的，在政变中，军部的一些人无疑是赞成继续谈判的。

DGFP, Series D, Vol. 1, p. 821

驻日大使馆致外交部
东京,1938 年 1 月 19 日

近卫昨对记者谈时局摘要如下:(一)不以国府为对手,谓不以为调整国交之对手,战争上当竭力求其溃灭。(二)国府如完全屈服,只有改换面目,承认新民主义而加入其麾下,日本与国府自无妥协可言。(三)问:列国仍以国府为对手如何？答:使各国以对国府好意转对日本,端赖外交努力。(四)日英间尚无对华谈判,将来或发生此空气,但不解决中日问题,不必先解决日英问题。(五)苏联因国内情势当无动作,苏满间亦无不甚稳空气。(六)日本助长所谓新政权与对满指导精神或协力方式不同,期望充量放弃抗日容共政策与日本协力,但毫无国防的意义。(七)华中、华南新政权当被华北政权吸收,华北政权当为中央政府之主要分子,是否前半年内成立正式政府尚不能断言,但当促进之大总统问题与承认无关,现正讨论。(八)蒙疆政府参加华北政权与否尚未定,或将参加,否则后者不能自主故也。(九)调整国交之条件如有与日本提携之政府可较对国府者宽大。(十)经济提携应容纳中国及第三国资本,须相当加以统制,此外内政问题从略。大使馆

《卢事前后》,第 331—332 页

牛拉特备忘录

柏林,1938 年 1 月 25 日

日本大使于 21 日拜访我。这一次是回拜我对他的正式拜访。大使就这个机会表示日本政府感谢德国政府为恢复远东和平所作的努力。我问到日本对于将来中国局势发展的看法,大使回答说,在蒋介石在军事上失败以后,日本政府不能再承认他为中国人民的代表,中国的中央政府已不再存在。为了打算结束战争,日本现在试图与一个中国的新政府谈判,这个政府大概将由已经存在在北平和上海的政府组成。我反对说,看来中国的广大地区仍将不会平定。大使回答说,日本准备应付一切事变,并且知道怎样承担一个为时颇久的战争。

DGFP, Series D, Vol. 1, pp. 824–825

(三)德国对华政策发生逆转

说明:"陶德曼调停"失败后,德国开始调整其远东政策,将其外交的重心转移到亲日轨道上。1938 年 2 月 20 日,希特勒宣布承认"满洲国",中国政府作出了比较克制的反应。但中国政府的克制并不能阻止德国政策朝着既定的疏华亲日的方向发展。不久,德国又要求中国召回在德军事学员。此后,又不顾其驻华大使和军事顾问本人的反对,不顾中国政府的一再挽留,以对不服从命令者将予以严厉处分相威胁,强制性地召回了在华军事顾问。在这同时,德国政府还下令禁止向中国提供军事物资,许多订货因此而被取消。但中德贸易的大门并未完全关死,仍有少量的军事物资经伪装后运往中国。1938 年 11 月,中国外交部次长陈介出任驻德大使。但德国无视通常的外交礼节,一再推迟接受中国新大使递交国书的日期。欧洲战争爆发后,中国政府表示中立,继续维持与德国的外交关系。中国驻德参赞还曾试探德国在中日间调停的可能性。

1. 德国承认"满洲国"

里宾特洛甫致希特勒备忘录

柏林,1938 年 1 月 2 日

……因此,我认为应该注意加强柏林—罗马轴心和柏林—罗马—东京的三角关系,并吸引其它国家加入这种联合。我们与朋友们的联盟越坚固,则英国,此外还有法国,不介入同德国有牵连的中欧冲突的可能性就越大,冲突将仍保持局部化,从而对我们有利。我甚至认为,我们应该更多地增进这种友谊,应该造就新的联盟。最近,原法国总理弗朗丹在一篇文章中讲到了独裁国家(德国、意大利和日本)的联合和两个民主国家(英国和法国)再加上俄国的联合,所有这些国家都在尽力使尽可能多的国家接受他们的观念。如果我们考虑到英国在这方面对一些国家所作的成功的努力……弗朗丹的这些意见看起来是与他的英国朋友商讨过的。然而,最值得注意的是,英国将来也会致力于削弱柏林—罗马轴心和破坏柏林—罗马—东京之间的三角关系。英国有影响的人士正在不断地为在英国与意大利以及日本之间达成谅解而努力。英国外交部在去年夏天派出了它最能干的官员克莱琪爵士去日本。为了保护大不列颠帝国的心脏,我认为,英国会在适当的时机竭尽全力重新建立和意大利、日本的友好关系,甚至准备付出极大的代价。也就是说,要抢先于德国。在我看来,德国、意大利和日本必须坚定地团结起来反对这一企图,这种团结是它们在这个世界上的地位的力量所在……

(德国必须)悄悄而坚决地建立其反对英国的同盟,即实际上加强我们同意大利、日本的友好关系。此外,要争取那些和我们利益直接或间接相一致的所有国家。为此目的,三大国的外交官员要紧密而亲切地合作。

只有这样,不论将来有一天是达成协议还是发生冲突,我们才能对

付英国。

DGFP, Series D, Vol. 1, pp. 164–167

狄克逊致德国外交部

东京,1938 年 1 月 26 日

德国企图把中日冲突的双方拉到谈判桌上来的努力未获成功,这标志着这场战争的新的一章的开始……

我们所面临的迫切任务就是要从德日关系的新形势中得出结论性的意见。以下所进行的讨论是建立在两个假设的基础之上的,即日本将取得这场战争的军事胜利,中国如果不依靠英国和美国的话,将会越来越深地投向苏联的怀抱。

通过德国绝对中立的声明,我们非常明确地确定了我们对冲突双方所处的地位。在中日冲突的第一阶段,这无疑是正确的,尽管军事顾问的继续驻留和战争物资的继续提供只是有利于中国的,因而也是有利于南京政府的,而正是这个政府与苏联签订了互不侵犯条约,寻求与我们的死敌建立紧密的联盟,并投靠西方列强和日内瓦体系。因此,我们已经走到了这一步,在处理对日关系时我们将会陷入困境,如果日本非常强烈地敦促我们作出决定的话……

我们必须考虑到,脾气很坏的日本也许会在一个不适当时机针对我们作出令人不快的决定。因此,我们必须处理好有关问题,尤其是最棘手的军事顾问和提供战争物资问题,及时地重新确定我们现在的地位,如果时机合适,将就此向日本人作出解释。这一任务相当紧迫,因为我们必须考虑到第三国(尤其是英国)出于对德国在远东调停活动中所表现出来的日益增长的重要作用的怨恨,及为了转移对其武器出口的注意,可能将把日本的注意力有计划地引导到德日关系中的令人恼火的问题上去。

当我们面临着日本人要求德国召回驻华军事顾问的日益增长的压力时,我们解释顾问活动的一个最重要的论据是,召回顾问将会使德国失去它已享有的中国政府的高度信任,将从一开始就使德国的调停企图失去成功的可能。德国调停的失败使这一论据不复存在。由于在近期内不存在任何和平解决的前景,而且即使可能出现和平谈判,其参加者也将不是现在的中国政府,这一论据已不再成立。

出于同样的原因,我们也无法再期待德国军事顾问作为无偏见的专家向中国军事当局指明进一步抵抗的无望。

然而最重要的是,我们担心军事顾问的继续驻华将影响德国的声誉。根据我驻广州总领事的报告,中国方面已有鼓动家在投机性地指责德国军官把作战计划出卖给了日本人。而在另一方面,日本的战地部队则怀疑德国顾问在为中国军队制订作战计划并指挥其执行。从长远来看,中国军队的不断失败,将会被冲突双方以及乐于贬低德国在远东声望的第三国归罪于德国。……

尽管我完全理解我们的军事顾问对于我们与中国的关系的意义,在战争的第一阶段我总是把它作为我的谨慎判断的基础,但是,我现在完全同意武官奥特将军的意见,建议立即全部召回所有仍在中国活动的德国军事顾问。

关于彻底禁止向中国交付战争物资的问题,这里只想简要地说明一下。根据大使馆所提出的报告,人们已经知道这一问题是如何极大地影响着德日关系。德国政府所宣布的禁运的平淡影响已经被继续提供所取消。日本人曾暂时放松过要求彻底禁止的压力,今后它再也不会放松了。在这一方面,日本军事当局的行动已不再给人以任何怀疑。德国政府再提及采取禁止交付军事物资的措施的技术上的不可行性,都将不会被日本所理解……

DGFP,Series D,Vol.1,pp.826-829

狄克逊致德国外交部

东京,1938 年 2 月 5 日

1. 在我今天上午与日本外相的会谈中,他提出下列问题:

（1）考虑到反对向中国出口战争物资的公众舆论日益增长，广田讨论了德国仍在继续向中国大量出口这一事实。对于我方的原则说明他表示完全理解，但他现在也要求德国采取实际措施来结束事实上的出口。

（2）同样谈到日益增加的公众舆论的压力，广田建议我们以意大利为例，承认满洲国，因为我们关于中国的想法，也许不再适用。

……

（5）在随后的谈话中，日本外务次官就加强两国关系提出了一些建议，其中包括中止军事顾问在中国的活动。

2.……我提议德国采取与在第1、2、5条中日本的建议相一致的措施。3月1日是满洲国建立的周年纪念日，我认为，在这一天承认满洲国是适宜的。……

在结束这次会谈时，我向外相指出，反共产国际协定的真正目的不是与中国作战，而是共同反对苏俄共产国际。

DGFP, Series D, Vol. 1, pp. 832–833

德国外交部致陶德曼

柏林，1938 年 2 月 21 日

元首昨天在国会的历史性的讲话中，宣布德国将承认满洲国。因此，正式的承认即将到来。

现在的问题是，要防止它对德中关系产生损害，因此我要求你向中国政府通报这一即将到来的承认，并作如下的解释：

"德国政府完全意识到，这一措施可能会被中国政府和中国人民以一种并非德国所期望的方式去理解。考虑到德国的全面政策，这一措施不能再被推迟。然而，德国政府并不期望这一措施被理解为是针对中国的，这在元首的讲话中是很明显的。在这一讲话中，对满洲国的承认是与德国的对国联政策联系在一起的。元首的讲话是这样的：'如果我决定采取这一步骤（承认满洲国），我这样做也是为了在不切实际的荒谬的政策和明智的尊重现实的政策之间划清界限'。

　　这一讲话已经明白地表明,承认满洲国只是与我们对远东冲突的态度毫无关系的政策的结果。元首关于远东冲突的声明明白无误地指出了这一点。

　　在元首的讲话中,我们对远东冲突的观察是与我们对世界上布尔什维克主义的危险的态度不相干的。他说:'德国与日本订有与共产国际的活动进行斗争的协定。德国与中国一直保持着良好的关系。我认为,我们也许最好是被视为这场冲突的中立的观察者。我无需向你们保证,我们一直希望并仍然希望,在东亚的两个伟大的民族之间将会再次提出比较冷静的条件并最终出现和平。'

　　元首的讲话批评了国联决议所表达的偏向中国的一边倒的立场,这一决议诱使中国忽视形势的严重性。讲话强调了德国的信念出于其反对共产主义的立场,德国将一直把日本视为一个安全因素。随后,讲话指出:

　　'德国在远东没有任何领土企求。它只有进行商贸活动的可以理解的愿望。这一愿望不需要我们站在任何一边。但是它确实使我们意识到布尔什维克主义在这里的胜利也将毁坏最后的一点可能性。'

　　讲话由此而明白地强调了一直存在于德国和中国之间的友好关系以及我们的中立。作为结论他再次强调了这一事实,考虑到我们在远东的地位,我们在冲突中不必站在任何一方。

　　德国政府希望中国政府能够理解我们对于远东冲突的态度(元首的讲话对此一再强调),从而不致误解我们对于她的友好态度。"

　　另请说明,在你看来中国外交部长向你表示的看法(你的第85号电)似乎是没有道理的。

　　同时,请表达这样的希望,希望中国政府利用它的影响力平息中国的公众舆论,如果必要的话。

里宾特洛甫

DGFP, Series D, Vol. 1, pp. 839–840

程天放致蒋介石

柏林，1938 年 2 月 20 日

　　汉口。外交部。六二一号。二十日。译呈委员长、孔院长、王部长钧鉴：极密。关于德国对远东政策将有变更各节，前曾迭电奉陈，放原拟下星期往见德外长探询真相，乃今日德国会开会，Hitler 作三小时之演说，涉及外交政策时，攻击国联为维持不公道状态之机关。德外部面称决不再加入，凡国际组织限制各国正式承认已成之事实者，德决不参加。因此现宣布德国将承认"满洲国"，以抛弃过去不可解之幻想政策，而尊重现实。德国反对共产主义在任何地方发展势力，日本如失败，非欧美文化之福，仅为苏俄之利，中国本身精神及物质力量尚不足以抵御共产主义，德国与日本订反共协定，对华向来友好，为真正中立之旁观者，希望东亚两大民族恢复和平，如他方自始不作偏袒之劝告或许诺，而使中国注意自身处境之严重，对国联不存倚赖，和解或早已成功。在反共立场，德认日本为安全之因素，日本虽得最大胜利，无损于白种文化，如共党胜利，可毁灭数千年文化。德在东亚无领土兴趣，只愿经营商务，故无偏袒何方之必要，但须知如共产主义胜利，则一切均归乌有，德、义、日之联络为赤化之伟大阻力，希望其深切化云云。不惟以突然手段承认伪国，其袒护日本不复顾全我国友谊之态度，已昭然若揭，此后召回顾问，停止供给，均为意中事。在此种情形下，我方如无严重表示，似与我国国际地位有关。放认为政府似可明令召回大使，以表示对德之不满（放过去半载，原以德党部虽亲日，德政府尚能保持中立，故竭力委曲求全，今则深感留德已无意义，为个人计，亦恳即准返国）。同时向德方严重抗议，并通知其他各国，以示我方之坚决。德政府既已决定亲日政策，无再变更之可能，我方再事敷衍，恐亦无效果可言，表示强硬，彼对我恐亦不过如此。管见所及，敬祈钧裁，迅予电示。职程天放叩。

程天放致蒋介石

柏林,1938 年 2 月 24 日

汉口。外交部。六二八号。二十四日。委员长、孔院长、王部长钧鉴:五十七号电奉悉。政府决定除抗议外,不再作其他表示,自有不得已之苦衷。惟管见所及,仍以为我方对德重在顾问不召回、供给不停止二项,日方要求已久,迄未如愿,现德已承认伪国,日方必更积极进行,德政府既显然亲日,则以后随时可以应允。陶大使既来表示,我方似应乘机要求德政府对此两事有满意之答复,最好用书面承认不召回顾问及对经济合作继续进行。如能办到,则我方之委曲求全,始有意义,如德不允,则显系对我无诚意,我亦可另筹强硬对付方法。是否有当? 敬祈钧裁电示。职程天放叩。

程天放致蒋介石

柏林,1938 年 2 月 24 日

汉口。外交部。二十四日。第六百三十号。五九号电奉悉。比即于下午六时将照会面交德外次(外长尚未返),并口头说明我国民及国民政府对德国此种不友谊行为之不满。外次谓德方对中日战事仍保持过去中立态度,希望中国政府亦继续以前对德友谊。彼告以中国人民闻讯后愤慨异常,因蒋委员长及中央要人极力顾全中德友谊,向人民解释,始未生枝节,此后中德友谊之能否维持,全视德方事实上之表现如何,非空谈可能挽回也。渠表示谅解,且谓最近陶大使向中国政府磋商事件,中国政府已表示接受并感谢云云。不知陶大使所磋商为何事? 恳详示真相。程天放。

2. 德国撤出在华军事顾问

陶德曼致德国外交部
汉口,1938 年 3 月 8 日

关于停止向中国交货和召回军事顾问问题,来来回回已经写得很多了,不值得在这里再次提出我们一直在提出的反对这些措施的理由。关于停止向中国交付战争物资问题,中国政府的官员告诉我说,这里的人都知道,在向中国运送物资的同一条船上,常常有更多的物资是要运往日本的。我不知道这一消息是否准确。然而,由于日本从其它国家获得的战争物资要比中国多得多,处于这一地位,日本就不应该指责也向中国出售物资的任何国家。我不知道在柏林我们向日本人作出了什么保证。但是,到目前为止,我们似乎已经克服了这些困难。

如果承认满洲国只是针对中国的第一个行动,而其它两项行动将接着而来,那么,我们只能取消我们在中国的地位。如果我们对中国人说,我们受到了日本人的极大的压力,必须通过承认满洲国给他们一点满足,但在其它方面我们的态度依然不变,中国人对此肯定会予以理解。……

对我国在华顾问的声誉的担忧,似乎正烦扰着东京使馆,这是完全不必要的。顾问们本人可能会反对这一说法,因为他们在中国的地位从来没有像现在这样好。对德国顾问的舆论攻击完全是苏联宣传的产物。我压根就没有报告这些,是因为顾问们本人并不它当回事……

谭伯羽①致外交部

柏林,1938 年 3 月 3 日

急。外交部:六三六号。三月。德外部政治司长怀色克②今午邀羽赴(似有遗漏)正式告羽,德总理决定为保持中立计,在中日两国纷争时期,不收两国军事学生。本拟随德舰赴美见习之中国来德学生,今已命令中止。一切来德学生之训练事宜悉行停止,并停收陆军学生,其已在学之陆军员生,在短期内设法结束,所有手续由中国武官与关系机关接洽办理,德政府并已训令德大使通知我政府矣云云。谨闻。谭伯羽。谨呈委座钧阅。

《战时外交》第 2 卷,第 681 页

陈诚致蒋介石

阳新,1938 年 3 月 10 日

据武汉警备部情报称,据密报"希特勒演说后之德国对我国态度"一项,称(一)自希特勒发表承认伪满洲国演说后,中德关系较之以前更趋恶劣,外部对德抗议书,已于昨夜电我驻柏林大使馆转德外部提出,内容系申述中德关系素极友好,德国突然出此,殊觉遗憾等语。闻希特勒在发表此项演说之前,曾电令驻华大使陶德曼及中央各军事机关服务之德籍顾问调查三点:①中国第二期抗战实力;②苏联接济中国情形;③中国共产党活动情形及共产党军事组织。各德籍顾问报告书,均系由德大使收转,近一二日始派人持赴香港,以秘密电发出(内容无从知悉)。(二)德国希特勒即将仿照义国办法,召回在华各德籍军事顾问回德,日本刻正与德商洽转用该项被召回国之德籍军事顾问,以便完全得知我国军秘密。(三)德大使陶德曼确对希特勒对华政策表示不满,闻希特勒即将下令将陶德曼免职,而另易他人,此事在极短时间,

---

① 中国驻德使馆商务参赞。
② 即魏泽克。

即将实现。(四)据美国新闻记者消息,德国有在汉口代替日本组织军事情报机关之秘密企图,将以德国通讯社及德国海通社为掩护机关进行,其方式正在研究之中,此事极堪注意等语。谨呈鉴核。

程天放致外交部

柏林,1938 年 3 月 11 日

汉口。外交部:六四二号。十一日。七十二、七十五号电奉悉①。放连日患感冒,今午访德外次(外长在伦敦),将照会面交,同时对停止军事员生事,口头表示不满,谓德政府既一再声明承认伪国,不变更中立立场,不影响中德关系,何以又有此种举动。渠诿为德总理所亲自决定,因日方要求派军事员生来德,使德政府为难。彼告以日方与德如何接洽,中国不得而知,中国亦未对日方此种要求表示反对,何得影响中德间已有之事实。渠语塞,强谓接受中国军事员生,系德方好意,德方随时可取销。当告以陆军员生尚可云系德方好意,至海军员生则为合作计划之一部分,系陈部长去岁在德时,与德海军署所商定者,德政府单方变更此种条件,尤属不当。最后询以未来学生停止接受,已在德者何以又不准其完成学业。渠答此点当与主管机关商后答复。放又询其过去中德关系甚密,合作事项极多,是否德方亦有变更之意。渠谓德外部尚无所闻,俟请示总理后再告。彼告以中、德既均愿维持友谊,则德方万不可再有刺激中国人民情感之举动,渠表同意。谨闻。程天放。

---

① 72 号去电系德国停止接受军事员生,希向德外部口头表示遗憾由。75 号去电系对德国承认伪国复文,希再以书面答复德外部由。

谭伯羽致孔祥熙

柏林,1938 年 4 月 12 日

一〇八六号。院长钧鉴:密。关于军事学生结束学业一事,合步楼(Hapro)公司经理克兰(Kraney)邀谈,据称以前德外交部先后通知我方全部停收,及限于八月卅一日以前结束所有军事学生训练各节,均为官样文章,现海军学生仍随舰赴美,陆军学生亦未必如期结束云云。职答以德外交部前此正式通知我驻德使馆,虽为官样文章,自应呈报政府,将来事实如何,此时我方尚无根据也。今日又面晤 Thomas,亦询前情,据云海军学生随舰赴美事,渠尚不知,陆军学生是否果于八月卅一日以前结束学业,亦尚难预定,但德军政部在可能范围内,仍愿暗中竭力相助云云。又称德军自用步枪较普通货成本为高,此次经彼请戈林特准,惟以奥军队急需补充及换用德式,故无多现货可让云云。谨闻。职谭伯羽叩。

程天致蒋介石

柏林,1938 年 4 月 27 日

汉口。外交部。六八五号。二十七日。并请译呈委员长、孔院长钧鉴:日前英、法报载,德国已退伍军官在国外者,悉将召回训练新兵。今日下午特往访德外次怀色克,询问有无其事,是否影响在华之德顾问。怀答德政府为对中日战争采完全中立态度起见,觉德军事顾问此时在华服务殊有袒偏一方之嫌疑,故甚愿其离开中国。彼询其德政府是否曾下令召各顾问回国。答称德政府因渠等非现役军人,无下令之必要,只使之了解德政府之意志与期望。询其是否已正式通知各顾问。答称德政府早有此意,但是否已通知各顾问,则不能确答。彼告以德军事顾问经中国政府聘用已久,其在华服务系私人行动,与德政府中立政策并无(似有脱漏),中国方面感觉德方绝无召回之必要。渠谓彼等虽系私人,但既系德籍,即可引起对方误会,因日方无德顾问,而中国有之

也。彼告以日方无军事顾问,系日方自身不聘,并非中国反对之故。德对西班牙内战亦一再表示不干涉,而佛朗哥方面有德之志愿兵,则德顾问在华亦未尝不可,且英、美均有私人在华投效,亦未闻有人言英、美不守中立。中德邦交素睦,最近因德之承认伪国而发生不良影响,如再有召回顾问之举,必更妨及邦交云云。渠乃谓德政府对此如有所决定,当再奉告。谨闻。职程天放叩。

《战时外交》第 2 卷,第 684—685 页

陶德曼致德国外交部

汉口,1938 年 4 月 30 日

……

法肯豪森将军作了如下答复:

1. 所有的顾问都在汉口,有的甚至远至内地,担任学校的教官等工作。任何顾问在临近前线地区的逗留都已被严格认真地避免。

2. 顾问以个人身份签订的合同,分别要到 1939 或 1940 年才期满,它不能被单方面中止。单方面提出中止要求将意味着违反合同,由此,除了要在法律上负破坏合同的责任之外,还得损失钱财,得不到返程路费,并要为未满期限作出赔偿。

3. 对大多数顾问来说,中止合同意味着放弃他们的职业,并带来财政上的困境,因为国内不能向他们中的大多数人提供相应的职位。这对那些希望在德国国防军重新恢复工作的要求被拒绝或不可能实现的顾问来说尤其如此。

由于战争所引起的开支日益增长,许多顾问在财政上必须履行合约。因此,如果他们中止合同,他们在中国将陷入困境,负着债务而没有回国的路费。

4. 几乎所有的顾问都携有家室,其家产的大部分都留在南京,他们必须继续让其仆人在那里照料,因为如不这样,他们尚未被日本人掠夺的财产的安全也是不能得到保证的。离开中国将使他们损失其大部分

的财产,因为不可能将这些东西搬运回国。

5. 在顾问团本部工作的女秘书们是自费来华的,她们没有回程路费,也没有希望在国内受到雇佣。

6. 因此,德国政府必须为顾问们作出保证,负担顾问及其家属以及秘书们的回国路费,补偿其家庭财产等方面的损失,以及由于中止合同所产生的任何其它损失。此外,有关安排必须通过外交渠道来进行,因为顾问本人没有进行这种交涉的便利。

7. 由于过去从未提及中止合同的问题,因此,在战争之初及在元首2 月 20 日的讲话之后,在回答蒋介石的询问时,我曾一再向他保证,我个人将履行自己的合同。

8. 尚未通知包括将军们在内的其他顾问,以免他们为未来担忧。

DGFP,Series D,Vol.1,pp.856-857

德国外交部致陶德曼

柏林,1938 年 5 月 13 日

1. 请转告法肯豪森将军,帝国政府期待军事顾问尽快遵照政府要求返回德国,并请法肯豪森将军将此令立即通知属于顾问团的退役军官,令其作好一切准备。

2. 根据法肯豪森将军的答复,由于顾问们不能单方面中止聘用合同,我要求你以及顾问们与中国政府交涉提前结束顾问的聘用合同问题。你们可以说明,从这场冲突一开始,德国就感到有必要保持中立,因此,德国提出这一要求是正当的。随着冲突的继续(它已经具有了战争的性质),原来的德国顾问继续在中国服务,是与中立的立场不相容的,它给世界造成了我们正积极地帮助中国人进行战争的印象。鉴于存在于两国之间的传统友谊,我们希望中国政府对于德国的这些完全合理的愿望予以应有的考虑。战争已经进行了将近一年,德国直到现在才决定召回顾问,这一事实清楚地显示了迄今为止德国方面对中国的局势所给予的理解。

3. 你可以通知顾问们, 为公平合理起见, 德国政府准备支付回程路费, 并对与此有关的所有损失给予适当的赔偿。请用电话所需数目。

4. 如果正如你从前所报告的那样, 中国的公众舆论有可能由于德国采取了这些措施而变得对德国怀有敌意, 从而对德国在华公民的人身安全产生威胁, 请根据为处于危险地区的德国人在适当时机的撤离做好准备, 以防止他们受到进一步的伤害。

5. 以下内容严格保密, 仅供你个人知道:

此间正在考虑针对有关顾问的严厉措施, 以防止有人拒绝同意撤离。

里宾特洛甫

DGFP, Series D, Vol. 1, pp. 861–862

德国外交部致德国驻华使馆

柏林, 1938 年 5 月 17 日

……

1. 军事顾问逐步撤离的主张不予考虑。

2. 我现在希望你立即执行第 104 号电报中给你的指示, 并参照将于明天发给你的补充指示。

3. 有关军事顾问的立即撤离是元首的明确命令。我们期望军事顾问立即离开中国[原稿上的"到 5 月底为止"被改成了"立即"]。

4. 我要求你在收到这些电报指示后, 敦促中国政府立即中止与德国军事顾问的合同。如果中国政府在中止合同上制造困难, 你可以非正式地暗示, 那样你是否能继续留在中国就很难说[原稿中"那样你的召回可能将难以避免"被划去]。

我要求你通知德国军事顾问, 任何不执行来自使馆的指示的行为, 都将会给他们自己带来严重的后果。

里宾特洛甫

DGFP, Series D, Vol. 1, p. 862

孔祥熙致蒋介石

汉口,1938 年 5 月 23 日

汉口。特急。一二三四五郑州。仪密。顷接王部长送来关于德政府拟撤回在华德顾问事,陶德曼与其谈话纪录一件。其谈话原文摘报如下:陶称本人在港时接到政府来电,本拟向蒋委员长面陈,但不知委员长何时始能回汉,故只可向贵部长陈述。德首领现决定对于中日战事绝对守中立,其盼贵政府允许德顾问解除契约,准其一律回国,以为万一苏联共产实行侵略,德国与日本实有共同利益之情势。德对委员长及中政府近年建设事业及反共产之成绩表示敬佩,但各国报纸宣传德顾问帮助中国作战,此种空气实于德政府所定国策颇有妨碍,故不得不决定绝对中立,此举对中国毫无任何恶意,希望勿发生误会。王外长答以本人当将此事转陈,惟贵国承认伪满,实属不利中国,我政府及人民因顾念两国素来友好,除照会保留我方法律立场外,并无何种特别之表示,原冀贵我国交仍维持承认伪满以前之态度,今贵政府忽然改变态度,吾人不独失望,且中国国民必以为德国此举如果实行,将间接祖日而反对中国,此乃无可避免之反响,请加注意。贵国顾虑共产问题,不知吾国政治、社会及经济组织与共产主义大相径庭,蒋委员长及我国政府对于此问题过去之事实亦足以证明,且贵国顾问系以私人资格在华服务,他国国民亦有以私人资格在吾政府机关服务,该顾问与各该本国政府,实无何等关系,自不致涉及中立问题,望贵政府再加考虑。至政府如何决定,容再奉达。陶复称贵部长所称各节,与本人见解略同,曾数次电本国政府发表类似之意见,但德政府经详细考虑后决定之方针,恐不易改。本人昨日曾将此事告知德国总顾问。总之德政府自中日事件发生之初,即已研究德顾问在华服务问题,初以为中日事件过相当期间后,或可解决,但以今日情势观之,战事必致延长,此德政府之所以迟迟至今始行决定等语。似此情形,德方之中立态度无异明显表示祖日。谨此电陈,仍乞察复为祷。弟熙。梗。汉秘。印。

陶德曼致德国外交部

汉口,1938 年 6 月 19 日

今天,中国外交部次长根据外交部长的指示(部长本人病了)通知我说,蒋介石坚持要挽留 5 至 6 名顾问一段时期,以让他们安排好他们的工作。根据得到的指示,我现在通知次长,并要求他转告蒋介石,如果中国方面坚持这一态度,我就有可能被立即召回。

外交次长答应转告这一答复,但对德国政府的态度表示遗憾,说这一举动可能将迫使中国与其它国家建立友好关系……

DGFP,Series D,Vol. 1,p. 877

陶德曼等致徐谟

汉口,1938 年 6 月 21 日

二十七年六月二十一日下午八时十分,德大使陶德曼偕同总顾问法肯豪森至汉口德明饭店约晤徐次长,以严重态度,用英语口述如下:

本大使奉令向贵次长声述如下:

如于六月二十三日(星期四)以前,中国国民政府对于全体德国顾问之即时离华不予明白表示同意,并担保该顾问等之离华(安全回国之意),则本大使奉令立即将所有职务移交于代办,离华返国。

本大使又奉令表示下开意见:中德外交关系之是否继续维持或由我方(德方)予以断绝,须视关于顾问问题之以后发展而定。

《战时外交》第 2 卷,第 687—688 页

詹逊致赫尔

汉口,1938 年 7 月 5 日

今天上午九点,德国军事顾问乘坐中国政府提供专列前往香港。

据悉,在 7 月 2 日和 7 月 4 日,委员长和军政部长分别为它们举行了欢送宴会。今天的报刊报导说,中国政府完全理解德国顾问们所处的困境,主动为他们解除了尚未期满的合同。

据今天的报纸刊载,中国政府发言人有如下谈话:

"德国顾问正带着我们对其过去工作的高度评价和我们对他们的最良好的祝愿离开中国。"

FRUS,1938,Vol.3,p.365

3. 中国大使递交国书日期被一再延迟

韦尔曼备忘录

柏林,1938 年 10 月 13 日

中国代办今天来访,奉命转达如下内容:

为答复日本对德国苏台德争端终获解决的贺电,元首致电日本陆军大臣坂垣,这一电报已经发表在日本及各国的报刊上。该电报表示希望日本的作战取得重大胜利,希望对布尔什维克主义作战的德国军队和日本军队之间的友好关系更加紧密。中国政府询问,这一发表于国外的电文是否准确。如果确实如此,这一电报是与在中日战争中保持中立相矛盾的,而中立毕竟是德国的政策。如果报刊的报道是不准确的,中国政府要求德国方面公开予以否认。此外,中国政府仍然期望与德国政府保持真正的友好关系。

我回答说,我对这一电报毫无所知。因此,今天我所能做的就是将他的抱怨记录在案。

旋即查明,这一电报既未经外交部长也未经元首本人审阅。这一我们通过外国新闻社才得知的电报实际上是由德国国防军最高统帅部起草的……

我同意将在最近几天内约见中国代办,向他出示该电报文本。在这一电报中,元首使用了比较通用的辞令祝愿日本军队"更加荣光"。他丝毫未提及中日战争及祝愿日本在这场战争中取得胜利。我将告诉代办,他显然获得了错误的情报,我认为没有必要再讨论发表否认声明的问题。关于这份电报,我相信,中国政府将不致把提及与布尔什维克主义的作战理解成是指中日之间的战争。

DGFP,Series D,Vol.4,pp.682-683

魏泽克致陶德曼①

柏林,1938 年 10 月 17 日

非常感谢你在 10 月 9 日的来信中通报了你最近与中国大使的谈话。我完全同意你所说的话,尤其是你关于不管是否受到邀请,谋划调停的时机现在尚未成熟的观点。在任何情况下,不管这种要求来自何方,这一行动现在都将被日本人视为是一种为难它的压力,因为日本人似乎正对广州和汉口进行一次决定性的打击……

当然,占领广州和武汉之后,日本人是否能够更为接近其真正的战争目的,还有待观察。这里,值得注意日本外务省发言人最近的声明,该发言人称,当蒋介石被击败,残留下来的政权转变成亲日政权时,将有可能缔结和平。这些因素是我们目前所无法控制的……

DGFP,Series D,Vol.4,pp.683-684

蒋介石致陈介

长沙,1938 年 11 月 16 日

此电另致王外交长知照。柏林。陈大使:如递国书延期,最好即日托词离德,赴英暂住。以德国派公使已向伪满递国书,对于我国民刺激太甚,且对我政府太难堪也。如何?盼复。蒋中正。铣。机。

《战时外交》第2卷,第689页

蒋介石致孔祥熙

南岳,1938 年 11 月 24 日

重庆。孔院长并转王外交部长:前电令驻德陈大使托辞离德,未知

---

① 陶德曼此时已离开中国,正在德国休假。

兄等之意如何？近报德外部对我陈大使递国书事，仍再三延期，显系有
不认我政府，至少亦有藐视我国书之嫌，应即照前电速令陈大使离德或
正式召其回国，以调国内其他名义为名亦可，总之不可再令其驻德，否
则国家与政府威信与体统全失，此种耻辱将无法湔雪矣。中正手启。
迥申。机。

《战时外交》第 2 卷，第 689—690 页

菲舍尔①致德国外交部

上海，1938 年 12 月 9 日

主题：中国大使的就职问题。

我现在刚刚收到来自使馆秘书肯佩的报告。它描述了在元首接受
中国新大使陈介递交国书之前重庆的情绪和舆论。

最初，递交国书的日期被推迟的消息，只是被登载在重庆报刊的不
起眼的地方，也没有任何官方报纸对此发表评论。因此，起初公众并不
很关注此事，尽管情报人员、外交部的官员，尤其是那些曾在德国受过
教育的现在重庆的中国人（他们中一些人已获得较高地位），极为关注
递交国书日期的确定。人们对此事兴趣的高涨，是由于流传出这样的
消息（显然是日本人所散布的），大意是说，德国和意大利政府准备待
日本人扶植的中国中央政府一成立便立即予以承认。于是，陈介大使
在柏林的递交国书问题便成了检验这些消息是否真实的试金石。

权威性人士的批评声调逐渐地尖锐起来。不仅传说中的陈介递交
国书日期的一再推迟被视为是一种蓄意的侮辱，而且，在中国人看来，
德国这是在暗暗地表示它的政治态度，它只是在等待新的中国中央政
府的成立，这显然被视为是怀有敌意的行动。

于是，11 月 8 日，中国外交部次长徐谟约见肯佩先生，以讨论中国
大使递交国书的问题。

---

① 时任德国驻华代办。

关于这一谈话的备忘录的复制件另附。

此后,递交国书的问题很快便成为公众所讨论的事情,它扩展到对整个中德关系的考虑。新闻界强烈敦促中国政府作出不可避免的结论,如果仍未能很快从德国传来将接受陈介就任大使的消息的话。最极端的办法是和德国断绝关系,这是激进分子公开提议的。中国政府是否会断然决定采取这类行动,是值得怀疑的……

如果能从这里与我们接触的中方人士的举止得出有关中国的大体态度的结论的话,我们可以说,他们以非常欣慰的心情获知了(已确定日期)的消息。

DGFP,Series D,Vol. 4,pp. 696-697

4. 中德关系在困境中存续

德国海通社电稿
1939 年 7 月 17 日

德国海通社远东总经理美最时氏昨晋谒蒋委员长,恳谈甚久。德国政府及人民对远东战局之态度,委员长甚表关心。委座以为德国政府之对华态度,并非出于情感之隔膜,乃欧洲方面之环境使然。委座并称中德一般关系可称满意,中国为德国之老友,其意义自较一般新友为重要,并请美最时君将此意转达德国人民。

蒋委员长并称:德日携手,实无真正可靠之基础,且劝告德国与日本发生关系,务必慎重将事,否则恐有不利也。彼以为日德亲善未必真有一定不移之基础立场,而相信德俄合作亦未始绝无可能。委座并称日本外务省对于德国,心中并无十分亲善之情绪,日本军阀所以与德国保持目下之关系者,仅出于事实之需要耳。其对美国因利害所系或较德国更为重视。一般说来,日本为一缺少政治观念之国家,故与之相交,宜存戒心。

美最时氏叩以和平之展望,委座答称:日本军队一日不自中国领土撤退，即无和平希望可言。今全中国之目的欲驱除敌寇，在未达到此目的以前，中国政府不能考虑任何方式之和平谈判。至于第三国出面作调停建议，倘其中并不包括日军撤退问题，亦绝无接受可能。委座并称：据本人看来，由于日本之一般态度，目下似无第三国愿为调停。日本缺少一真正之政治家，目下之日本统治者，甚难获调停者之信任。

委员长继称：目前战事仍继续进行。战场虽消息似觉沉闷，然战事则绝未停止。美最时复询：日本在占领区力谋巩固其地位，俾作经济开发，中国最高当局亦有防止之措置否？委员长否认日人在占领区有巩固其地位之可能。例如平汉路之东即有中国军队约二十五万。日方称之为游击队，实则全系正规军。日军仅掌有北平、天津、济南等都市，绝不敢离开城市或铁道线二十或三十公里以外。固有此大队华军之存在，战事时在进行。故不论军事或经济方面，日人绝无巩固地位之可能，且此种军队，在未来战争上，自必有决胜之影响力量。

至于日军欲假轰炸之手段以沮丧中国民气，则此间外籍记者均能证明，民间一切生活均照常进行，民众对空袭未尝感觉畏惧。尝警报长鸣之时，均从容入地窖或下乡躲避，警报解除，则一切活动均恢复常态。物质之损失甚小，其结果仅使中国人民团结益坚而已。今中国全体人民一致团结，如坚硬之砖石，日本侵略益亟，则此砖石因锻炼而益为坚固。

美最时氏继叩以日人是否能利用南京及北平两伪组织以达其势力于中国人民，蒋氏力言事实决不如此，因彼等一旦变为傀儡即无丝毫之能势也。又谓近日虽又有少数之人附逆，但决不能改变过去之情形。此等不甚可靠之分子，既已自行淘汰，在国民政府实只有好处。彼等不惟不能破坏政府，且将使政府之精神愈为团结巩固。后又谈及国民党与共产党之关系，蒋氏谓中国根本即无所谓共产党。过去一部分信仰共产主义之人，与欧洲信仰共产主义之人实大异其趣。中国人说来说去还是中国人，唯其如此，故无不一致抵抗外侮。中国与苏联之合作仅系两国之友谊关系，初不能视为中国即有倾向苏联所奉主义之意。美最时氏复以中国之军事及经济准备见询,蒋氏谓中国实际上已无须仰给国外之输入,即可在经济及军事两方面继续作长时期之抗战。目前中国在经济方向已能自给自足,上海及香港入口之断绝反而增进国内之情形,使国人度其简单朴素之生活,并省去大批奢侈品之输入。中国社会现仍以农村为主,且有大量土地静待开发,仅四川一省之面积亦与德国相等,若自今以后再抗战十年,则四川一省亦不难发展成为一"亚洲之德国"。何况中国尚有其他省区,因为未开发之地,且其富源亦不亚于四川。蒋氏在谈话中充分流露其坚决之信念,无论对其自身及彼之目的皆具非常之把握,实予美最时氏以极深之印象。蒋氏谈话时态度殊闲散自若,妙语丛生,对任何问题皆感兴趣,有时复提出若干问题殷殷垂询。美最时氏此次晋谒蒋氏系与海通社代表朗吉氏同往,数日以来蒋氏皆未接见外籍记者,而德国记者则自蒋氏离汉口后即未有晋谒者云。

中国第二历史档案馆藏国民政府档案,九/79

谭伯羽致蒋介石

柏林,1939 年 9 月 2 日

顷晤克里拜,告以中德接近问题,先从经济合作入手,望其为里宾特洛甫言之。答称里宾特洛甫常见不着,当与次长一谈。德俄协定双方主义不改,大战时德方仍望日海军牵制英、美。彼意中德关系或由我方请俄斡旋。……

蒋委员长批示:复。商务处及重要文件应即离德他移为要。……

《战时外交》第 2 卷,第 690 页

陈介致外交部

柏林,1939 年 9 月 9 日

重庆。外交部:一〇四一号。九日。前奉九四八号电令即返国,且德外部所得重庆消息,有中国将变更对德政策,委座对欧局将发表宣言说，故于昨日往晤德外次，今奉九五〇号电，复往告知。渠询返国究何原因，答训令未尝提及。

渠谓中德关系彼亦极望能增进，战事当不致久长，战后经济上大有可为，上月底所谈，已详陈部长，君能不即返国，至所欣慰等语。谨闻。介。

《战时外交》第 2 卷，第 691 页

谭伯羽致蒋介石电（摘要）

斯德哥尔摩，1939 年 9 月 11 日

顷闻陈介奉孔院长电令，钧座将有宣言，仍望离德。彼意不便再来德，今晚赴瑞士，然行前照向例，仍须通知德外交部，如此益使德方怀疑。愚见目前亲德，假意大利、日本、西班牙，或观望或中立，中德邦交法律上言之，原已转好，供给军械，系暗中秘密，或用中立国名义办理。我国如无英方极优待条件，似可观望，无须急于表示，现闻日本对欧战亦将中立，以供参考。

《战时外交》第 2 卷，第 691—692 页

陈介致外交部

柏林，1939 年 9 月 19 日

重庆。外交部：一〇五九号。十九日。连日此间亲华分子，闻在纷托外交次长及都玛斯分向德外长及戈林进言，预防承认伪中央，企图维持中德经济关系。顷差谭参事询都，据谓曾与戈谈，甚感兴趣，交易仍愿照常，但重在得锡，惟须研究运输途径，问能否取道苏俄。又谓苏当不致放弃中国，德应不致承认伪组织，波事了后，盼或可和，且望推及远东。外交部长方面，外交次长闻已转呈，尚无消息。所询取道一节，是否可行？有无其他办法？又今希特拉在但泽广播，对英仍甚激烈。并闻。介。

《战时外交》第 2 卷，第 718 页

凯洛尔①备忘录

柏林,1939 年 10 月 5 日

与中国大使馆参赞的谈话

丁先生一开始就声明,他提出的是他个人的意见和建议,但是大使对此也表示同意。他还表示有理由相信,重庆的中国政府同意他要说的话。因此,眼下这是一个机密的试探性的问题,其结果可以使使馆在重庆采取进一步的步骤。使馆在劝说重庆让大使继续留在德国的问题上非常成功;目前重庆对德态度非常友好。

然后,丁先生再次阐明他的调停方案。他解释说,日本无法指望从对中国的进一步作战中得到任何东西。在战争情况下,甚至不可能从事日本占领区的经济开发。无疑有很多明智的日本人认为,现在与中国缔结一项保全面子的和平是可取的。日本能够通过从中国消除英美的势力来保全面子。日本大概也能够得到中国对满洲国的承认以及在华北的经济合作的特别权利。如果中国主权得到充分尊重,中国准备与日本维持真诚的友好关系。委员长完全不是反日本的,他是被迫违反其意愿而与日本作战的。他欢迎任何合理的解决方案。然而,如果由中国人向日本提出建议,这些建议肯定要遭到拒绝。因此,和平建议必须来自第三方。在他看来,和平建议如果出自德国人要比出自美国人或俄国人好得多。远东和平对德国也很有益处,因为那时日本的态度将明确地反英的……德国的调停也会给德国带来将来在中国经济生活中的强有力的地位。由于委员长一直是非常亲德的(他在德国军事顾问撤离时的态度也表明了这一点),这事就更有把握。相信调停的努力会使德国保持与中日双方的友谊,这是符合德国的政策的。他也相信大岛的影响仍然足够强大,如果德国对他进行试探,或在东京进行试探,则可促进远东的和平进程。他所要求我们的是,在我们方面不承担任何义务的情况下,宣布在原则上准备郑重地对日本进行和平试探。

---

① Knoll,时为德国外交部政治司司长。

这样,他便可以相应地通知重庆。

然后,他也许会飞往重庆,并偕同一位具有全权的议和者回来。

我问他,在他看来,缔结和平的一个重要条件是否包括日军全部从中国撤退。他回答说,日军应该自长江流域撤退,但也许不必自华北撤退。

……最后,我还问他委员长对英国是否负有道义上的义务,以及如果必要时,他是否准备采取反英的处理。丁答到,对英国没有任何种类的约束。英日天津谈判使委员长非常烦恼,可以确定地预言,他是准备与德国和日本一起实行反英政策的。至于俄国,丁说,俄国大使的态度一直是亲华的,俄国正在通过向中国派遣自愿飞行人员的方法支援中国。他相信,俄国将会欢迎以他的方案为基础的和平,因为俄国不希望看到日本在大陆上变得太强大……

DGFP, Series D, Vol. 8, pp. 220-222

蒋介石、毕德谈话记录

重庆,1940 年 6 月 1 日

本年六月一日下午五时,德国代办毕德氏晋谒委座辞行,委座因询以德日关系,及日本是否将参加德国作战两问题。毕氏答德国曾企望日本之积极援助,但截至目前为止,日本之种种行动,均令德国失望。虽然,今后日本如能切实打击英国,则德国仍欢迎其参加同盟,因德国之敌人亦为英国也。至此,委座乃举三事以告毕氏,并嘱其转达德政府:

(一)就目前形势言,德国如能使战争之范围不致扩大,则胜利当有把握。日本即使自请参加德国作战,然于德国,则不仅无益而且有害也。盖日本参战之后,战事必随之扩大,因而德国所遭遇之障碍,亦必随之增加。为德国计,固宜深思熟虑而预为之防也。

(二)日本参加德国作战之唯一目的,端在乘机夺取英、法、荷在东亚之殖民地。日本果有此举,则美国势必出面干涉,是不啻因日本之参加德国作战,而促成美国之援助英、法。须知日本如不扰乱太平洋之现势,美国当不致参加欧战,惟战争扩大至太平洋时,美国必难坐视,美国诚协助英、法作战,于德国殊不利也。

(三)德国如能在此时提出相当之和平条件结束欧战,则德国当可确保胜利,如任战事延长或扩大至欧洲以外,则前途如何,殊难逆料矣。

《战时外交》第 2 卷,第 693—694 页

陈介致张群

柏林,1940 年 7 月 11 日

渝。军委会张秘书长岳公赐鉴:前奉尊电转谕对德相机进行,并拟具体步骤及办法。兹谨分陈如下:一、在德英战事未了以前,只能由介在此暗中接洽,与谈经济合作原则,俾其知有可图,对我外交好转,细目则待专家。二、双方于原则同意后,德方应派代表来华协商整个合作计划,我方应先充分准备具体办法。三、协商妥后,我再派大员来德签约,并修好。如倭政府此次派前外长佐藤挈同专家至义国报聘,签订义倭及伪满通商条约先例,德亦应派大使至华,一新阵容。介自奉前电后,已分向亲华分子接洽,大约戈林一派,军部经济署大本营之一部分及经济部均表欢迎外,惟外长尚不愿有所表示。经济署都玛斯将军系戈林亲信,为主动中心人物,现已搜集各种材料,证明战后经济趋势与我合作为有利,倭则仅图利己,于德无益,故主张战后先行供给我军火抗日,然后助我建设国防工业,而我与以原料。都氏与克兰甚接近,故于我情形甚为明了,拟将此计划由彼直接相机面呈希特勒,得其首肯,即派克兰以私人名义来华协商。现以对英战事未决,希特勒无暇及此,未易密请求速效,惟有力树基础以待时机,彼等看法已不在远。此外,则对德舆论之逐渐改善,德人受勋之宜稍宽大,亦为今日要着。总之,以我处境本极困难,国际变化亦难预料,重在洞观趋势,以图制胜机先,由被动的外交进于自主的外交,择善而从,以期有济。管见如此,敬请核夺,并

请转呈。介叩。真。

谭伯羽致中国粮食工业公司
1940年10月3日

十月三日柏林商专处来第3209号电

（一）德拟中日议和条件：日承认蒋政权，日本撤兵，我国承认伪国及华北日本特权，并以沪、青岛、福州、香港、汕头为日本海军根据。（二）德以安南、荷属印度让日，即菲律宾日能占领（此电文一码不明），续陈。（三）许俄向南波斯、印度发展。美国消息，俄国外交有仍维持可能。（四）料我方拒绝和议（此电文二码不明）。羽处无工作，离此迁移瑞典、瑞士皆非久计。即归国，文件及所属亦不能留此。请速电示方针，以备万一。至叩。谭伯羽。

中国第二历史档案馆藏中国粮食工业股份有限公司档案,八九/4

桂永清致中国粮食工业公司
1940年10月12日

十月十四日　桂永清来文电

真电敬悉。日前据戈林将军亲信密告，戈林于晤谈后大骂里宾特洛甫不已，批评中国对德为"三年睡眠外交"，并表示不强迫中国言和，维持中德好感。建议职如有未尽意见，可用书面向戈林陈述，以保连系。连日请大使与伯羽兄商量致戈林信稿。巴尔干半岛因德军驻罗后，罗匈土地谈判决裂。希腊与俄接近，形势变化。

中国第二历史档案馆藏中国粮食工业股份有限公司档案,八九/4

陈介致中国粮食工业公司
1940年11月11日

十一月十四日　陈介　真电（十一日）

顷德外长约往密谈,略谓:"(1)莫洛托夫明日来访。德俄间自订立互不侵犯条约以来,交谊已密。今当再进一步,益图巩固。一可使德统一欧洲志愿易于完成,二可证英美联俄绝难实现。(2)英欲亡德,年来事实适得其反。德已对英各方包围,捷、波、和、比、挪威早入德手,法与德站在同一阵线。巴尔干半岛已不成问题,义希战事终归希败,英虽得美飞机援助,德在本国及被占领各地遍造飞机,质量远过于英,美纵参战,德之潜水艇,足以消灭英美海军。况美太平洋与大西洋两方面受敌,海军亦未必敷用。美若对轴心国家宣战,无异对于全世界宣战。故预料对英战事早则今冬迟则明春,可望结束。邱吉尔之军事计划必归失败,最终胜利终属德国。领袖天材,战无不胜,可以断言。(3)德义日三国协约,目的在缩短战事,早树和平。自德方言为促成建设欧洲新秩序,俄于此点甚赞成,绝对可望有把握。(4)因此推想欧洲以外之大陆,而转念及远东问题,拟以个人意见探询阁下,或请转达贵政府,但须预先郑重声明:一、未受中日政府任何方面请托;二、决非德国政府自愿调停,唯以中日战事已逾三年,德国立场可以确定。在四年前英已蓄志亡德,德联强国对抗,以此与日本交谊增密。然本人及政府对中国,尤其经济上关系始终保持友谊,决未与中国立敌对地位,并甚钦佩蒋委员长之英勇与历来对德好意。无如大势所趋,惟强是重,不得不侧重亲日。此在中国或引为不满,在德国实势逼使然。近闻日自新内阁成立后,亟图解决中日问题,已拟于近日内承认南京政府。日如实现,义德因于同盟关系,亦必随之,他国或尚有继起者。此于中国抗战,恐益加困难。于中德关系,亦虑其影响。诚恐委员长无论如何主张抗战到底,或仍以英有援助能力,故将国际趋势尽情为阁下一言。倘阁下认为有和解可能,则请转达蒋委员长及贵政府加以考虑,以免误此最后时机。余已声明,并非自愿调停,亦非作何建议。即领袖本人,亦无此意。倘双方以此为请,自不敢告劳"等语。介答:"贵部长盛意良感,当即据以电呈。在未奉训令以前,恕难遽有表示。就个人所知,我国为生存与主权而抗战,非达此目的,恐难言和平。前陶大使奉令调停时,我委员长即以日军完全退出为先决条件,今日当仍如前说。倘日军未能放弃占领内地敌军地带及沿江沿海口岸,则终久未能和平。此点尚乞注意。"渠谓:"余虽未闻日方提及若何条件,在余观察,日方恐未易为言之至。"再复转首询其陪坐之前派往日本办理三国协约专使 STAHMER(施丹麦)①意若何。S 答:"此诚非易,但看如何说法。"介询:"贵部长将以今日所言同样告日使否?"渠答:"余信彼方不致反对,故敢约请阁下。"晤谈历一时许,词意婉和。最后又言 S 公使可与介随时接洽。谨密报陈,敬乞核示。

中国第二历史档案馆藏中国粮食工业股份有限公司档案,八九/4

蒋介石致陈介

重庆,1940 年 11 月 21 日

柏林。陈大使:真电悉。德外长未经中日两方请求,而对远东局势向我表示深切关怀之意,自极感荷。我国坚决抗战,实为保持我主权之独立与领土及行政之完整,不论国际局势如何变化,我只求达到抗战目的,对于其他国家均愿维持固有之友谊。日本果欲言和,自应将其侵入我国领土之陆、海、空军全部撤退,如是我国知日本已放弃其对华侵略,自不难循正当途径恢复和平。但日本究竟有无撤退全部军队之意,非我方所知,关于此点未悉德方有所闻否? 我方必先明白其对此点之真意,以后乃能再言其他也。若日方以承认伪组织为词,使我与其议和,则彼既无回复和平之诚意,我方亦决不以此有所措意也。至中德关系,我方深望德方能从大处远处着想,德方当知日本控制中国后,对德终属无利而且有害;反之,中国之独立与主权仍能维持,则将来德国对华之经济发展,自属无可限量。汪逆早为国人共弃,绝无任何效能,其伪组织如果被他国承认,更使中日战争永无解决之期而已。德之远东政策在此时实为重要关键,切盼其审慎考虑。希秉上开意旨,密向德外长婉

---

① 即施塔玛。

词申述为荷。中正。马。机。

陈介致蒋介石

柏林,1940 年 11 月 24 日

重庆。委员长蒋钧鉴:奉马电后,因德连日国宾纷集,外长无暇接谈,由其代表施丹麦大使来访,当就电意详译婉告,并信撤兵之必要,汪伪之不足措意,中德关系之重要三点,加以申述,请其注意。顷据施使来称,其外长认为钧电词意系拒绝言和,惟有暂行搁置,以待将来变化。介答钧电已提出先决条件,且询德方是否闻悉日方真意,不能认为拒绝,贵部长何妨先询日方真意。施言据所推测,如须先行全部撤兵,再商和议,为日方情面上 moral 所不可能。渠意钧座答以中国原则上愿意言和,惟日本首先须切实声明和议告成时,必将其全部军队撤退等语,则和议或不难开始,若欲知日方真意,如得华方委托,随时皆可转询。介恐误认为我方求和,未之闻。外长今晚将离柏林,三日后可回。谨闻。乞核示。陈介宥叩。

陈介致中国粮食工业公司

1940 年 11 月 29 日

十一月二十九日　陈介大使　俭电

有感两电计呈。密闻日寇逼德甚亟,德劝寇延期承认。又,大北公司德方看法,仍信美对远东非至菲律宾被侵略时,不至用兵,并信日俄谈判能于日有利。俄如放弃援华政策,我抗战精神必将受影响。届时言和,或于我较易。德外长所谓待将来变化说,未知是否指此。

陈介致中国粮食工业公司

1941 年 1 月 21 日

一月二十一日　陈介大使　巧电

倭近对德种种活动,派军事考察团,又复令前大使大岛回任,随从近五十人,军事经济及对华对俄各种专家均有。松冈不久亦将历聘俄德,闻携带多种要求,就中对华请求调停,对俄请求让步,对德请求军器,主要条件。但据外人军事方面所谈:(一)对华调停一节,德认为时机已晚,如所谓承认汪以后,益成僵局。日虽视为迫切,华无急遽必要。月来介曾将各种材料交军方有关人员,自行制成报告。闻希特勒阅后,对远东情形已稍明了,曾有手谕,谓对日各种交涉,不可有伤华方感情。以后变化固难预料,目前趋势似渐于我有利,仍当秉此进行,多使了解。(二)请求俄让步一节,倭切望与俄订立不侵犯条约,俾可抽调在北驻军南进。俄为保障海参崴安全起见,闻就接壤地稍为让步,对日有领土要求。倭认此种交换条件,无法承允,意欲请其暂时疏通。但以现在德俄关系,对俄难以启遽,俄亦未必肯允。故德认该约一时无可挽回订立可能。(三)请求军器一节,倭欲得德在欧所得战利品。德以意在东非与希腊战败以后,军器垂绝,亟须尽量援助,无可分惠,且经俄运日亦是难成。都玛斯系负军器全责者,据其告人,决不能以军器助日。综合以上各点,观察倭德间关系,已不尽如倭之乐观。故德倭在荷属印度利益之冲突,倭在逻罗之煽动,援助攻安南,均为德心理上所不满意者。预料自二月始,德倭关系当入紧张时期。在在皆于我有影响,遵当随时注意,相机运用。谨先电陈概况。

中国第二历史档案馆藏中国粮食工业股份有限公司档案,八九/4

(四)中德易货贸易艰难维系

说明:中德贸易具有互补关系,中国需要德国的军火,德国需要中国的战略物资。因此,尽管德国政府在1938年5月颁布了禁止军火运华的禁令,中德贸易大受影响,但相关人士的努力下,中德贸易仍在困境中艰难进行。

蒋介石致谭伯羽

武昌,1938年3月1日

柏林。中国大使馆谭伯羽先生:密。请即商订德国八生的一迫击炮三百门,每门配炮弹三千发,如有现货更好。又购廿响卜壳手枪二万枝,每枝配弹贰千发,如无现货,则购买其他式手枪亦可。总愈快愈好,其价请速详报。中正。

《战时外交》第2卷,第708页

蒋介石致谭伯羽

武昌,1938年3月2日

柏林。谭伯羽先生:昨电谅达。请订哈乞开斯一公分三二厘米之单管高射炮三百至五百门,每门配弹五千发,其价详告。中正。

《战时外交》第2卷,第709页

谭伯羽致孔祥熙

柏林,1938年5月4日

一一一八号。院长钧鉴:密。1117电计达钧鉴。顷毛瑟厂代表正式来称,本月初应起运之步枪及木壳枪,厂方因故暂不能起运云云。私人谈话则密称,德政府似有禁止军火运华之议,但尚未决定,约不日再来告职。昨晚又见外交部人,顷电询德兵工署,皆称尚不知有此事。Thomas旅行中,三日后始归,明日约Hapro公司经理谈话。又顷德军火出口运输处密称,军火仍可照常起运,但避免日方侦探,以后运货不能用客轮,均须改装货船云云。余再详呈。职谭伯羽叩。四日。

《战时外交》第2卷,第709页

谭伯羽致孔祥熙

柏林,1938 年 5 月 6 日

一一一三号。院长钧鉴:密。顷与 Hapro 公司经理 Kraney 谈话,德国各厂现正设法向政府疏通,挽回禁止军火运华,但探其口气,禁令恐将发表,彼意将来当设法秘密装运云云。又 15cm 榴弹炮、车辆第二批,已装运火车,在中途被阻,不得装快船,即此可以证明德货运华将更困难。又昨有一英国人来称,德国政府将禁止军火运华,彼可介绍与德国政府接近之虏生堡①商家,仍承办德国军火运华事云云。余待见Thomas 后,再将详情续报。职谭伯羽叩。六日。

《战时外交》第 2 卷,第 710 页

谭伯羽致孔祥熙

柏林,1938 年 5 月 9 日

一一一六号。院长钧鉴:密。顷晤 Thomas 将军,据称禁止军运事,须待希特勒辈由意回德后,始能完全决定,约一星期后再告,或者德外交部将正式通知我方。职告以无论如何已签订之货不应阻碍,仍应照约交货。彼答称一切帮忙,但最好以后经第三国购买。职答以则助我方者为第三国,非德国矣。……

《战时外交》第 2 卷,第 710 页

谭伯羽致蒋介石

柏林,1938 年 7 月 2 日

一一五三号。院长钧鉴:密。(一)军火运华,德国政府五月初原已禁止,但前订货仍可由 IMEX 起运。顷得消息,七月初应交毛瑟步枪、克虏伯厂炮弹等货,亦被禁止。IMEX 代表来称,各厂将来处声明,因政府

---

① 卢森堡。

命令不能再交货云云。IMEX 名义亦将取消,七月初应交货将由 IMEX 转交芬兰公司秘密承办起运。各厂此举原属违背合同,不顾信义,但无从交涉,只得照办,且看七月初各货是否如期出口。此批后,尚余毛瑟步枪第一批一万五千支,四七坦克炮弹三万二千发未交货。毛瑟步枪第二批五万枝,尚未付定金,如不能交货,我方亦可取消合同也。容再续闻。……

《战时外交》第 2 卷,第 711—712 页

谭伯羽致孔祥熙

柏林,1938 年 7 月 8 日

一一五六号。院长钧鉴:密。一一五三电二款事,德国军货出口运输处代表称,Krupp 厂 15cm 榴弹炮炮弹六千发,Bohler 厂 47cm 炮弹一万八千发及毛瑟步枪五千枝,均假名芬兰订货,秘密装七月二日离汉堡之 Hansrickmers 运港,约八月二十日可到,同船载有 Hapro 公司枪弹三千七百万发及车件、水雷等提单,送来后货款不得付与各厂,须付与芬兰公司。又据密称,此项运输原由德国政府禁止,各厂皆称未曾交货,即 Thomas 亦不知之,彼得上峰(指戈林)秘密同意,故放假名私运,各洋行亦不许对华交货云云。所言极为神秘,职只能在事实上证明其诚否。此后在德购货殊不易,运输有误失,亦无从交涉,因德政府已禁止一切对华军运,现各厂人亦不敢常到职处,更不敢通电话及送价单也。谨闻。职谭伯羽叩。

《战时外交》第 2 卷,第 712 页

资源委员会中央信托局关于中德易货事与行政院
财政部往来电文一组

1938 年 3 月—10 月

1.凌宪扬致叶琢堂等签呈

1938 年 3 月 1 日

查华北出产之花生仁、花生油及棉花,现值旺盛季节。德方以需要

此类货物甚殷,迭次来函商请收购供给。惟查所有产地被敌占据,我方应否收购,事关战时金融,似须缜密考虑。如属可行,应否仿照收购上海仔棉办法,托由天津、青岛、威海卫等地可靠外商承办之处,理合呈请钧核示遵。谨呈

局长

副局长

职凌宪扬　谨签

2.孔令侃致孔祥熙密电稿

1938年3月10日

孔院长钧鉴:密。关于中德易货案,据俞署长大维微电称,合步楼付款事现正商承院长意旨交涉中,据该公司开来帐单,除我方供给原料值二千六百八十万马克,已付美金一千零三十万元外,尚欠四千六百五十万马克。拟将最急需各品估值付现促交。等语。查所称各节,参照中德易货协约,似有应行考虑之处:(1)我方向德方透支,以一万万马克为限。现据称结欠只四千余万马克,是我方尚可动用五千余万马克,照约无需即时付现;(2)所称我方供给原料值二千六百八十万马克一节,查运出原料截至二月底止,应为三千四百七十余万马克,连同拨付合步楼开支约五十余万马克,计三千五百余万马克,待运者约六百万马克,共计四千一百万马克;现尚陆续采购,惟因德方于收货后始行入帐,致已运而未抵达德国之货帐册上即付阙如,应以信托局数字为准;(3)有关各机关似应密切合作,藉资统筹而免受德方蒙蔽;(4)德方既因我方军事急需德货而要求付现,我方似可尽量供给华货,以免外汇外流而符易货原旨。兹信托局以核准奉拨料款五千六百余万元,业已订购足额,为免德方有所藉口起见,可否增拨料款以资进行之处,理合呈请鉴核祗遵。职孔○○叩。

3.孔令侃致孔祥熙密电稿

1938年3月10日

汉口。孔院长钧鉴:密。中德易货案截至现在止,订购货品共约计

5818万元,较奉拨料款5658万余元超出约160万元,以后仍当积极进行,以免德方藉口货少索现。惟信托局头寸有限,可否增拨料款,俾资应付之处,理合呈请鉴核祗遵。职孔○○叩。

（附批:因财政部款适拨到,故不发。）

4.叶琢堂等致财政部密电

1938年3月16日

5353。汉口。转财政部钧鉴:信密。佳电敬悉。中德易货案除前后共拨5658万余元,又奉加拨料款国币9361万元,业经照收,俟不敷时自当遵命续请加拨。谨此电复。叶琢堂、张度。铣。

5.张度致孔令侃函稿

1938年3月28日

刚父吾兄勋鉴:合步楼前密报张嘉铸、陈光甫曾向德大使馆建议,由粤汉德商组织贸易团体,凡信托局为中德易货案所购华货,均归该团体各商行分摊供给一事,兹据该公司函,附复德国驻汉总领事馆函抄稿一件,略以接奉该领事馆十七日公函承询各节,业曾转请信托局发表意见。信托局以系执行机关,当遵照政府意旨办理,不便擅自主张,而合步楼亦以事关中国政府内部问题未便干预,惟过去信托局办理甚属满意,似无变动之必要。德国在华出口商行约占信托局购办华货运德总数百分之三十。倘将现在组织加以变动,尤与该德商等利益有碍,且亦非德国之利。等语。兹谨附奉该公司来函抄稿一份,并乞察核为祷。专此。致颂

勋祺

6.凌宪扬致叶琢堂等呈文

1938年3月29日

案查三月二十三日签呈,以易货案往来商行还似有以外汇结价之趋势,可否以国币在沪粤等地付款,陈请核示。奉批"应以内地拨付国币为原则,如沪粤等地拨付有相当理由,再行随时陈清理事长核示"。复查信托处三月十四日来函以外商要求放款,如购料处认为必须,不妨

照办,否则暂不承做。等语,奉批"如在内地办货售给本局,并不在敌方占据区域内者应照做"。各等因。查易货案交易货品,其系敌方占据区内出产者自当停做,此外货品大多均须在商埠、海岸付款,其可以在内地以国币付款者为数甚属有限,兹谨将主要货品成交付款地点及德方需要情形胪陈于后:

一、蚕茧:须上海付款。

二、鲜蛋:须上海付款。

三、苎麻:汉口付款,为数每月十余万元。

四、猪油:须上海付款。

五、桐油:德方暂无需要。

六、花生仁、油:出产地在敌人区域内。况最近美最时开价花生油以英镑结价,碍难采购,所开花生仁威海卫交货价格德方嫌昂贵。

七、羊毛、棉花:些刺土洋行虽允在汉口接受国币,但货物系由天津出口。

八、锡条:尚可购运,为数每月一百五十吨,计值国币约四十五万元。

九、锑砂:德方暂无需要,况价格亦太贵。

十、钨砂:(一)资委会价格太高,德方不允接受,况该会又要求拨付港币或在粤付给国币。(二)广州钨业管理处价格太高,复须在广州付款。(三)云南钨砂价格尚属相宜,但须以港币付款。

以上十项主要货品中,除苎麻及锡条外,余均不能进行,而此两项可购货品每月为数只五十余万元之(数),与易货案而来采购数额相差甚巨,应否将易货案办理困难情形陈报委座及理事长之处,理合呈清鉴核祗遵。谨呈

局长

副局长

7.孔令侃致张度函
1938年4月6日

纳川吾兄勋鉴:专启者:世电奉悉。关于中德易货案,合步楼代表

以市面汇率低落,要求照市面汇率折算一案,经弟详加研究,认为汇率低落虽属实情,照目前情形而论,对于内地尚无多大影响,汇率虽落,物价尚无高涨趋势,况七三.五折合率在当初协定订定时,我方法定汇率为七三.五,后以合步楼方面表示应照德规定汇率折算,故得七三.五而为定案。是时我方自亦可要求照登记马克折算,未予坚持已属优容,自协定订定受损迄今,均以易货关系与明文规定毫无怨言。现该代表所谓市面行情低落在五五左右,乃为市场一时之象征,现已逐渐复原,况我方法定汇率并无变更,仍为七五,仍在协定规定七三.五之上也。该代表自不能率而要挟,况协定明文规定我方万难允予变更,即使汇率升高到七三.五以上时,我方亦无权更改协定,只得照约履行所请一节,自应严予拒绝,坚持协定规定,仍以七三.五计算,不得让步。等语,签请院座核示,当奉批据理函告。等因,用特函达。即希查照。据理驳复该代表为荷。此颂

勋绥

弟　孔令侃再拜

8. 财政部致中信局电

1938 年 5 月 21 日

中央信托局鉴:信密。真电悉。运德货品应仍酌量陆续订购,兹拨国币叁佰万元备用。交贵局汉口代理处领转,希即查收洽办。再,电称已购货款及现存未购货款共 6146 万余元,核与本部先后拨付贵局货款数目略有不符,并希查复为荷。财政部。马国。汉。印。

9. 凌宪扬致叶琢堂呈文

1938 年 5 月 24 日

据易货部麦经理佐衡面称:该部将来与中德易货案拟密切合作,征询对于合作原则意见,特将管见所及胪列于后:

(一)双方会计应各维持独立

查国库为中德易货案拨局购料专款,专为该案购货之用,每届月终由局将收支各项列表呈请财政部备案,似不便移作别项用途,以免帐目

不符。

（二）双方营业应行划分

查中德易货案货物购售办理向有成例。

（甲）报价核转　由本局依照德方所需货品种类，参照国内行市及国际市价于接得售商报价时核征德方意见后照办。

（乙）价格　以香港或上海船上交货为限。

（丙）付款　遵照部令以国币在内地付给为原则。

依照以上中德易货案办理成例，该部与中德易货案似只可限于购售关系，双方营业似以划分为宜。

（三）合作办法

该部似可参照第二项办法报价，经酌视国库拨局中德易货案购料专款存款，照成例核征德方意见。以上各项，除面达麦经理外，是否有当，理合呈请钧核示遵。谨呈

　　局长

　　副局长

10. 凌宪扬致叶琢堂等呈稿

1938 年 6 月 11 日

前据报载：德政府似有变更对华政策之趋势，中德易货案应否仍照常进行，曾由局电呈奉院座，拟暂仍照旧购置，起运赴德时候命再办。等因，查：（一）华货运德例于订购之前将种类、数量、价格及交货日期征求德方同意，倘届期不运有关信用。（二）订购后即预定船期，倘届期不运即须负担船公司损失。（三）已订购之货，倘届期不运，势必发生提存栈租等问题。综观以上数点，起运赴德时候命再办势有困难。究应如何进行之处，理合呈请鉴核示遵。谨呈

　　局长

　　副局长

　　　　　　　　　　　　　　　　　　　　职凌○○

　　　　　　　　　　　　　　　　　　　　六、十一

11.叶琢堂等致孔祥熙密电
1938 年 6 月 11 日

汉口。孔院长鉴:密。关于中德易货案,接合步楼驻港办事处函以接柏林总公司电,建议华方运出农矿产品,每批订购价格磋商颇感不便,可否由华方尽量供给,所有价格概以订购时之国际市价为标准。如原订购价格与国际市价有参差时,则由双方另组委员会妥商公允解决办法,可否,请裁复。等语,该公司此项建议有关整个政策,能否接受,职局未便擅自作主。惟近月来我国农矿品国际市价跌落甚剧,据职局调查,其原因在华北产品敌方倾销及调整委员会囤积香港之货甚多,出口商知之,故抑其价,以是成本恒比国际价格为高且相差甚巨。近来我方所开价格时被德方拒绝,亦正以此。如依照国际市价为标准,则我方所受损失必大,至谓另组委员会妥商公允解决办法一节,诚恐相差既巨,难于调整,枉费周折,无补于事。究应如何核复之处,仍请钧核示遵。叶琢堂、张度叩。真。

12.盛苹丞致孔令侃等密电
1938 年 6 月 16 日

孔理事请转叶局长琢老、张副局长纳川兄勋鉴:密。真日港发三三五六号代电奉悉。关于输德农产品价格一节,奉批查照合同向例办理。等因,特达。弟昇叩。铣。

13.叶琢堂等致盛苹丞转孔祥熙密电稿
1938 年 6 月 30 日

汉口。盛局长苹臣兄转呈院长钧鉴:密。顷奉敬电,以中德易货案所买定之货物可暂存候命,在未有命令之前不得起运。等因,经即遵办,所有沪汉货物拟集中香港暂存候示。惟货物订购时业经通知合步楼,并由美最时定妥仓位,如待装运期届时再行通知该行取消,必须担负赔偿损失,如现在即通知该行,则该行系德政府指定接收之代理机关,一经我方通知,必据以报告德政府及合步楼。权衡利害,仍以现在不通知为妥,如必须赔偿损失,即由财部负担,是否有当,理合呈请鉴核示遵。职叶○○、张○叩。陷。

14. 孔令侃致盛苹丞转孔祥熙密电
1938 年 7 月 1 日

盛局长苹丞兄转呈院长钧鉴:密。养、俭两电谅陈钧鉴。关于以货易货一事,商人方面进行尚属顺利,我方亦宜以一致步骤处置所有经济部及资委会所供之国产原料。(一)价款务须达到按中行规定率,以国币折合。(二)价格应照市价结算,不能抬高,以免商人难予接受。(三)我方国产出口现尚感缺乏,如以货易货办法见诸实行,恐不足以供给需求。故于事前似应允饬有关系机关,早为尽量设法运出,以免届时因无法交货须仍付现金而失易货本旨。再关于订购子弹事,经与禅臣洽得德弹一万万发,单价 CIF 四磅九先令,付款办法全部以货易货,并不指定钨砂一种,其他农产品均可商换。查该批子弹总值约需英金四十四万五千磅,照目前国产出口情形已恐不敷交换,但应否即按以货易货办法向禅臣照订购之处,敬候钧裁示遵。职侃叩。冬辰。

15. 孔祥熙致孔令侃等密电
1938 年 7 月 4 日

(限即刻到)孔秘书密速转宋专使:俞署长东十一汉电谅达,谭专员所报 FN 枪弹四千万发,价虽尚廉,惟须外汇现款,闻令侃在港已与德商洋行洽妥,可以以货易货办法订购,并已洽妥一批。谭专员所报当兹外汇紧缩之时,如能以易货办法办理,自无不可,否则自以尽先采用易货办法为宜。除径电谭专员外,特电知照。祥熙。江。机。汉。

16. 盛苹丞致孔令侃密电
1938 年 7 月 11 日

孔秘书勋鉴:密据谭伯羽一一五五号电称,毛瑟厂代表来称,第二批步枪五万支,因德政府需用大批步枪,已将前发出口允许撤回,不能交货,请求取消合同。并称第一批合同内未交之一万五千支,八月一日准可装运,云云。查该合同原订汉堡交货,后以价高改香港交货,定金七月十五日支付。现该厂不能交货,要求取消合同,只得准其所请。该批步枪应否向施劳德转订,请电示。等语,奉批核。弟意毛瑟既不能交货,似可准其取消。至于转订一节,拟请按最低价(此间查案为 CIF 四磅十六先令,港价如何,乞示)以易货方法办理则可。尊意如何,乞即电示,以便转呈核夺。弟昇叩。真。二。汉。

七、十一

17. 孔令侃致盛苹丞密电稿

1938 年 7 月 14 日

5353。汉口。盛局长转呈孔院长钧鉴:密。关于中德易货案,兹经电知柏林谭专员,德方如停运军火,盼即电告并电询俞署长大维,已经我国订购尚未交运到华之德国军火价值究为若干,又此项军火是否仍继续运华,请其详为电复,以为国产运德之参考。在未接德国业已停运军火报告之前,应否继续收购国产,万一军火停运,则备交别国? 再,前拨料款刻已用罄,应否由库续拨之处,理合呈请鉴核示遵。

职孔○○叩

18. 盛苹丞致孔令侃密电

1938 年 7 月 21 日

孔理事:密。筱电奉悉。向禅臣洋行以易货办法订购子弹一万万发合同,奉谕可照签。等因,特达。弟昇叩。哿。五。汉。

奉批"照办"。原则可照办,惟须注意,若无原料供给,合同须取消,且我供给彼之货,若多多留难,亦应有补救办法。

七、廿二

19. 凌宪扬致叶琢堂等签呈稿

1938 年 8 月 13 日

谨呈者:中德易货案,德方迭函商请供给钨砂及锑砂两种,开来马克限价。查与资委会在公开市场所报之英镑价格尚属接近,原可供给,惟本局向资委会购买此项矿砂备交德方,该会则另开国币价格向我结算,而我方与德方结算向例则系根据本局所付国币数额,照中央银行汇率七三. 五折合马克结帐,惟查此次以资委会国币价格折合马克,其所得马克数额比较德方限价超过约百分之二十五之巨,德方拒绝接受,坚请仍照资委会之英镑价格供给。查此类货价不同之困难问题,自我国统制外汇以来已迭有发生,其症结全在法定及黑市两种汇率之参差,盖资委会所报之英镑价格,据称系参照国际供求情形及伦敦市价而定,而其另开本局之国币价格则比较以英镑价格为根据照法定汇率结算而得者,超出约为百分之二十五,我方若以此项国币价格照法定汇率折合马克,自难得德方同意。窃查以我整个国家立场而言,对德方只求获得最高之外汇代价,至财政部与资委会间之结算纯系我内部问题,似不宜影响于德我间之关系。此不独限于资委会之钨锑砂方面,即他种货物似亦可以此原则办理。兹为中德易货顺利进行计,可否由局呈请院座,嗣后德方所需一切货物,除由本局妥为洽商,以期获得最高之马克代价外,所有国币货款应由国库如数拨付,不再以英镑价格及七三.五汇率为根据之处,理合呈请鉴核示遵。谨呈

局长

副局长

20. 凌宪扬致叶琢堂等签呈稿
1938 年 8 月 16 日

谨呈者:关于中德易货案,前经合步楼迭催我方购运各种物品,近因在汉探悉财部续拨本局料款国币五百万元之故,催迫尤急。查我方停止购货以来,已将两月,一因黑市汇率关系,致双方对于货价难趋同意,一因料款用罄,有待国库续拨,惟合步楼现既一再催促,究应如何应付之处,理合呈请鉴核示遵。谨呈

局长、副局长

职　凌○○谨呈

21. 孔令侃致翁文灏密电稿
1938 年 8 月 17 日

重庆转翁部长勋鉴:密。合步楼近拟续购钨砂,且愿给我较市价高百分之廿五之价格以购多量。查中信局供给合步楼钨砂案内,是规定

以英镑开价，用中行定率折合国币付款归结，今每单位应开价英镑若干，请核复为荷。孔○○叩。筱。

22. 盛苹丞致孔令侃密电
1938 年 8 月 17 日

孔秘书：密。覃西电奉悉。禅臣子弹一万万发购货需款拟由部先拨九百万元，随后实报实销一节，奉批，可。除将原件送部中遵办外，特复。弟昇叩。铣。渝。

八、十七

23. 孔祥熙致叶琢堂等密电
1938 年 10 月 10 日

叶局长、孔理事：卅酉、东两电均悉。密。中德易货案内钨、锑国币价格与外币价格系各别规定，中间以无汇率关系。所有差价若干，查明陈复，以便酌由政府补助。特复。院长孔。佳四。待。秘。渝。

中国第二历史档案馆藏中央信托局档案，三一八（2）/485（4）

中央信托局与资源委员会国外贸易所就售德钨砂三百吨结帐案矛盾之调解经过
1938 年 6 月—8 月

洽购钨砂三百吨经过

谨呈者。关于中央信托局应即履行合同，交与德商禅臣洋行钨砂三百吨以资易货案。查中德易货向由本局与德方合步楼代表中德双方办理，惟目前中德关系突失常态，德方所经由合步楼供给我方之军火有受影响停运之势。六月间德商禅臣洋行乃向本局献议，可秘密用商行名义向德订购军火，仍照易货办法，由本局运交国产作抵，经密函孔院长请示可否进行，奉孔院长养（六月二十二日）六汉电开：可作进一步商洽。等因，适兵工署托购一万五千轻机枪料，禅臣报价最低，惟请求以钨砂易货并试验此项易货办法是否可行。经叠次磋商并呈请孔院长批示，于七月八日奉虞（七月七日）汉电：按世界市价，按英镑计算原

则,于七月九日与禅臣洋行签订供给该行钨砂三百吨之合同,其一万五千轻机枪料合同亦于同日订定。兹谨将全部经过缕陈如后:

本局所需之钨砂三百吨,经即向资委会请购,惟该会拟以金镑报价,照黑市折合国币付款,查于易货进行有碍,即于六月二十七日电陈翁部长,略称:

关于中德案所购钨砂,资委会驻港代表拟照市价用金镑行市折合国币付款,如照该会所拟办法,则钨价太高,恐非德方所能接受。拟请顾念同舟之谊,所有金镑价格仍按中央银行规定汇率折合国币付款。等语。

旋与该会驻港代表商洽,据称:已奉孔院长谕示,当遵命用英镑报价,照法定汇率折算国币。等语。

惟报价较国际市场为高,乃于鱼(七月六日)辰电中呈请孔院长察核,略称:

该会报价欧洲交货,每单位六十四先令,较国际市价五十一先令半相差达十二先令半之巨,三百吨共超出国币二十万零五千余元,禅臣洋行当必坚持以国际市价为根据不允接受,查根据过去交易,该会所开价格常在国际市价之上确系实情,如非由该会顾全大局,自动减低货价使与国际市价相合,则其所定价格与国际市价间之差额似应由财部负担。等语。

七月七日并奉孔院长转下委座微(七月五日)侍秘代电开:

冬电已悉。对于资源委员会应尽量供给货物,并须与央行汇兑价格结算货价。已令翁部长切实商定办法,希与商洽。等因。

八日奉孔院长虞(七月七日)汉电,对翁部长所拟关于钨砂价格结算三种办法:(一)仍继续依照市面汇率合算;(二)对外不提国币价值,但计英镑价值;(三)依法定汇率合成国币价值知照外国,但与市面汇率所差之数由国库照数补偿。批谕采用第二项办法办理。我在国内收买价值几何与彼无干。我可只按世界市价按英镑计算,等因。嗣以资委会报价过高,已于佳(七月九日)二电中呈请孔院长察核。略称:

最近信局亟需钨砂,经向该会国外贸易所订购,再三商洽,结果该所虽允以英镑开价,以法定汇率结算国币,但货价每单位六十先令,较国际市价高出百分之三十,致易货谈判无从进行,恳令翁部长转饬该所,按照国际市价英镑开价,并准本局付款以法定汇率结算国币。等语。

同日并电陈翁部长,略称:近本局亟需钨砂,经与资委会国外贸易事务所订购,再三商洽,结果该所虽允以英镑开价,以法定汇率结算国币,但货价每单位六十先令,较国际市价高出百分之三十,致易货谈判无从进行。为维持对外信用及发展易货办法,拟请电令该所,按照国际市价英镑开价,并准本局付款以法定汇率结算国币。等语。

旋奉孔院长灰(七月十日)汉电:遵悉。已径函翁部长转令资委会设法减低钨砂价格。经与资委会驻港国外贸易所郭所长子勋一再接洽后,于文(七月十二日)日电陈翁部长,略称:

现经本局与郭所长一再接洽,详细说明须依照伦敦国际市价供给理由,兹因需要钨砂孔亟,可否请即电饬该所于七、八两月每月供给一百五十吨,以每单位五十一先令伦敦交货价计算,此价如嫌过低,务恳饬令先行交货。货价容后再议。等语。

嗣接翁部长元(七月十三日)电,略开:

已电约驻港资委会贸易事务所所长至汉面商办法,商妥后当即奉达。等因。

当时因与禅臣所订合同限七、八两月交货,时日已迫,遂于二十日电陈翁部长,略称:

真(七月十一日)电请先行交货,容后议价。兹七月底转瞬即届,前途迭次催交,拟恳电饬该所迅即照交,等语。

二十二日接翁部长皓(七月二十日)电,略开:

经电召郭所长到汉面询市场供求情形,定五十五先令为目前香港交货价,至结价标准,因与合作省份预算及成本有关,请遵照院座核准办法办理。承嘱七、八两月各需钨砂一百五十吨,即希随时派员即与郭所长洽购。等因。

复接翁部长养（七月廿二日）电，略开：

对德易货所需钨砂已面告郭所长如数照售，照五十五先令定价，请就近洽办。等因。

惟查资委会贸易所辄以其所报价格为国际市价，而外商则均以伦敦市价为交易标准，故相差甚巨。本局订售与禅臣之三百吨系依照签订合同之日，即七月九日伦敦市价四十七先令再增一先令半，合四十八先令半成交，价格已属公允，且既经订定。为维持信用计，似不容再有异议，如按资委会所报价格五十五先令售局，则三百吨货价总额相差达十万余元之巨，仍难办理。

二十五日奉孔院长敬（七月廿四日）六汉电，略开：

钨砂三百吨一案只好照合同办理，此后以易货办法订购械弹，洋行与资委会双方应同时签定，俾免因时间之前后而发生价格之高低。等因。（并经由孔院长电话翁部长转饬资委会，对于该批钨砂查明七月九日国际市价办理）

当于即日径（二十五日）二电中呈复，略称：

钨砂合同洋行与资委会双方本拟同时签订，当时钨砂市价下坠且复有更跌趋势，事不待缓，且已奉钧座虞（七月七日）汉电谕，可照国际市价以英镑结算办理，故于收到电报日与禅臣商定双方照该日行市为标准，并交涉增加一先令半，现根本症结在资委会，虽经多次交涉不肯照该日伦敦市价出售。等语。

厥后接翁部长有（七月廿五日）电，略开：

中央信托局为对德易货所购之钨砂三百吨，为七月九日订购，照当时伦敦市情定价，已电港郭所长奉商。等因。

经即与郭所长商洽，惟据称：该所售出钨砂如以国币拨付货款，概须依照黑市汇率结算，本局亦不能例外。等语。查此项办法与我政府承认之外汇汇率显有抵触，业于七月廿七日电陈翁部长，请仍饬该所以法定汇率结价，并请示复并于同日电呈孔院长，略称：

郭所长称:该所出售钨砂,承商如以国币拨付货款,概须依照黑市汇率结算,本局亦不能例外,即宋专使拟购之钨砂,亦经同意按照黑市汇率结算。等语。查外币货价,以黑市汇兑结算与我国政府所定外汇汇率条例似有抵触,应否商请翁部长电饬该所仍以法定汇率结价之处,理合呈请鉴核示遵。等语。

三十日奉孔院长艳(七月廿九日)三汉电略开:

钨砂三百吨案,已由翁部长电令郭所长准照七月九日伦敦市价四十八先令半计算,作为七月九日所订合同日期,务填写为七月九日,可径与郭洽,至于结价一节,俟商翁部长。等因。

经将上电于八月一日函请郭所长迅予查照办理。

至是仅存付款汇率问题,郭所长仍坚持须照黑市汇率折合国币付款,前项钨砂虽已届交货与禅臣日期,仍无法与资委会成交,业于七月卅酉卅二两电呈孔院长,略称:

(卅酉电)目下最紧要问题即为我方付款与资委会应照官定汇率结算,郭所长曾要求以黑市结算,万不可行,仍恳与翁部长商定,令郭所长准以央行汇率结算。等语。

(卅二电)近日钨砂国际市价趋涨,资委会国外贸易事务所反允减低为五十三先令,惟坚持必须依照黑市价格付款,支节反复,令人莫测。资委会允将价格减低固属于我有利,但坚持须照黑市价格结付,仍使办理发生困难,查信局可照央行官定汇率付与资委会一节,前经委座核准,电知翁部长在案。外输贸易货款应照央行汇率结价售与政府,亦经财政部规定在案,资委会坚持须照黑市结付实属不当。等语。

旋奉孔院长世(七月卅一日)三电,略开:

卅酉电悉。关于钨砂结价一事,该项价款对外固应按世界市价,对内收买当按国内市价付以法币于承售商人,当无不便之处。至于国内市价之如何规定,则由翁部长斟酌实际情形,参照世界供求价格,核实规定法币价格,不必以外币折合也。等因。(上电内容并经孔院长函翁部长)

八月一日又奉孔院长世（七月三十一日）六电,略开:

卅二电悉。在国内购买,无论价之高低,概付国币,不能照外汇黑市价格结算,买价由国库支付,卖价外汇亦收入国库,盈亏均归国家,有何争执可言? 郭君如不明大义,一味固执,时准陈明,以凭查办。等因。

此后即与资委会国外贸易事务所继续商洽,该所声明未奉上峰命令不能签约,未签约前不能交货。等语。至八月六日始得该所通知,遵照孔院长谕以国币开价,每吨四千一百元。等语。经即于鱼二(八月六日)电呈孔院长,略称:

兹得资委会驻港事务所通知,准照钧谕以国币开价,计每吨四千一百元整(照官定汇率计合七十四先令十一便士,照黑市汇价计四十三先令),而查前与禅臣洽定四十八先令半价格计算,照官定汇率,每吨合二千六百五十四元七角四分,照黑市汇价,每吨计四千六百二十三元九角八分。是否即可照资委会开价,接受转售与禅臣之处,谨祈钧裁示遵。等语。

八月十一日奉翁部长蒸(十日)资电,略开:

奉院长函谕:钨砂价格对外应按世界市价计算,对内付价应规定一法币价格,不必临时以外币折合。等因,自应遵办。兹由本会参酌事实情形,从廉拟定七月九日贵局购砂价格为每公吨国币四千一百元,以后暂定为每公吨国币四千四百八十元,如有必需变更时,仍当随时奉达。当经呈报院长并已电饬郭所长照洽从速成交上开办法,纯为便利易货进行。对外人说明请仍用外币价格,勿提国币数目以维钨砂市价。等因。

经即将上电以文(十二日)二电转呈孔院长请示可否照购,并于元(八月十三日)申电再呈孔院长,略称:

钨砂三百吨迭经电陈钧座在案,资委会开价国币四千壹佰元可否接受,并以四十八先令半作价转售与禅臣之处,谨恳钧示,以便签订合同。等语。

八月十五日奉孔院长寒(八月十四日)亥渝电开:

鱼二文元申三电均悉。与禅臣易货需用钨砂三百吨,资委会开价国币四千一百元,对外以四十八先令半作价转售一节,可即照办。等因。

奉此,遵即于八月十六日与资委会国外贸易事务所签订合同,本案至此始得完结。惟此后向该所购进钨砂,每吨须付价国币四千四百八十元,照黑市价格计为四十五先令十便士,照官定汇率计为八十一先令十便士,较之我方对外售价超出甚巨。以上为本案详细经过。理合胪呈钧察。

中国第二历史档案馆藏中央信托局档案,三一八(2)/489(3)

齐焌关于中德关系现状之报告

1938 年 8 月 5 日

中德关系自顾问问题以来更显隔膜,我国上下对德不能不抱怀疑态度。除由职等电询克兰先生并请其协助澄清局面外,合步楼驻汉代表普莱上校亦曾屡电德方负责人员,促进德政府对于中德关系之努力。顷据合步楼接柏林来电,内称德国经济部(查经济部部长为冯克,四年经济计划独裁,戈林将军所举荐次长为布林克曼,沙赫德为经济部部长时之左右手)拟派合步楼专员名佛德者乘飞机来华,其使命为说明德政府对于中德经济关系之立场,并希能消中国政府对德之怀疑,而求更进一步之合作(货物互换合同等等促进办法)。佛德君将于八月三日抵港,拟于五、六日来汉,亦可转渝。德政府并将电驻汉代办,正式转达我国政府以为介绍,合步楼代表普莱上校今日赴港,候接来汉,拟请赐予接见。可否之处,敬请示遵。谨将合步楼公司来往电报译呈如左:

(一)汉口合步楼公司去电 七月二十三日

中央信托局方面暨政府一部分似日见对德不安,实因外国宣传失实有以致之。简言之,上述各处之意见大致如下:召回陶德曼大使与顾问仅为起始第一步,德国外交方针既已决定,势必更审进行其他不利中国之步骤,将来合步楼供给货品亦必在禁止之列,仅时间问题耳。因上述种种关系,弟等地位甚感困难,极盼赐予详细指示。汉口合步楼。

(二)柏林合步楼来电　七月二十七日

七月二十三日电悉。务请向各有关机关,切实说明所称疑虑各节实无根据。为求消释此类疑虑,并促进中德两国经济关系起见,德国经济部特派佛德博士 Dr. Woidf(前曾在上海为德国普通电科公司经理,现为经济部亲信要员,并与外交部方面甚为融洽一致)赴华接洽,将于八月三日飞抵香港,佛德博士奉经济部命为合步楼公司全权专员,与中国政府暨中央信托局洽商货物互换合同共同加紧进行之办法,必能使两国经济关系更有重要进展,并可消释中国方面对德之疑虑。柏林合步楼。

中国第二历史档案馆馆藏档案,卅(2)/489(3)

齐焌致蒋介石

重庆,1938 年 10 月 1 日

关于西欧四强公约之成立,德人企图已久,今年五月初职曾绘欧洲地图及说明书一份,呈请鉴察。今由捷克问题引起严重之时局,四强作最后和平努力,欧洲大战得以避免,全欧人士群有祷天谢地之感。

四强相当谅解,苏俄似有被置圈外,以致地位殊觉孤立之感,但反而言之,四强既已保障欧洲和平,避免战争,德国已失去侵犯苏俄领土可能,故于苏联竟有利焉。

惟颇堪注视者,为四强对东亚之态度。四强协商国际问题,德国仍占重要地位,我方对伦敦、柏林方面,似应同时积极外交活动,盖德国在欧既已获得胜利,并列强谅解,已无后顾之忧,拉拢日本为其虚张声气已无必要。据闻德人对日人近来态度常表不满(希氏演讲对日未再表示好感),尤以日本经我英勇抗战年余以来,精疲力尽,德国深知日本已无力为德助,故我方如能在竭力维持中苏友好之下,努力对德活动,似易获效。

德国对我表示好感之友,数额有增无减,职除分函友好,促其当局

对中国抗战主张正义,并请其利我宣传外,我国似可于事实上努力进行,至目前进行方法,仍不外以下各点:

(一)经由克兰先生继续与国防军要员及沙赫特博士等,密切联络。

(二)利用佛德博士与国社党党部关系,说明我方立场。

(三)利用合步楼公司,促进两方经济合作,以求改善外交关系。

窃查关于佛德博士及普莱上校在渝接洽已久,虽经两方大部分赞成(张主任岳军暨翁部长皆曾表示),仍无最后结果,似堪遗憾。昨日复接佛德、普莱两君来电,谨译如左:

"机密。在民新城中四强会议以前,贵我两方互换合同新拟办法未能签字结束,以便早日呈报敝国政府,实为最大憾事(意谓德政府若于会议前获有两国经济合作新办法消息后,必在会议中对我表示好感)。今后四强行将继续会商各项国际问题,德国政府对东亚行将日益重视,为加强德政府对中国兴奋起见,甚盼贵方速将在渝两方久已大致同意之新办法,予以签字,并依照国际市价即行供给德国钨砂,实甚重要。敬请从中促成为感。佛德、普莱。"如何之处,谨呈鉴察。谨呈委员长蒋。职齐焌谨呈。

《战时外交》第2卷,第713—714页

齐焌致蒋介石

重庆,1938年10月10日

关于佛德、普莱二君在渝接洽各节,已告结束,双方意见已获一致,拟即互签合同。其主要数点大致如左:

孔院长与佛德君十月四日在渝双方口头签订合同要点:

中德货物互换及贷款合同,以前并无时间限定,今德国声明该合同暂且规定继续有效一年。在本合同范围内,中国若付以现款时,则德国须依照国际市价及出口货价计算,军械、弹药则不在内,但各项军事工厂所用一切材料,以及半造品、汽车等等(例如目前急需之步枪制造厂应用之各项材料），皆可供给。

本合同显然为贸易性质。

目前战事情况之下，德国亦愿使中国有立即订购二千万马克货品之可能，并不另求其他保证。

中国方面之义务，须每月供给德方以八百万元法币之原料（此是依照正式汇兑计算，若以普通国内汇价计算，则合一千二百万元法币）。是谓一年之内，中国应供给德方之货品，约合七千万马克。而德国给予中国以循环不停之一万万马克借款，其年利仅 5 厘。

德国希望：中国供给原料中以百分五十为矿产；是谓中国每月按月供给德方以钨砂五百吨、锡五百吨、锑三百吨。今后各项货品采购，买主与卖主两方皆可直接进行，合步楼公司及中央信托局仅为会计、统计暨顾问机关。

中国政府向外国采购货品最多之机关，为交通部、军政部及经济部三部，该三部会同财政部及军事委员会，各派代表一人，组织"中央采购统制委员会"，由主任委员一（或主任秘书），负责审核中国向德国各项订购货品案件，并监视有关各部，遵守其采购可能范围，以免超越各该预算（窃查以往我方各部多方订购，并无统制机关，故往往发生误会。是以成立中央采购统制委员会，实属异常重要，其主任秘书或主任委员，窃以中央银行秘书陈立廷为最相宜，因陈秘书随从孔院长左右多年，对中德事件皆能明了，与各方面亦甚融洽，故谨敢进言介绍，并拟请钧座向孔院长推荐，可否之处，谨请示遵）。

德国应派技术专家来华协助。

此外尚有数点分条规定如左：

关于旧日中国向德国订购货品，其不急需者应予撤消或缓办各节，德国即予接受（大约共撤消数额合二万万马克）。海军方面所订各件，亦将设法缓办或撤消，惟二三潜艇因工程进展程度过远，不得撤消矣。在德受训之中国海军军官学员仍可继续学习，海军总司令部应亦成立采购预算，以备继续购办货品。

孔院长前在德所订货品,一部分由合步楼公司允予保留,仍以现款交易,惟其中又一部分计合七百二十万元美金之货物,若中国即行补以原料,仍可照以货易货办法计算。在最近四个月中,德国行将运交二二〇〇〇〇〇〇步兵子弹并数万发十公分五及二公分炮弹,故中国应负责同时给予德国矿产原料,以为代价,以目前行市计算,连同出口奖励补助金在内,七百二十万元美金应合法币三千六百万元;是谓中国应在四个月内,供给三、四千吨钨砂,三、四千千吨锡,及三千吨锑。(在此四月期间,上述每月按期应交之原料,则可不必交货。)

据佛德君云:孔院长对于以上合同各节,已完全同意,并已口头签约。惟上述应供给原料数额,我方是否可予供给?或在竭力设法下可供给若干?如何之处,应先呈请钧座核示,如蒙核准,拟请钧座转电孔院长即行书面签订合同,以便实施一切。

再者:

(一)据佛德君云:德政府派其来华,实欲表示德方愿与中国事实合作之诚意,上项合同如能早日签字,并能速予实施一切,交运大批原料(矿产为首要),不但中国可早日获有军器,而两国经济、政治种种关系必获益匪浅,如何之处,谨请示遵。

(二)据佛德君云:华北德人商业,自中日战争爆发以来,日益衰减,德商屡向德政府乞援,故德政府原拟派佛德君前往调查,惟彼最大目的在求增进中德合作关系,颇不欲由于华北之行,受中国方面疑虑,反误要节。惟彼若不去,德方行将另派他人视察,而此人是否不被日人利用,未可预言,故如此又不若佛德君自行前往,因彼已洞悉德商在华北处境绝无改善希望,到华北后即可据实报告其德政府,列举日人压制德商情形,而于两国关系有裨利焉。惟佛德君之行止,全以钧座谅察核示祇遵。如何之处,谨请示遵。谨呈委员长蒋。职齐焌谨呈。

孔令侃致孔祥熙

1938 年 12 月 2 日

重庆。院长钧鉴：密。港南华西报载,同盟社二十九日东京讯,驻青岛德国商务专员竟与华北当局洽妥,订立易货协定,由华北供给花生仁及花生油,以易德方工业制造品,由横滨正金银行及德国国家银行分别资转。查上项物品系沦陷区域出产,德方并未向我方请求供给,今竟转向日伪接洽,德我邦交陵替,于此可见一端。中德易货在此状况之下,似有重新考虑之必要。当否,谨候钧裁示遵。职○叩。冬。化。

中国第二历史档案馆藏中央信托局档案,三一八(2)/489(3)

孔祥熙致孔令侃

1938 年 12 月 5 日

孔秘书:密。冬化电悉。似此情形,中德易货自有重新考虑必要,现在俞署长在港,希即就近洽商办法,早候核夺为要。院长孔。支二。侍秘。渝。

中国第二历史档案馆藏中央信托局档案,三一八(2)/489(3)

财政部致贸易委员会

1939 年 2 月 28 日

财政部快邮代电　7442 号

贸易委员会览:密。据报去年德经济代表赴华北考察日兴中公司,曾谈判促进德日官方信用合作未果,近又有德专家赴华北考察,闻将有一种商家物品交换之经济合作。附条件有二:(A)规定日金汇价为壹先令贰便士;(B)按规定汇价,德商处于吃亏地位,故须在总结时,由日商家负责补偿。等语。除分电外,仰即知照。财政部。勘。渝。钱。印。

中国第二历史档案馆馆藏档案,三○九(2)/6

凌宪扬拟《办理中德易货案意见书》

1939 年 3 月 1 日

（一）中德易货案办理迄今，我方运德农矿品计五千一百余万马克，德货运华则约计六千三百余万马克，双方交货相差有一千余万马克。

（二）根据德方书面通告，我方结欠德方款项甚巨，然按之实际该项欠款大都为定银及合同取消费，所定之货在目前情况下究在何时交达或能否交货，均不可知，而我方则年须付给百分之五之利息，吃亏甚大。

（三）目前国内土产最近规定全由富华公司收购，中信局如欲出口货物，必须先向富华公司转购。为便利中德易货案进行起见，应请政府令饬富华公司尽量供给农产品，或则由中信局易货部负责收购。

（四）根据中德易货新合约，我方运德农矿品每月须有国币八百万至一千万元之谱。今德方屡请在沦陷区收购土产，而大部货款则均在上海付给。如以后每月照新合约数额订购，则全年在沪付款将在国币一万万元以上，以如此巨额款项在沪流通，终必有大部分换取外汇，则我国外汇市场将受极大影响，而在沦陷区内运入大宗现款，亦与我经济国策相违背。

（五）顷闻德商对中德易货案收货方面已组织新迭加（Syndierte）统办一切，德方表面上屡称中信局可向各方收货，然事实上德商经有组织之行动操纵市价，以后即中信局欲在沪收货，亦以德商在各方面早已布置妥当难获插足余地矣。

另据密报，德方预测中国必不放弃与德易货，故已由德商在沪定购冰蛋、鲜蛋及蛋品共一千万元，猪油一千余吨，此则明示德方亟图购买农产品以作存储及德方需要农产品之殷急，必须向我国购买。目下中德案进行暂停，则德商在信用上所担负之损失极大，同时德方则促我履行合约甚亟，在此德方有求于我之时，我方似应乘机对德提出易货案应行改革诸点。

（六）报载中国钨砂已全部由英国 Pekin syndierte 包销，德方颇为震惊。因钨砂为重工业所必需,德方固有赖于我国之供给也。已往中德案未能大量供给已迭表不满,此项情形均可促使德方反省。

（七）目前我方暂停中德案订购之进行,德方以为症结在于我方不拟在沪付给巨额款项,故改在温州收货,温州付款,俾我方所付现金货款仍得流入内地。而事实上中德案各货德商仍在上海收购,所谓温州付款,德方不过以此项货款另行购进土产运港销售换取外汇,对中德案固无裨益,而德方反可运用此项货款在港获利也。

（八）以后如中德易货案继续进行,在二、三、四月份矿产品或不能有所购进,农产品如同时在沦陷区内收货,则可做到八百万之数。惟五月份起,农产品旧积者已罄,新植未成,恐有青黄不接之虞,更则以天气渐见炎热,猪油、蛋品颇难收运;彼时恐每月八百万之半数亦不能做到。

（九）中德易货案,华货运德向由中信局呈准院座,得财部拨款后即以国际市价参照当地市价核价购运。然德方输入货品则分由军政部及资源委员会分头办理,均以事关机要,平日颇少联络,致德方每乘机取巧。以后办理中德案,似应有集中机关应付。我国现已与多数国家发生易货关系,如无中央集权机关支配擘划,而仍由各机关各别进行,则势必产生许多不必要之摩擦。若争购货品,争选运输之情事,徒误事功。

即如中信局之办理中德易货案,三年来以事关机密故素无组织专理一切。现已有易货部之设立,中德案应否自购料处移至易货部办理以专职责。

（十）德方请求在中德易货案内增加茶叶一项,每年约须国币五百万元。如准予订购,则可否依照廿八年度兵工储料案成例向贸易委员会收购。并请院座电饬该会,每年拨售中信局茶叶五百万元作为中德易货案之用。

（十一）自新合约履行后,所有运德农矿品概遵院座电谕以英镑入帐,并函德方照办在案。兹接合步楼港代表来函称,柏林合步楼总公司业将我方所有英镑帐单按各货付款日伦敦汇率,折合马克付汇兑银行入中央银行马克户帐,我方应否照办。

（十二）自新合约签订以来,本局购运农矿品共计付出国币八百七十五万五千〇四十八元二角四分,以英镑价格函请德方入帐,计共英金三十二万九千一百二十二镑十九先令七便士,其汇兑率为每国币一元合英金九.〇二二一七便士,虽比黑市汇率八便士稍高,惟较之我国法定汇率一先令二便士四分之一则相差甚巨,（附表）。

（十三）中德案中合步楼在华开支向由我方以七三.五之汇率折合马克付帐,并请德方照数入帐。自新合约施行后,此项开支已改用一先令二便士四分之一之法定汇率折合英金入帐。顷据合步楼港代表来函称,此项英金数额已按照市价每镑合一一.七〇马克之汇率折合马克入帐,如无国币化英金后再合马克,我方每付国币一万元,计须吃亏四〇三.一二马克。以后似应以七三.五之汇率直接折合马克较为合算。

（十四）德方屡藉门以政治关系不得不对我国表示冷淡,而暗中仍供给军火助我。实则运来军火据报并非我国所最切要,均为德方多余者,而价格亦较市价为高,目的在赚我外汇,同时则向我国换取德方切需之农矿品。德国于我国坚持抗战之时,不但在政治上抛弃数年来之中德友谊,以偏护侵略,即国内舆论亦对我横加侮蔑,而我国对于德国商人则仍顾念数年来之友好精神,予以种种便利,此点似应多方唤起德方之注意。

（十五）综观以上各点,中德易货案之进行,其事实上之缺点及困难颇多。以商业上之利害论,则目前中德易货之方式我方吃亏及受损之处甚多,根本无商业利益可言。若因德方坚持须继续进行易货,以政治上之关系,我方不得不继续敷衍,则应乘此良机一面与德方共同考虑,使合约所载适合于目前环境而杜德方取巧渔利之机,一面则于沦陷区收货问题及请贸易委员会拨售农产品办法立予筹划解决,否则困难依旧,欲积极进行则事不可能。若听其自然,仍难免损失,彷徨因循殊非善计也。

中国第二历史档案馆藏中央信托局档案,三—八(2)/489(1)

张度等致孔令侃

1939 年 5 月 2 日

刚父尊兄赐鉴:前奉三月卅一日手书,嘱将中德易货新协定会同宪扬兄缜密研究,经详细商讨,敬草意见书一份随函检奉,尚乞卓裁为祷。顺颂

公绥

弟:度、李〇

中德易货新协定意见书

一、此次所订新协定及去年九月所订之新合约,对于旧账之处置,并未提及,似应及早解决(根据德国柏林汇兑银行本年三月底结单所列,我方结欠德方计共四千七百余万马克,此项欠款,每年须付百分之五之利息,如迁延不决,则我方负担实属过大)。

二、关于我方办理中德易货之机关,就新协定第一条观之,似为 Central office,就第五条观之,则又似为中信局。查中信局迄现在止仅办理出口,将来职权是否扩充为代表我国政府之 Central Office,如中信局与 Central office 为两个机关,其职权似应划分清楚。

三、新协定第三条规定,各项货价,均以国际市场价格为准(On the basis of world market prices),其无国际市价者,则以英镑付款为准(On the basis of payment in foreign exchange),查找国运德货物,如桐油、芝麻等,固不难照国际市价办理,其无世界市价而有国内市价如上海市价者,自可以上海英镑价格为准,但原文(On the basis of payment in the foreign exchange)似嫌含糊,拟改为(On the basic of Shanghai or Other local prices in terms of foreign exchange),再,我国统制之品,如钨、锡、锑等,虽有伦敦之国际市场价格,然以我国为大宗出产地,资委会亦另开价格,多比世界市价为高。在此情形下,如照国际市价,则无从收购,照资委会开价,则德方又不能接受,故应由双方代表临时议定。协定中对此点似应有所规定。

(原批:查前经院座核定其超过数归国库补助在案,如须变更,似

应从新协商。）

四、再,同条规定货物起运后入账日期不够确切,似应规定起运日入账,倘有特殊情形,如商人将货品运出后如行签订合同者,可按付款日期入帐。

五、同条(with the understanding that world market prices from the basis for all dealings the exchange rate will be fixed at Rm73.5 for S. td. 100)一节,表面上我方似甚便利,实际上文义混糊,我方仍吃亏甚大,如文中所指国际市价一项,是否即系伦敦市价? 若然,则伦敦金镑价格应照何项汇率折合国币,如照黑市价格折合国币,再照73.5折合马克入账,则德国损失甚大,恐难接受,如照我国法定汇率一四·二五便士折合国币,再照73.5折合马克入帐,则此项国币价格必较国内货价为低,除非政府另行津贴相当数额外,决难成交起运。兹举例如后:

......

六、第四条双方交货之规定,表面上甚为公平,事实上则华货运德极为迅速,而德货来华则甚为迟慢,表面上我欠德方,事实上德方或已欠我。

七、上年九月份新合约签订后,所有德货我方均用英镑入账。而合步楼则将我方之英镑价格按照各。贷起运日之 London Exchange Quotation 折合马克入账,可否照办,似应即予解决。

中国第二历史档案馆藏中央信托局档案,三一八(2)/485

资源委员会中央信托局关于中德易货事与行政院 财政部等往来函电一组

1939年1月—6月

1.孔祥熙致叶琢堂等密电

1939年1月10日

叶局长、张、赵副局长:阳电悉。密。查中德易货,我方源源运德,彼方运来何物,迄无所闻,希即查复。来电所陈收购各物除蛋品、鲜蛋外,余物可准定买。何时起运应再电陈核夺为盼。院长孔。蒸。机秘。渝。

2. 叶琢堂等致俞大维电稿
1939 年 1 月 11 日

俞署长大维兄勋鉴:刻奉院座电谕,略以中德易货案德方运来何物,迄无所闻,希即查复,等因。查德货输出信托局无案可稽,尊处想有登记,请即电示,以便转陈为祷。弟叶○○、张○、赵○○叩。

3. 叶琢堂致孔祥熙函稿
1939 年 2 月 28 日

重庆孔院长钧鉴:密。关于中德易货案,自新约履行后,所有运德农矿品概经遵谕函德方以英镑入帐在案。兹按合步楼港代表来函称,柏林合步楼总公司业将我方所有英镑帐单按各货付款日伦敦汇率折合马克付汇兑银行人央行马克帐。等由,应否照办,敬乞电示祗遵。职叶○○、张○、赵○○叩。

4. 张度等致孔令侃电稿
1939 年 4 月 6 日

重庆孔理事钧鉴:查本局付合步楼开支向照七三.五合马克入帐,后遵谕改照十四便士二五合英镑转帐。兹据德方函称,此项英镑数额已照市价折合马克入帐。等语,似此转折反不如以前径以马克入帐合算,一万元反少收 402 马克,理合电陈,谨请转呈院座核示为祷。张○、赵○○叩。

5. 张度等致孔令侃密电
1939 年 4 月 29 日

孔理事赐鉴:密。奉本月十日函示,附抄张秘书平群呈院座函及合步楼函各一件,并奉批,如德人允给我方所需之品物即查核供给。等因,经与李耀煌兄接洽,据称禅臣已允在合同签订后即可起运一部分,惟俞署长拟购之件,已电请钧示,一俟奉复即可进行。等语,故洽购猪油、鸡蛋供给德方一节,须俟向德订购之货决定后方能办理。谨此陈复。弟度、言叩。

6. 中信局致财政部国库司函稿
1939 年 4 月 24 日

大函奉悉。关于运德货物改以英金结价转帐如何规定一节,查中德易货案款项,向照七三.五折计马克入帐。嗣奉院座东二侍秘渝电谕,以中德易货各物均须按国币市价英镑计算,英镑入帐,不必由国币与马克辗转周折。等因,当经遵照办理。其购进国币价格及售货英金价格俱由本局参照国内外市价定,不复以马克计算,相应复请查照为荷。此致

国库司

7. 叶琢堂等致孔令侃电稿
1939 年 4 月 30 日

重庆孔理事勋鉴:密。接奉宥渝信电,以合步楼请求采购农品运德一节,拟以每月国币 200 万元为限,于德方供给我方物品洽妥后购给。等由,奉悉。查猪油、冻蛋等,现均在商洽订购中,且前奉院座批准收购之春茧 400 吨亦可进行。惟德方供给之货并未由局接洽,信局亦无案可稽,如何进行,尚乞见示为祷。叶○○、张○○、赵○○叩。

8. 财政部致中信局密电
1939 年 5 月 1 日

中央信托局:密。关于中德易货案,合步楼请求我方采购农产品运德,经核定,每月以国币二百万元为限,由国库一次拨汇国币五百万元交贵局备用,呈部报销,业先后电达在案。所有上款国币五百万元已函请中央银行即照数汇交贵局领收,希即洽收办理为荷。财政部。艳。渝。国。印。

9. 孔令侃致张度等密电
1939 年 5 月 3 日

张、赵副局长:迴机电悉。合步楼拨本局款五百万元,业奉院座批准,询据财部李司长云,该款已汇港局,前电知照在卷,希洽。至所请是

否照购及续购一节,遵照院座批示自属可行,并希转陈琢老。特复。侃。东。渝。机 462。

10. 孔令侃致张度等密电

1939 年 5 月 8 日

张、赵副局长勋鉴:卅储电悉。所称德方供给我方物品,本局无案可稽一节,经函陈秘书立廷与合步楼及各有关机关洽商,嗣后订购德货交局办理,俾资集中,特达电复查照并希转陈琢老。侃。微。渝。信 491。

11. 俞大维致孔令侃函

1939 年 5 月 16 日

令侃吾兄勋鉴:奉五月十二日大函,敬悉院长已批准在合步楼余款项下向 otto wolff 公司订购柴油卡车 100 辆,至深感激。惟查本署所属厂库北至广元,南至昆明、桂林,东至沅陵,西至滇缅边境,区域辽阔,一百辆实属不敷分配。为应目前急用起见,请将批示之一百辆赐予迅购,至其余二百辆,弟当再将需用迫切情形面陈院座也。专此。

敬颂

　　勋安

　　　　　　　　　　　　　　弟　俞大维　谨启

　　　　　　　　　　　　　　　　五月十六日

附:孔令侃复函

1939 年 5 月 17 日

大维吾兄署长勋鉴:五月十六日大函奉悉。贵署所属厂库辽阔,急需车辆应用,自当遵嘱尽先将院座批准之一百辆电知港处,从速订购,以应需要,而副雅命可也。专此。

敬颂

　　勋绥

　　　　　　　　　　　　　　　　弟　孔令侃

　　　　　　　　　　　　　　　　五月十七日

12. 孔令侃致张度等电

1939 年 5 月 18 日

张、赵副局长、李、凌副经理鉴：关于中德易货案，(0508)两函谅达。所有兵工署拟购之柴油卡车一百辆、爆破器材、观测器材，预算国币贰佰万元，德方报价希妥为审核洽减具报。至我方运德物品，据德方代表怀德函商，速予购运，除粤存钨砂五百吨外，是否尚有其他产品在洽购中，希即查复。侃。铣。渝。信586。

13. 孔令侃致叶琢堂等密电

1939 年 5 月 19 日

叶局长、张副局长、凌经理勋鉴：密。奉院座谕，合步楼易货案现已核准，每月拨发国币二百万元应用。惟以沪行头寸紧缩，每月均在港拨付。如本局及中行以运输困难或危险，可商由合步楼负责运沪。所有采办货物，仍会同本局办理，想德方明知采购原委系属运德，当不致推诿也，请就近与香港合步楼洽办并复。侃。筱。渝。信(606)。

14. 张度等致孔令侃签呈

1939 年 5 月 20 日

接准五月八日尊函两件(一为兵工署托办爆破及观测器材等项，约需国币二百万元案，一为兵工署请购柴油车三百辆，奉院座批准购买一百辆案)。各附俞署长原签抄本一份，嘱照中德易货案洽办。等因，自当遵照办理。除已函请俞署长将托购材料清单即行检送本局，以便办理外，谨将管见所及，条陈如后。

一、该案当遵由度、煌会同主办，为慎妥计，应否照交办办法并参照储料处委托购料处订购器材办法另组小组会审核后办理之处，尚候钧核。然查原有各小组委员工作已甚繁忙，且凌副理宪扬对于购办兵工器材，似无多量贡献，刘副理主办储料处托购各案，已感忙迫，似难有余闲兼理，且与煌意见不合，故如另组该项小组委员会，殊觉难于分配，可否由钧座另行指派数人，或由俞署长指派一员参加，藉免顾此失彼之虞。

（孔令侃批：由局电俞署长派人参加，可由李祖冰参加。）

二、前奉电示，关于向德购料，已函陈立廷随时通知中信局。现据陈秘书立廷电称，已有：一、交通部托购轻便铁路材料及康德飞机；二、兵工署拟购若干器材。等语。不知以后向德所购之货，关于陈秘书方面所办部分，是否由陈秘书办后按时通知中信局，抑陈秘书与中信局所办部分，应双方随时互相通知，拟请核示。

（孔令侃批：双方互相通知。）

三、关于近由财部拨下国币五百万元，曾以供给德方土产价款均须在上海支付，故电请财部将此款改在上海拨付，迄未奉复，拟请查明见示，以便进行。

以上所陈，是否有当，敬祈核示。

张度

李耀煌谨签

五月二十日

15. 卢作孚致孔令侃函

1939 年 5 月 25 日

刚父先生勋鉴：接奉本月廿二日惠函，敬聆种切。查本部前以电讯材料亟须添购，曾呈奉院座准由合步楼 Hopro 款内向德厂订购急用电料美金五十万元，当以其中长途电话用载波机待用最急，经本部香港采购处以 SD—1543,1581 两号合同向西门子电机厂先行定购，总价英金四五〇二镑，本部已付料款百分之十五，其余款百分之八十五订明在合步楼款项内支拨，业经咨请财政部转由贵局拨付在案。现该项机料业已到港，亟待付款提货，除再请财政部迅为办理外，相应函复，并希惠予协助，早赐核拨为荷。

敬颂

勋绥

弟卢作孚拜启

五月廿五日

（附孔令侃批：查明核办。侃。）

16. 邹琳、徐堪致孔令侃函

1939 年 5 月 27 日

刚父仁兄惠鉴：顷奉五月二十二日手谕,备悉一一。经查,交通部在合步楼五十万元美金购料案内订购载波机一案,昨准交通部检送合同副本,咨请转知中信局付款到部,当以此案系由陈秘书立廷接洽办理,经发交钱币司函送陈秘书拟复。兹奉尊嘱,除饬司录函送陈秘书并案办理,并将为理情形径行奉告外,特专函奉复。顺颂

勋祺

弟　邹琳

徐堪拜启

五月二十七日

17. 孔令侃致叶琢堂等密电

1939 年 5 月 27 日

叶局长、张赵副局长鉴：密。据合步楼称,香港报章关于易货事屡有登载,致引起无限纷扰。希就近密查此种消息由何方送出,并设法严禁再有登载。孔令侃。感。

附：叶琢堂等复孔令侃电

1939 年 6 月 13 日

重庆孔理事刚父兄鉴：感电奉悉。关于香港报章刊载中德易货消息事,顷据查,该项消息首见于四月十九日香港各报,系根据十八日路透社之柏林电讯。至五月十一日,各报又有登载,亦系根据路透社之纽约电讯。惟星报则于五月十日即行刊载是项消息,致合步楼以星报地位特殊,商请设法否认,经于五月二十日再在星报刊重庆专电予以否认,合步楼亦认为满意。查各该消息俱系路透社之国外电讯,故禁止困难,除请星报于该项消息特加注意外,兹将上列各电讯抄奉,即请察核为祷。叶琢堂、张度、赵季言叩。元。

18. 叶琢堂等致孔令侃密电

1939 年 6 月 3 日

孔理事赐鉴：密。五月廿日签呈谅达。兹准陈立廷五月三十日电称，奉院座批："准欧亚航空公司在中德易货项下购订康德式机三架，每架约合美金三十万元。"希查照，等由。不知该项订购付款等手续系在重庆办理，抑由局办理，恳洽示为祷。叶琢堂、张度、赵季言、李耀煌叩。江。信。港。2680。

19. 孔令侃致陈立廷函

1939 年 6 月 6 日

立廷吾兄大鉴：关于中德易货订立新协定，前于五月十八日曾将中信局对该协定之意见书送请台洽，兹据港电称，查中德案双方记帐办法各别，似与新协定意旨不符。等语，用将原电附上，即祈查照前附意见书，与德方代表严加交涉，俾得适当之解决，并祈见复。是所至盼。专颂

公绥

附抄电一纸

弟　孔令侃启

六月六日

附：抄电

主任钧鉴：密。查中德案自上年九月份起，所有运德货品，我方均以英镑入帐，而合步楼则将我方英镑价格照各货起运日之伦敦汇市折合马克入帐，双方记帐方法各别，应否一致规定，前曾于新协定意见书中陈请核示在案。兹接合步楼来函，直接关于新购之存粤钨砂五百吨拟当我方之英镑价格仍指订购日之伦敦汇市十一点六六折合马克入帐。查新协定中既将国币与马克汇率规定为七三点五，则德方如此折合马克入帐，似与新协定意旨不符，关于此点，意见书中亦曾提及，究应如何解决之处，敬祈核示祗遵。凌宪扬叩。东。机港。

附：陈立廷复函

1939 年 6 月 9 日

刚父吾兄惠鉴：奉交各件，皆已核收。关于钨砂作价一案，弟已函合步楼按照新合同办理，际此外汇混乱之时，弟意似不可多与争执，只求维持新约规定之比例，似已甚好。是否？仍祈明教。此颂

刻祺

弟（制）立廷上

六月九日

20. 军委会致中央信托局快邮代电

1939 年 6 月 6 日

中央信托局公鉴：据顾司令长官祝同世昭电称，据上海英商怡和丝厂经理朱颐寿有电，本厂受中央信托局委托，专事收茧缫丝，以履行中德易货协定，兹于宜兴等地设茧行五十余处，收购干茧，设行地点多在游击区域以内，请饬一体保护。等情。除复迅将派出收茧商人密定特别符记，并与当地游击队切取联络，并转饬江南游击各队保护外，谨电鉴核。等情，查该局曾否委托该怡和丝厂收买蚕丝，本会无由悬揣，兹据前情，特电迅行具报，以凭核办。（渝）。军事委员会办。四鱼。印。

21. 孔令侃致张度等电

1939 年 6 月 8 日

张、赵副局长、凌经理：兹将军委会代电原文录后：中央信托局公鉴：据顾司令长官祝同世 2507 电称……①希即查明办理，电复为盼。侃。齐申。渝信。834。

22. 孔令侃致凌宪扬密电

1939 年 6 月 8 日

凌经理鉴：密。东机港电悉。我方运德物品货款折合马克入帐问题，应依照新约严厉与德方交涉，除函陈秘书立廷洽办外，特复。侃。

---

① 即上电。

齐戌。渝。信(830)。

23. 陈立廷致孔令侃函

1939 年 6 月 10 日

刚父吾兄惠鉴:九日函悉。关于交通部在合步楼款下购物一案,前经请示,奉院座面谕:"该部在欧美购物已多,在德购物一节,暂可不必。"除已通告财政部外,并亦通告交通部主管人。谨此奉闻。此颂

日祺

弟(制)立廷手启

六月十日

24. 孔令侃致许性初密电

1939 年 6 月 13 日

3306。转叶局长琢老赐鉴:张、赵副长、李副经理勋鉴:○密。关于欧亚航空公司呈奉院座批准在中德易货项下订购康德机三架一案,前奉江信港电,经即去函陈秘书洽复,顷据函复称,欧亚李总理尚未归来,订购德机合同已否正式签订现不得知,惟将来付款,当由李君与本局详商。等语。除签呈院座指示外,即请分向欧亚及合步楼先行洽商为荷。巧。申。渝。信。

25. 孔令侃致许性初等密电

1939 年 6 月 13 日

3306。转张、赵副局长、凌经理均鉴:密。中德易货,我方物品应速洽购、供给,迭经电达。兹据合步楼函称,自新约签订之后,迄未荷我方购运华货,德政府有鉴及此,业已暂行停止德货运华,特函商请速即购运华货,俾协定得以顺利进行,两国邦交实多利赖。等语。查新约既早经签订,双方自应履行规定,希即遵照院座批示,积极洽购货品,除钨砂外,现在洽购中者尚有何项货品,并盼电告。元。申。渝。信。0863。

26. 孔令侃致孔祥熙呈

1939 年 6 月 14 日

谨呈者:案据港中信局电,以接陈秘书立廷五月三十日电称,奉院

座批准,欧亚航空公司在中德易货项下购订康德式机三架,每架约美金三十万元,希查照。等语,不知该项订购付款等手续系在重庆办理,抑由局办理,恳洽示。等语。谨查中德易货,前奉钧座批准,每月由中信局收购土产运德,暂以国币二百万元为限,我方所需之物品,德人亦照定期供给。等因。上项定购德机,自当由中信局在规定款项购运我国土产抵付。为便利起见,凡我方在中德易货项下订购之德货,其订购手续,似应由中信局办理,以资划一,间有未经中信局洽购者,似应由陈秘书立廷将合同副本寄交中信局,以资接洽,而免隔阂。是否有当,敬乞钧裁。谨呈

院长

职孔令侃(印)谨签

六月十四日

(附孔祥熙批:如签办理。)

27. 叶琢堂致孔令侃电稿
1939 年 6 月 14 日

重庆孔理事钧鉴:中德易货案,运德货物中有本局将货品售于德商后,由该商运交合步楼归中德案出帐者,计钨砂 1000 吨,锑砂 300 吨,蚕茧 200 吨。查此项交易,德商并不计利,各货运德后只由合步楼酌付各该商佣金若干,以资酬劳。顷接合步楼来函称,该项佣金须在华以国币偿付。目前已运抵德国之蚕茧 200 吨,计应付美最时及福来德洋行共国币 23,571 元 44 分,拟请在沪照付后,由柏林汇兑银行将该款按73.5 折合 17,325 马克入央行帐,等语。查此项垫款以国币支付,按73.5 折合马克入帐,我方并不吃亏,应否即予照准,敬乞电示祗遵。

28. 盛苹臣致孔令侃密电
1939 年 6 月 21 日

刚父兄勋鉴:密。中德易货案德方应收物资由局方购运,早经院座核定,局方尚未照办,致受德方责难。查其症结所在,系港款汇沪问题发生窒碍,而局方迄未报告,殊属不当。至于采购方面,据凌经理云确

有把握,但沪款无着,无法进行。并据凌经理云,德方代运票料一节,难于办到。弟意拟请签呈院座如后:(1)中德新约,我方应照约办理;(2)前奉批准由局月购物资二百万供德,局方已着手进行,但前拨港五百万元迄未能汇沪,以致无款向战区抢购物资,应请令饬央行迅予照汇,以利进行,而免德方藉口。当否?请卓裁。弟异叩。马亥。机港。2911。

(孔令侃批:复合步楼,允自动将钞运沪。)

29. 麦佐衡致孔令侃呈

1939 年 6 月 28 日

案据港本部六月二十日代电内称:"接准资委会资渝矿字 6878 号函,以依照统一收购物资会议议决,各矿品由该会收售,赣省产锡闻与本局曾有协定,洽请将收售权仍归该会执行,以符通案。等由。经呈奉批,由本部核具意见。等因,遵即具签称,合约为期一年,未便中途毁约,惟因易货案关于大锡暂无需用,如该会需要,可照浙油办法,自七月份起,本局所购该厂之锡,在港悉数交与该会,按当日港价由该会散还价款,惟嗣后易货案如仍需用之时,由本局尽先径行拨归该案。等语。经奉批,函资委会试与磋商。等因,并奉张副长谕,通知麦经理拟定办法外,并就近与资委会洽商,如资委会肯照采炼厂条件与本局订立长期合同,本局亦可取消与该厂所订之合同,改向资委会收购。并嘱呈孔理事代电及致资委会复函,均交钧座分别呈送。嗣复奉赵副局长面谕,致资委会复函俟麦经理接洽呈复后再办。各等因。除将上孔理事代电检附敬乞办理外,理合将办理该电经过详电呈送鉴核。"等语。窃查赣省大锡收售权归资委会执行一案,港本部所拟照浙油办法办理,似尚周妥。除检具叶局长、赵副局长呈钧座代电附呈察核外,理合备文呈请批示祗遵。谨呈

　　理事孔

　　计呈送代电一件

　　　　　　　　　　　　　　　　职　麦佐衡
　　　　　　　　　　　　　　　　六月二十八日

（孔令侃批：查矿产品系归资委会办理早有定案，局方易货案既属不需大锡，则已购得部分不妨立即出售，以后应停止收购，将赣省收锡合约移转该会，将来易货需要时，可以法币径向该会购买，应与法令相符，而与事实兼顾。）

30. 李景枞致孔令侃函
1939 年 6 月 29 日

令侃理事吾兄勋鉴：关于敝公司得就中德易货项下订购康德式飞机三架一案，前奉六月十九日赐函，当经以敬电将略情奉复，谅邀惠察。查该项飞机三架之订购、付款等手续，既承孔院长核准应由贵局办理，自应遵照。兹查关于订购手续，敝公司最初系托由敝公司德方股东汉沙航空公司代办，盖因（一）该项飞机为德国新制品，非有特殊关系之国家，无法获得，当院座以该项飞机之性能为最适合于战时后方交通之用时，经弟电清汉沙代向德国航空当局特别设法，方许让售，托其经办，较之径向该飞机制造厂订购为必不至发生中变；（二）汉沙与该飞机制造厂历有来往，闻其所自行订购者，为数已不在少，托其代敝公司附带加订，自较由敝公司直接自订为廉，而且交货时间亦可期迅速。基于上开两种原因，故于前奉院座核准时，即经正式电请汉沙代为进行，此时似以仍能由其经办较为妥适，并经函知汉沙驻华代表向贵局径洽矣。关于付款手续，弟不日即将赴港，拟届时晋谒，如适台端尚未返港者，当与李君耀煌就近接洽。如何之处，尚祈随时指示为荷。专此奉达。敬颂

勋祺

弟李（制）景枞拜启

六月二十九日

中国第二历史档案馆藏中央信托局档案，三一八（2）/485（1）

（五）中德断交

说明：1940 年 9 月，德意日成立同盟协定，中国政府向德意两国提出抗议。此后，中国努力劝说德国不要承认汪精卫傀儡政权，无奈德日已成盟友，德国最终于 1941 年 7 月公开承认了汪伪政权。中国政府随即宣布断绝与德国的外交关系。

外交部致德意两国政府抗议书
重庆，1940 年 9 月 29 日

德义二国于本年九月廿七日在柏林与日本签订之协定内，竟"承认并尊重日本在建立大东亚新秩序中之领导地位"并担任"彼此合作"，又保证"签字国之一苟被目前尚未参加欧战或中日争端之国家攻击时，彼此应用政治、经济及军事各种方法互相援助"。

查日本所谓"大东亚新秩序"者，乃欲破坏在亚细亚洲及其附近基于法律与正义之国际秩序而行武力征服他国领土之谓，其三年余来对中国武力侵略，即欲造成其所谓"大东亚新秩序"，乃德义二国竟承认并尊重日本建立此种新秩序之领导地位，其蔑视国际法律与国家平等原则及助其侵略，莫此为甚。中国政府于此不得不提出严重抗议，将来各国（德、义国）实行上述协定之规定而中国蒙受危险或损害时，中国政府保留其适当行动之权。

又查德、义国人民在东亚原有其合法利益，今德、义国"既承认并尊重日本在建立大东亚新秩序中之领导地位"，不啻将其利益断送于日本之手，是德、义方此举对自身亦属不利，中国政府不得不乘便向德、义国政府指明者也。

附：外交部发言人声明稿（或作为政府要人谈话）

九月廿七日，日、德、义三国在柏林所签订之协定，实足证明日本对

华作战已至山穷水尽之际,而急欲拉拢与国,以实行其南进政策。日本侵略中国,时逾三年,毫无所获,而中国之抵抗,愈趋坚强。遂利用欧战造成之情势,趋附德义二国,借口速了"对华事变"而欲在所谓大东亚地域内,再肇事变,以完成其传统的大东亚侵略之企图。在日本之意,以为既有德、义之助力,必可囊括太平洋、印度洋各国之属地而不遇阻力,甚至西伯利亚一带亦有染指之望。而不知德、义对日可能之助力极为有限,而在东亚有关系九国均视其领土与利益为其生命线,决不致听任日本之宰割而不加抵抗。今日日本与德、义之结合,基于利,他日东亚各国之坚强抵抗,基于义,孰胜孰败,无待龟蓍。

日本之所谓"新秩序"者,乃欲破坏国际间基于法律及正义所共同维持之秩序而以武力征服他国领土之谓,日本所谓"大东亚"者,乃指亚细亚洲之全部与南洋一带,所谓"领导地位"者,乃指主对奴,宗主对附庸关系而言,德义二国蔑视国家平等之原则,不顾对中国及对东亚其他各国之关系竟不惜"承认并尊重日本在建立大东亚新秩序中之领导地位",而不知彼德义自身之利益,亦因此而被日本摒弃净尽,是德、义此举自中国及东亚其他各国立场而言,为助长侵略,自彼自身而言亦属不利。中国之浴血抗战,即为抵抗所谓"新秩序"之建立,吾人深信凡在亚洲及其附近与有领土及享有利益之国家,决不容许任何"新秩序"建立之企图,为维持东亚和平起见,有关各国亟应共筹有效策略,根据法律与正义维持国际间应有之秩序。

《战时外交》第 2 卷,第 697—698 页

王宠惠声明

1940 年 10 月 1 日

日德义三国已于九月二十七日在柏林签订同盟,由日本承认德义二国在建立"欧洲新秩序"中之领导地位,而德义承认日本在建立所谓"大东亚新秩序"中之领导地位。此种规定,对于欧亚两洲其他各国之合法地位与权益,以及欧亚两洲以外国家在欧亚两洲之合法地位与权

益,完全漠视,并企图摧毁,至为显然。中国政府素来之目的,在拥护合法之国际秩序,使世界各国均能以平等地位友好相处,对于一切以"新秩序"为藉口,而实行侵略破坏世界合法秩序之行动,中国政府必按照过去一贯之政策,予以坚强之反对。中国政府与人民,决定继续为世界合法之秩序努力奋斗。中国政府决不承认所谓"大东亚新秩序",尤不能承认日本在所谓大东亚之领导地位。他国彼此间所签订之约章,不但不能影响中国的法律上之地位或权益,亦决不能丝毫影响中国政府之态度与政策也。

中国第二历史档案馆藏国民政府外交部档案,十八/84

蒋介石致陈介

重庆,1940 年 12 月 2 日

柏林。陈大使:德友如再来谈,可问其日本何以在德与我谈话未断绝以前,即承认伪组织,此乃欺骗其盟友毫无诚意之表示。而且日伪条约尚有共同防共与不肯放弃内蒙、华北驻兵权利,是显然违反三国同盟对俄之方针,无异嫁害于其盟友。总之,日本加入三国同盟不惟无助于德国,而且无爱于德国,完全利用德国战胜之声威,以期胁制苏美,而挽救其远东垂危之国势。今中日战事既不能短期结束,则其决无南进之实力与可能,即使其允德南进,亦是欺骗一时,而无实现之可能,谓余不信,请拭观其以后之事实如何。故日之于德,今后只有百害而无一利,盖此可断言,应请其注意。中正。冬。机。印。

《战时外交》第 2 卷,第 702 页

桂永清致中国粮食工业公司

1941 年 1 月 25 日

一月二十五日　桂永清　漾电　向总长转送俞秘书

德负责人对职明言,攻英势在必行,日本已自知不能以兵力结束中日战争,亦不愿白战,与华为敌。德极望东亚和平,设委座此时与日谈

判和平,日必无过分要求,实为最好机会。如延至英被占领后,则时过境迁,德欲助华,亦属困难。职意如我国不能与美英同盟,不妨请委座另派得力人员,进行私人秘密谈判,以试日方最后态度,亦属无损。

中国第二历史档案馆藏中国粮食工业股份有限公司档案,八九/4

陈介致中国粮食工业公司

1941 年 1 月 31 日

二月一日　陈介大使　世电

德拟攻俄事,日前电由外交部转呈,计邀鉴及。顷密闻德拟于四、五月向俄用兵,准备日亟,已有精兵约四百万。其目的不仅在乌克兰,且将由莫斯科东以降落伞部队分占西比利亚铁路,俾与日本军取得联络,使欧亚两洲入其统制,以便长期与英美对抗。据军事家预测,需时不过三四个月,可配备就绪实现,自于我抗战前途有关系。除随时注意探闻外,谨先密呈。

中国第二历史档案馆藏中国粮食工业股份有限公司档案,八九/4

陈介致外交部

柏林,1941 年 2 月 2 日

重庆。外交部。一三七八号。二日。并请转呈孔副院长钧鉴:极密。奉到孔副院长宥命,竭力阻止德承认汪伪,并设法促进邦交,敬佩荩筹,职责所在,夙未敢懈,近数月来,尤力秉此旨多方进行。惟自三国协定成立,英、美重视远东,德之仇,悉为我友,德之友,实尽我仇,国际阵线已甚分明,在德之不遽对我表示态度,实以彼此已往经济关系太深,右我者亦大有人在。日之助德与袒汪,成效未著,复以我之劝阻,弗为一时政策而忽百年大计,故迄今仍在徘徊审慎,暂事静观局势。大岛重来,总计所携参随及已到德之山下军事考察团,与根据三国协定组织之政治、军事、经济委员会,来者共近百人,德亦拟派经济考察团前往。松冈在议会明言日、满、汪伪共同与德商讨经济问题,正在进行。又谓德、义承认汪伪问题,亦在接洽,可见德日关系已益加深。并闻承认之说,已在浸润,义复时加推助。大岛与德外长私交素笃,共同一气,预料来后必将本其职志,大施手腕,于我不利,自在意中。德对英未达目的,义对英正大失利,美对德仅未宣战,德对俄复不安心,在此复杂混乱之际,若竟为近利而忽远略,其应如何运用?乞赐具体指示。倘德又以劝和为言,我宜若何应付?委座前所训示,德已认为困难,未敢必其重提,我之情势不急待和,以俟机会,亦为彼所洞悉。惟日求和甚亟,难免不加以诱胁,德夙以两国政府能和藉维邦交为愿望者,亦不敢必其不惜最后努力,遽铤而走险也。谨陈实情,复乞鉴察,并请转呈委座为荷。陈介叩。

《战时外交》第2卷,第702—703页

奥特致德国外交部

东京,1941年6月25日

日本外相刚刚来访,告诉我汪精卫已经要求日本政府促使德国和意大利政府承认南京政府。松冈已经把这一要求通知日本驻柏林和罗马的大使,指示他们向帝国和意大利政府提出承认的建议,并要求于7月1日同时采取承认行动。同日,外相还说,日本政府[此处电文显有遗漏]给予汪精卫三亿元的借债。根据我们在满洲国问题上的经验,我建议我们应该把对汪精卫政府的承认与事先确定我们在中国的经济地位问题联系起来。

DGFP,Series D,Vol.13,p.17

阿尔腾伯格①致德国外交部

北平,1941年6月27日

关于东京使馆6月25日第1033号电和我6月13日的第262号电。

① F. Altenburg,时为德国驻华代办。

1.迄今为止不主张承认汪精卫政府所依据的所有原因仍然存在着,未有任何改变。这一问题请参见我早先的报告。

……

3.我愿意在此紧急提醒,不要满足日本人支持汪精卫的哀的美敦式的要求。考虑到苏俄在中国西部地区的影响的增强(我们对此已抱怨了很长时间),并考虑到中国政府与中共之间继续存在的紧张关系,德苏战争的军事胜利[此处显有遗漏]一举改变重庆和德国之间的关系,重庆将倾向于在中日间直接的全面解决在中国的冲突的方案问题上作出妥协。因此,我建议在德苏战争未有明确结果之前,在承认问题上不要采取任何决定性的步骤。

魏泽克致德国驻日大使馆

柏林,1941 年 6 月 27 日

在得到元首的同意和意大利政府的赞同之后,外交部长通知日本大使大岛,我们已经决定于 7 月 1 日承认汪精卫政府。

我与大岛大使在如下方面讨论了承认的细节:

1.我告诉大岛,我们将在 7 月 1 日向汪精卫发去承认他的政府的电报。电报将声明,我们正建立起外交关系。我们将就因承认而产生的一些特殊问题与汪精卫进行接触。

2.我已和大岛作出安排,我们将在今天指示我们在罗马利亚、保加利亚、匈牙利、斯洛伐克、克罗地亚的外交使团,与意大利的外交使团一道,建议这些参加同盟条约的政府支持即将到来的日本人有关承认汪精卫的行动。……

5.大岛询问,是否可以认为随着我们 7 月 1 日的承认电报,我们就已与汪精卫建立起了关系。我对此表示肯定,并补充说,然后我们将很快任命一位驻汪精卫方面的代办,过些时候就可以再派出大使。

陈介致蒋介石电

1941 年 6 月 27 日

昨闻可靠密息，汪伪聘日，继以德俄战事，松冈因曾订日俄中立条约，颇受攻击，日政府将于七月一日发表宣言表示态度，为巩固政府立场维持轴心政策计，要求德即承认汪伪，以为宣言根据。闻德外长已内定照办，日内即将实现。因外长未在柏林，介已向外长请定时间晤谈，拟根据王部长去年十一月三十日声明，请其慎重，但恐难望有效。

中国第二历史档案馆藏军事委员会委员长侍从室档案,七六二/675

魏泽克致德国驻华大使馆

柏林,1941 年 6 月 28 日

代办本人亲阅。

帝国政府已经决定于 7 月 1 日承认汪精卫政府。已经与意大利政府作好安排,7 月 1 日,帝国外交部长与意大利外交部长将向汪精卫发出承认其政府的电报,并通知他,我们将很快与他建立外交关系。

帝国外交部长的电文,一旦措辞最后确定,就发送给你。请你务必要让吉伯里希①总领事在 7 月 1 日将它交给汪精卫。

此事在 7 月 1 日前必须绝对保密。请将此意也通知吉伯里希。此外,请你等到 6 月 30 日再从北平将此事通知驻重庆的使团。……

DGFP,Series D,Vol. 13,pp. 42–43

陈介致蒋介石电

1941 年 6 月 28 日

陈介大使　俭(二十八日)电　七月一日八时到

感电所陈一节,分向各重要方面探访,业已证实。今午与外交次长

---

① 　Gipperich,时为德国驻南京总领事。

魏萨克晤谈，诘其态度，未肯明认，仅谓日方宣言犹未知果发表否。承认汪伪一节，本系悬案，未知又发动否，自近情言在（德）君良非过虑，但政府态度现尚难以预料。介因将王部长去年十一月三十日宣言并复就中德已往及未来关系请为注意。渠颇首肯，惟谓前次大战我国亦曾对德宣战，介答其性质与现时迥然不同，且国民政府在南方曾极力反对此事。我政府立场现唯日本为敌，余均认为友。数年来对德已万分容忍，无非为百年大计，万望勿亲承认此叛逆之傀儡，强我走绝交一途。渠允将此意电达现在大本营之部长，旋以私人意见向介力言，俄结果必败，英或觉悟言和，介未置答而别。就介所闻，此事在外交部次长、政务司长及主管人员均反对，亦多哗然，但外长业已决定，并拟将在渝机关不动，而令上海总领事兼驻伪政府代办，益将汪伪视为伪满第二。介昨今业已分托要人设法阻止，就外长现时地位与个性及往事论，必难有效。

中国第二历史档案馆藏军事委员会委员长侍从室档案，七六二/676

桂永清致中国粮食工业公司

1941 年 6 月 27 日

七月一日　桂永清　感（廿七日）电

俄军抵抗相当强硬，德国已逐渐迫欧洲大陆所有国家对俄宣战，德国为断绝英美援俄，将于七月初承认汪逆，满足日本要求，逼迫日本扯碎日俄中立条约。但鉴于打倒俄国复兴与中国合作经济乃有利益，故盼吾国鉴原德国不得不暂行利用日本苦衷，并希望中国不与绝交。纵使绝交亦愿暗中互通声气，恳示答复原则。

中国第二历史档案馆藏中国粮食工业股份有限公司档案，八九/4

桂永清致中国粮食工业公司

1941 年 6 月 28 日

（廿八日午）电

据可靠消息,德国为避免与我国绝交起见,拟与汪逆建立商务关系,先由汪方派遣一商务代表来德。

中国第二历史档案馆藏中国粮食工业股份有限公司档案,八九／4

桂永清致中国粮食工业公司

1941 年 6 月 28 日

勘(廿八日)电

俭日午电不可靠,承认汪逆事无法变更。

中国第二历史档案馆藏中国粮食工业股份有限公司档案,八九／4

陈介致中国粮食工业公司

1941 年 6 月 30 日

七月二日　陈大使　卅电

顷闻其发表形式,将由外长电汪,承认汪在南京领导之国民政府,在短期间内与生外交关系,不提重庆一字,并嘱新闻界弗攻击我方。盖因此举纯为维持松冈地位,免日发生政变,动摇同盟基础。对我德不无歉意,义国将同时发表。此外同盟内各国亦将继起。

中国第二历史档案馆藏中国粮食工业股份有限公司档案,八九／4

魏泽克致驻外使团通函[1]

柏林,1941 年 6 月 30 日

关于承认汪精卫问题,我们并不想自动断绝我们与重庆政府的关系,但是,我们眼下要暂作等待,看蒋介石对这一承认作出何种反应。请将此意通知你们的驻在国政府。

DGFP,Series D,Vol. 13,p. 53

---

[1]　此函发至德国驻意大利和西班牙大使馆,及驻匈牙利、罗马利亚、保加利亚、克罗地亚、斯洛伐克公使馆。

魏泽克致德国驻重庆办事处

柏林,1941 年 6 月 30 日

1. 中国大使于 7 月 28 日来访,告诉我重庆方面认为日本政府正在柏林和罗马尽力促成对汪精卫的承认。大使回忆说,他一直得到指示,如果出现承认汪精卫的问题,他就表明中国外交部长在 1940 年 11 月 30 日的声明中的观点。外交部长在那一声明中说过,中国政府将把对汪精卫的承认视为一个极不友好的行动,它将不得不断绝两国间的关系……

我回答陈介说,日本政府一再向我们提出承认汪精卫的问题,但现在我不宜对这一问题说得过多。如果德国采取承认行动,中国政府是否采取中国外交部长声明中提到的措施,那是中国政府自己决定的事。顺便说一句,达 100 年之久的德中友谊在 1917 年已经经历过一次破裂,那次完全不是因为我方所为。谈到德国的巨大胜利,我最后强调说,那些企图把自己的前途与益格鲁—萨克逊的前途系于一体的人,无论如何总是极不明智的……

2. 请你不要把我们将在明天采取的承认汪精卫的行动主动通知中国政府。但是,如果你被问及承认问题,请你利用以上所说的观点来展开谈话。

DGFP,Series D,Vol.13,pp.53–54

桂永清致中国粮食工业公司

1941 年 7 月 2 日

七月五日　桂永清　冬电

伪满使馆人员密报:日大使将于明后日派员劝告陈大使继续留德为汪逆工作,以侮辱我国。已报告大使注意。汤逆良理闻已秘密到欧。汪逆与伪满有联合攻俄说,瑞士不久将被占领,恳准即返国效命。

中国第二历史档案馆藏中国粮食工业股份有限公司档案,八九/4

国民政府公布对德义绝交宣言

1941 年 7 月 2 日

德义两国政府,竟以承认南京伪组织,是其侵略政策,显已推及远东,且又充分证明纳粹德国与法西斯义大利,已与中国之敌人同恶相济。该两国政府,明知南京伪组织为日本军阀一手造成,乃竟加以承认,实为加于中国之重大侮辱,且不惜自弃其所享中国政府与人民之一切友谊。

两轴心国家此举,愈足证实世界侵略之恶势力已结成集团,专事摧毁人类自由与文明。幸爱好和平与自由之国家,对于此种世界恶势力英勇而坚毅之抵抗,在数量上与实力上已日益增加,其合作愈趋密切。中国在反侵略集团中,对其所处地位及贡献,尤其处此空前困难时期,对于维持国际信义一贯之努力,均堪无愧。今后尤必与各友邦尽量合作,继续奋斗,以期终达吾人共同之使命。

中国政府对于任何国家承认伪组织之举,早经一再声明态度。兹特正式宣告,中国与德义两国断绝外交关系。中华民国三十年七月二日。

中国第二历史档案馆藏国民政府外交部档案,十八／676–677

魏泽克备忘录

柏林,1941 年 7 月 3 日

不出所料,今天晚上中国大使通知我,蒋介石已决定与德国政府断绝关系。

陈先生并没有给我一份书面的文件。他只是口头通知我,以向德国政府表示,在德国承认汪精卫之后,中国政府已决定与德国断绝外交关系。大使猜测说,正式的书面通知正交给德国驻重庆的代表。

大使说,大使馆的所有成员和中国驻德各领事馆的所有成员,已经受到离开德国的指示。由于有大量事务需要了结,他希望能在 7 月 10 日以后撤离。我告诉他,我同意在 7 月 10 日后的某一待商定的时间撤

离(我并没有要求更早的撤离时间,因为我们驻重庆的使团估计至少需要 4 到 5 天的时间乘汽车离开中国前往印度支那)。大使提到,大约有 150 名中国学生和 800 至 900 名中国公民仍然留在德国。他认为他可以这样说,中德断绝关系并不等处于战争状态。对此,我回答说,我们对待中国公民的态度将取决于在蒋介石控制区内德国人的待遇,以及这些中国人在德国领土上的行为等。

DGFP, Series D, Vol. 13, pp. 79-80

桂永清致中国粮食工业公司
1941 年 7 月 9 日

七月九日　桂永清　虞电

(一)日本外交政策在以欺诈外交避免战争,以取得东亚领导权。日外相上次来欧即在挑拨德俄战争之爆发。闻日俄条约签字时,俄密允放弃东亚利益,日本非德军进兵西伯利亚,当不致攻俄。德国希望日本南进与英美宣战,而日本则希望美国即刻对德宣战,始可保证不牵制英美对德作战为条件,以谋与英美妥协而达到征服东亚之梦想。吾国在与英美结合一致对日,故应时加注意日美秘密谈判,并使其无妥协可能。(二)希特勒在赫斯家中密谈,五小时后赫斯始驾机飞英,即可见其为有计划之行动。(三)日大使馆已为汪逆印刷传单,切实准备接收使馆及逼我留学生侨民于七月底换伪护照,并曾派员送信约陈大使密谈,大使一笑置之不理。

中国第二历史档案馆藏中国粮食工业股份有限公司档案,八九/4

凌其翰拟《德意驻渝大使馆人员撤退办法大纲》
1941 年 7 月 9 日

(一)撤退路线

(甲)重庆至桂林(航空)

　　桂林至柳州(铁路)

　　　柳州至南宁（公路）

　　　南宁至镇南关（电船）

　（乙）重庆至河池（公路）

　　　河池至柳州（铁路）

　　　柳州至南宁（公路）

　　　南宁至镇南关（电船）

　　使馆人员依甲项路线撤退，行李依乙项撤退。

　　（二）撤退日期

　　须俟筹备就绪，再行决定。

　　（三）撤退费用

　　即一切飞机、舟、车之费用，应否由撤退者负担，须即确定原则。

　　（四）护送人员

　　该项撤退人员，拟应由本部派人护送离境，如能遴派两人，则一人须先在桂林，俾与省政府及其他方面担任联络接洽，到达柳州以后，如何公路备车、水路备船事项为主要任务。

　　（五）意大使人员之撤退

　　（甲）意代办夫妇之撤退

　　该员以夫人病，原定本月五日离渝，嗣以绝交事发，不得不改期，俟沪方训令到，即拟单独成行。

　　（乙）意主事贾乐之撤退

　　俟馆务结束，拟与德馆人员同行。

　　关于意代办夫妇之撤退办法如下：

　　一、欧亚公司定位；

　　二、电广西省政府保护、并请自柳州至南宁代雇汽车，经龙州至镇南关，代雇电船；

　　三、代电交通部转饬黔桂铁路遇事协助。

　　（六）德大使馆人员之撤退

　　一、包欧亚机；

二、电广西省政府保护；

三、行李一卡车，自重庆至河池，应由德方人员自行押送；

A. 代电军委会运输统制局，请转饬中国运输公司备车，并沿途保护；

B. 颁发行李护照，免予检查；

C. 代电交通部，该项行李运达河池后，转铁路至柳州，请黔桂铁路协助。

附一：德侨之撤退计划

（一）重庆方面

（甲）代电军委会运输统制局，转饬中国运输公司代备客车，沿途通饬保护；

（乙）代电交通部，转饬黔桂铁路，关于由河池至柳州一段，予以便利；

（丙）电广西省政府，自柳州经南宁至镇南关一段，予以便利。

（二）长沙方面

（甲）电湖南省政府协助；

（乙）代电交通部，请知照粤汉、湘桂二路予以便利。

（三）昆明方面

由昆明乘汽车往贵阳至河池，河池以后同前条。

（甲）由本部电云南省政府保护，并代备车运往河池。

附二：德意使馆馆舍之接收

一、请该馆等抄送租屋合同副本暨家具清单。（义馆已抄送，德馆在接洽中。）

二、派员查看家俱并估价。

三、克日备价补偿。

四、代电卫戍总司令部，一俟撤退，暂予发封，以便本部接收。

五、澳、比、美各使馆均需租房屋甚迫切，俟接收后，再行分配，所垫款项，并须设法补回。

以上各项,拟请庶务科、出纳科洽办。

所拟是否有当,即祈批示祗遵。

谨呈部次长

职凌其翰谨签

三十年七月九日

《中德外交密档》,第73—75页

有关旅华德侨撤退回国文件一组

1. 外交部云南特派员公署致外交部代电稿

1941 年 7 月 17 日

重庆。外交部部长郭钧鉴:顷准德使馆驻滇办事处主任诺尔德君到处面称,该处已奉使馆命令结束,该主任定明日搭飞机前往重庆,再行准备离境,至旅滇德侨、天主教士因办理护照手续,暂不撤退。等语。理合代电呈请鉴核备案。职王○○叩。

2. 云南省政府训令两件

1941 年 8 月

训令

秘外字第六五号

令外交部办事处

案准外交部江电开:

"德意两国承认汪伪组织,我国依照迭次宣示之政策,已于本月二日与各该国断绝邦交。所有在华德意侨民,希即妥为保护,勿令任何人民对于各该国侨民及财产有任何不当行为,一面暗中严密注意,其经查有行动确有可疑者,加以监视,并与本部接洽。特电查照,并请转饬知照为荷!"

等由。准此。自应照办,除电复并分令外,合行令仰知照。

此令。

主席　龙云

中华民国三十年八月十二日

训令

秘外字第 848 号

令外交部驻云南特派员

案准外交部八月微电开:

"我对德意邦交已断,嗣后德意侨民如来申请内地游历,应每次电部核察后再行办理。惟原驻内地者,其旧照签证时效已满,请予续签,而不往他处时,可即照签。"

等因。准此。除分令民政厅饬属知照外,合行令仰该特派员遵照办理。

此令。

　　　　　　　　　　　　　　　　　主席　龙云

　　　　　　　　　　　　　　中华民国卅年八月廿二日

　　　　　　　　　　　　　《中德外交密档》,第76—77页

桂永清致中国粮食工业公司

1941 年 10 月 13 日

十月十五日　桂永清　元电　自维淇

据俄友称:德元首由日本保加利亚居间,曾于七日致函史太林,表示愿与订立停战协定,唯条件甚苛。俄国即请英在西方另辟一战线以资牵制,英以实力不足未允。现俄国颇焦急,又不愿莫斯科被占,恐在距莫斯科二百公里之不理安斯克失陷以前有接受德国条件之可能。贝当私人与英暗中关系未断,德国暗中亦有来往。

　　　　　中国第二历史档案馆藏中国粮食工业股份有限公司档案,八九/4

齐焌关于中德断交后合步楼公司处理问题之签呈

1941 年 12 月 1 日

窃职此次离柏林前,晤合步楼公司负责人,商谈两国绝交后关于该公司之处理问题,谨将该公司之目前状况详呈如左:

一、合步楼负责人系统表(略)

二、绝交后,德经济仍主维持合步楼现状,并由托马斯将军与佛斯博士及克拉爱总经理前来声明如左:

(一)中国政府如以为不便继续正式维持合步楼名义,拟请中国政府准该公司目前驻渝代表韦尔纳以商人名义驻渝,以备将来万一交涉之用;

(二)由该公司负责联络各有关厂家捐款,以维持中国留德学生用费,并介绍工作,同时,希望中国政府仍给韦尔纳之生活用费,此款将来由合步楼主管之货物交换帐内结算;

(三)希望中国政府对韦尔纳及其家庭予以保护;

(四)(极机密)戈林公司所属之捷克斯克达兵工厂代表原拟经沪来渝接洽,现因绝交,只得暂留上海,必要时亦可予韦尔纳以协助。

如何之处,敬请察核。

谨呈

部长翁转呈

委员长蒋

职齐焌呈

附翁文灏批:

奉委座面谕,韦尔纳在渝生活费暂由资委会垫拨。

翁

卅年十二月三日

《中德外交密档》,第86—88 页

齐焌关于处理留渝德侨之签呈

1941 年 12 月 21 日

留华少数德侨,因以往相识关系,屡来请求予以协助,自我国对德宣战后,更感恐慌,急请照料,仅将其姓名及近况列呈如左:

(一)易嘉伟 W. Eckeyt　五十岁

曾任职务

约三十年前来华为商,第一次欧战在青岛对倭作战被俘,停战以后,赴粤为商多年,一九三五年起任合步楼公司驻华经理约四年之久,后以私人资格赴昆明,自出积蓄,造房植园,从事改良种植事业。(另有签呈在案)

现状及希望

一年前,昆明房产被昆明县政府查封,今又被人占领,心甚焦急,极愿获得相当代价以后由我政府护送出境,或准其飞渝,静候处置。

意见

审查易嘉伟来华三十余年,一向亲华,今彼昆明之房产,由昆明县政府交由黄仁霖先生占领,做为招待美军顾问之用,拟请电饬黄仁霖先生就近与其接洽,从宽付予代金,并饬其来渝住留。

(二)韦尔纳 L. Werner 四十岁

曾任职务

民国十五年来华,在港粤为商,民国廿七年至廿八年,任合步楼公司驻香港办事处主任,廿八年来渝,现任合步楼驻渝代表。

家庭状况

妻,美国籍女子,女六岁,皆在渝,合步楼公司存款及个人薪金即告尽,仅其夫人个人积蓄尚可支持短时期。

希望

当职离柏林时,合步楼负责当局(德经济部与国防部)甚盼韦尔纳能以私人资格留渝静候,将来万一需要,彼个人则请我政府默许如下:

(一)予以安全保护,不致因夏季空袭增加威胁,不致因英俄之要求而被引渡;

(二)予以维持经费,将来由合步楼帐内偿还,如不能办到,则请我政府护送赴粤。

意见

拟请饬资源委员会负责与其洽商办理。

（三）施坦音　四十六岁

曾任职务

民国廿年三月，入我政府服务，至今年四月解职，前后十年之久，曾在财政部盐务局税警团为顾问。今年四月，自请解职返国，惟据称，盐务机关迟迟不发解职金及旅费，在渝坐闲数月之久，至今未有结果，以致不能起程返德。

希望

请求我政府速将其应得之款即予从宽发给，并能助其汇款至沪，以救其家庭生活。

意见

审查施坦音原为军人，在我政府下服务十年之久，并曾因公受伤，拟请转饬财政部拨款救济。

（四）音候佛　曾为陆军大学教授，为兵工署所介绍。

（五）史托纳　任职通信教官，在兵工署所服务。

（六）玛尔丁　任职兵工署兵工管理员。

（七）福德利　前德驻渝领事馆馆员，现留渝看守。

以上所呈，是否得当，谨乞察核示遵。

谨呈

部长翁

职齐焌　谨呈

《中德外交密档》，第88—90页

蒋介石致翁文灏

1942年1月12日

资源委员会翁主任委员勋鉴：据齐焌转呈德侨韦尔纳报告略称：自二十八年以来，即任德国合步楼公司驻渝代表，现该公司存款及个人薪金即将告尽，请予以维持经费，将来由合步楼帐内偿还，并予以安全保护，如不能办到，则请护送赴粤等情。所请维持经费、予以安全各节，可予通融办理，即希与其洽办为要。中正。齐。侍六。

《中德外交密档》，第91页

军委会昆明行营关于查缉德国间谍在华活动
事致外交部驻滇特派员密令

1942年3月4日

密令

令外交部云南特派员王占祺

案据云南省政府警务处处长李鸿谟呈称：

"呈为呈复事。案奉钧座丑支昆行参情谋字第八五〇〇号代电开：案准军令部子养二信渝电开：据报，德国情报机关现殊关心于重庆之情况，根据每日自仰光、河南、云南盘谷方面发往柏林、上海之报告，努力于推测重庆之军事情形，等语。希即将德在云南之情报机关查明电复。等由。仰即遵照饬属严密侦查具报为要。等因。奉此，遵即转饬省会警察局侦缉队并畹町警察局严密侦查具报，去后，兹据兼侦缉队长孙炽隆呈复称：'遵查在滇之德人中，行动可疑者有 Eckert，译名易家伟（爱格尔），现住巡津街欧洲旅社十六号，其护照时效至三十一年四月十三日止，住滇甚久，因其言论平时多倾向于纳粹，早经派员秘密注意，并于其房间内无意间两次获得德文报告多件，经送请可靠方面审查，一件系调查我国各部队使用军器种类，共十二页，所有配备武器，巨细无遗，一份系报告新疆政治、军事、外交情形，另一件则为我军退出南京时详情，各件原文均无头尾，此乃久于谍报者之惯技。与该爱格尔时相过从者，又有德人 Ammarn Hue，译名雅门（阿瞒），住商务酒店三十五号，其护照时效至本年六月十九日止，两人往来密切，爱格尔置有"委哦玲"一具，多于深夜独奏，由此推想，恐其置有秘密发报机，俾便于工作中借此加以掩饰，刻正多方设法加以侦查，俟获有切实证据，立刻加以逮捕。奉令前因，理合具签呈复请祈鉴核施行。'等情前来，当经复查无异，除盘谷方面俟畹町警察局呈复时再为呈报外，理合先将查获本市形迹可疑之德人爱格尔、阿瞒二人及查获原文副本审查说明书情形先行具文呈报,请祈钧座鉴核施行。"

　　等情前来,查在滇德人前已一律驱逐出境,何以该易家伟及雅门二人未被驱逐,应由该特派员查明呈复,以凭核办为要。

　　此令

主任　龙云

中华民国卅一年三月四日

《中德外交密档》,第 493—494 页

三、中苏关系（1937 年—1941 年）

说明:联合苏联、争取军援是抗战初期国民政府的整体对苏战略。尽管中苏两国在意识形态上存在分歧,但在应对日本的军事扩张上,两国有着共同利益。在此种战略格局下,鉴于订立互助条约存在分歧,中苏首先签订了互不侵犯条约,奠定了两国合作的基础。苏联同时开始向中国提供了三笔总额达 2.5 亿美元的信用贷款,并派遣军事顾问赴华。为了支援中国空军抗战,苏联派遣了空军志愿队,参与对日空战。苏联虽然同意军事援助中国,但无意直接参战,尽管国民政府多次努力,苏联始终未改变初衷。在面临西线威胁之时,苏联最终与日本订立《苏日中立条约》。

本章主要资料来源:

中国第二历史档案馆藏杨杰个人档案

中国第二历史档案馆藏蒋廷黻个人档案

中国国民党中央委员会党史委员会编,秦孝仪主编:《中华民国重要史料初编——对日抗战时期》第三编《战时外交》第二卷,台北“中央”文物供应社,1981 年(以下简称《战时外交》)

中国史学会、中国社会科学院近代史研究所编:《抗日战争》第 4卷(上),《抗战时期中国外交》,四川大学出版社,1997 年(以下简称《抗日战争》第 4 卷上)

李玉贞译:《中苏外交文件选译》(下),《近代史资料》总第 80 号

李嘉谷、冯敏整理:《抗战时期三个苏联对华信用借款条约》,《近代史资料》总第 89 号

李嘉谷译:《苏联对外政策文件集》,第 20 卷、第 21 卷,1977 年

李嘉谷编:《中苏国家关系史资料汇编》(1933—1945),社会科学

文献出版社,1997 年

《中央日报》,1937 年、1939 年、1940 年、1941 年。

其他俄文资料由陈春华翻译。

其他资料来源文中说明。

(一)中苏签订互不侵犯条约与中国争取
订立互助条约

说明:自 1932 年 12 月中苏复交后,两国便开始就签约问题进行谈判,中国政府希望订立互助条约,而苏联倾向于签订互不侵犯条约,双方意见纷歧,谈判数年未果。"七七"事变后,中国在国际上亟需苏联援助,同意了苏联的建议,于 1937 年 8 月 21 日签订《中苏互不侵犯条约》。面对日军的疯狂进攻和军事优势,中国希望苏联在互不侵犯条约的基础上再进一步,直接出兵抗日,或者与中国订立互助条约。苏联虽然在武器和经济方面予华以援助,但无意走向中苏同盟。

1. 中苏互不侵犯条约的签订

王宠惠致蒋介石
南京,1937 年 7 月 8 日

驻华苏联大使此次回华,惠曾约密谈数次,并反复探询其真意之所在。兹摘其谈话要旨如左:

苏联近年来感觉其在远东所处之环境与中国同,故极愿中国统一强盛。盖中国向无侵略之野心,中国强则为远东和平之一种保障,中国弱则为远东战争之导火线。苏联有鉴于此,故本人此次回华携有政府训令,向中国提议共同预防外患之步骤凡三:

(一)以中国政府名义邀请太平洋各关系国开一国际会议,商订集

合互助协定。苏联方面允许于接到邀请后，即正式通知愿意参加，如有第三国之一国或数国赞成，即可进行，否则

（二）中苏订立互不侵犯协定。

（三）中苏订立互助协定。

惠得此口头提议，立即表示个人有二疑问：（一）关于第一项召集国际会议，何以不由苏联邀请？据苏联之观察，是否有成功之希望？（二）所提议三项步骤，有无先后及连带关系。换言之，可否先进行第二项或第三项，然后扩充范围至第一项。

苏联大使答复如左：

（一）关于第一疑问，在苏联意思，主张召集太平洋会议，一则可以表示中苏两国极愿与其他各关系国共同维持远东和平；一则可以表白两国绝无秘密结合以抵制第三国之意。故凡太平洋有关系之国家均可参加互助之协定，日本如不愿加入，而其他数国或一国加入，亦可谓不成功之成功也。如无第三国允许参加，则中苏两国订立不侵犯协定（第二项）或互助协定（第三项），非两国之过也，实出于不得已也。至于主张由中国邀请一层，盖有历史上之原因。苏联前在欧洲提议与法、德、波、捷四邻邦缔结互助协定，不料发生诸多误会，且谓苏联欲恢复欧战前之秘密军事同盟，以抵制他国，其结果仅与法、捷两国分别订立互助协定。而德、波两国则始终不能原谅苏联之善意，若此次由中国召集，则可免去许多误会，此外别无他意存焉。

（二）关于第二疑问，上列三步骤确有先后之关系。中苏两国无论订立互不侵犯或互助协定，在苏联意见，必须经过第一步骤，其理由如上所述。惟第二步骤则或可省略，质言之其办法有二：

（甲）由中国召集国际会议，如两国以外，无一参加，则可先订立互不侵犯协定，过相当时间后，再订互助协定。

（乙）召集国际会议无结果时，亦可径行订立互助协定，不必经过互不侵犯协定之手续。苏联此种提议，出于至诚，而无别种作用。即中国不与之缔结互不侵犯或互助协定，亦愿助中国五千万元之军械及军

用品,中国方面可以货物分期偿还(此层曾数次提及),所以表示极盼中国巩固国防之诚意也。

惠意此种提议,关系我国存亡至深且巨,我国似不宜轻于拒绝,亦不宜仓卒赞成,故始终只允慎重考虑,迄未有切实之答复。

附:试拟中苏互助协定草案

协定之目的:切实完全实行国际联合会盟约所载关于保持各会员国国家之安全、领土之完整及行政之独立各条,以维持远东之和平及保证两国之安宁。

协定之范围:本协定对于双方内部之政治、经济、社会及其他各种制度不得发生任何影响。

协定之内容:

(一)中华民国或苏联远东领土有被第三者直接或间接侵犯之恐怖或危险时,两国应即商定办法,以实行国际联合会盟约第十条之规定。(远东范围另定之)

(二)中华民国或苏联远东领土受第三者之直接或间接侵犯而违反两国之和平意思时,两国应即彼此予以军事及其他援助。

(三)一方之军队为实行上列两款之义务起见,经双方同意而调至他方之领土内,若他方请求调回应即调回。(此款如不列入协定内,可依第一款之规定临时商定办法。)

(四)本协定为尊重国际联合会所负会员国之义务,自不得视为减轻国际联合会对于维持世界和平之责任,亦不视为减轻双方所负国际联合会盟约规定之义务。

(五)本协定应在国际联合会秘书厅备案,其有效期间为十年,如一方不于期满前一年通知废止,则本协定无期限继续有效,但一方得随时声明废止之,自声明之日起一年后即失效力。

鲍格莫洛夫、孙科谈话记录

上海，1937年7月13日

孙科通过新任外交部驻沪全权代表余铭①邀请我去俱乐部同他谈话。孙科向我展示了王宠惠给他的私人信件。王在信中请孙同我会晤并将昨日中国外交部给驻伦敦、巴黎、华盛顿的中国公使的电文（附英文电文）转交给我。孙科补充说，据外交部告知，中国大使蒋廷黻眼下不在莫斯科，所以他请我把上述电报内容告知苏联政府。

在就华北现状交换意见时②孙科对我说，中国政府认为形势极为严峻，他担心会发生大规模军事冲突。本月9日，冲突刚开始时，他离开了桂林。他同蒋介石谈论过冲突事，蒋当时表示坚信，冲突只不过是地方性的，不久便将消除。但是，孙科说，近来事态表明，冲突的规模越来越大，可能引出大的麻烦。他个人认为，冲突可能发展为中日间的公开战争。中国政府决定不再退让领土并已向河北以及保定派兵。孙科问我："日中战争会对苏满交界处的局势产生什么影响，阁下有何想法？"我回答说："眼下本代表尚难以就此问题发表看法。"

孙科的问题可做两种理解：1.一旦爆发中日大战，苏联是否会帮助中国；或2.日本是否会同时兴兵反苏。当然，我认为第一种解释更加准确，可是因为问题提得模棱两可，所以我也认为应该模棱两可未置可否地回答。

进一步交换看法时，我说我推断英日伦敦谈判③在一定程度上使日本在华北的活动更加自由。孙科同意这一点。

谈到苏中关系时，孙科说，蒋介石对苏政策过于拘谨，而他（孙）本人和冯玉祥则愿意促使苏中接近。他当即指出，现任外交总长王宠惠当然是没有蒋介石命令绝不越雷池一步的。我指出，如果有人因对发

---

①　译作"于敏"，予以更正——本书编者。
②　参见《消息报》1937年7月9日、12日、14日。
③　1937年6月8日苏联副外交委员致苏驻华代表电。

展苏中关系持消极态度而受到指责,那么被指责的只能是中国方面。

孙科问我是否已同王宠惠谈过我过去提出的问题。我答道,自从我们在冯玉祥处共进午宴后,我未同王宠惠谈过话,尽管王当时告诉我说他将"尽快"回答我提出的所有问题。我补充说我们难以相信中国政府真心实意想同苏联缔结亲密友谊,因为中国检查机关正想方设法不让中国舆论界了解苏联情况和苏联人民的生活。

孙科原拟到华南去,但鉴于华北发生冲突,他可能要留在上海。

（据档案刊印）

鲍格莫洛夫

《近代史资料》总第 80 号,第 191—193 页

蒋廷黻致孔祥熙电

1937 年 7 月 15 日

美国华盛顿　　中国驻美大使馆

孔祥熙博士:

一个小时前,我与李维诺夫进行了长时间的会晤。他说鉴于苏日关系这种状况,由苏联出面调停显然是不成问题的①。与其他列强联合调停可以考虑,但在没有向政府请示之前他不可能作出承诺。苏联将支持中国根据第 17 款向国联呼吁,但成功与否主要取决于英国。如中国以前与英国没有协议,不必作此努力。他从东京得到的情报表明,日本并非有意发动战争,但目的在于进行大规模军事准备,以威胁中国,使之屈服。我又追问,如果发生大规模战争,苏联将如何动作。他拒绝就此进一步说明,并说本人答复此问题适非所宜。然后他又指出,中国接受鲍格莫洛夫建议态度冷淡的错误做法。他认为如果中苏团结紧密,日本也觉察这一点,它将不会采取大的行动。

---

① 此处原文为"out of question"(即:不成问题),但与同日致王宠惠函内容相左,疑为"out of the question"之误(即不可能之意)。

很不巧，当鲍氏返华时你刚好出访。尽管我已力请外部考虑鲍氏的建议，但外部未给我回音。现突然请求援助是没有用的。我们决不可期望从苏联得到什么物质援助。我认为，有苏联参与并作为仲裁者之一的联合调停，比没有苏联参与的，其成功的机会要少。解决形势的关键在于英美合作。

蒋廷黻

7 月 15 日下午 4 时

鲍格莫洛夫致苏联外交人民委员部电

上海，1937 年 7 月 16 日

孙科再次邀我前去他处。他刚才与王宠惠通了电话，王请他与我谈判。孙科问我，是否已就我关于中国政府声明一事的电报收到莫斯科的回电。我说没有并补充道，我也没想得到我国政府的任何直接指令，因为正式声明只是发表于华盛顿、巴黎和伦敦。至于说我国，我的理解是，中国政府通过我向苏联政府报告了中国对英、美、法三国政府发表的声明。孙科没有对我的话作出反应，他说他想同我谈的第二个问题是转告中国政府的答复：中国同意就稳定远东和平一事与我们开始谈判。我回答说，我不明白他的声明。我提请他注意，我们谈过的三个具体问题是：

1. 中国政府提出太平洋地区公约；

2. 苏中互不侵犯条约；

3. 作为第一项的结果和在第二项实行之后，谈判双边条约。

我请他确切回答，对这些建议中的哪一个他给予肯定答复。

孙科重谈我们过去与王宠惠的争论，开始长篇大论地解释，为什么中国政府不能承担太平洋公约的发起——因为日本反正不会同意，即便会同意，那日本就会要求承认满洲国等等。最后他说，他现在指的是苏中双边互助条约。我答道，这个问题我们已经详细讨论过，并且我又重复了我们的观点。孙科自言自语地归纳了我的话后告诉我,他懂我的意思,并将向王转达。他说,鉴于华北局势已发生变化,他请我向我政府转达中国政府的建议。我回答说,我当然会通过电报把我同他的谈判内容告知我国政府,不过他的建议并没有任何新内容,而我所阐述的观点则是我国政府的观点。

我问孙科,华北有何新动向,有消息说冀察政务委员会7月11日已同日本草签了协定,此说属实否。孙科回答说,据南京政府所知,未曾签署任何协定。他倒是同意,认为天津市长可能已对此作出口头允诺。孙科认为,中国政府正采取一切措施保卫国家,中央政府军的部队已驻扎在保定了。据宋哲元报告,目前长城以南有15,000日军,有两个师正从日本本土向那里调集。据宋哲元估算,日本向华北派的兵力不会超过50,000人,据他看,第29军一个军就能对付这些人。

孙科告诉我说,他已问过王宠惠是否愿我去南京。王回答说,最好再等一等。我告诉孙科,不管怎样下星期我打算去南京。

中国政府看来已焦头烂额,忽东忽西,不知所措,据各方消息,中国政府已向河北派出军队(例如,蒋介石的第一、二师已调往保定以南的正定、石家庄一带)。然而我认为,蒋介石会想尽办法与日本人达成协议,甚至不惜多少丢点脸面。宋哲元也根本不想打日军。中国政府派兵赴河北具有很大威慑性,并为今日开始的天津谈判助威。谈判的结局会因日本的立场而遇到麻烦。如果日本人此次决定仅限于取得包括石家庄铁路等在内的经济租让权和改善其战略地位,那么他们肯定会达到目的,中国政府也会同意签署这样的协议,那显然就会让宋哲元去签署。如果日本人决定马上就援殷汝耕之例建立事实上的冀察自治区,并且这也不排除同时调集大量日军,那么蒋介石也只好背水一战,起而抵抗。

(据档案刊印)

鲍格莫洛夫

《近代史资料》总第80号,第193—195页

鲍格莫洛夫致苏联外交人民委员部电

上海,1937年7月19日

陈立夫今天来访。他说他刚从桂林来,应蒋介石之命想同我谈话。他首先问我,针对时局变化,涉及同王宠惠的谈判是否有什么新的指示。我回答说,我没有得到任何新的指示。我只是提出了建议,现在正等候中国政府的回音。

陈立夫开始连篇累牍地解释中国的观点,说明究竟为什么中国政府不能承担首倡太平洋公约一事(与过去王宠惠的话一样)。我回答说,相反,我认为现在的局势对于中国政府在这个问题上表示主动是极为有利的。如果中国政府认为有可能向其他国家提起九国公约,那么中国政府提出比九国公约更加激进的新建议就应该是更加合适的。

陈立夫说他不想干预我同王宠惠的谈判,只不过是发表个人的意见。他认为太平洋公约的意义在于回击日本侵略。在这方面中苏利益是一致的,因为中国是日本进攻首当其冲的目标,而苏联是第二个目标。其他国家与这个公约的关系不太大,因为它们只有在中苏被打败之后才会受到威胁。因此中苏最好马上开始谈判互助条约。

我说,苏联政策的主旨完全不同。我们只能根据自己的力量制定我国的整个政策。我们完全相信,日本不可能对苏单独开战,因为现今苏联在军事方面已经比日本强大,日本人现在也明白这一点,他们只有考虑到苏联在西方也将被卷入战争时,才会制定进攻苏联的计划。但是我们毫无条件地反对日本侵华,因为这威胁着远东和平,而远东和平则与苏联有极为密切的关系。我们愿意帮助中国也正是出于这个原因,希望提出太平洋公约的建议也因此而来。

陈立夫声明他谅解苏联的政策。他也谅解我提出的谈判方法符合苏联的利益。但他想说的是,如果我们从第三条——互助条约开始谈判,那就将更加符合中国的利益。他受蒋介石委托,正式向我说明,中国政府愿随时签署互助条约,并请我向苏联政府报告这个情况。我回答说,我当然会立即把他的话报告我国政府,不过我应重申,我国政府的意见是太平洋公约为当务之急,同时还有互不侵犯条约,然后才能谈到双方互助条约。

　　接着陈立夫声明,他前来会晤我,主要是转达蒋介石对我关于军火订货建议的回答。他说我国建议原则上是适当的,是中国政府能够接受的,但蒋介石希望把款额扩充至一亿五千至二亿中国圆。军火交货期限应缩短,哪怕到一年。还债(以货相抵)期应从 5 年后算起,10 年还清。同时,中国政府想从我国得到以下武器:

　　1.飞机(待看过我国飞机一览表后定出明细表);

　　2.坦克;

　　3.口径为 3.7 厘米的反坦克高射炮;

　　4.口径为 2 厘米的同样用途的大炮;

　　5.7.5 厘米的高射炮。

　　我提请他注意我国的建议。陈立夫重申自己的建议并要求我将其转告莫斯科,我答允照办。

　　我提醒陈立夫注意,关于互不侵犯条约事他尚未置一语。我强调说,苏联政府认为这个问题具有特别重要的意义。如果说有其他一些意义深远的协定,那就更加必要立即就互不侵犯条约开始谈判。陈立夫说下次我们会晤时他回答这个问题。他恳请苏联政府,就蒋介石要求尽快答复他的建议一事给予回音。

　　我的结论是:中国政府重提过去关于互助条约的建议,只不过表明它在日本侵略的压力下不知所措。我认为没有必要改变我们的建议。至于蒋介石要求扩大定货款额,我认为可予赞同,把总款额增至一亿五千万或至少一亿墨西哥元。我认为可以把我们供货的期限缩短为一年,而付款期限定为 3 至 8 年。不过我同时还认为,应坚持签署一项互不侵犯条约,为此可提出一个理由,说我们必须得到保证,使我们的武器不被用来对付我们。

　　请将您的指示速寄南京。

鲍格莫洛夫

鲍格莫洛夫致苏联外交人民委员部电

1937 年 7 月 23 日

显然是中国人知道我今天拟赴上海，王宠惠便邀我去他处。我申明今天我到上海去，因为我们收到中国总参谋部的情报，说俄国白卫分子正在策谋对我国总领事馆寻衅滋事，所以我想亲自指示我使馆工作人员对付挑衅。另外，我的阿明巴痢疾好像复发了，我要去求医。王宠惠说，他想同我谈三个问题。

1. 蒋介石通过陈立夫向苏联政府提出了增加军事贷款至一亿五千万墨西哥元的问题。他问我是否已得到苏联政府的答复。我回答说尚未接到，但一俟接奉答复，我会立即告诉他。

2. 中国政府请求再次询问苏联政府，后者是否认为可能立即开始谈判双边互助条约，陈立夫已同我谈及此事。我答道，我知道我国政府的观点，我可以声明，苏联政府认为目前不可能就互助条约开始任何谈判。我们的观点依然如故，对此，他从我们过去的历次谈话中也很了解。

3. 王宠惠说，他想知道苏联政府对大使馆的报告作何看法。现在已昭然若揭，日本的目的在于割占华北诸省。他认为当前这对中国是个威胁，但是很清楚，将来日本会利用华北作为反苏战争的基地。中国政府非常珍视苏联报刊对中国持友好态度这一状况。他想知道，苏联政府能否采取一些具体措施帮助中国。我回答说，苏联舆论过去和将来都一贯反对任何侵略者和破坏和平的人。至于说具体措施，据我所知，中国驻苏大使曾同斯托莫尼亚科夫①谈过一次话，对斯氏所说我没有什么可补充之处。

我问王宠惠华北局势如何。他回答说，中国政府得悉宋哲元和日本的谈判仍在继续。中国政府不知道谈判详情。我更加确切地提出了

---

① 显然有失实之处。所述问题是在 1937 年 7 月 15 日李维诺夫与蒋廷黻谈话时提及的。

问题,问他是否认为宋哲元会背着中国政府与日本达成协议。王宠惠回答说,他不知道。王说,不管当前这场误会怎样收场,反正冲突的消除只能是暂时的,一年之后新的冲突势必还会发生,因为现在已很清楚,日本的政策旨在征服亚洲。虽然日本人说的是"亚洲人的亚洲",可想的却是"日本人的亚洲"。这既威胁着中国,也威胁着苏联,因此他希望两国最终还是会找到共同语言。我回答说,苏联的立场一向是旨在力求改善苏中关系并为其奠定雄厚的基础。他本人当然也知道,如果说苏中关系发展过于缓慢,那这绝不是苏联方面的过错。王宠惠痛心地说:"我们总是对英美寄以过多的希望,现在我要想尽一切方法改善苏中关系。"王宠惠说,他还没有收到关于英国居中调停的最后回答。他仍然希望调停会有一定结果。他也听说,英国政府正就这个问题同苏联商洽。因我对此毫无所知,我未开口。

今天我已动身赴沪,请往沪上寄发电报。

(据档案刊印)

鲍格莫洛夫

《近代史资料》总第 80 号,第 200—201 页

鲍格莫洛夫致苏联外交人民委员部电

1937 年 8 月 2 日

外交部副部长徐谟通过电话邀请我到王宠惠处吃茶点。参与谈话的只有他们二人和我。王宠惠问我,孙科是否已向我转达中国政府请苏联政府在东北边界调动苏军,以"把日本注意力从中国吸引过去"的要求。我回答说,孙科的确对我说过此事,但我对孙科的回答与我现在要说的是一样的话。他应该明白,我不能对此问题作出任何答复。我说,关于我同孙科就此问题的谈话,我当然已向莫斯科报告过了。

因为我定于晚上同蒋介石谈判,所以我不想同王宠惠详谈。我简告他,关于军事订货事,我已收到莫斯科令人满意的答复,我打算同蒋

介石谈判苏中关系的所有问题。我又一次申明,苏联政府认为当前关于互助条约的任何谈判都是不合时宜的。

我有一个印象,王宠惠和孙科都被事变吓得魂不附体,不知所措。两人异口同声地让我相信,日本人打算占领的不只是保定,还有石家庄,再接着——陕西、甘肃和整个西北。他们证实,日本飞机已是第三天轰炸保定了,并说他们十分担心日本会在青岛登陆。

我问,列强持何态度。王宠惠回答如下:

1. 美国——完全不干预,拒绝任何集体行动;

2. 英国在设法阻止日本进一步侵华。英国在东京向日本政府作了"友好"表示。不管怎样,英国已对日声明,两国之间暂时停止任何谈判。中国政府相信,英国会尽可能让日本对中国的侵略不超过"一定的界限"。我问这"一定的界限"指什么。王宠惠只是耸了耸肩膀,什么也没说,据他的看法,英国本想在东京采取集体行动,可是因美国不同意,遂将问题搁置下来。

3. 法国对中国态度最为友好,可是它不敢撇开美国采取任何行动。

我问,德国态度如何,王宠惠答道,德国在东京向日本政府作了"友好"表示。德国关心的是发展对华贸易,所以愿意和平。但是日本在履行自己的计划方面已走得太远,乃至任何人的话都听不进去。

王宠惠说,日本在华北已有30,000军队,而且一直在增调军队。他相信日本准备在华北集结大量军队,不仅要对中国而且要对苏联造成威胁。

我认为,笼统地回答王宠惠关于我国在东北边界"调动"军队的询问没有任何意义。中国人自己应该明白这类调动是毫无道理的。

(据档案刊印)

鲍格莫洛夫

鲍格莫洛夫致苏联外交人民委员部电

1937 年 8 月 2 日

今天我同蒋介石谈过话，他的夫人担任翻译，但安排此次会晤的张群在场。

我据指示精神向蒋介石转达了我们的答复，我肯定地说明，苏联政府认为不可能在目前就互助条约进行任何谈判。蒋介石先谈的是供货的总款额和飞机的数量。他说他希望款额再大一些，飞机的数量也不是 200，而是 500 架。关于协定的条件和期限，他未提任何意见，对于我国关于派飞行员和坦克手来苏联接受培训的建议，他也没有作出反应。可是他对我提的派我国军事专家到中国了解中国军事需求的建议，作出了反应，表示愿意。他说，让我国专家就地了解中国的需要，查明我国制造的哪种武器最合中国使用，这是十分必要的。

主要争论是围绕互不侵犯条约问题展开的。蒋介石斩钉截铁地声明，他不能同意把军事供货和互不侵犯条约用任何形式联系起来。他说明，如果与苏联签定的互不侵犯条约中不会有任何招致侵犯中国主权的内容，他原则上同意立即签约。如果把这样一个互不侵犯条约说成是为军事援助协定而付的报酬，那他是绝对不会同意的。我回答说，首先，互不侵犯条约的实质在于双方承担互不进攻的义务；十分清楚，不进攻另一方这个义务绝不可能被说成为某事物而付出的报酬。第二，中国政府应该了解我们的处境：我们如果不能以互不侵犯条约的形式作为起码的保证，让中国不致用我们的武器来打我们，那我们是不能向中国提供武器。蒋介石回答说，中国绝不会进攻苏联，这一点是毫无疑义的。日本的基本要求恰恰就是要结成反苏军事同盟，为实现这一要求，日本愿作出很大的让步。然而中国政府断然拒绝了这个要求，任何时候也绝不会同意这个要求。

我说我很满意地聆听了他的说明，不过日中谈判时讨论过这样一个问题，这一事实本身则再次证明，我们务必坚持签定互不侵犯条约。我说明苏联政府认为，在提供军事定货之前签定互不侵犯条约是十分必要的。

蒋介石于是开始详细揣摸我的看法，并向我提出了，我们是否认为有可能在签定互不侵犯条约之前先签署军事供货协定，尽管履行供货是在签约之后。我回答说，这样的界限我不清楚。我谈了履行供货的事。但是不言而喻，如果没有互不侵犯条约，那么签署供货协定就毫无意义。至少两个条约应该同时签署。蒋介石说，我使他左右为难，因为这样一来，互不侵犯条约看起来就会像是对于军事供货协定而付的报酬。

蒋介石的夫人说，我的思维逻辑完全是西方式的，而蒋介石是东方式的，应该了解这种情况。蒋介石愿意无条件地同苏联签订互不侵犯条约，但是不愿意把这件事情做得看起来像是为军事供货条约而付出的报酬。他原则上同意签署条约而不要求我们对军事供货承担任何义务。

她当即翻译了蒋介石的话，说他不想请其他任何国家援助，一旦需要，他定会用自己的力量反击日寇侵略。我说，由此可见，互不侵犯条约的签署越早越好。至于说军事供货，那么这是我们自己遵照有利于增强中国军事实力的愿望提出的建议，不过我们应该得到保证，使我们的武器不致被用来打击我们，所以我们不得不坚持先签订互不侵犯条约。

蒋介石问，我们认为互不侵犯条约应该揭载于世抑或保守秘密。我回答说，我没有考虑此事，但我想，这样一个无害于任何人的文件可予立即公布。我们对所有其他类似的条约一贯也是这么办的。我认为把这样一个条约保守秘密是毫无意义的。不过如果他愿这样做，我可以把他的意向报告苏联政府。蒋介石对我的话未做任何回答。

我总结谈话情况时问蒋介石："我能不能向我国政府报告，说中国政府同意立即就互不侵犯条约开始谈判？"蒋介石回答："是的，务必使是条约中没有侵犯中国主权的内容。"

后来他说，他想尽快见到我们的草案。我答复说，我会呈请我国政府,把我们的草案用电报拍来。如果中国方面愿意,它也可以拟定一个自己的对案。接着我们约定,待收到我国草案时,我会将其转交王宠惠,下一步会谈将在我同王之间进行①。我试图总结我们关于军事供货的谈话,便问蒋介石,我究竟能向莫斯科转达他的哪些想法。他回答:1. 希望再增加货款数额;2. 把飞机数目增加至 500 架;3. 得到我国关于国产飞机型号和质量的详尽资料(载重量、速度等);4. 派遣我国专家前来熟悉地方情况。我问蒋介石,我是否应同王宠惠把军事供货再谈一谈。他回答说,他请我把我们原则上同意的事告诉王宠惠,下一步他会派专人办理此事。如果我近期得到莫斯科的回答,他请我面告他本人。

蒋介石问及列平的来华。我说,因为中国发生事变,列平已回到中国,他只来得及到哈巴罗夫斯克去。蒋介石问我,列平是否同布留赫尔谈过话。我给予肯定的回答。蒋介石说,他非常想面晤布留赫尔,如果布留赫尔能到中国来,他将是非常高兴的。我允诺说,尽管布留赫尔可能在远东日理万机,但我一定把蒋的要求转达给莫斯科。

我的结论:我国关于互不侵犯条约的建议显然出乎蒋介石的预料,也是他不愿为之的。从他妻子的表现我得出一个印象,她非常希望我们达成协议,对蒋介石的拖宕很不满意。蒋介石尚未放弃为对日妥协而在樽俎上下的功夫。如果他认为近期内对日作战必不可免,那他就理应更加具体地关心军事供货。蒋夫人在蒋介石来会谈之前对我说,他打算马上再赴桂林一行。这说明他还想再得到喘息时间。

我认为,关于军事供货应对蒋介石具体回答的问题有以下几个:1. 选定并尽快向中国派遣军事专家;2. 电告我国产飞机和坦克型号与质量的情报;3. 回答陈立夫关于反坦克炮和高射炮的问题。货款数额当然与前同。关于互不侵犯条约的问题,请把我国草案用电报拍发给

---

①　鲍格莫洛夫于 1937 年 8 月 5 日把苏联方面的草案交与王宠惠,8 月 8 日陈立夫把中国的草案交给全权代表〔鲍〕。

我。我不知道条约草案的内容,但我想,它越是精悍短小,我们就越能顺利而迅速地同中国政府达成协议。我想条约中最好包括下列问题;1. 互不侵犯的义务;2. 和平解决一切争端的义务。

（据档案刊印）

鲍格莫洛夫

鲍格莫洛夫致苏联外交人民委员部电

1937 年 8 月 18 日

今天我应蒋介石的邀请前去见他。出席会谈的有他的妻子,王宠惠和徐谟。谈话伊始即交换了对近几天战绩的看法。据蒋夫人说,到今天为止,日本共损伤 32 架飞机,而中国的损失只有 10 架飞机(列平今天同美国武官会谈时证实了这个数字)。中国人因战事顺利而情绪高昂。

蒋介石问我,是否已就军事供货协定问题得有什么回音。我回答说近日可到。蒋介石请我们告诉他,我们想怎样把飞机和武器送来,是否可将飞机空运来华。我说我不是专家,难以回答这个问题,不过我以为飞机可以空运过来。蒋介石说鉴于急需飞机,他非常想尽快把飞机运到。由于他相信我们提供的机器的质量和眼下处于战争时期,他认为不便向莫斯科派遣接机小组,他想在甘肃省的某个地方接收我国飞机,飞机可途经新疆飞抵那里。我回答说,我会向苏联政府报告他的想法。蒋介石说,他对我国的重型轰炸机和歼击机特别感兴趣。

关于互不侵犯条约,我故意缄口不语,因为王宠惠应该把中国政府的答复告诉我。蒋介石临走时说,中国政府愿意签约,但在等待中国驻莫斯科大使的说明,因后者曾打电报说,据苏联法律,好像条约尚需批准。一俟接到他的说明,中国政府会立即签约。

遗憾的是尽管我已两次请示,可至今还没收到您的答复,不知外交人民委员部是否向中国大使说过关于批准手续的事。

请尽快回答。

（据档案刊印）

鲍格莫洛夫

中苏互不侵犯条约全文

1937 年 8 月 21 日

中华民国国民政府、苏维埃社会主义联邦共和国政府，为欲对于一般和平之维护有所贡献，并将两国现有之友好关系巩固于坚定而永久的基础之上，又欲将一九二八年八月二十七日在巴黎签订之非战公约中双方担任之责任重行切实证明起见，因是决定签订本条约。两方各派全权代表如左：

中华民国国民政府主席特派外交部长王宠惠。

苏维埃社会主义联邦共和国中央执行委员会特派驻中华民国大使鲍格莫洛夫。

两全权代表业经相互校阅全权证书，认为妥善，约定条款如左：

（第一条）两缔约国重行郑重声明，两方斥责以战争为解决国际纠纷之方法，并否认在两国相互关系间以战争为施行国家政策之工具，并依照此项诺言，两方约定不得单独或联合其他一国或多数国家，对于彼此为任何侵略。

（第二条）倘两缔约国之一方，受一个或数个第三国侵略时，彼缔约国约定在冲突全部期间内，对于该第三国不得直接或间接予以任何协助，并不得为任何行动或签订任何协定，致该侵略国得用以施行不利于受侵略之缔约国。

（第三条）本条约之条款，不得解释为对于在本条约生效以前，两缔约国已经签订之任何双面或多边条约，对于两缔约国所发生之权利与义务，有何影响或变更。

（第四条）本条约用英文缮成两份。本条约于上列全权代表签字之日起发生效力,其有效期间为五年,两缔约国之一方,在期满前六个月,得向彼方通知废止本条约之意思,倘双方均未如期通知,本条约定为第一次期满后,自动延长二年,如于二年期间届满前六个月,双方并不向对方通知废止本条约之意,本条约应再延长二年,以后按此进行。

两全权代表将本条约签字盖印以昭信守。

一九三七年八月二十一日订于南京　王宠惠　鲍格莫洛夫

《战时外交》第 2 卷,第 328—329 页

鲍格莫洛夫致苏联外交人民委员部电

1937 年 8 月 21 日

我今天 22 点签署了互不侵犯条约。我作了书面说明。我们商定 8 月 29 日交报界,以便使条约文字在 30 日晨揭载报端。

互不侵犯条约签字之前,我会见了蒋介石。他同意我提出的一切建议,特别是关于军事供货协定将在莫斯科签署的建议。王叔铭小组近日乘飞机出境。然而无论蒋还是他的妻子都恳请,不必等王叔铭一行抵达莫斯科,现在就把我们的飞机(歼击机)和教练员按订数空运来华。我认为最好能满足蒋的要求,如我请求过的,把 50 架我们的歼击机尽快空运前来。请尽快告知你们的决定。

(据档案刊印)

鲍格莫洛夫

《近代史资料》总第 80 号,第 214 页

鲍格莫洛夫致苏联外交人民委员部电

1937 年 8 月 22 日

现将昨日谈判经过呈报如下备考。

很明显,在最后时刻中国政府动摇了。还在清晨徐谟即给我打电话,我们约定晚上签署条约。过了几个小时他来找我,说中国政府坚持同时签订互不侵犯条约和军事供货协定。我对蒋介石态度的改变表示

惊诧,因早些时候是他本人再三说明,不把这两个条约联在一起,于是我请徐以我的名义转达,就说我担心蒋的态度会在莫斯科造成极不愉快的印象并把整个事情拖延下去。一天内我几次会见孙科,向他直言,我们对中国政府模棱两可政策的意见,并直率地说,中国政府据我们看来是在玩火,我根本不明白中国政府对我们有什么要求:是要飞机抗日抑或只不过要一个目的不明的书面担保。孙科显然是很快就见了蒋介石,并向蒋施加了相应的压力,因为蒋介石请我晚八点半钟前去。蒋同我的谈话是从徐谟因误会而把两个条约的签署联在一起开始的,他已吩咐王宠惠立即签约,他相信即使不同时签约,苏联政府也会把我对他说过的事办成。同蒋介石谈话后,我驱车去找王宠惠,他那里已准备了条约的文本。

这一切说明,在最后时刻亲日派对蒋介石施加了强大压力以拖延条约的签署。然而蒋介石同抗日团体已联系甚为密切,所以应对后者让步。我认为应该指出,现任航空委员会主任委员的蒋夫人是很愿抗日的。

再重复一遍,我认为最好尽快把我们的飞机空运来华,因为这一定会特别加强抗日派的地位。

(据档案刊印)

鲍格莫洛夫

《近代史资料》总第 80 号,第 217—218 页

波将金致苏联驻法国、捷克斯洛伐克、土耳其、英国、美国、意大利、德国、波兰、中国、日本全权代表

1937 年 8 月 29 日

兹据政府今日即 29 日指示,本委员已将中苏互不侵犯条约已签署之事通知法国、捷克斯洛伐克和土耳其驻莫斯科的外交代表。条约将在 30 日公布。本委员为向上述各国代表说明该条约的意义,愿指出以下几点:一、签订苏中条约的谈判已进行了不止一年;二、谈判有所拖延

是由中国方面受国内和外交的某些因素影响而引起的；三、近来，由于中国广大人民对苏联的同情急趋高涨，由于远东国际局势复杂化而自然引起中国政府同其他国家首先是同苏联加强友好关系的愿望，所以中国政府对条约的签署表示积极关注；四、苏联政府认为中苏互不侵犯条约的签署是苏联在一贯的和平政策道路上迈出的新的一步，是一次国际性的宣言，这个宣言面对远东冲突具有及时雨的意义并能对保卫普遍和平事业起促进作用。中苏互不侵犯条约的真正意义更加详尽的解释将见于《消息报》和《真理报》的有关文章。

波将金

《苏联对外政策文件集》第20卷，第481—482页

中国外交部发言人就中苏互不侵犯条约签订发表谈话

1937年8月29日

关于中苏两国签订不侵犯条约事，外交部发言人二十九日发表谈话，申述该条约之内容与意义如次：

中苏二国，已于八月二十一日签订不侵犯条约，此举不独对于中苏两国间之和平多加一重保障，且为太平洋各国以不侵犯之保证共谋安全之嚆矢。

中苏两国现已重申一九二八年非战公约之原则，即两方再行申明，不以战争为解决国际纠纷之方法，并否认在两国相互关系间，以战争为施行国策之工具，两方依照此项原则，约定不得单独或联合其他国家对于彼此为任何侵略，又两缔约国之一方，受第三国侵略时，他方约定不得对于该侵略国予以任何协助，或有不利于被侵略国之举动，故此项条约之内容，极为简单，纯系消极性质，即以不侵略不协助侵略国为维持和平之方法，约文简赅，而宗旨正大，实为非战公约及其他为维持和平条约之一种有力的补充文件。

世界各国在最近十年间，缔结不侵犯条约者，不知凡几，即双方所抱主义迥然不同之国亦多缔结此约者，中苏二国签订之不侵犯条约，与

各国缔结者,并无异致,虽在太平洋各国间尚属创例,而与世界确保和平之主旨正相符合。中国今日虽受外来极度之侵凌,不能不以武力抵抗武力,然酷爱和平为我国人之特性,今日以武力侵凌我者,苟能幡然觉悟,变更其国策,则我人亦深愿与之签订不侵犯条约,共维东亚之安全,而谋人愿之幸福,是中苏二国不侵犯条约之缔结,或为东亚大局好转之朕兆,我人所企望者在于此耳。

《中苏国家关系史资料汇编》(1933—1945),第87—88页

《中央日报》社评:中苏不侵犯条约

1937年8月30日

本年八月二十一日在南京签订的中苏不侵犯条约,昨日已在南京莫斯科两地同时公布,条约内容及签订意义,我外部发言人已有详细的解释,这里还有几点未尽的意思,我们特再郑重说明:

第一、互不侵犯条约的性质,是大战后国际间维持和平一种消极的方法,近十年来,世界各国相互缔结此种条约的,纪录已多,缔结此种条约,与缔约国内政治既无关系,对外交亦并没有拘束。在过去,有许多国体不同,主义不同的国家,常有缔结不侵犯条约,缔约以后,除了用这个条约相互间消极维持和平以外,并没有其他作用,或甚至并没有增进两缔约国的特殊关系。中苏两国此次订约,在太平洋上国家,虽为创举,然其作用与意义,与一般的不侵犯条约绝对一致。

第二、太平洋上早布满了风云,近几年形势尤为险恶,此中原因当然极为复杂,大概太平洋国家,还没有饱受战争的教训,前次英帝国会议中有人提议及此,国际论坛上极为注意,现在(此处20多字不清)于太平洋上甚至全世界的和平,亦可说是曙光的开始,太平洋上各国,如果大家能用不侵犯的保证,共谋和平的确立,一切不幸的事件,皆可消弭于无形。东方的智慧如果不灭,东方各国应对这个办法,群起采用。中国人民酷爱和平,诚如我外部发言人所谈:"今日以武力侵凌我者,苟能幡然觉悟,变更其国策,我人亦深愿与之签订不侵犯条约,共维东

亚之安全，而谋人类之幸福。"

第三、不侵犯条约的性质，及中国此次与苏联签订条约之意义，既如上述，世界各国应明了中国对外的政策，并未丝毫变更，对于平素亲交的友邦关系，也无丝毫态度上的变化。这个消极的不侵犯条约的签订，正是中国爱护和平的真诚表现，亦是对于非战公约及其他维持和平条约之一种有力的补充文件。世界各国国际智识充足的人士，定能十分明了这个显著的意义。太平洋国家的政治家及人民，更应对此有真确的认识，认识中国"自存互存"的外交政策。

第四、中国求存之道，虽在今日抗战进展中，仍为"自力更生"，要希望民族复兴，国难解除，不能有希望任何外力的帮助。哪一个国家会牺牲自己力量去解除别国的厄难？这在历史上已少见，在近代尤为不可能。我国全体民众，对此应明白认清：互不侵犯条约是近年国际间消极维持两国和平的方法，性质是消极的，作用是精神的，若因此误解为抗战中突来的什么援助，或者我们立国精神与主义要发生什么变化，那是愚蠢，并是不幸。（此处 10 多字不清）

《中苏国家关系史资料汇编》（1933—1945），第 89—90 页

公法学者论中苏互不侵犯条约第三条

1937 年 9 月 4 日

某公法学者，谓中苏不侵犯条约之条文，只有四条，其形式简而含意之深，正如该约所一再申述之非战公约相等。是约起草者，殆已遍查各国不侵犯条约之内容，取其精华，去其糟粕，制成此维持和平之重要约章。惟迩来论者，每谓是约并未提及侵略之定义，全文并无领土字样，倘苏联对于外蒙有何侵略举动，究竟是否认为违约。又他国不侵犯条约间有禁止与本国所持主义不能相容之宣传，而中苏不侵犯条约，于此未提只字，究竟我方以后是否准许反三民主义之宣传乎，此为一般人士阅读中苏不侵犯条约所发生之疑问，而亟欲求其确答者也。

某公法学者之意认为上述疑问，实由于未尝彻底明了原约第三条

之故,原约第三条规定"本条约之条款,不得解释为对于在本条约生效以前两缔约国已经签订之任何双面或多边条约对于两缔约国所发生之权利与义务有何影响或变更"。此项约定,原系根据多数国类似条约中之规定,譬如国联盟约第 16 条,载有会员国于某种场合对于某国得采取军事制裁,现于不侵犯条约中,既说明此项多边条约所发生之权利与义务并无影响或变更,则将来中国对苏联或苏联对中国,因国联之决议而采取军事制裁时,自不得谓为侵略,此几为多数国不侵犯条约中之一种共同保留。惟中苏不侵犯条约与多数国所签订者微有不同,中苏两国已签订之条约,亦不受影响或变更。且不论多边或双面条约,必须中苏两国均曾签字者,始在不影响不变更之例,而中苏两国间在签订不侵犯条约以前,仅有一约,即民国 13 年在北京签之中俄解决悬案大纲协定是也。

中俄解决悬案大纲第五条第一项载,"苏联政府承认外蒙为完全中华民国之一部分,及尊重在该领土内中国之主权",依照中苏不侵犯条约第三条,上项关于外蒙之规定,并不因签订不侵犯条约而发生影响或变更,换言之,此项规定,仍属有效,故外蒙当然仍为中国之领土,显在不得侵犯之列。又中俄解决悬案大纲第六条载"两缔约国政府互相担任在各该国境内不准有为图谋以暴力反对对方政府而成立之各种机关或团体之存在及举动,并允诺彼此不为与对方国公共秩序社会组织相反对之宣传"。中苏间既早有此约定,此次签订不侵犯条约时,又明言以前两国间之约定所发生之权利与义务并不影响或变更,是缔约国之一方,不得在对方有任何不利于政府之组织或举动,或于对方政治与社会组织不相容之宣传,此种义务,不啻在不侵犯条约中重言以申明之。

总之,中苏两国于签订不侵犯条约时,除明提非战公约并提及国联盟约外,又重申中苏间现有唯一之双面条约中已经规定之一切权利与义务,苟吾人不作如是观,则中苏不侵犯条约第三条殊无意义矣。

《抗日战争》第 4 卷(上),第 770—771 页

斯托莫尼亚科夫致鲍格莫洛夫

1937年9月2日

现转告下列情况,仅供参考。据我们收到的消息,王宠惠还在条约公布之前就把条约事告诉了法、英、美、德和意大利公使,并同时向他们保证,说这个条约是公式化的,条约除了中国实现了同所有邻邦和睦相处的目的外,没有任何新内容。王宠惠说,条约并不意味着中国政府放弃传统的"反共"政策,条约第三条强调北京条约第六条仍然有效。王宠惠说,中国并未因条约而承担任何秘密义务,中国也准备同日本签署同样的条约。

(据档案刊印)

斯托莫尼亚科夫

《苏联对外政策文件集》第20卷,第486—487页

2. 促使苏联出兵援华及争取订立中苏互助条约之努力

(1)抗战第一年的磋商

贺耀组呈蒋介石报告

兰州,1937年9月7日

特急。南京委员长蒋钧鉴:俄密。极机密。苏联使馆参赞斯库林过兰,曾与作简要谈话:(1)斯等来华为使鲍大使对中俄签约后苏联政府所抱之意向得真切之了解。(2)对基于日德协定所造成国际包围苏联阵线之威胁,与我方有同样之认识。(3)认甘、新两省为苏联国际上重要之缺口,同时认支持中国抗战力量于苏联为有利,并认在陆地交通艰阻,物质接济未能畅通以前,两国间有考虑天空互助协定之可能。但苏联仍不免顾虑中政府方针之不甚坚定,中日停战妥协之或有可能。综上所谈,利害相同,因势利导,当可望作进一步的互助协定之签订,而天空方面尤为急要,用特电呈,乞交立夫兄参酌为祷。职贺耀组呈。虞

酉。机兰。印。

蒋廷黻、斯托莫尼亚科夫谈话纪录

1937 年 10 月 20 日

二十六年十月二十日下午一点在苏外委会与外次长斯多蒙涅哥夫①谈话纪录(用法文,无旁人在座。)

黻:鲍大使已痊愈否?

斯:鲍已去列宁格勒,其父母居焉。

黻:伊之返任时期已定否?

斯:尚未定。

黻:阁下是否仍信中日军事愈延长愈有利于中国?

斯:余确仍信时间是替中国工作的,贵大使最近有特殊消息否?

黻:战况大致如旧,上海战绩甚佳,华北则欠佳。

斯:果欠佳,贵国军队似乎仅中央军战斗力可观,北方部队不及远甚,华北作战者概系北方队伍。

黻:华北亦有中央军,惟偕同其他队伍作战,此队伍在军械上、组织上均不及中央军。

斯:山西阎将军之队伍如何?

黻:晋军战斗力亦平常。

斯:好在贵国尚有其他军队在山西,最近并举行反攻,成绩似尚好。山东韩主席之态度如何?

黻:伊将忠于中央,惟其队伍战斗力欠强。日本策略大约将不在上海区域有所图谋,以免过于刺激欧美,并借以保存其华北已占区域,是则华北问题十分紧要也。

斯:日本之策略诚如贵大使所言,实则日本在上海亦无所得,无所

---

① 即斯托莫尼亚科夫。

作为交换品。

郭：华北既若是紧急，不知贵国是否能进一步助我乎？

斯：此乃一重大问题，上次鄙人已对贵大使讲过，我国现须应付者乃整个世界局面，非仅远东一区也，问题复杂可想而知。

郭：吾人是否可劝外蒙古参加作战？

斯：外蒙愿意与否不得而知，且苏蒙互助条约已为世界所公知。外蒙参加作战，吾人不能不负相当责任，现在须待比京会议之推演。主持该会者已约请苏联及德国参加，德国必将捣乱、拖延、打官话。

郭：意大利如加入，恐亦将采取同样策略，吾对该会不乐观。英已表示后退之意，英国重视地中海问题，意大利增兵 Libya 更使英国不安。近两日伦敦会议推演如何？

斯：余无特殊消息，昨日意国态度甚倔强，吾恐英国又将让步。英国大计只求其军备扩充计划之完成，在完成以前，事事求退让姑息。原英国思诿责于美国，声言英国愿制裁日本，无奈美国不合作。现美国自罗斯福演说以后，可说已将责任推还于英国，远东问题乃英美间之球，英推与美，美推与英。

郭：英国因有其困难，意大利不但在地中海甚积极，且怂恿日本在远东前进，更使英国顾此失彼。

斯：意大利在远东实无能为力，日本虽愚，不致依赖意大利。意之策略全是 bluft①，实不敢战，不能战。

郭：意虽不能直接援助日本，间接极能使英法为难。现在各大国之中惟独苏美两国能对对日本多出力，吾人深望贵国能多助我一份。

斯：吾人须待比京会议之发展，余对该会亦不乐观，然未尝定无作用。第一，国际舆论或可推进一步，不可轻视也。第二，英国虽有后退之意，然大势所趋，或亦不能不前进。

郭：吾人固应利用机会，推动国际舆论，然日本如加入，亦可联络与

---

①　疑为 bluff 之误，意即"虚张声势"——李嘉谷。

邦,淆乱视所,更能利用会议延误时间,使为已成,更难设法也。

斯:日本宣传力量薄弱,无足畏也。只有全无幽默者能说中国是侵略者,同时,美国总统之演说十分重要,贵国似应加强在美之宣传。

澂:余已建议敝国政府拨款与我驻美大使作宣传之用,余意吾人应请美国朋友出面,吾人处后台。现罗斯福[①]所须者即其国人之拥护,吾人之宣传必有利于罗总统的政治地位,想美国政府亦乐吾人多作宣传也。

斯:阁下观察甚是,贵国政府已接受阁下之建议乎?

澂:政府有此意,现我驻美大使正与宣传专家接洽。日人传出消息,谓鲍大使与雷武官之意见颇不一致,事实如何?

斯:吾人意见完全一致,阁下想已明吾国政府之组织,在整个政府之中,绝无意见不一致之可能。

澂:李外长闻已返莫斯科?

斯:彼已返数日矣。

澂:谢谢阁下今天与我长谈。

斯:无论何时,甚愿与贵大使多谈,望以后吾人时有交换意见机会。

《民国档案》1989 年第 4 期,第 19、29—30 页

杨杰、张冲致蒋介石签呈

莫斯科,1937 年 11 月 12 日

委座钧鉴:谨将十一月十一日下午七时半至十二时,亘四时半,与史达林先生谈话内容摘呈:

(一)史达林先生云:

1. 中国要作战保全领土,非建设重工业及军需工业不可,否则国家常在飘摇之中。

2. 现代军队非有重炮及重兵器不能作战,舶来之品质既不良又不

---

① F. D. Roosevelt.

可靠,予愿帮助中国在抗战中建设工场一个,能制野战用各种口径之炮,直到能出十五生的五之重炮。

3.飞机由外供给,既不经济又不能如期办到,此次苏联飞机飞到中国途中,已有二十余架失事,因气候恶劣,五十公里以外不能见物,在高速度之兵器自然要遭意外。中国所缺者为飞机发动机,此后予承认无限的供给中国,但其余机体均可派专家到中国制造,每月能出五十架,再加以扩充,即可每月增至三百架。飞机在作战期间,三四个月即须更换,故机体不必用轻金属,用木制亦良,因其效用相同而经济也。

4.无汽油亦不能作现代之作战,陕、川、新均有油矿,苏联可代为组织,数月之后即有满足中国之所望也。

(二)史达林先生郑重答复职请苏联参战之谈话:

1.苏联希望日本削弱,但目前苏联尚未到与日开战时机。其理由:

甲、日本现在打中国是军阀之主张,财阀如三井、三菱等赞成之,但一般商业阶级、农民皆不愿意,因彼人民等认日军阀压迫中国,愈陷两民族于仇深似海也。

乙、若苏联向日本开战,日人民必以为苏联亦系分润中国之利益者,刺戟日本国民之反抗,激成日全国民之动员,结果反助日本之团结,故苏联对日本之开战等待时机之到来。

丙、日本之政权操于广田,盖彼纯粹为法西斯主义与军阀结合,近卫不过傀儡而已。

丁、中国现在抗战甚力,且有良好成绩,若中国不利时,苏联可以向日开战。

戊、目前中国打仗,苏联当尽力帮助,若即时与日开战,必使中国失去世界同情之一半。

2.苏联最近扣留日渔船三百艘,又将滨海省之居住(朝)鲜人十五万人,认为有可供敌之侦探者,于两星期内迁入中亚细亚,此亦可以表明苏联向日挑衅之一种。日本虽提抗议,但苏联不理,彼亦不敢强硬,可知日本之力量已为中国消耗不少矣。

3. 诚然中国处此抗战境遇,其困苦不堪言状,但不经过此种环境,不能复兴,望忍耐。

4. 苏联是中国最可靠之同盟者,但英、美、法、德等国愿意供给军火打日,亦要接受。总之予是党人,所说的话完全要办到,亦不必要条约或合同,誓必定履行的。

余由张委员冲面呈。职杨杰、张冲谨呈。

十一月十二日

《战时外交》第2卷,第334—336页

杨杰呈蒋介石

莫斯科,1937年11月12日

职等奉电谕探询苏俄对比京会议时及会议后对我之态度,与军事协助之程度,当即趋谒伏罗希洛夫元帅。兹将译话纪录呈阅:

(一)伏罗希洛夫元帅面称:

甲、苏联所供给者为苏联军队之用品,其量已属不少,此后当应中方之请求,源源接济,但以不妨碍苏联对东西两方作战之准备为限。

乙、中国长期抵抗中,亦应作军需品大量之产出,方能应付自如,目前之环境自不能作新的建设,最好扩大旧有之兵工厂,增加机器,如机器及技术人员不足时,苏方可以商洽。

丙、比京会议苏联决助中国,已令出席代表与中国代表切取协调,惟会议主角为英、美,须作多方面之进行,促成英、美合作,使其有强硬之提案,并作实际之行动,如英、美海军能在太平洋上示威,则苏联亦可向东方迈进矣。

丁、苏联参战,一举即可奠定东方和平之基础,诚如君所言,但苏联敌人甚多,东方开战,西方亦必接踵而起,东西兼顾恐无胜利把握,故目前积极准备,其时期固难定,但可以告诉君者,准备已快了。

戊、鲍大使决更换,因彼迭次报告:第一、上海战事一起中国即遭失败。第二、中国战争之准备相差甚远。第三、钧座无彻底抗日之决心,

第四、中国内部若遇战争不能统一,等语,可云观察错误,现决派能力较优之人前往,使中苏间得到最大之贡献。雷平①武官之报告,亦近之有失军人之仪态,亦决更替,并请转达蒋委座云云。

己、余盼望中国强盛,尤其盼蒋委员长领导全国抗日得到最大的胜利,但对外作战非意志统一、战线巩固不可,若打仗不力或动摇份子,应铲除之,不必加以爱惜,因彻底的统一内部是战胜成功唯一之条件,余爱中国,余佩蒋公,故作是语。

庚、防毒面具二十万为数甚巨,但为中国同志作战必要之工具,不得不应允,现政府决定可代制,请备价购买可也。

辛、日窃报方法甚多,要件以使人来往传达为妥。

(二)参谋本部周处长明由莫斯科赴伯力与俄交换情报,职告以代表杰,其与加伦将军晤谈来电如下:

甲、加伦将军极佩委座抗战,并有建议三点:

1. 战线既长,若处处顾及,力散易受敌制,应集中一点破敌,引起全部变化。

2. 严密组织农民,破坏敌之交通给养。

3. 沪为京之门户,关系国际,平绥线西达五原,威胁中苏交通,应注意。

乙、对于参战一节,个人极愿意,惟大计应决于政府。

《战时外交》第 2 卷,第 336—338 页

张冲致蒋介石电

兰州,1937 年 11 月 18 日

即到南京。委员长蒋钧鉴:职返国途中止在阿阻雪,恐迟滞,先将最要点电呈。本月蒸晚,职与伏氏宴别时,嘱转呈:(一)如吾抗战到生死关头时,俄当出兵,决不坐视;(二)飞机、重炮、汽油、坦克等当继续尽量

---

① Лепин.

接济维护,为减少运输困难及途中无谓损失计,拟按月车运飞机发动机及战车主要机件,到华就地装配,计月可出飞机百至百五十,其他军火亦多,如此可以长期抗战。可否饬检查南昌、杭州飞机工场及汉阳、巩县兵工场,将机器集中安全地带,俄方当派技师多人来华装造,余俟面陈。雪止后即同王叔铭飞京。职张冲叩。巧。毛邦初。号。转发。印。

《战时外交》第 2 卷,第 338—339 页

蒋介石致杨杰电

1937 年 11 月 28 日(29 日到)

⋯⋯

张同志已到京晤面。对史、伏两公甚感。我军兹不得已决固守南京,以待友邦出兵相助,未知何时实现,盼转达详复。⋯⋯

中国第二历史档案馆藏杨杰个人档案,3018/37

张冲致斯大林、伏罗希洛夫电

1937 年 11 月 29 日(30 日到)

⋯⋯⋯

现日本已尽其能,竭其所有,以扑中国,内部空虚已达极点。中国单独苦战已至艰险之境,敌军已迫近南京,只一百公里,种种情形已达公等十一日晚所谈出兵之条件,万恳从速出兵,使其进退失据,中国抗战之师从而牵制之,决不容其生还也。⋯⋯

中国第二历史档案馆藏杨杰个人档案,3018/39

蒋介石致杨杰电

1937 年 11 月 29 日(30 日到)

⋯⋯

刻德大使在汉奉其政府命令,传达敌方希望言和之意,并声言对华北并无领土野心,彼即将回京见余,有所面陈云。如其来时,必严词拒

绝。但南京防御工事殊嫌薄弱，恐难久持，未知友邦究能何日出兵，十日内能否实现，盼立复。……

中国第二历史档案馆藏杨杰个人档案，3018/37

张冲致杨杰电

1937 年 12 月 3 日

……

德使陶德曼今日奉其政府命令到京谒委座。欲负责调停中日战事，其条件除要求内蒙归日支配外，则以取缔反日及共同防共为词。委座未予答复，目前如俄即出兵，则吾国牺牲有止境，半痛苦□□□□，否则迟迟不出兵，国内动摇份子有所藉口矣。谨闻。退转伏元帅及史领袖。……

中国第二历史档案馆藏杨杰个人档案，3018/39

孔祥熙致蒋廷黻电

1937 年 12 月 3 日

……一、上月五日德国大使来晤，提出日方和议条件七条如下：一、在中国主权下内蒙自治地位等于外蒙。二、沿满至平津以南一带设非战区，由华警察管理治安，华北行政由我全权处理，惟最高长官人选须对日和解者，如目前无成立议和可能，而华北必设新政府，即该政府于和议后续存，经济方面战事前关于让与矿产权利交涉事项应与满意结束。三、上海扩大非占区，由国际警察管理，余无变更。四、取缔排日政策，接受一千九百三十五年日方提出条件。五、共同防共。六、减低日货进口税。七、尊重外人权利等项。我因正值九国会议，日方提议不能置理，当婉却，谢德国好意。兹比会失败，军事不利，国联既无切实助我办法，国内又险象环生，日方昨又托德国大使来重提调解，仍根据前案为停战讲和章本。据兄观察，日来俄对中日问题趋势如何？是否有切实助我办法，请先探明告我，否则我失败后，日必攻俄，且利用中国人力物力之大，此点俄应明白，如能即时动员共同合作，必得胜利，若仍迟疑不决,后患殆不堪设想,请将此意斟酌表示,以免后怨。总之,我方只要列强能确实助我,自必牺牲到底,否则徒托空言,益增我困难,迫不得已,只得受其苛刻条件。上开德大使所转七条乃为交涉范围,并非必须我方承认,用为密达,以备参考,务希千万守秘密。有何高见,仍盼电示。尊驻处好意,极所感谢,故特详达,望善为运用,务期有利于我。……

中国第二历史档案馆藏蒋廷黻个人档案,3037/2

蒋廷黻致孔祥熙电

1937 年 12 月 5 日

......

苏外部对我态度已迭次电呈外部,昨日午后偕李石曾先生同见李外长,彼又言:主要关键在美,美动彼亦动,惟杨耿光次长在此与苏联国防部接洽,所行表示比李外长较为积极,然亦不确切。张冲已返国,经过情形已面呈委座。钧座欲知实情,必须斟酌双方报告,且苏俄新大使已于四日离莫,月中可抵汉。彼乃斯塔林亲信。必携有具体方案。总之政府似应注意两点:一、军国大事不能专凭口言,必须订有盟约,始足取信,口言最易误事,苏新大使抵任后政府何不正式向其提议缔结盟约,彼之答复如何,乃苏政府最可靠之表示:二、苏俄内外困难不少,即使彼有意参战亦须在数月之后。耿光次长等或过于乐观也。……

中国第二历史档案馆藏蒋廷黻个人档案,3037/2

蒋廷黻致外交部电

1937 年 12 月 6 日

……李维诺夫对庸公对石老对职均言主要关键在美,美进俄亦进,此种答复不足以充我政府决计之资,盖美国在短期内决不能前进。李外长又言:苏联所须对付者非仅日本,实整个国际局面。彼意不外俄东有日本,西有德国为敌,西敌较东敌更能为害。盖俄西部比远东更重要,倘英法美不动,俄将陷于孤立,以俄独挡日德,势不可能。此种解释与我亦无实际帮助。盖整个国际，李外长且告石老法不助华亦不愿俄助华之语，即因法国始终望俄在远东不多事，专养精蓄锐以对德，盖德之危害法国远过于日本之为害法国，倘整个局势转变，英美抗日，则法国不可阻俄参战，否则不然，法至今与我之帮助大都为见好于英美，借以联英美以对德耳。

　　局面之转变非数月内所能实现，万一数月后尚不变，俄将仍不积极助我，我败固不利于俄，究比俄自败为优，彼自为计，势必如此。俄国防部长曾告耿光次长谓：俄内部亦略有困难，此系实情，但此种困难之解除，似非数月内所能成功，故此种解释亦不能给我政府任何把握。处此进退两难之际，谨建议如下：一、中苏利害关系既深，近数月来彼助我亦不少，我政府在未接受调停之前，应与苏联切商。二、我应请其明白具体表示，或于几月之内，或于日本侵犯至某种地带之际，苏即参战并即与我签订盟约。彼若再提英美法各国同进条件，我即告以此种答复无补实际，等于不助我，我不得不自为计。三、最近中苏间接洽途径纷繁，不无困难，现俄新大使计于月中能抵汉，彼乃斯塔林嫡系亲信人员，政府若即与彼在汉谈判，似最便利，倘钧部令职在莫与李外长接洽，职自当尽力。以上各节请转告庸公。……

中国第二历史档案馆藏蒋廷黻个人档案，3037/2

军事委员会参谋次长杨杰致蒋介石电
莫斯科，1937 年 12 月 6 日

　　南京。委员长钧鉴：莫斯科来电如下：性密。宥、勘、艳各电奉悉。（一）钧座致史先生电已面托伏帅代转；（二）伏帅所述如下：（甲）出兵问题非常重大，容报政府再达复，惟予个人意见，史先生于十一月十一晚已郑重言之矣，因时机环境恐惹起全世界对苏联作战，刻只能尽量以物质力助我。（乙）中国抗战非常困苦，予与史领袖所深知，但最后胜利在华，务望坚决抗战到底。查日军进攻决不中止，现托德转致言和之意者，一因占领地方甚大，不加整理不能再进；一欲晤谈破中国之团结战线,诱起亲日派之活跃,但其目前之困难亦不减于华。(丙)双翼逐机六十架,本日起运,用汽车输送至兰,我如再需驱逐机,可向售买,但请另案商洽。(丁)苏政府欲给第八军野炮廿四门、防战车炮廿门、机关枪六十架、战车十五辆、飞机十架,如钧座许可,即赠与。(戊)第一艘船究在何处卸货,请确定,并望先将夫役备妥,于短时间卸毕转运他处,以免意外。卸货后空船回欧,颇不经济,能否装载我给与之金属原料品,如锡、铝类运往。(己)默察苏于参战问题顾虑虽多,亦非绝对不可能者,愚见我若以资望素著之大员使俄,一面促成英、美、法对苏有相当之保障,环境演变,彼必自动出兵矣。未悉可否?谨呈祈示。职杨杰叩。外交部转。印。

《战时外交》第 2 卷,第 469—470 页

斯大林、伏罗希洛夫致蒋介石电(译文)

莫斯科,1937 年 12 月(原电日期不详)

转蒋委员长:卅电悉。(一)苏联政府之方针:假使苏联不因日方挑衅,而即刻对日出兵,恐将被认为是侵略行动,是将日本在国际舆论的地位马上改善。现在日本是侵略国,世界舆论因此就反对他,苏联如不因日方挑衅而对日出兵的时候,日本反要谓自己是侵略国之牺牲者,此将予中国与苏联以不利。(二)只有在九国或其中主要一部,允许共同应付日本侵略时,苏联就可以立刻出兵。因为在该时,世界舆论要认苏联行动是保护法律及正义之当然的行动,而日本在该时不能自谓为被侵略之牺牲者,世界同情不归日本。(三)苏联政府之上述态度,只有苏联国最高苏维埃才能将他改为立即出兵的态度,而最高苏维埃会议最迟在月半或二月举行。(四)在此一月半至二月短期中,我们决定用种种途径及方法,极力的增加对中华民族及其国民政府之技术援助。

　　(一)关于委员长与德大使陶德曼谈判,我们以为中国政府只好采取下列态度:1.中国向不想而不愿打仗,然而他被攻击,不得已来保护其民族之独立及领土之完整;2.攻击者仅日本而已,虽然如此,日本如

撤回其侵华中及华北之军队,并恢复卢沟桥事变以前的状态时,中国为和平利益计,不拒绝与日本实行和平谈判。3. 日本如果实行上述先提条件的时候,中国国民政府就允许谈判两国间一切问题。

(二)德国调停行动之估计如下:1. 德国愿意救出现在的日本政府,并予他以休息机会;2. 现与日本缔结任何停战协定,日本必首先破坏,由此可知日本只要敷衍时间,而德国从旁帮他;3. 中国政府之任务,是以伟大民族的政府之资格来讲话,而不屈服于威胁。史大林、伏罗希洛夫。

《战时外交》第 2 卷,第 339—340 页

蒋介石致斯大林、伏罗希洛夫电

南京,1937 年 12 月 6 日

莫斯科。蒋大使转杨次长。信密。转史大林先生、伏元帅钧鉴:尊电诵悉。示以至诚,无任感佩。对德调停之答复,正符鄙意,当不被敌所欺,请勿念。尚望贵国最高苏维埃能予中国以实力援助,早奠东亚和平之基也。蒋中正。鱼。机京。

《战时外交》第 2 卷,第 340 页

孙科致蒋介石电

莫斯科,1938 年 2 月 7 日

蒋委员长勋鉴:科抵苏三周,此间党政军最高当局均已访晤,并赴史、莫、伏三先生约,作彻夜长谈,以革命同志相待,推心置腹,畅言无隐。史先生对钧座领导全国决心抗战,推崇备至,对我英勇将士与抗战民众,并表无限敬意,以为中国此次抗战,实为复兴必经之阶段,深信我能决心到底,上下一致,虽经绝大牺牲与相当(此处有脱漏),然最后胜利无疑。苏联愿始终相助,促我胜利,但若须立即参战,则以国际时机未至,仍留有待,俟时机成熟,如经国联决议制裁,至少亦得英、法、美与苏一致,始能动兵。此时若苏独自出兵,恐将促成日本上下团结,促进

德、意更积极助日，分裂国际对我同情，引起苏助我赤化误会，反于中国抗战甚为不利。关于由苏单独出兵参战问题，史先生言，最近并曾提出最高苏维埃主席团全体会议，加以详尽考虑与讨论，结果仍主张维持既定方针，故苏此时只有物质上接助中国，一面促进英、法、美对我行动一致，苏外长此次出席国联，行政院曾奉命努力，此事虽结果尚未称意，已较前进步，假以时日，必有办法。同时苏远东军事亦在积极演习中，待机可动。至于目前苏助我方法，除继续接济外，并甚愿以器材、技术尽量协助，使我方从速建设国防工业，如飞机厂、炮厂等，均属必要，且亦非甚难，但求地点安全，即可于数月实现。西班牙政府前此均靠外来飞机，数月前经苏协助设厂，现已能月出廿五只，如二月后可增至五十只，中国制造力量必可三倍此数。若西北交通，如我积极建设西北铁路时，苏亦有协助可能，然事属技术，尚待研究始能决定。史先生并言前此中国不免有怀疑苏对外蒙、新疆或有领土野心者，兹可负责郑重声明，保证绝无是事，中国同志对此绝对方针（此处有脱漏）。并希望蒋先生乘时切实将一切全国政治监察完成统一，抗战始有力量，对于制裁不良将领，尤深表同情及必要。综合会谈结果，虽未能即达参战目的，然对我抗战决心，已毫无疑虑，对我始终援助亦承切实允诺，后希接洽更无隔阂。至所请及飞机制造、西北铁路建设等事，对我抗战前途有关至巨，亟请政府决定早日进行。伏先生对前运甲乙两船久未能安全到达消息，表示焦灼，此语已由耿光兄径电前方详细查复。又耿光兄言我宜多派军官学生来苏训练，留苏费用或可由苏供给，较在国内为省，并乞察核。科拟留至月杪，候苏外长返国后，即拟离苏转英、法一行。科。六丑。印。

李维诺夫致卢干滋电

1938 年 3 月 2 日

答复您 2 月 26 日的来电。蒋介石的问题需要破译其意，他希望知道,我们是否准备站在中国方面出来反对日本。向蒋介石声明,我们准备一如既往给予中国援助,我们的对华政策没有任何变化,我们不打算在任何方面改变这一政策。

李维诺夫

《苏联对外政策文件集》第 21 卷,第 107 页

蒋介石致杨杰电

武昌,1938 年 3 月 10 日

莫斯科。中国大使馆转杨次长:敌已动员派八个师至十二个师侵犯华南,先占厦门、汕头,势在必行。如此,其在北满兵力空虚,务希速商伏帅,如俄能决心攻倭,则此时对满、鲜乘机进取最好,否则对满、鲜边境速增重兵示威,以牵制敌军,勿使其全力南犯,亦于战局大有裨益。此间轻轰炸机损失将尽,现存者实不足十架之数,务望面商伏帅,先借六十架应急,以后并望于我飞机制造厂未成以前,苏俄能定数按月接济,使我空军作战能有一确定计划,我甚望于一年之内苏俄能供给我轻轰炸机五百架、驱逐机七百架,按月分运也。此事最关重要,务希得一具体复案,无论可否,请其实告。中正。卦。机。

《战时外交》第 2 卷,第 480—481 页

卢干滋致苏联外交人民委员部电

1938 年 3 月 10 日

3 月 9 日,我依据 3 月 2 日来电向蒋介石转达了您的答复。蒋介石告我,据他掌握的消息,日本人决定切断中国与外界的联系,为此,除了进攻山西外,他们准备从满洲抽调 10 至 12 个师团到中国南方(厦门地区),目的在切断与广州的联系。蒋介石声称,由于日本的这一兵力调动,中国的处境恶化了,但同时,"为苏联参战,联合击溃日本创造了有利的局面"。因此,蒋介石重新提出了"关于进一步接近"的问题(正

确说,是我们出来参战),对此我重复了您的答复。

卢干滋

《苏联对外政策文件集》第 21 卷,第 121 页

卢干滋、蒋介石会谈记录[①]

1938 年 6 月 14 日

加宁[②]同志出席,奥沙宁[③]同志翻译,中国方面参加会谈的有宋子文与张群。会谈 17 时开始,18 时 20 分结束。

互致问候之后,蒋介石问全权代表,能否向苏联政府转达他对一些问题的意见。全权代表回答说,假如元帅认为需要他通报意见,他可立即去莫斯科亲自向苏联政府报告。沉默一会之后,蒋介石提问说:"大使在关于当前的政治局势与苏联同日本开战的可能性问题上观点如何?"对此全权代表回答说,他的观点没有改变,在这个问题上他只能重复以前同元帅的谈话。

之后,蒋介石声称,苏联或早或迟应该主动开始对日作战,而目前正是开战最合适的时机。然而他没有说明这一见解的根据。

全权代表简略地回答说,大概不能说主动开战,因为不可能由苏联主动决定这一步。

接着蒋介石向苏联政府通报以下两点:

1. 即使由于日本的进攻,武汉与广州失守,中国政府剩下的只是西南不大的领土,中国政府也不会同日本作任何妥协。

2. 因此,中国政府希望知道,苏联政府对中国问题今后将遵循何种方针。他本人以为苏联政府在同中国接近的问题上应采取进一步的步骤。整个中国——政府、人民与军队的全部希望寄托于这进一步的步

---

① 谈话内容于 6 月 16 日电告苏联外交人民委员部。
② Ганин,苏联驻华大使馆一秘。
③ И. М. Ошанин,苏联驻华使馆翻译。

骤。随即蒋介石补充说,即使不采取这进一步的步骤,中国政府与人民也将支持战争直至最后,并不会同日本妥协。解释他对"进一步的步骤"一词的理解时,蒋介石说,如果目前能够转到即使是秘密的军事合作,中国军队便会士气高涨,反侵略解放战争的前景便会很乐观。如果苏联政府有此愿望,中国的抵抗便会大大增强。因此他请求全权代表转告斯大林同志和伏罗希洛夫同志,中国希望"再进一步的"合作协议,并希望,回来时,全权代表带回表示同意的答复。蒋介石还请相信,当他返回中国时,将不会同日本有任何协议。

全权代表提出了细节问题:秘密的协议怎么能影响到不知此事的人民与军队的精神状态呢? 蒋介石回答说,它仍然会有这种影响。全权代表请蒋介石相信,他到达莫斯科后立即正确地向苏联政府述说元帅的意见。

对于全权代表的问题,即元帅如何评价安庆陷落后形成的局势,蒋介石回答说,日本人占领安庆不是出乎意料的,因为实质上,中国人甚至没有防守安庆。主要的防线在沿长江由安庆往西,在那里日本人会遇到应有的打击。

最后,蒋介石请求转告苏联政府,他请求向他派遣有威望的军事顾问加伦元帅[①];加伦至1927年曾在中国工作。

加宁记录

《苏联对外政策文件集》第21卷,第333—335页

(2)1938年中期至1939年的磋商

梅拉梅德、孔祥熙谈话记录

1938年7月30日

孔宴请我时,席间有如下谈话[②]:

---

① 即 B. K. 勃柳赫尔。原文"Масштаб"疑是"Маршал"之误——译者。

② 谈话由全权代表处翻译官奥沙宁翻译。

孔表示,由于他欲动身去重庆,他希望交换关于苏满边界事件与苏中关系的见解。他声明:

1. 中国政府和中国人民十分关切苏日之间的冲突,他代表中国政府声明,无论以什么手段(军事的或外交的)解决冲突,中国将坚定地与始终一贯地支持苏联。

2. 面对日本的侵略,苏联与中国的利益是一致的,日本侵略者的主要目标是苏联,因此日本总是实行将中国拖入反苏行列的政策,为联合进攻苏联,它向中国建议建立军事联盟,签订反共条约等等。当中国拒绝这种合作时,便遭致了战争。在这场战争中,中国得到了苏联的同情与援助,照样,当苏联同日本交战时,中国不愿只得到援助,它愿意以一切人力与物力资源帮助苏联。

3. 他孔祥熙认为,目前以战争方式解决问题是最合适的,这有以下几个原因:(1)经过同中国一年的战争,日本已极虚弱,这一年暴露了日本全部弱点,因此,苏联与中国的联合军事力量可击溃日本的武力,况且日本的海军在对苏战争中不能像在对华战争中那样有效地运用,而日本的空军对苏联头等的空军不可能有实在的威胁;中国有取之不尽的人员补充;(2)德国还未作好战争准备。去年勃洛姆堡①亲自对孔说,为进行战争,德国至少要有两三年的准备;(3)罗斯福在同孔会谈时表示,他要积极援助中国,但至今仍受有力的美国孤立主义派别牵制;罗斯福向孔建议坚决依靠苏联,中国同苏联有一致的利益;孔表示相信,美国人的同情在中国方面;(4)不用说英国的其他党派,它们的同情肯定在中国方面,甚至部分保守党人也坚持主张给中国援助;可见目前的国际局势非常有利于用战争手段解决问题,不可错过这个机遇;(5)迄今之前,苏联没有足够充分的理由对日开战,因为这与它的和平政策相矛盾;而现在,既然日本首先发动侵略,日本决不能指责苏联侵略了;(6)总之,他孔祥熙认为,整个日本的政策是以笼络远邻与侵略

---

① Blomberg.

近邻为基础,所以同日本的战争不是某个政府的政策,因为所有日本人认为自己是负有统治其它民族使命的优秀民族,所以任何日本政府将执行侵略政策,不可能避免同日本的战争;可见,目前同中国一起消灭日本,比之让它有可能打败中国,过三年再与已拥有中国的人力与物力资源的日本交战,要有利。

4. 如果张鼓峰事件证明通过外交途径解决是最好的,在此情况下,中国应允全力支持苏联,同时希望苏联不走上牺牲中国利益同日本妥协的道路。

我没有详谈问题的本质,我表示不完全了解孔关于他认为苏联有可能牺牲中国的利益同日本妥协的意思。我提醒他,只要苏联存在,任何时候它总是一贯执行支持中国的路线,在任何情况下都站在中国方面,有时只得单独反对其他反华的大国。我指出,我国政府的对华政策基于列宁的遗训,他嘱咐苏联同中国保持友谊,如同孙中山嘱咐中国同苏联保持友谊一样。

回答上述问题时,孔声明,他没有这个意思,认为苏联会同日本谈判损害中国。他的看法是,日本意识到自己用武力的方式无力解决问题,它能够通过外交途径向苏联提议解决的只有边界问题。孔认为,苏联与中国应该要求日本解决涉及整个东亚的总体问题,以便保证三国持久地和平共处。

对于我提出的问题,即他事实上怎样想象有可能向苏联提出这个问题,孔回答说,在当前情况下,苏联趁日本虚弱,应当表明,既然边界冲突小问题的解决不能保证苏联、中国和日本和平共处,就必须彻底解决这一问题,以充分保障远东的和平。

考虑通过下列途径提出这一问题:1. 完全向国联提出,既然国联有决议,承认日本是侵略者[①];如此提出问题的好处在于,当日本表现出虚弱时大国能够支持这样的方案;这一问题的缺点在于,一些弱小国家

---

① 见《消息报》1938年2月3日。

可能阻挠通过必需的决议;2.苏联可以在少数国家中提出问题,例如"九国公约"签字国,因为考虑到,在布鲁塞尔会议上美国代表已宣称,各国还要回到研讨远东问题上来;3.苏联可以向日本声明,它希望在友好国家例如法国或英国出席的情况下研讨这个问题。

对于我提出问题,即孔如何想到苏联有可能向英国发出呼吁,他修正说,苏联以联盟者的身份能够得到法国的赞同,而通过法国就能得到英国的赞同。同时中国负责同美国与英国谈判。

我问孔祥熙,关于这些大国对于这一问题的立场他有什么情报。孔回答说,除他上面所说的之外,现在难于判断,但是,当日本硬要顶撞苏联与中国的坚定立场时,大国的态度会明朗起来,据他看来,这将是有利的。

我提醒孔注意,这一问题的提出不可避免地会使关于所谓满洲国的存在问题渐渐变成既成事实,而满洲国,无论苏联或中国都是不承认的,请问孔如何解决这个问题。

对此,孔表示,在同日本作战的情况下,问题的解决便简单,因为苏联与中国的联合军事力量便可肃清满洲的日本人。当通过外交途径解决问题时,可以设想维护中国对满洲的主权,可让满洲实行广泛的自治,如同加拿大或者爱尔兰的自由国家。

最后,孔表示,最理想的解决问题仍然是通过军事途径,这确实是不可复得的历史机遇。两个革命的国家应当消灭最凶暴的日本帝国主义,加速日本的革命化,使日本人民有可能容易抛弃本国的军国主义者。

我答应将所有这些报告苏联政府。

谈话之后,孔告知,他收到杨大使的电报说,必须寄来签订条约的全权证书,他因此向全权代表处提交确认杨全权身份的文件,用电报将文件转发莫斯科,以便不拖延条约①的签字手续。此外,这一全权证书

---

① 指的是苏联向中国提供军火物资的第一、二两笔借款条约——译者。

将邮寄莫斯科。

M. 加宁记录

《苏联对外政策文件集》第 21 卷，第 410—413 页

立法院长孙科致蒋介石

巴黎，1938 年 8 月 7 日

武昌。委员长蒋：支电悉。苏俄前此顾虑二事：（一）虑我决心不足，战不力，彼若急参战，我或中途变计。（二）虑参战远东，将授德、意机缘，促起大战，自陷戎首。今我抗战逾年，决心无怀疑，英、法合作，控制德、意，东事或不致波动欧局，故今次之事，彼必有决心，我除表示对日一致外，至将来善后应有准备，试贡一得，以备采择。（一）中苏合作，不限定时日，战事终了，仍应提携，宜缔永久盟好。政治、军事、外交均一致行动，共维大局，经济、商务互惠有无，以助我建设。（二）我政治设施，其国内民族平等，全国人民参政，实行民权。对蒙、回、藏各族，咸认真扶助其自治自决，成其民国内之自治邦，如苏联内自治邦、英帝国自治领例。对东北善后，亦基此原则与苏方协议解决。（三）我社会经济设施，其平均地权、耕地农有、发展工业、建立国资、实行民生，后两项属我内政，我不表示，彼决不干涉，但影响两国关系至巨大，彼当局口虽不言，心中未尝不怀疑我战胜后，有法西之危险，我若自动解除其疑虑，合作前途则更有把握。科前在莫，曾闻彼方怪我对八路军待遇未公，或疑有中央共党歧视，未能融洽，此类均急应改善，释彼疑虑，显我精诚，彻底合作，必能实现。科本定月中飞返请示，再赴苏俄进行，今奉命急行，拟请即达史、伏，再派科来俄，全权政治代表研商一切，以资先容。又科旅外，乞援月公费告竭，饬汇款接济。科。虞。印。

《战时外交》第 2 卷，第 408—409 页

卢干滋致苏联外交人民委员部电

1938 年 8 月 26 日

8 月 25 日孙科来访。交谈中孙科声称:他曾两次访问莫斯科①,他很了解苏联政府对于中日战争的观点。这时我特别对他解释说,当具备以下三个条件之一时,苏联可参加对日战争:1. 如果国际联盟决议对日本侵略者实施制裁。2. 如果英国、美国、法国同苏联共同协商并坚决反对日本。3. 如果日本进攻苏联。在其它情况下,苏联不反对日本。随后孙科宣称,他详细地了解西方各大国的立场,得出结论,前两条是不能实现的,第三条则很少有可能。但同时他认为,西方的局势是这样的,那里近年不会发生战争,因为侵略者在利用战争的恐怖进行投机,所以苏联完全有可能在东方采取更放手的行动。回答上述问题时,我向孙科说明,苏联的立场依旧不变,同时指出,一系列国家(在西方,也在东方)实施的对侵略者让步的政策,实际上放纵了侵略者,不能保证侵略者的"投机"不会转化为战争。用国际联盟关于制裁的决议并履行这些决议,或者大国——英国、美国、法国和苏联的军事力量,都能够制止侵略者。即使没有上述条件,那像中国这样的国家,通过坚决的长期抗战的道路,同时利用国外的援助,也能够给侵略者以回击。在谈话中孙科关注在哈桑湖地区发生的事件②,以及目前那里的状况。此外,孙科声称,他还在 1931 年,当日本占领满洲时便主张抗日并同苏联接近,当时他在莫斯科提到过这个问题,他得到的回答好像是:"假如那时苏联同中国的关系是友好的,那可能这场战争不会发生,而即便发生,也是另一种样式。"他完全赞同这种说法,蒋介石似乎也是认可的。所以,他们准备加强中国同苏联的友好关系。当他孙科在巴黎时,那时在哈桑湖地区发生了事件,蒋介石建议他重新前往莫斯科,

① 参见《苏联对外政策文件集》第 21 卷,第 192 号文件。

② 又称张鼓峰事件。1938 年 7—8 月在中、苏、朝交界处的张鼓峰地方发生的苏日军事冲突,日军失败,8 月 11 日在莫斯科签订张鼓峰停战协定。

就苏联的进一步的立场进行谈判,但是,既然一方面,他在巴黎就已知道苏联政府的观点,而另一方面,他长久不在中国,脱离局势,所以,他请蒋介石准他回国。回国后他向蒋介石报告了自己走访欧洲的结果。孙科从蒋介石那里得到指示,与我广泛商讨进一步同苏联接近的条件,之后,为此目的前来莫斯科。因此,孙科请求在最近两三天内会见。请予指示。

卢干滋

《苏联对外政策文件集》第 21 卷,第 453—455 页

卢干滋致苏联外交人民委员部电

1938 年 8 月 29 日

8 月 26 日孙科来访,并以中国政府与蒋介石的名义正式请求转告苏联政府商讨以下问题:中国政府向苏联提议缔结秘密条约,该条约不规定苏联参战,而打算按以下方针"采取步骤更进一步加强中苏之间的友谊":1. 两国军队一般的合作,包括为协同对日战斗的训练问题。2. 外交合作,并且中国将实行同苏联一致的对外政策。3. 中国承担政治义务:永久保持亲苏方针,支持民主国家阵线,并任何时候都不加入法西斯国家。4. 在双方面供给必需品(包括苏联方面供给武器,而中国方面供给原料)的基础上扩大经济联系。5. 修筑连结中国中部同土耳其斯坦的西北铁路。如果苏联政府认为有可能商讨这些问题,那么孙科立即前往莫斯科。

孙科的这些建议,理由如下:1. 一年的解放战争证实,苏联是中国唯一的真诚朋友,孙中山的遗嘱——中国亲苏方针,是中国政府唯一正确的政策。中国政府自责过去脱离这一政策的错误,中国政府承担义务永远不破坏同苏联的友谊。2. 蒋介石决定抗战到底,他希望得到保证,甚至在最坏的条件下,包括武汉陷落,撤退到西北或西南边疆,苏联仍不停止援助中国,这样就会更加强蒋介石和中国政府抗战到底的决心。3. 缔结条约在目前不会引起任何国际的纠葛,因为:A、美国同情

中国的解放战争,现已赞同中苏接近,在罗斯福对胡适教授①与布列特对孙科本人的直接声明中②已有表示。现在美国已同意向中国提供贷款(但非军事的)发展工业。此外,罗斯福将在下届参议院会议上提出修改中立法草案,禁止运输军用与半军用的物资到日本。B、英国可以挑起反对签约的情绪,但不能采取任何实际的措施,因为它正忙于欧洲事务;当时(年初)美国提出讨论(通过英国驻美大使)关于组织对日本的长期联合封锁问题,英国因忙于欧洲事务而拒绝。C、法国在欧洲不能脱离苏联,在亚洲同日本有尖锐的矛盾(海南岛与西沙群岛,从暹罗方面威胁安南),希望中国胜利,并因此同意向中国政府推荐自己的顾问以代替离去的德国顾问,同意中国经过印度支那运送军用物资,同意通过部分商人向中国出售武器。D、德国与意大利虽然将反对这样的条约,但不能有所动作,对远东没有任何影响。

我向孙科声明,他的全部陈述将立即转告苏联政府,但同时向他详细说明以下几点:1. 我前往莫斯科时,蒋介石向我国政府提交过同样的建议,苏联政府讨论了这些建议,苏联政府的意见当我返回汉口时已转告蒋介石。2. 蒋介石听取我国政府的观点后,声明,他想近日同我详细讨论中国的局势与苏中关系。这一会谈暂时还未举行。3. 苏联政府认为,缔结这样的条约,除总的国际局势的复杂外,必将给中国政府的内政与外交造成困难。当时,我详细地说明不可避免地要加强担心"赤化"中国的反对派,指出亲日分子将利用反对派,依附于亲英集团的反对派与亲日分子的基础的扩大,最后,我援引了英国迅速退到同日本达成协议的事实。同时,我指出,在苏联同中国的军事、外交与经济的关系方面,苏联采取的措施已表明有一定的界限,在这一范围内,特别对

---

①　中国驻美大使。

②　在苏联驻华全权代表卢干滋同孙科的谈话记录中说,中国胡适教授驻美期间"同所有著名的美国政治活动家都有谈话","罗斯福在同胡适的谈话中直率说,苏联是中国天然的同盟者,中国必须同它缔结牢固的与持久的联盟。美国驻巴黎大使布利特对孙科本人说了同样的话,只是表达得比罗斯福还更肯定"。

中国方面加强这些关系有广阔的活动地盘。请对我的建议予以指示①。

关于这一问题,显然近日将与蒋介石会谈②。蒋介石拖延同我会谈,显然鉴于孙科的到来,通过孙科,他顺利地详细了解了我们的论据,当遭拒绝时便"不会丢失自己的面子"。

卢干滋

《苏联对外政策文件集》第 21 卷,第 462—464 页

立法院院长孙科致驻苏联大使杨杰电
1938 年 8 月 29 日

……

史、伏、莫诸公前对弟表示,欲动兵须俟国联有制裁决议,今此项决议已通过,请兄向伏帅李外长接洽,恳促即行出兵,实践前言,以解武汉之危。进行情形亟盼示复……

中国第二历史档案馆藏杨杰个人档案,3018/36

卢干滋致苏联外交人民委员部电
1938 年 9 月 1 日

8 月 30 日孙科派遣梁寒操③到全权代表处,并通过奥沙宁转达下述意见:中国政府请转告莫斯科苏联政府,中国政府提出商讨缔结条约代替秘密谈判④。——非秘密的谈判使得这一条约具有公开的政治性质。因此孙科为预先阐明中国政府对这一条约的观点,请求我会见。我约定 8 月 30 日晚上 9 点会见。孙科同意,但到了当天晚上请求改在8 月 31 日。在孙科 8 月 30 日上午的声明前不久,我转告蒋介石,希望

---

① 见《苏联对外政策文件集》第 21 卷第 315 号文件。
② 见《苏联对外政策文件集》第 21 卷第 322 号文件。
③ 中国立法院秘书长。
④ 参见《苏联对外政策文件集》第 21 卷第 320 号文件。

同他会面以便对一系列问题加以说明。蒋介石答复约我 8 月 31 日 11 点至 12 点会见。这天,我拜会了蒋介石并同他进行了会谈,他的妻子出席了会谈(遵照我的意见,蒋介石没有邀请张群)。

会谈一开始,我指出,第一次会见时①我很详细地阐明了我国政府的观点,认为,缔结新条约是不适宜的。蒋介石实际上没有反驳这些理由,而表示希望近日同我详细商讨一下中苏关系。我期待这一会谈。几天后张群来了,并试图,诚然是非正式的,代表蒋介石试探"缔结军事联盟的可能性"②,而过了几天,孙科也正式代表总司令与中国政府重新提出关于缔结秘密条约的问题。最后,8 月 30 日孙科提出修正:用公开的条约代替秘密条约。当时实际上无论谁都没有论证,这一条约有什么用处,为什么我们的理由不能接受。所以,我请求蒋介石向我说明,蒋介石确实期待这一新的条约,把这一问题提上议事日程的动机是什么。

蒋介石提问说:苏联对中国的方针和它将解放战争进行到底的决心有什么疑问,全权代表何时向苏联政府报告中国关于缔结条约的建议? 我回答说,苏联对蒋介石与中国中央政府的方针没有疑问。蒋介石当即声明,在此情况下,他认为,有必要缔结新的苏中条约,其理由如下:1. 在目前情况下,蒋介石认为,这个必要性不是出于当前中国的某种利益,而是出于基本原则;只有苏联与中国的密切合作,远东的和平才能得到保障。中国希望缔结这一条约,以便达到更进一步的目的,建立同苏联"较永久的"密切合作。蒋介石举例援引一年前关于互不侵

①　这次会见时间是 1938 年 8 月 15 日。

②　显然所说是 1938 年 8 月 17 日的会谈,关于这次会谈,卢干滋在日记中写道:"张群声称,按照蒋介石意见,假如目前不是苏联参战的时间,也不适宜缔结条约,那么苏联政府是否认为有可能缔结苏联军队与中国军队的军事联盟(考虑到日本方面的攻势威胁不仅对着中国,而且对着苏联,哈桑湖事件表明了这一点)。这一联盟的目的是当日本进攻苏联时,共同研究总的军事行动,而在此之前是红军方面以苏联的军事顾问、培训志愿兵的教官,援助中国军队。最好是目前就两国军队的参谋部进行关于这一问题的谈判。"

犯条约的谈判①:显然,这一条约缔结后,"苏联刹了车",而中国,如蒋介石亲自向全权代表鲍格莫洛夫声明的,力求在解放战争期间不是得到暂时的援助,而是希望坚实地奠定中苏关系未来(在抗战胜利之后)的基础。当时,蒋介石向鲍格莫洛夫表示,他不考虑通过这一条约从苏联得到更广泛的援助,因为他相信,只要有一定数量的飞机援助,他将击溃日本。完全一样,目前他希望新条约指的仍是进一步加强苏中关系,而不是对抗战的更大援助。2. 新条约应当是公开的,并列入国际联盟条约系统。3. 该条约的意义是在中国人民中再一次加强将抗战进行到底的更大决心,表明苏联虽然没有直接参战,然而与中国协同行动。同时中国不认为这一条约会给它带来损害。国内的反对派没有力量,而英国假如要同日本成立妥协,那么它要做到这一点,有上述条约与没有一样容易。所以苏联能够提出反对条约的异议只是从其自身的利益考虑的,而不是从中国利益考虑的。之后,蒋介石请求我说明关于这一问题的个人意见。我回答说,对此没有什么新意见,已经说过,不能扯谎,要不强调两点:1. 英国对这一条约持否定态度,因而对中国的抗战会增加不必要的困难;2. 在目前关系的基础上有充分的可能加强苏联与中国的友谊。

此后,宋美龄参加了会谈,她开始插话引证,似乎是中国在去年3—4月份向全权代表鲍格莫洛夫提出的建议,说中国坚持缔结的不仅是互不侵犯条约,而且是军事联盟条约。蒋介石打断了她的话,说,这不完全如此,关于这个问题他将特别谈到。之后,宋美龄继续说,为了使中国人民对抗战有更大的信心,条约对中国来说是必要的。接着宋美龄说明英国的政策是害怕暴力的政策。她指出,英国害怕希特勒,害怕侵略者,屈服于任何强大的暴力。所以,像苏联与中国这样两个伟大国家的协定,不仅不会促使英国同日本妥协,而且相反,迫使英国放弃妥协,甚至指靠于苏中协定。此后,蒋介石作了必要的修正,指出,鲍格

---

① 参见《苏联对外政策文件集》第20卷第300号文件。

莫洛夫的全部方针在于同中国进行谈判,首先缔结贸易条约,然后缔结互不侵犯条约,最后缔结互助条约。之后,蒋介石将话题转到英国,指出英国在远东的主要矛盾是同日本的矛盾。所以,英国与日本之间不可能有根本的协议,只可能在某些小问题上有暂时的妥协。所以英国的态度不应当妨碍苏联同中国缔结条约。

随后我向蒋介石提问有关《秩序报》(L'Ordre)关于汪精卫与意大利谈判的报导①。蒋介石对此回答说,中国 1 月拒绝了德国调停,2 月拒绝意大利的调停,因为"意大利尚缺少充当调停者的条件"。然后蒋介石说,意大利大使在香港呆了两个月,打算来汉口,为此,他找前任上海市市长俞鸿钧接待,俞鸿钧向蒋介石拍发电报,询问他怎样对待意大利大使前来汉口的问题。蒋介石对这份电报未作答复。几天之后收到俞的第二封电报,他询问怎么答复意大利大使。蒋介石去电建议俞转告意大利大使,蒋介石没有给予答复。那时意大利大使写了一封给蒋介石亲收的信,说,他必须同蒋介石商谈关于南昌意大利飞机制造厂的问题。既然这一请求不是地方——大使应当向航空委员会提出这一问题,——于是蒋介石将这封信留下了,未作答复。意大利的所有这些企图英国是知道的,英国担心的似乎是意大利不出任调停,便

---

① 所指的是,据苏联驻华全权代表的电报转告的发自巴黎的塔斯社通讯,其中说:"8月 17 日《秩序报》发表了其驻伦敦记者的来电,说,通常在远东问题上消息灵通的伦敦人知道 6 月末开始的中国亲日派首领汪精卫与意大利驻华外交官之间正在进行的秘密谈判。该记者说,这一谈判显然尚未结束,但并非没有成就。汪精卫的代表与意大利人之间的会晤在上海、香港与汉口似乎一直未断。谈判的内容由于意大利的要求迄今保持秘密,因为意大利人希望在英国得知谈判之前达成协议。据记者的报导,谈判的目标似乎是三个原则性问题:1. 为同日本进行谈判意大利政府正式任命意大利调停人的问题,那时这一谈判便会走上顺利完成的道路;2. 关于蒋介石引退问题。按汪精卫的要求,关于蒋介石引退的问题目前不应由日本政府按政治合理性的理由提出,然而汪精卫与意大利外交官之间有协议,最终经过一定时间蒋介石应放弃政权并由汪精卫本人代替;3. 关于向日本政府首脑正式保证中国加入所谓《反共产国际条约》的问题。"鉴于上述通讯,全权代表受命关注蒋介石对"意大利人实施的阴谋"的看法。8 月 29 日卢干滋致电苏联外交人民委员部说:"关于汪精卫与意大利人谈判的问题有政府正式的辟谣。"

散布意大利与汪精卫谈判的传闻。这正说明这一挑衅性的传闻出自伦敦,而不是东京或罗马。最后,蒋介石要我相信,所有这些传闻都是毫无根据的。

此后,蒋介石表示,希望将谈话作如下的概括:1. 中国政府对于同苏联接近与缔结新的苏中条约持坚定的方针;2. 若没有苏联政府方面的异议,这一条约可能立即签订;3. 蒋介石请转告苏联政府,无论苏联参战与否,无论缔结新条约或不缔结新条约,中国将同样坚决与苏联齐心协力地行动。我对此回答说,苏联政府的观点已经告诉蒋介石,改变这一观点,目前尚没有特别的理由,然而我向苏联政府转达蒋介石的建议。会谈共 1 小时 20 分钟。

卢干滋

《苏联对外政策文件集》第 21 卷,第 465—468 页

卢干滋致苏联外交人民委员部电

1938 年 9 月 2 日

8 月 31 日会谈时孙科告知,在同我会见(8 月 26 日—27 日)之后,他同蒋介石商讨了苏中条约问题。蒋介石表示意见说,保守条约秘密未必结果很好,所以最好缔结不秘密的公开条约。因此,那样的条约内容不能如此具体与详细,如同秘密条约的内容那样,在这一条约里不需要谈到苏联的军事合作与参战。照蒋介石的意见,最好,条约草案由苏联方面起草并在讨论的基础上形成。孙科询问我的意见,我回答说:一个月以前苏联政府已讨论过条约问题,我已向中国政府通报了决定与理由,此后没有发生什么事允许重新修改已通过的决定。然后,我向孙科提问说:"中国缔结这样的条约实在想得到什么,与它要求缔结条约的原因是什么?"孙科宣称,中国政府有一系列的原因,无论是内政或是外交方面,缔结条约所要达到的目的,即为以下几点:

1. 全国上下从蒋介石到普通士兵对胜利充满着极大的热情与信

心。因为有人看不到抗战的胜利，担心失败。条约的签订会使这些人有信心。

2. 存在着（完全是自然的）苏联对中国的不信任，认为中国不能将抗战进行到底。同时中国担心苏联的援助会中断。况且在中国有一派人认为，当中国政府削弱时，苏联会帮助共产党人。所以，条约的签订会消除相互的怀疑与担心，加强相互的信任。

3. 中国内部有一派认为，中国这时利用了包括苏联在内的外国援助，而当战争结束时，中国就将确定自己的方针。条约的签订表明了中国坚定的反法西斯与亲苏的方针，并将粉碎一切在中国的法西斯制度的拥护者。

4. 民主集团国家（英国、美国和法国）至少赞同这一条约，因为他们基本上主张日本失败，他们了解苏联帮助中国反对侵略是为了和平。条约使这些国家清楚中苏关系，促使其本身援助中国。

5. 德国与意大利，开始帮助中国政府，幻想同我们建立友谊，但是现在他们帮助日本人，是事实上的敌人，而又不算作敌人。条约准确地确定了中国反法西斯的方针，粉碎了"同这些国家保持友谊"的幻想。

6. 条约对日本会产生严重的影响。日本各个打败苏联与中国的希望遭到破产，加速了日本的失败。

7. 最后，许多拥护亲近苏联者主张缔结条约，以便明确未来中国同苏联的关系，使解放战争的结果有新的保障。假如苏联不希望缔结条约或者认为，签约的时机还未成熟，如果这一事实为舆论披露的话，这对社会舆论可能产生极坏的影响。最后，孙科再次重复签约的必要性。为回答所有这一切，我详细地重新作了阐述，说明为什么缔结条约是不合时宜的，并不符合中国与苏联的利益。

卢干滋

《苏联对外政策文件集》第 21 卷，第 475—477 页

苏联外交人民委员部致卢干滋电

1938 年 9 月 8 日优先发送

答复您 9 月 6 日电报①。委托您对蒋介石提出的问题作如下答复：

1. 苏联不认为，目前在没有拥有庞大舰队的英国或美国参战的情况下，苏联单独参战反对日本是适宜的，因为这种苏联单独参战，会使中国的处境恶化，日本的处境改善，日本将大喊大叫它受到了攻击，迫使德国与意大利保卫日本，迫使英国警觉起来，因为它将想，苏联想加强自己对中国的影响，反对其它国家，苏联想使中国"赤化"。

2. 苏联只有在下列三个条件下才能参战反对日本：（1）如果日本进攻苏联；（2）如果英国或美国参战反对日本；（3）如果国际联盟责成太平洋地区各国参战反对日本。

3. 在任何情况下，苏联准备依照中苏之间缔结的条约以各种防御手段援助中国②。

B. 波将金

《苏联对外政策文件集》第 21 卷，第 482 页

孙科致杨杰电

1938 年 9 月 28 日

……欧战一起，苏联前此对出兵远东恐引起欧战之顾虑当然消除，

---

① 在提到的这份电报中，卢干滋告知："9 月 6 日梁寒操受孙科委托来到全权代表处打听，我国政府对于在孙科和蒋介石同全权代表和最近会谈中所阐明的中国政府的建议是否有答复。我回答说，除了我在同蒋介石会见时与同孙科会谈中所作的回答外，目前我没有什么补充。此后，梁寒操告知，蒋介石委托孙科同我会面，以便对谈判作出总结，目的是明确的：1. 苏联是否根本拒绝缔结条约，发布宣言或交换友好照会，或者，2. 只是认为签署类似的文件不合时宜，最终，3. 莫斯科简单地对中国政府的建议不作答复。为此，孙科请求 9 月 8 日晚上 9 时会见他。请急电通知答复的准确措词。"

② 参见《苏联对外政策文件集》第 21 卷第 341 号文件。

应促其乘时参战,共灭敌阀。……

中国第二历史档案馆藏杨杰个人档案,3018/36

蒋介石致杨杰密电

1938 年 10 月 1 日

昨日与卢使晤谈下列三点,嘱其转告苏当局:一、李外长在国联为我尽力声援,应对苏特表谢意。二、苏联既在国联主持制裁,谅必能为各国之倡率,未知对实行第十六条所有规定各项军事制裁已加以如何之考虑与准备。三、为贯彻第十六条之精神,中国深觉两国订立互助协定之时机业已成熟,盖根据法苏与苏捷互助协定之先例,与国联并不相悖,英、法亦必默契我方。此时苏联应对远东之侵略者作最有效之制裁为对我进一步之接洽,一则国联各会员国既有权施行第十六条,则苏联正可实行向日对我之诺言,即谓如国联决议,则苏联即可出兵,二则欧局可暂望安定,不致有西顾之忧,亟宜在远东予侵略者之日本教训,则他日德国亦无能为患。并告以中国人民一般心理,均认苏联向以帮助被压迫者为国策,实为中国最真实患难之交,现在我抗战已十五个月,抵御侵略亦已达最艰苦之严重关头,中国本身力量已完全发动,使用殆尽,苏联心理不愿中国功败垂成,使东方之狂焰高涨,祸患更难收拾,故望从速考虑,等语。希即本此意旨再加以斟酌、补充,即向史、伏二当局恳切详言,询其意见,并向苏外交部活动,务宜尽力促苏积极并动以利害大义,并将谈话结果电复为盼。中正。东。机。鄂。

《民国档案》1985 年第 1 期,第 48 页

李维诺夫致卢干滋电

1938 年 10 月 9 日

可告诉蒋介石,欧洲的新局势绝不会改变 9 月 8 日电报中阐明的苏联立场。相反,已经发生的事件恰好证实了我们的见解,即所建议的

苏中互助条约有可能被列强用来孤立和真正背弃中华民国，这些国家会将中华民国说成是东方布尔什维克主义的先锋。因此，这一条约只可能增加中国在抗日战争中经受的困难。至于国联理事会的决议①，使苏联代表团与中国代表团一起促使国联其他成员国分别给予中国援助，虽然一定程度上接近于国联理事会的决议，但是，可惜暂时还不清楚，它们是真心贯彻这一决议，还是它们的立场可能已经改变。国联其它成员国认为没有美国参加，集体制裁是不可能的。苏联今后在任何情况下将遵照同中国缔结的条约，给予中国一切防御手段的援助。

李维诺夫

《苏联对外政策文件集》第 21 卷，第 570 页

行政院长孔祥熙致驻苏大使杨杰电

1938 年 10 月 25 日

……广州失陷，武汉撤退，国内情形甚为紧张，诚恐一部份人有散漫动摇之可能。过去苏方援助极感，惟零星援助，成功少而旷费多。此时如能予敌有一极大打击，即可马到成功。请即密探苏方能否在海参崴方面一次派机数百架，由义勇队驾驶，出其不意飞往轰炸敌人重要城市及军事根据地，如此则一举成功，东亚大局急转直下，中苏两国俱有莫大之利益，务希迅密运用，并复……

研究请求苏方进一步之援助办法

杰

中国第二历史档案馆藏杨杰个人档案，3018/37

---

① 见《消息报》1938 年 10 月 2 日。

苏联驻华全权代表卢干滋致苏联外交人民委员部电

1938 年 10 月 27 日

　　10 月 24 日我拜访了孔祥熙。孔祥熙在谈话中宣称，"既然由于已发生的事件，苏联实际上摆脱了自己对法国与捷克斯洛伐克承担的义务，所以应当全力关注远东并实施更积极的政策。对于苏联积极干预东方，国际局势还极为有利，因为所有列强（美国、英国与法国）不仅不会反对，而且相反，会给予积极的帮助，甚至本身会吸引到反对日本的斗争中来。"我详细地向孔祥熙述说了我国政府对东方局势的观点，并解释说，如果我国单独参战会有怎样的后果。以后孔祥熙同孙科一样，发表意见说，日本从满洲抽调了三个师团（因为认为苏联将不干预），展开攻打广州的战役。据我观察，根据我们的资料，日本军队是从上海、青岛和天津抽调的。孔同意两个师团的日军确实是从这些地区抽调的，而不是从满洲抽调的。鉴于此，我向孔强调指出，如要日本人不如此行动，除非给予华北的游击队以物资与武器的援助，加强游击队的积极活动，迫使日本在华北保持更大的军队，并无法抽调这些军队到其它战线。最后孔以全中国的名义对苏联给予的援助表示感谢，并表示希望两国更加亲密。

全权代表

《苏联对外政策文件集》第 21 卷，第 608—609 页

立法院长孙科致蒋介石电

1939 年 9 月 17 日

　　重庆。总裁钧鉴：密。加表。（一）奉真、文、寒电指示，因前途尚未约会，无从进言。（二）昨苏报公表与倭成立蒙伪边境停战协定全文，想由使馆报告外交部呈览。据苏方表示，此次协定，系由倭方提议，苏方本一贯和平方针，乃予接受，内容作用与去年八月张高峰停战协定相同云。但恐倭或将乘时改变仇苏政策，必进一步和苏企图，我宜注意

应付。(三)观察苏联向来国策,不外闭关固守,埋头建设,充实国力,有备无患,其对欧洲虽与德订约和好,惟西境国防,有增无减,对德防范,比前严密,其对英、法政府态度,向抱怀疑,至今未改,英、法、苏间,实难谅解合作。(四)苏对倭取严防痛击态度,但若倭知难而退,不再挑衅,苏只求保境息争,亦无与倭决战决心,故在远东,苏对美、英亦严防中计,不愿发动苏倭战争,我与彼接洽,切忌要求参战,转移中倭战争为苏倭战争。以科愚见,苏援我程度,似限于器械供给与技术协助,若求其仗义参战,解决战局,恐不可能,即对远东望其与美、英、法合作,彼多疑,必虑美、英目的,在挑起苏倭战争,以解美、英、法在远东所受之威胁,必美、英先有对倭积极制裁之行动表示,苏方始能相信而乐于合作,否则彼将疑我信赖美、英,怪彼援我不力,或疑我暗代美、英刺探彼中秘密,反于合作前途有损无益。愚虑一得,谨贡参考。孙科。筱。

《战时外交》第2卷,第431—432页

(二)苏联对华经济援助

说明:1938年至1939年,中国与苏联先后签订了三个信用借款条约,第一个5000万美元借款条约于1938年3月1日在莫斯科商定,第二个5000万美元借款条约于同年7月1日商定,两个条约均于8月11日正式签字。第三个1.5亿美元借款条约于1939年6月13日在莫斯科签订。三个条约的借款总额为2.5亿美元,用于向苏联购买作战飞机与其他军火物资,还款时间为5年—10年,以苏联所需的中国农矿产品偿还。苏德战争爆发后,苏联中断了第三笔借款的拨付。在对华信用贷款的同时,苏联亦开始援建中国西北对外交通线,包括西北公路以及哈密—阿拉木图航线。

1. 苏联对华信用借款

（1）第一与第二个信用借款条约的签订

斯托莫尼亚科夫致鲍格莫洛夫

1937 年 8 月 21 日

急电

现答复 18、19 日二电。

1. 请告知中国政府，经再次讨论后，我政府已决定同意中国的要求并同意中国政府收到货物后延迟一年开始偿还向它提供的贷款，以便在后五年内每年偿还同样数额的借款。贷款总期限为接货后六年。

2. 签约币别应使用美元或英镑。

3. 对 8 月 17 日电文做出更改，请通知中国，我们只能向它提供 150—200 架飞机，不能再多。

4. 告诉他们，我们正据蒋介石的愿望讨论尽快通过甘肃向中国运送飞机的问题，如果通过肯定的决议，我们则希望中国方面同意我们的要求，立即向我们提供几百吨锡和锑，因为我们急需这些金属。

5. 事先告诉他们，作为我们提供的武器的等价物，我们想得到相当于贷款总额 3/4 的金属（锡、钨、锑、铵）和 1/4 的茶及其他中国货物，货物种类和数量应另签协定，最好立即得到中国政府能向我们提供的每种金属数量的资料。如果中国政府不能提供相当于总贷款额 3/4 的金属，那么我们也愿意收受美元或英镑的外币以补齐欠缺的部分。

互相提供的货物明细表、交货日期和送货方式的确定等等，以及条约的拟定与签字均应在莫斯科进行。

6. 事先发报告知王叔铭一行拟到达的日期，以便我们如期向哈密派出一架我国飞机。

（据档案刊印）

斯托莫尼亚科夫

《苏联对外政策文件集》第20卷，第471页

苏维埃社会主义联邦共和国政府与中华民国政府间
关于实施五千万元美金信用借款条约①
莫斯科,1938 年 3 月 1 日②

缘苏维埃社会主义联邦共和国政府允予中华民国政府以向苏维埃社会主义联邦共和国购买工业产品与工业设备之信用借款,苏维埃社会主义联邦共和国政府与中华民国政府特签订本条约,俾便订明上述信用借款之实施方法与条件。双方政府并为此派定全权代表:中华民国政府陆军上将杨杰,苏维埃社会主义联邦共和国政府国家保安中将耿精·赛苗·格利哥来维茨。

第一条

苏维埃社会主义联邦共和国政府借予中华民国政府五千万元美金（按照公历壹仟玖佰叁拾柒年拾月参拾壹日行市,每元美金合现金 0.892455 格兰姆③）,以便中华民国政府在苏维埃社会主义联邦共和国境内购买苏联制造之工业产品与工业设备。

第二条

第一条内所载苏维埃社会主义联邦共和国政府借予中华民国政府之信用借款,自壹仟玖佰叁拾柒年拾月叁拾壹日起算,利息为年利三厘,自壹仟玖佰叁拾捌年拾月叁拾壹日起,五年内偿还,每年偿付同额数目,即每年偿付一千万元美金,并同时付清已借用之信用借款之利息。

---

① 抗日战争时期苏联对华信用借款条约,过去仅见俄文本,这里公布的是中文本抄件。
② 原抄件无日期。这是商定日期,正式签字日期为1938 年 8 月 11 日。
③ Грамм,重量单位,克。

第三条

为实施苏维埃社会主义联邦共和国政府借予中华民国之信用借款起见,双方政府特派定全权代表:中华民国政府全权代表陆军上将杨杰,苏维埃社会主义联邦共和国政府全权代表国家保安中将耿精·赛苗·格利哥来维茨。

全权代表依据本条约各条款,于苏维埃社会主义联邦共和国政府借予中华民国政府之信用借款内,订购各种工业产品与工业设备,有互相订立特种合同之全权。

第四条

苏维埃社会主义联邦共和国政府供给中华民国政府之各种工业产品与工业设备之品名单,以及定货各部份之交付期限,由双方政府全权代表互相酌商,成立各次定货之特种合同规定之。工业产品与工业设备之价格,以及输送至苏维埃社会主义联邦共和国边境所需之各项用费,由双方协议规定之。

工业产品与工业设备之价格,双方依据世界市场上出售之相当工业产品与工业设备并具有同一品质者之价格而规定之。

第五条

本条约第二条内规定之信用借款与利息,中华民国政府以苏维埃社会主义联邦共和国所需之物产品与原料品偿还之。

中华民国政府为偿还信用借款而交付商品之种类与数量,应与本条约附录第一品名单相符,并于年初按照苏维埃社会主义联邦共和国(对外贸易人民委员会之指示,于每年偿还款额内规定之。中华民国政府为偿还信用借款而供给苏维埃社会主义联邦共和国)①之物产品及各种原料品,中华民国政府可于全年期内实施之。惟为偿还本年度债务而供给之全部物产品与各种原料品,须于拾月叁拾壹日以前结束。

中华民国政府为偿还信用借款而供给苏维埃社会主义联邦共和国

---

① 　原件漏抄,俄文本有此意,现补上。

之物产品与原料品之价格,双方依据世界市场上出售之相当物产品与原料品并具有同一技术品质者之价格而规定之。

第六条

苏维埃社会主义联邦共和国所交付之工业产品与工业设备,均以美金作价,并按照每批产品交付之日之美金合现金之折合市价。

中华民国政府为偿还信用借款而偿付之物产品与各种原料品,亦以美金作价,并按照每批物产品与原料品运至苏维埃社会主义联邦共和国领土之日美金合现金之折合市价。

第七条

苏维埃社会主义联邦共和国政府供给之工业产品与工业设备,交付中华民国政府或中华民国政府为此而特设之全权机关,其交付地点,以苏联黑海港埠或其他相当之边境地点为止。

苏维埃社会主义联邦共和国政府为迎合中华民国政府所表示之愿望计,特表示同意供给之工业产品与工业设备,由苏维埃社会主义联邦共和国之边境运输到中华民国之领土内。

工业产品与工业设备由苏维埃社会主义联邦共和国边境向中华民国政府代表交付之地点起,至中国境内之目的地止,其需之各种用费,概归中华民国政府。

第八条

中华民国政府输送之物产品与原料品在苏联边境交付。中华民国政府负有全责将上述物产品与原料品运达苏维埃社会主义联邦共和国边境,此项物品输送至苏维埃社会主义联邦共和国之运费,由中华民国政府于信用借款偿还额内拨付之。运费之价额,由双方依据本运输线现行之中等运价决定之。

为偿付信用借款而交付之物产品与各种原料品,于到达苏维埃社会主义联邦共和国领土之日起,十五日期内,苏维埃社会主义联邦共和国政府为此特设之全权机关,或为此而赋予全权之人民委员会,应将偿还信用借款之物产品与各种原料品之验收,通知中华民国政府或为此特设之全权机关。

第九条

本条约第三条内所称之全权代表于执行本条约之过程中,互相发生可能之争执时,由双方政府代表组成之审议委员会按照本条约解决之。

第十条

本条约于双方签字后,即发生效力。

信用借款之债务与利息未完全偿清及与其有关之各种义务未执行以前,双方均受本条约之约束。

第十一条

本条约以俄文与汉文缮制。

两原本同效。在莫斯科制成两份:壹份由苏维埃社会主义联邦共和国执存,壹份由中华民国执存,双方全权代表特签字为证。

附录:第一品名单

一、茶叶

二、皮革

三、羊毛

四、锑

五、锡

六、锌

七、镍

八、钨

九、丝

十、桐油

十一、药材

十二、紫铜